Thomas Horky, Dr., Jahrgang 1965, Professor für Sportjournalistik an der Macromedia Hochschule für Medien und Kommunikation in Hamburg. Zuvor wissenschaftlicher Mitarbeiter am Fachbereich Sportwissenschaft der Universität Hamburg sowie am Hamburger Institut für Sportjournalistik und Lehrkraft für besondere Aufgaben am Institut für Sportpublizistik der Deutschen Sporthochschule in Köln.

Thorsten Schauerte, Dr. phil., Jahrgang 1970, Professor für Sport- und Eventmanagement an der Macromedia Hochschule für Medien und Kommunikation in Köln. Zuvor wissenschaftlicher Mitarbeiter am Institut für Sportwissenschaft der Universität Gießen, freier Mitarbeiter der BBE-Unternehmensberatung mit den Arbeitsschwerpunkten Medien und Sport sowie langjähriger Lehrbeauftragter am Institut für Sportpublizistik der Deutschen Sporthochschule Köln.

Jürgen Schwier, Dr. phil., Jahrgang 1959, Professor für Bewegungswissenschaften und Sport an der Universität Flensburg. Zuvor Professor für Sportwissenschaft an der Justus-Liebig-Universität Gießen sowie Direktoriumsmitglied des dortigen Zentrums für Medien und Interaktivität.

Thomas Horky
Thorsten Schauerte
Jürgen Schwier
Deutscher Fachjournalisten-Verband (Hg.)

Sportjournalismus

UVK Verlagsgesellschaft mbH

Praktischer Journalismus
Band 86

Bibliografische Information der Deutschen Nationalbibliothek
Die Deutsche Nationalbibliothek verzeichnet diese Publikation in der
Deutschen Nationalbibliografie; detaillierte bibliografische Daten sind im
Internet über http://dnb.d-nb.de abrufbar.

ISSN 1617-3570
ISBN 978-3-86764-145-6

© UVK Verlagsgesellschaft mbH, Konstanz 2009

Einbandgestaltung: Susanne Fuellhaas, Konstanz
Titelfoto: Ullstein Bild
Satz und Korrektorat: Bernd Knappmann, Rielasingen
Druck: fgb · freiburger graphische betriebe, Freiburg

UVK Verlagsgesellschaft mbH
Schützenstr. 24 · D-78462 Konstanz
Tel.: 07531-9053-0 · Fax: 07531-9053-98
www.uvk.de

Inhalt

Thomas Horky / Thorsten Schauerte / Jürgen Schwier

Anpfiff

Der Sportjournalismus ist anders als andere Felder des Journalismus. Schon allein die eigenartige Strukturiertheit des Gegenstands »Sport« verleiht der Sparte »Sportberichterstattung« einige Besonderheiten im Kanon der journalistischen Ressorts. Sportjournalisten stehen mit den Sympathieträgern der Region oder der Nation häufig in direktem Kontakt, sie sind bei den attraktivsten Sportveranstaltungen vor Ort dabei und haben mitunter einen gewissen Einfluss auf Mannschaftsaufstellungen oder Trainerverpflichtungen. Ganz nebenbei erhalten sie auf diesem Wege auch noch den Stoff, aus dem die Geschichten über den Spitzensport gemacht werden. Diese pointierte Feststellung lässt sich grundsätzlich zwar ohne Weiteres auch auf das Verhältnis zwischen Journalisten und Personen aus der Politik, der Wirtschaft oder dem Showgeschäft übertragen, aber gerade das Feld des Sports stellt aufgrund seiner Strukturen offensichtlich einen publizistischen Sonderfall dar, der nicht selten für alle an seiner Entstehung Beteiligten mehr oder weniger gravierende Rollenkonflikte aufwerfen kann.

Unabhängig davon gilt der Sportjournalismus jedoch nach wie vor als attraktives Tätigkeitsfeld in der Medienbranche, in dem neben einer soliden Ausbildung gerade auch leidenschaftliche Sportbegeisterung und kommunikatives Talent die Karrierechancen befördern. Der offene Berufszugang, die Unübersichtlichkeit der Beschäftigungsprofile und -verhältnisse begünstigen dabei die noch immer anzutreffenden Vorstellungen vom Sportressort als einem Tummelplatz begabter Seiteneinsteiger oder die wiederkehrende Rede vom *geborenen* Sportreporter. Auf einer übergeordneten Ebene erschweren schon allein das Fehlen einer geschützten Berufsbezeichnung und die beschleunigte Ausdifferenzierung des gesamten Gewerbes eine genaue Bestimmung der Begriffe »Journalist« bzw. »Journalismus«.

Vor diesem Hintergrund erscheint der Sportjournalismus als ein Handlungsfeld, dessen diverse Erscheinungsformen keine Einheit bilden, das trotzdem bislang ohne klare Grenzziehungen funktioniert sowie als Sammelbegriff für verschiedenartige Praktiken und unterschiedlichste Akteure steht. Die oft unausgebildeten Verfasser der Spielberichte im Lokalsportteil einer regionalen Zeitung können sich beispielsweise ebenso zum Kreis der Sportjournalisten zählen wie die Qualitätsschreiber von der FAZ und der SÜDDEUTSCHEN ZEITUNG, die Reporter vom SPIEGEL oder die prominenten TV-Spielleiter Reinhold Beckmann und Johannes B. Kerner. Affektiver Gehalt von emotionalen Liveübertragungen mit Public Viewing und der Verkauf teurer Lizenzrechte auf der einen Seite, Thematisierung von gesellschaftlicher Bedeutung und Problematiken des Spitzensports wie Doping auf der anderen – in keinem anderen Ressort des Journalismus scheint die »Kluft in den Medien« (SPORTJOURNALIST 2004) so groß zu sein wie im Sportjournalismus. Das häufig zur Eingrenzung der Berufsgruppe herangezogene Kriterium der Hauptberuflichkeit dürfte übrigens im Mediensektor durch den anhaltenden Trend zu freien und mitunter eher prekären Arbeitsverhältnissen ein wenig an Aussagekraft eingebüßt haben. Die vorliegenden Schätzungen über die Zahl der hauptberuflichen Sportjournalistinnen und Sportjournalisten in Deutschland schwanken zwischen 3500 und 4500 Personen, wobei der Anteil der Frauen aktuell noch immer unter zehn Prozent liegen dürfte (vgl. Görner 1995: 133 ff.; Schaffrath 2007: 16). Weiter kann angenommen werden, dass mehr als zwei Drittel der professionellen Sportjournalisten im Printbereich und rund 15 bis 20 Prozent für das Fernsehen aktiv sind.

Als sogenannte Kommunikatoren sind Sportjournalisten ebenso wie die Berufskollegen aus den anderen Ressorts an der Entstehung, Bearbeitung, Selektion, Präsentation sowie Publikation medial vermittelter Inhalte beteiligt (vgl. Pürer 1998: 32). Die Berufsrolle, die öffentliche Funktion und die Handlungsspielräume des Journalismus variieren allerdings in Abhängigkeit von den jeweiligen gesellschaftlichen und ökonomischen Rahmenbedingungen. Das Spektrum der Rollenzuschreibungen reicht in diesem Zusammenhang vom Beobachter eines Ereignisses über Hofberichterstattung bis zur Wahrnehmung der Profession als vierte Gewalt im Staate. Gerade die letzte Formulierung wird man jedoch wohl kaum mit dem Sportjournalismus in Verbindung bringen, der einerseits aufgrund der gewachsenen wirtschaftlichen Bedeutung des Mediensports zwar Statusgewinne verbuchen kann, andererseits wiederkehrend dem Vorurteil der ballverliebten Edelfans mit Mikrofon oder Notebook begegnen muss. Allerdings hat die Abspaltung des kritisch orientierten Sportnetzwerkes vom Verband Deutscher Sportjournalisten (VDS) im Jahre 2005 eine interne Diskussion um das berufliche Selbstverständnis initiiert und damit die Kristallisation differenzierter Berufsbilder deutlich beeinflusst. Weitestgehend unstrittig ist demgegenüber, dass Sportjournalisten zu den gefragten »Souffleuren der Mediengesellschaft« (Weischenberg/Malik/Scholl 2006) zählen und als professionelle Beobachter der Sportkultur Medieninhalte produzieren, die innerhalb gewisser Grenzen eine eigene mediensportliche Wirklichkeit schaffen.

Insgesamt gehören zum Berufsbild ambivalente und mitunter unvereinbare Rollenerwartungen: Sportjournalisten sollen Informationen über die Bewegungs- und Sportkultur in ihrer ganzen Breite vermitteln, dabei aus der Datenflut eine begründete Auswahl treffen, Skandale aufdecken, ihrem Publikum die Schönheit des Sports nahebringen, unparteiisch über die Wettkämpfe berichten, die Geschichte hinter der Geschichte recherchieren, sich für die Leistungen der Athleten oder Mannschaften begeistern, das Sportgeschäft kritisch begleiten, ein Sprachrohr der Fans sein, den Wert der Ware »Spitzensport« steigern, den Athleten ganz nah sein, charmant unterhalten und vieles andere mehr (vgl. Schwier/Schauerte 2008: 163 ff.).

In diesem Zusammenhang unternimmt der vorliegende Band den Versuch, einen Überblick über den Forschungsgegenstand »Mediensport« sowie das Arbeitsfeld des Sportjournalismus zu geben. Zudem sollen die Anforderungsprofile und die Eigenheiten des Sportjournalismus in den einzelnen Medien sowie handwerkliches Wissen präsentiert werden; dies insbesondere aus der Perspektive von Praktikern. Dementsprechend gliedert sich das Buch in zwei Hauptteile: Die ersten Kapitel skizzieren aus verschiedenen theoretischen Perspektiven wesentliche Ergebnisse und Ansätze der wissenschaftlichen Beschäftigung mit dem Sportjournalismus. Ausgehend von der Historie des Berufsfeldes werden Forschungsergebnisse zu Akteuren, Themen, Organisationsstrukturen und zur Nutzung des Sportjournalismus aufgezeigt. Im zweiten Hauptteil des Buches kommen dann die Praktiker zu Wort und schildern ihr Tätigkeitsfeld, um einen umfassenden Einblick in die Arbeit von Sportjournalisten und Sportjournalistinnen zu geben. Geordnet nach den unterschiedlichen Medien Print, Fernsehen, Hörfunk, Internet und Fotografie werden anhand von konkreten Beispielen aus der täglichen Arbeit und Berichten aus der Berufspraxis viele Tipps und Hinweise für (zukünftige) Sportjournalisten angeboten.

Den ersten Teil des Bandes eröffnet Erik Eggers, der die historische Entwicklung des Sportjournalismus und die Entstehung des Ressorts »Sport«

nachzeichnet. Der anschließende Beitrag von Jürgen Schwier widmet sich den Besonderheiten sowie der Anziehungskraft des Berichterstattungsgegenstands »Sport« und diskutiert dessen alltagskulturelle Bedeutung in zeitgenössischen Gesellschaften. Steffen Kolb beleuchtet die Akteure des Sportjournalismus, präsentiert aktuelle empirische Daten zu einer Befragung von Sportjournalisten und kann damit Besonderheiten der Arbeitsmethoden kennzeichnen. Einen Überblick über Thematisierungen, Gewichtungen und die Gefährdungen für das Arbeitsfeld »Sportjournalismus« geben Hans-Jörg Stiehler und Thomas Horky, der in einer tabellarischen Gegenüberstellung von Sport- und anderem Journalismus mündet. Den rechtlichen Rahmen von Sportangeboten in den Medien schildern ausführlich Gregor Enderle und Jan Schauerte, ehe Thorsten Schauerte und Thomas Horky den theoretischen Teil mit einer Zusammenfassung von Nutzungsdaten sowie einem besonderen Blick auf populäre Mediensportarten, das Phänomen »Public Viewing« und die Reflexion von Sportjournalismus durch die Sportler selbst beenden.

Den Auftakt des zweiten Teils zur Berufspraxis bildet eine umfassende Beschreibung der Sportangebote in den Printmedien: Arne Richter belegt die große Bedeutung der Nachrichtenagenturen am Beispiel der dpa, Hans-Christian Kamp zeigt die qualitativ hochwertige Sportberichterstattung der FRANKFURTER ALLGEMEINEN ZEITUNG und Michael Kleinjohann beleuchtet das weite Feld der Sportzeitschriften. Den Sport im Hörfunk beschreibt anschließend Andreas Wagner am Beispiel der unterschiedlichen Angebote des SWR. Die Sportsendungen im Fernsehen werden zunächst strukturell dargestellt von Verena Burk, im Anschluss verdeutlichen die Beiträge von Carsten Flügel zu allgemeinen Tätigkeitsfeldern im TV sowie von Eberhard Figgemeier zur Programmorganisation am Beispiel »Olympische Spiele 2008« die stark differenzierten Tätigkeitsfelder im Fernsehen. Mit den neuen Informationsmöglichkeiten im Internet beschäftigt sich zunächst strukturell Jan Becker, zudem präsentieren Clemens Gerlach mit SPIEGEL ONLINE sowie Jürgen Schwier und Oliver Fritsch mit dem Weblog »Indirekter Freistoß« zwei prominente Beispiele. Eine Übersicht über das meist unterschätzte Arbeitsfeld der Sportfotografie bieten Valeria Witters und Thomas Horky, ergänzt durch ein von Christoph Gerrit Grimmer geführtes Interview zur Arbeit von Fotoredakteuren. Nach einer kurzen Abgrenzung vom Tätigkeitsfeld PR/Lobbyismus durch Ralf Spiller wirft Frank Heike einen Blick auf die spezielle Situation der freien Journalisten im Sportbereich. Den Abschluss des Praxisteils bildet ein Beitrag von Hans-Joachim Seppelt zum investigativen Sportjournalismus mit dem Beispiel einer längeren Reportage im Fernsehen.

Statt eines Schlusswortes der Herausgeber wird dieser Band mit einem essayistischen Fazit von einem der zurzeit wohl renommiertesten deutschen Journalisten beendet: Hans-Joachim Leyendecker von der SÜDDEUTSCHEN ZEITUNG wirft aus der distanzierten Perspektive eines Berufspraktikers einen kritischen Blick auf den Sportjournalismus und fordert mittels klarer Handlungsmaximen eine Rückbesinnung auf Recherche, Vielfalt und Qualität.

Literatur

Görner, F. (1995): Vom Außenseiter zum Aufsteiger. Ergebnisse der ersten repräsentativen Befragung von Sportjournalisten in Deutschland. Berlin.

Pürer, H. (1998): Einführung in die Publizistikwissenschaft. Systematik, Fragestellungen, Theorieansätze, Forschungstechniken. 6. Auflage, Konstanz.

Schaffrath, M. (2007): Wege in den Sportjournalismus – Ausbildungsvarianten, Tätigkeitsfelder und Berufsaussichten. Münster.

Schwier, J./Schauerte, Th. (2008): Soziologie des Mediensports. Köln.

Sportjournalist (2004): Die Kluft in den Medien. (Heft 11).

Weischenberg, S./Malik, M./Scholl, A. (2006): Souffleure der Mediengesellschaft. Report über die Journalisten in Deutschland. Konstanz.

Teil A

Grundlagen des Sportjournalismus

Erik Eggers

1 Geschichte des Sportjournalismus

Ein weites Feld, wissenschaftlich jedoch unbeackert – so stellt sich die Geschichte des deutschen Sportjournalismus dar. Während für die Schweiz (Hornauer 1998) und Österreich (Strabl 1980) Überblicksdarstellungen vorliegen, existiert ein Standardwerk für den deutschen Sportjournalismus nicht. Es blieb bei kläglichen Versuchen. So verfehlte der berufsständische Verband Deutscher Sportjournalisten (VDS 2002) es in einer Chronik die wichtigsten Grundzüge aufzuzeigen. In ihr fand sich peinlicherweise für die Zeit des Dritten Reiches kein einziger Satz über das Berufsverbot der jüdischen Sportjournalisten, genauso wie rassistische Zitate führender VDS-Funktionäre unerwähnt blieben. Die Zeit des Nationalsozialismus ist nur ein (unrühmliches) Beispiel (Eggers 2007a). Nicht einmal die mediale Historie der Olympischen Spiele ist geschrieben (Krebs 2007).

Sehr bescheidene Anfänge des Berufsstandes liegen im 18. Jahrhundert. Bereits 1724 berichtete die BRESLAUER ZEITUNG über Pferderennen. Mitte des 19. Jahrhunderts, im Rahmen der Vormärz-Bewegung, entstand dann die Turnfachpresse, die den Aufschwung der deutschen Turnbewegung publizistisch begleitete. Die größte Auflage erzielte hier die seit 1856 erscheinende DEUTSCHE TURNER-ZEITUNG (DTZ). Sie fungierte als Organ der stark wachsenden Deutschen Turnerschaft (DT), die zu Beginn des 20. Jahrhunderts mehr als eine Mio. Mitglieder umfasste und die sich ideologisch von der modernen Variante der Leibesübungen abgrenzte: Dem englischen Sport, dem, anders als beim Turnen, das Rekordprinzip zugrunde lag.

Aufbruchswelle ab 1880

Als englische Sportarten wie Fußball oder Tennis trotz der turnerischen Vorherrschaft im Deutschen Kaiserreich populärer wurden, kam es laut Krebs in den 1880er-Jahren zu einer wahren »Aufbruchswelle« im deutschen Sport-journalismus. Als Geburtstag des Sportteils in einer deutschen Zeitung gilt der 23.03.1886. Damals berichteten die MÜNCHNER NEUESTEN NACHRICHTEN u. a. über eine Wette zwischen einem Pferdebahnwagen und einem Läufer so-wie über Resultate bei Pferderennen (Krebs 2007). 1885 soll der BERLINER BÖRSEN-COURIER allerdings bereits über einen angestellten Sportjournalisten verfügt haben. Großen Einfluss auf die frühe deutsche Sportpublizistik übten britische Immigranten aus, die Fachzeitschriften nach angelsächsischem Vor-bild gründeten. Zu ihnen zählte Andrew Pitcairn-Knowles, der mit der elitären Wochenzeitschrift SPORT IM BILD auf eine aristokratische und kaufkräftige Klientel abzielte (Gillmeister 1993). 1882 erschien erstmals der WASSERSPORT, der sich in erster Linie um das Rudern kümmerte, 1885 DER RADFAHRER, 1891 die BALLSPIEL-ZEITUNG und 1894 DER FUßBALL. Diese Zeitschriften spiegelten die populärer werdenden Sportarten wider. Freilich waren die wenigsten Periodika bis zur Jahrhundertwende ökonomisch erfolgreich.

Bis zum Ersten Weltkrieg zogen renommierte Blätter wie die FRANK-FURTER ZEITUNG oder die KÖLNISCHE ZEITUNG nach und informierten ihre Leser zumindest in kleineren Rubriken über den Sport. Nicht selten befeuerten sportliche Erfolge lokaler Sportler die Entwicklung. Die BADISCHE LANDESZEITUNG etwa reagierte 1907 auf die Deutsche Fußball-meisterschaft des Freiburger FC, indem sie ein Fußballressort einrichtete (Häupler 1950). Da die Nachfrage nach sportlichen Nachrichten kontinuier-lich stieg, gründete sich 1904 mit der SPORTLICHEN RUNDSCHAU die erste Nachrichtenagentur dieses Genres, die bis 1918 die Konkurrenz beherrschte (Bollmann 1938). Der Textanteil der Sportnachrichten war hoch. Denn die Sportfotografie steckte noch in den Kinderschuhen und konnte kaum »bewegte« Bilder liefern. Die meisten Darstellungen beschränkten sich daher auf Porträts und Mannschaftsbilder, die lange Belichtungszeiten erlaubten.

»Profis«, d. h. hauptamtlich beschäftigte Sportjournalisten, waren vor dem Ersten Weltkrieg eine Rarität. Oft griffen die Zeitungen und Zeitschriften auf Sportler als Berichterstatter zurück, zumal wenn das Ereignis in weiter Ferne stattfand. So berichtete Kurt Doerry, der bei den I. Olympischen Spielen 1896 in Athen als 100-Meter-Sprinter an den Start ging, gleichzeitig für SPORT IM BILD. Die Sozialhistorikerin Christiane Eisenberg (1999) kon-statiert für diese Pioniere des Berufstandes eine »Aufsteiger-Mentalität«. Paradebeispiel dafür ist Carl Diem (1882–1962), der enorm viel publizierte und parallel dazu die sportpolitische Karriereleiter erklomm. Diem, dessen Rezeption heute umstritten ist, wurde 1917 Generalsekretär des Deutschen

Reichausschusses für Leibesübungen und damit der erste hauptamtlich bezahlte Sportfunktionär Deutschlands.

Blüte in der Weimarer Republik (1918–1933)

Im Ersten Weltkrieg hatte der Sportjournalismus, da das zivile Leben nahezu zusammenbrach, kaum eine Rolle gespielt. An den Fronten gewann jedoch der Sport enorm an Beliebtheit und überflügelte nun das Deutsche Turnen. Sportarten wie Leichtathletik, Boxen und vor allem der Fußball, der 1931 über eine Mio. organisierte Mitglieder besaß, entwickelten sich in der Weimarer Republik zu einem Massenphänomen – und bewirkten so eine Blüte des Sportjournalismus. Sogar in intellektuellen Tageszeitungen, wie die VOSSISCHE ZEITUNG (Berlin), etablierte sich Mitte der 1920er-Jahre das Sportressort. Kein großes Blatt komme mehr »ohne mehr oder minder umfangreiche Sportabteilung« aus, konstatierte 1925 deren Sportchef Willy Meisl (Meisl 1925). Zugleich setzte eine »Gründungsepidemie« im Sportzeitschriftenwesen ein, wie Bernhard Ernst (1925b) im gleichen Jahr feststellte. Den größten Wettbewerb gab es im Fußball, wo der 1920 gegründete KICKER mit dem FUßBALL, der FUßBALLWOCHE und weiteren auflagenstarken Blättern konkurrierte. Nicht selten fungierten diese Zeitschriften gleichzeitig als offizielle Organe des Deutschen Fußballbundes (DFB), was die objektive Berichterstattung erschwerte. Zu den berühmtesten Fußballjournalisten jener Zeit zählten KICKER-Herausgeber Walter Bensemann, FUßBALL-WOCHE-Chefredakteur Ernst Werner sowie der freie Journalist und Regelexperte Karl Koppehel, der bis 1923 als Schiedsrichter fungiert hatte.

Da der Bedarf an weltweiten Sportergebnissen wuchs, entstanden weitere auf den Sport spezialisierte Nachrichtenagenturen. Die 1919 gegründete *Korrespondenz des Vereinigten Sportverlages* (Koves) dominierte zunächst den Markt, musste sich aber bald der Konkurrenz des *Wolffschen Telegraphen Bureau* (WTB) und der *Telegraphen-Union* (TU) stellen, die ab 1924 ebenfalls Sportresultate kabelten. DAS SPORTBLATT, das 1918 als reine Sporttageszeitung im Verlag Hackebeil erschien, wurde bereits 1921 wieder eingestellt. Deutliche Fortschritte machte die Sportfotografie. Berühmte Fotografen wie Lothar Rübelt befeuerten die Auflagen der Zeitschriften mit ihren Aufnahmen, indem sie von kürzeren Belichtungszeiten profitierten. Laut Publizistin Heike Egger wurde in den 1920er-Jahren der »moderne Bildjournalismus« auch im Sportgenre geboren (Egger 2000).

In der Weimarer Republik liegen ebenfalls die Anfänge des Sportfunks. Wegen technischer Probleme zunächst auf urbane Räume begrenzt, erkannten die Programmmacher bald die Zugkraft des Sports (Eggers 2007). Bereits ein Jahr nach Einführung des Funks konnten die Hörer am 13.07.1924 die erste Liveübertragung eines Sportereignisses verfolgen: Eine Ruderregatta auf der Hamburger Alster. Gut ein Jahr später, am 01.11.1925, reportierte der Rundfunkpionier Bernhard Ernst mit Preußen Münster gegen Arminia Bielefeld erstmals ein ganzes Fußballspiel. Am 18.04.1926 konnte man mit Deutschland vs. Holland (in Düsseldorf) erstmals ein Fußball-Länderspiel verfolgen. Gestandene Printjournalisten wie Koppehel versuchten sich im neuen Medium, scheiterten aber in der Regel. Journalistische Experimente, die Kombinationen auf dem Feld zu erklären wie Spielzüge auf einem Schachbrett, schlugen ebenfalls fehl. Es setzte sich die freie, feuilletonistisch orientierte Reportageform durch, die Figuren wie Fritz Wenzel, Alfred Braun und Paul Laven verkörperten. Sie wurden dabei zu Stars und erhöhten das Sozialprestige ihres Berufstandes dadurch beträchtlich. Berühmtheit erlangte die Hörfunkreportage vom Fußball-Länderspiel 1929 in Turin, der ersten Fußballreportage aus dem Ausland, als Laven beim deutschen 2:1-Sieg die Glanzparaden des Nürnberger Wundertorhüters Heiner Stuhlfauth bejubelte.

Am 21.04.1927 gründete sich mit dem Verband der Deutschen Sportpresse der erste reichsweit agierende Berufsverband, Vorsitzender war Kurt Doerry. Vorläufer hatte es bereits in Berlin (1910) und zu Beginn der Weimarer Republik (1921) gegeben.

Zäsur im Dritten Reich

Zu einer weiteren Aufwertung des Sportjournalismus kam es im Dritten Reich, speziell im Vorfeld der Olympischen Spiele 1936 in Berlin. Die Nationalsozialisten, insbesondere der Minister für Volksaufklärung und Propaganda, erkannten nach der Machtübernahme anno 1933 schnell den Wert der Propaganda auf dem Gebiet des Leistungssports. In Wirklichkeit blühte der Sportjournalismus nur zum Schein, denn er hatte in dieser Konjunktur einen hohen Preis zu bezahlen: die Meinungsfreiheit. Das sportjournalistische Arbeiten war mit der Bedingung verbunden, die Ideologie der NS-Machthaber zu verbreiten. Nicht das Unterhaltungsbedürfnis der Konsumenten sei zu erfüllen, forderte 1938 Hans Bollmann, der Chef des gleichgeschalteten Berufsverbandes der deutschen Sportjournalisten. Der Sport-schriftleiter habe vielmehr »die große Linie zu wahren, die auch ihm durch die Maßnahmen des neuen Staates vorgezeichnet sind« (Bollmann 1938: 11).

Diese Maßnahmen des neuen Staates bedeuteten spätestens ab Herbst 1933 ein Berufsverbot für alle jüdischen Sportjournalisten. Stand der Zu-gang zum Beruf zuvor allen frei, fielen die Juden ab dem 04.10.1933 dem neuen Reichsschriftleitergesetz zum Opfer, wonach nur noch als Journalist tätig sein durfte, »wer Reichsangehöriger, mindestens 21 Jahre alt, ›arischer‹ Abstammung und nicht jüdisch verheiratet war« (Frei/Schmitz 1989: 28). Da auch »marxistische« Redakteure ein faktisches Berufsverbot erhielten, wurden bis 1934 mehr als zehn Prozent aller im Deutschen Reich tätigen Journalisten ausgegrenzt. Bensemann und Meisl, zwei der einflussreichsten Sportpublizisten, die nach NS-Auffassung als Juden eingestuft wurden, gingen daraufhin ins Exil.

Zu den Charakteristika des Dritten Reichs zählt die Politik der »damnatio memoriae«, die alles Jüdische aus der kollektiven Erinnerung auszumerzen beabsichtigte. Im Sport schlug sich diese perfide Geschichtspolitik ebenfalls nieder: Als 1939 ein Sammelbilder-Album des KICKER erschien, in dem alle bis dato tätigen Fußballnationalspieler gewürdigt wurden, fehlten darin die beiden Juden Julius Hirsch und Gottfried Fuchs. Auch knüpfte die NS-Politik an Vorbilder aus dem Kaiserreich an, englische Begriffe aus der Sportsprache zu »germanisieren«, was jedoch nur teilweise glückte. Ein Beispiel dafür ist der NS-Neologismus des »Nationalspielers«, der ab 1933 den zuvor gebräuchlichen Begriff des »Internationalen« ersetzte.

Im Dritten Reich kam es zu einer spürbaren Konzentration des Sport-zeitschriftenwesens. Hatte es 1928 noch mehr als 380 Zeitschriften gegeben, waren es 1935 nur noch 239 (Häupler 1950). Parallel dazu wurden *WTB* und *TU* zum *Deutschen Nachrichten-Büro* (DNB), das unter der Kontrolle des Goebbels-Ministeriums stand, fusioniert. Genuin nationalsozialistische Blät-ter im Sportbereich setzten sich indes nur selten durch; eine Ausnahme bildete allerdings das opulent bebilderte REICHSSPORTBLATT. Die Sportteile der Tageszeitungen und der Sportzeitschriften wurden nach Ansicht des Sporthistorikers Hajo Bernett (1985) jedoch grundsätzlich nicht in dem Maße für »weltanschauliche Exerzitien genutzt«, wie sich das die Macht-haber wünschten. Offenbar beschwerten sich die Sportkonsumenten, wenn ideologische Aufsätze zu großen Platz einnahmen. Oder sie kauften die Zeitschriften nicht mehr.

Der Sportfunk erlebte unter den Nationalsozialisten ebenfalls eine (Schein-) Konjunktur. Bald nach der Machtübernahme baute das Regime den Funk zum sogenannten »Volksempfänger« aus und beeinflusste so Millionen. Der Sportfunk gebar nun neue Stars, die als Botschafter des NS-Regimes fungierten. Neben Laven stieg Rolf Wernicke zur »Stimme des Führers« empor; angeblich soll Adolf Hitler die Reportage Wernickes über ein Spiel des olympischen Eishockeyturniers 1936 so sehr gefallen haben, dass Wernicke danach auch Auftritte des »Führers« reportierte. Mit den Jahren verwischte die Grenze zwischen Sport und politischer Propaganda. Arno Hellmis, der 1936 die berühmte Reportage des Boxduells zwischen Max Schmeling und Joe Louis sprach, schrieb gleichzeitig für die NS-Hetzblätter ANGRIFF und VÖLKISCHER BEOBACHTER. Der Sportfunkjournalist Horst Slesina wurde 1943, nach vier Jahren als Kriegsberichter, gar zum Propagandachef des Gaues Westmark befördert. In diesem Jahr, da bereits alles auf den »totalen Krieg« ausgerichtet war, zählte der Sport im *Großdeutschen Rundfunk* redaktionell schon nicht mehr zur Unterhaltung, sondern zu den »politisch-propagandistischen Sendungen« (Diller 1980: 371).

Das Sportfernsehen erlebte im Rahmen der Olympischen Spiele 1936 in Berlin seine Premiere; im Raum Berlin wurden einige Fernsehstuben eingerichtet, in denen Livebilder aus dem Olympiastadion zu sehen waren. Ein größeres Publikum erreichte indes die filmische Dokumentation der Spiele. Die von Regisseurin Leni Riefenstahl kunstvoll geschnittenen Filme entpuppten sich 1938 im Kino als Welterfolg. Nach dem Krieg wurden sie als Inbegriff der NS-Ideologie kritisiert und verboten.

Sportjournalismus in der Bundesrepublik bis 1989

Das mediale System in der NS-Zeit machten die vier Besatzungsmächte nach dem Ende des Zweiten Weltkrieges 1945 als eine der Ursachen der deutschen Katastrophe aus. Doch diese Einigkeit war dahin, als der Kalte Krieg die Teilung des deutschen Staates provozierte. In den drei westlichen Besatzungszonen, die 1949 zur Bundesrepublik wurden, installierten die Machthaber daher ganz bewusst ein Mediensystem nach angelsächsischem Vorbild, das auf Presse- und Meinungsfreiheit sowie Pluralität fußte (Eggers 2007b).

Die Sportjournalisten waren nun gezwungen, an die liberale Tradition der Weimarer Republik anzuknüpfen. Dass viele erfahrene Kollegen an den

Fronten des Weltkrieges gefallen oder, wie etwa der ehemalige Fußballstar Hanne Sobek, politisch vorbelastet waren, erschwerte die Sache auf der einen Seite (dem Rundfunkidol Paul Laven etwa wurde seine Vergangenheit angelastet, seinem Kollegen Wernicke erstaunlicherweise nicht). Auf der anderen Seite besaß die junge Generation, die nun heranwuchs, zwar nicht viele Vorbilder, konnte jedoch relativ unbelastet agieren. Herbert Zimmermann etwa, der die berühmte Hörfunkreportage vom Fußball-WM-Finale 1954 in Bern sprach, hatte im Krieg als Panzerkommandant gedient, bevor er nach 1945 seine journalistische Karriere beim NWDR in Hamburg startete (Eggers 2004). Auch Harry Valérien oder Rudi Michel nutzten damals die berufliche Chance, die vor ihnen lag.

Bei den überregionalen Tageszeitungen (FRANKFURTER RUNDSCHAU, SÜDDEUTSCHE ZEITUNG) führte das Sportressort lange Zeit ein stiefmütterliches Dasein. Großen Anteil besaß die Sportberichterstattung indes in den Boulevardmedien, deren Flaggschiff BILD im Jahr 1952 gegründet wurde. Kein Zufall war es, dass der KÖLNER EXPRESS parallel zur Einführung der Fußball-Bundesliga (1963) auf dem Markt platziert wurde. Grundsätzlich wurde das nackte Resultat immer unwichtiger. Gefragt war zunehmend die analytische Einordnung, da zunächst der Hörfunk (etwa bis Ende der 1950er-Jahre) und dann das Fernsehen die Rolle eines Leitmediums und Ergebnisübermittlers übernahmen. In den 1980er-Jahren reagierten darauf Sportjournalisten wie Matti Lieske (TAGESZEITUNG) und prägten mit feuilletonistischen Texten einen neuen Stil. Auch nach dem Krieg besaß der Volkssport Fußball die größte Aufmerksamkeit in den Tageszeitungen.

Als einzige reine Sportnachrichtenagentur setzte sich der 1945 in Düsseldorf gegründete *Sport-Informations-Dienst* (SID) durch, dessen Gründer Alfons Gerz 1933 beim *WTB* volontiert hatte. Krebs bescheinigte dem *SID* eine »unbestreitbar einmalige Position« und eine Sonderrolle als »dominierender Meinungsführer« in der deutschen Sportpublizistik (Krebs 1978: 104 f.). Einzig ernstzunehmender Konkurrent des *SID* ist seit 1949 die *Deutsche Presse-Agentur (dpa)*. Eine reine Sporttageszeitung konnte sich, obgleich oft geplant, bislang nicht durchsetzen. Sportzeitschriften wie der auflagenstarke KICKER oder die HANDBALLWOCHE erlebten nach 1950 eine Konjunktur, Kleinjohann (1987) ermittelte insgesamt 252 Titel. Seit Ende der 1980er-Jahre ist auch für dieses Genre eine Boulevardisierung zu beobachten, welche die 1988 gegründete SPORTBILD wesentlich beeinflusste.

Der Sportfunk erlebte eine Blütephase bis Ende der 1950er-Jahre, die sich an den Fußball-Weltmeisterschaften ablesen lässt: Das WM-Halbfinale

1958 zwischen der BRD und Frankreich war live ausschließlich am Radio zu verfolgen (Reporter: Zimmermann und Michel). Auch bei der WM 1962 in Chile besaß das Radio per Langwelle eine privilegierte Stellung. Mit der Einführung der Satellitentechnik aber erfuhr der Sportfunk einen Bedeutungsverlust und geriet zu einem Medium »Auto fahrender Rezipienten« (Digel 1983: 23). Auch der Sportfunk reagierte zu Beginn der 1970er-Jahre auf diese neue Situation und widmete sich fortan zunehmend Hintergrundberichten. Als administrative und politische Blaupause für den öffentlich-rechtlichen Hörfunk nach 1949 diente die BBC in London. Fast jedes Bundesland besaß seinen eigenen Sender, die bis heute in der *Arbeitsgemeinschaft der öffentlich-rechtlichen Rundfunkanstalten der Bundesrepublik Deutschland* (ARD) organisiert sind. Auch der 1946 gegründete RIAS in Berlin war ARD-assoziiert. 1960 kam die DEUTSCHE WELLE hinzu. Das 3. Rundfunkurteil des Bundesverfassungsgerichtes 1981 beendete das Monopol des öffentlich-rechtlichen Rundfunks, indem es den »dualen Rundfunk« genehmigte. Fortan war es auch privaten Investoren erlaubt, Rundfunklizenzen zu erwerben. Die ersten privaten Hörfunksender Rheinland-Pfalz Radio (RPR) und Radio Schleswig-Holstein (RSH) widmeten sich umgehend dem Sport (Schaffrath, 1995); RSH etwa berichtete sofort umfangreich über den Handball-Bundesligisten THW Kiel.

Als offizieller Start des BRD-Sportfernsehens gilt der 25.12.1952, als der NWDR das Spiel FC St. Pauli gegen Hamburg 07 übertrug. Bereits 1954 sollen über zwei Mio. Zuschauer das Finale der Fußball-WM zwischen der BRD und Ungarn gesehen haben. Nur wenige Sportjournalisten gingen erfolgreich den Weg vom Hörfunk zum Fernsehen, da ein TV-Kommentar völlig andere Schwerpunkte setzte als eine Hörfunkreportage; einer der wenigen war Rudi Michel. Motoren des Sportfernsehens waren Großveranstaltungen wie Olympische Spiele und Fußball-Weltmeisterschaften; die Olympischen Spiele 1968 in Mexiko-City etwa markierten den Start des Farb- und Satellitenfernsehens in der BRD. Organisatorisch war das Fernsehen strukturiert wie der öffentlich-rechtliche Hörfunk. Als Konkurrenz kam 1961 lediglich das Zweite Deutsche Fernsehen (ZDF) hinzu, das mit seinem Format »das aktuelle sportstudio« einen neuen Impuls setzte. (Die ARD hatte bereits 1961 die »Sportschau« erfunden.) Auch das Sportfernsehen musste sich ab Mitte der 1980er-Jahre einer völlig neuen Situation stellen, als das öffentlich-rechtliche Monopol gebrochen wurde und sich die private Konkurrenz RTL beispielsweise 1988 die Senderechte der begehrten Fußball-Bundesliga sicherte.

Grundsätzlich sah sich der Stand der Sportjournalisten, der in den 1970er-Jahren rund 1000 Kollegen umfasste, diskreditiert als »Außenseiter der Redaktion« (Weischenberg 1976). Zudem wurde ihm vorgeworfen, unkritisch zu berichten und distanzlos mit den Sportlern »in einem Boot zu sitzen« (Blödorn 1984: 70 ff.). Einem solchen Pauschalvorwurf steht gegenüber, dass große Journalisten wie Hanns-Joachim Friedrichs (zeitweise Chef des Sportstudios) ihre Karriere im Sport begonnen hatten. Auch dem Verband Deutscher Sportjournalisten, der sich 1950 wieder gründete und bis 1970 als Anschlussorganisation des Deutschen Sportbundes (DSB) fungierte, wurde häufig eine allzu große Nähe zu Sportlern und Sportfunktionären vorgehalten. Vorwürfe, die auch heute noch laut werden.

Sportjournalismus in der DDR (1949–1989)

Im Gegensatz zu den Kollegen in der BRD beklagten sich die Sportjournalisten in der DDR über mangelnden Respekt oder Anerkennung nicht. Schließlich war mit dem Beruf das Privileg verbunden, zuweilen durch den »Eisernen Vorhang« zu reisen, um auch im »kapitalistischen Ausland« über Sportereignisse zu berichten. Dementsprechend reglementiert war der Zugang: Obligatorisch war eine vierjährige Diplom-Ausbildung an der Karl-Marx-Universität Leipzig, die verbunden war mit einer ideologischen und rhetorischen Schulung. Während westliche Sportfunktionäre wie Helmut Digel (1975) das »fundierte Fachwissen« der ostdeutschen Sportjournalisten respektierten, entwickelte Jahnke (1975) für den DDR-Sportjournalisten den Begriff des »schreibenden Sportfunktionärs«, weil dieser stets die Linie des DDR-Sportsystems vertrat.

Die hohe Bedeutung der DDR-Sportjournalisten war auf die Intention der DDR-Staatsführung zurückzuführen, über den Hebel »Sport« den Alleinvertretungsanspruch der BRD (Hallstein-Doktrin) zu torpedieren – was letztlich gelang. Hinzu kam der seit den 1960er-Jahren staatlich organisierte Aufstieg der DDR-Athleten zu einer »Weltmacht des Sports«, der publizistisch begleitet werden sollte. Verschwiegen wurde dabei, dass den meisten Sportlern zu diesem Zweck illegale Dopingmittel verabreicht wurden, was gegen das DDR-Strafrecht verstieß. Presse- und Meinungsfreiheit waren zwar offiziell garantiert. In Wirklichkeit aber kontrollierten und lenkten verschiedene Organe der Sozialistischen Einheitspartei Deutschlands (SED) alle Medien.

Im Gegensatz zur Bundesrepublik erschien mit dem DEUTSCHEN SPORT-ECHO (seit 1947) eine tägliche Sportzeitung, die den Querschnitt aller olympischen Sportarten repräsentierte und stark nachgefragt wurde. Sie wurde erst nach der Wiedervereinigung 1990 eingestellt. Auch Fachblätter wie die FUßBALL-WOCHE, LEICHTATHLETIK oder HANDBALL wurden gern gelesen. Der Sportfunk der DDR, der seit 1952 aus der Berliner Nalepastraße sendete, wurde ebenfalls politisch stark beeinflusst. Die bekannteste Sendung hieß »Mit dem Sportmikrophon unterwegs«, der beliebteste Moderator war Heinz-Florian Oertel. Auch das DDR-Sportfernsehen, das in den 1960er-Jahren den Hörfunk als Leitmedium ablöste, diente als »politisch-ideologisches Machtinstrument« (Tümmler/Tümmler 1973: 814), das die Überlegenheit des DDR-Sportsystems zu dokumentieren hatte.

Literatur

Bernett, H. (1985): Sportpublizistik im totalitären Staat 1933–1945. Stadion XI: 263–295.

Blödorn, M. (1984): Sport und Medien. In: Bundeszentrale für politische Bildung (Hrsg.): Gesellschaftliche Funktionen des Sports. Darmstadt: 64–83.

Bollmann, H. (1938): Vom Werdegang der Sportpresse (Zeitung und Zeit, Band IV). Frankfurt.

Digel, H. (1983): Sport und Sportberichterstattung. Reinbek bei Hamburg.

Diller, A. (1980): Rundfunkpolitik im Dritten Reich. München.

Egger, H. (2000): Dem Moment sein Geheimnis entreißen. Zur Geschichte der Sportfotografie. In: Bitzke, C./ Jacobsen, H.-P. (Hrsg.): Aktion, Emotion, Reflexion. Sportfotografie in Deutschland. Jena/Quedlinburg: 7–15.

Eggers, E. (2004): Die Stimme von Bern. Das Leben des Herbert Zimmermann, Reporterlegende bei der WM 1954 in Bern. Augsburg.

Eggers, E. (2007a): Die Geschichte der Sportpublizistik in Deutschland (bis 1945). In: Schierl, T. (Hrsg.): Handbuch Medien, Kommunikation und Sport, Schorndorf: 10–24.

Eggers, E. (2007a): Die Geschichte der Sportpublizistik in Deutschland von 1945 bis 1989. In: Schierl, T. (Hrsg.): Handbuch Medien, Kommunikation und Sport. Schorndorf: 25–41.

Eisenberg, Chr. (1999): English sports und deutsche Bürger. Paderborn u. a.

Ernst, B. (1925): Die deutsche Sportpresse. In: Deutscher Fußball-Bund (Hrsg.): 25 Jahre Deutscher Fußballbund. Düsseldorf: 271–274.

Frei, N./Schmitz, J. (1989): Journalismus im Dritten Reich. München.

Gillmeister, H. (1993): English Editors of German Sporting Journals at the Turn of the Century. The Sports Historian 15: 38–40.

Häupler, H. (1950): Entwicklung und Wesen der Sportpresse. München.

Hornauer, U. (2004): Sport + Wort. Zürich.

Kleinjohann, M. (1987): Sportzeitschriften in der Bundesrepublik Deutschland. Bestandsaufnahme – Typologie – Themen – Publikum. Theoretisch-empirische Analyse eines sportpublizistischen Mediums. Frankfurt u. a.

Krebs, H.-D. (2007): in: Zurückhaltung oder Furcht? Sportzeiten, Heft 3: 41–51.

Meisl, W. (1925): Sportwelt – Weltsportpresse. Deutsche Presse 15 (51/52): 21–22.

Schaffrath, M. (1995): Sport on air. Studie zur Sportberichterstattung öffentlich-rechtlicher und privater Radiosender in Deutschland. (Beiträge des Instituts für Sportpublizistik, Bd. 5). Berlin.

Strabl, J. (1980): Wir Sportreporter. 100 Jahre Sportpresse. Wien.

Tümmler, B./Tümmler, S. (1973): Sport, Olympische Spiele und Fernsehen. Zu einigen Aspekten des Verhältnisses der Massenmedien zu Körperkultur und Sport. Theorie und Praxis der Körperkultur 22 (9): 811–816.

Verband Deutscher Sportjournalisten (2002): 75 – Jubiläumsbuch 1927–2002.

Weischenberg, S. (1976): Außenseiter der Redaktion: Struktur, Funktion und Bedingung der Sportjournalisten. Bochum.

Jürgen Schwier

2 Sport in den Medien als kulturelles Alltagsphänomen

Sport, Kultur, Medien – dabei sein ist alles

Der Sport ist in unserer Gesellschaft nahezu allgegenwärtig und spielt im Alltagsleben zahlreicher Menschen eine prominente Rolle. So zählt allein der Deutsche Olympische Sportbund (DOSB) als Dachverband für Sport in Deutschland gegenwärtig mehr als 27 Mio. Mitgliedschaften und rund fünf Mio. Teilnehmer halten sich in knapp 6000 kommerziellen Studios fit. Darüber hinaus treibt eine kaum überschaubare Anzahl von Mitbürgern regelmäßig selbst organisiert Sport, erwirbt entsprechende Produkte und Dienstleistungen, besucht Sportveranstaltungen oder engagiert sich als Fan von Clubs bzw. Athleten. Das Interesse an der massenmedialen Sportberichterstattung, an entsprechenden Wetten und an der breiten Produktpalette der Sportbranche geht zudem weit über diesen Personenkreis hinaus. Und auch sportlich nicht aktive Bevölkerungsgruppen tragen in ihrer Freizeit mitunter Trikots oder Laufschuhe, verfolgen in erheblichem Umfang die Fernsehübertragungen von Olympischen Spielen oder Automobilrennen, lesen den Sportteil ihrer Tageszeitung und diskutieren im Bekanntenkreis den Ausgang von Fußballspielen. Insbesondere die Spiele der deutschen Fußballnationalmannschaft der Männer versammeln häufig mehr als 20 Mio. Zuschauer vor den Bildschirmen und bescheren den übertragenden Fernsehsendern nicht selten Marktanteile zwischen 70 und 80 Prozent. Vor diesem Hintergrund erscheint es fast schon folgerichtig, dass es sich bei den zehn meistgesehenen Sendungen des deutschen Fernsehens in den letzten 20 Jahren ausnahmslos um Spiele der Fußballnationalmannschaft bei Welt- oder Europameisterschaften handelt, wobei die Halbfinalbegegnung zwischen der

Auswahl Italiens und des Gastgebers bei der WM-Endrunde 2006 den Rekordwert für die jemals in Deutschland gemessene Fernsehreichweite hält.

Einer der vermeintlich schönsten Nebensachen der Welt kann man sich also im Multimediazeitalter wohl nur noch mit einigem Aufwand entziehen, da diese uns in ihren diversen Erscheinungsformen – u. a. als traditionell geschätztes Erziehungsmittel, als Allzweckwaffe der Gesundheitsprävention, als prestigeträchtige Freizeitpraxis, als Publikumsattraktion und Quotengarant im Feld der populären Kultur oder schlicht als ökonomischer *Global Player* – fortlaufend begegnet. Es drängt sich geradezu der Eindruck auf, dass nur der Sport selbst in der Lage ist, seinen aktuellen gesellschaftlichen Stellenwert nachhaltig zu untergraben. Die augenfällige Häufung von Dopingvergehen in einigen Disziplinen des Spitzensports, das gewalttätige Verhalten von Athleten und Fans auf allen Leistungsebenen, die Betrugs- und Korruptionsaffären sowie die mangelnde Transparenz in den transnationalen Sportorganisationen, die rein unterhaltungsorientierten Verfremdungen der Wettkampfpraxis nach Marketinggesichtspunkten und die fragwürdige Durchkapitalisierung ganzer Sportarten zeigen die Schattenseiten der zügellosen Wachstumslogik bzw. des Siegescodes dieser Bewegungskultur. Sie konfrontieren das gesamte System mit Legitimationsproblemen, sichern allerdings den betroffenen Segmenten des Sports weiterhin beachtliche öffentliche Aufmerksamkeit.

Auf der anderen Seite ist die Sportnachfrage ungebrochen und die Menschen wollen massenhaft bei den Events des Mediensports möglichst live dabei sein. Heute gilt es quasi als Selbstverständlichkeit, fast überall das Wichtigste aus der Welt des Spitzensports zumindest ausschnittsweise und zeitversetzt sehen zu können. Schon eine wenige Minuten dauernde Bild- und Tonstörung einer Liveübertragung, wie beim Halbfinalspiel Deutschland – Türkei während der Euro 2008, sorgt daher nicht nur in den Heimatländern der Beteiligten für hohe Erregungswellen bei den Schaulustigen. Letztendlich signalisiert eine derartig emotionale Anteilnahme ebenso wie die kollektive Erlebnissuche beim Public Viewing, dass der Marktwert nicht nur des Fernsehfußballs, sondern des gesamten Mediensports mittelfristig sogar noch eine Steigerung erfahren könnte: Ihr gemeinschaftsbildendes Potenzial macht sie zu einem der raren Angebote, die gegenwärtig vor den Bildschirmen noch einen echten Versammlungseffekt auslösen (vgl. Horky 2007; Schwier/Schauerte 2008: 111 ff.).

Was macht den Sport populär?

Die Gründe für den bislang ungebremsten Siegeszug des Sports in modernen Gesellschaften sind vielfältig. Neben den Massenmedien, die von Anfang an über die Wettkämpfe berichtet und damit deren Bekanntheitsgrad sowie deren soziale Relevanz gefördert haben, war der Sport auch für unterschiedliche gesellschaftliche Kräfte, Netzwerke und staatliche Stellen schon frühzeitig von Interesse. Wenn man die Entwicklung von Sportpraktiken und -konsum mit Bourdieu (1986: 140 f.) in das marktwirtschaftliche Wechselspiel von Angebot und Nachfrage einbettet, erfolgt die Popularisierung der sportlichen Betätigungen im frühen 20. Jahrhundert u. a. aufgrund ihrer Potenziale zur kostengünstigen Mobilisierung, Einbindung, Beschäftigung und Kontrolle bestimmter Gruppierungen. Seit seiner Startphase in den englischen *Public Schools* umgibt den Sport jedenfalls die Ausstrahlung eines Erziehungsmittels, das eine sozialverträgliche Kanalisierung der jugendlichen Leidenschaft und Vitalität begünstigt, also die Entfaltung sozial erwünschter Persönlichkeitseigenschaften und die Gemeinschaftsbildung zu fördern vermag. Daher überrascht es kaum, dass politische Parteien, Kirchen, Gewerkschaften oder Unternehmen derartige Bewegungsangebote rasch aufgegriffen und z. T. eigene institutionelle Arrangements für etliche der heute verbreiteten Sportarten hervorgebracht haben. Aus dem elitären, scheinbar ganz nebenbei der Charakterschulung dienenden Freizeitvergnügen von *Gentlemen* wird so Schritt für Schritt eine weltweite Massenbewegung, an der beinahe jedermann und – nach Überwindung weiterer Zugangsbarrieren – inzwischen auch jede Frau teilhaben kann. Dabei kommt es im Zuge der breitenwirksamen Etablierung dieser Praktiken mit den neu hinzukommenden Bevölkerungskreisen auch zu einem schleichenden Wandel der Funktionen und der Sinnsetzungen des Sports: Eine Sportart gibt zwar den Aktiven und den an ihr Interessierten »aufgrund ihrer intrinsischen [von innen her kommenden] Eigenschaften Grenzen für ihre soziale Verwendung vor, doch ist sie gleichwohl noch vielfältig verwendbar« (Bourdieu 1992: 200 f.; vgl. Schwier 2000: 19 ff.). Der gegenwärtig vorherrschende Gebrauch einer sportlichen Spiel- und Bewegungsform bleibt in jeder ihrer Aufführungen erkennbar, kann jedoch durch innovative oder bislang vernachlässigte Interpretationen ebenfalls verändert werden.

Neben der Ausprägung alternativer Techniken, wie z. B. der folgenschweren Idee des Hochspringers Dick Fosbury, die Latte per *Flop* rücklings zu überqueren, oder dem seinerzeit revolutionären V-Stil im Skispringen, sind auch mehr oder weniger radikale Umdeutungen der etablierten Inszenierungsweisen denkbar: Während Jugendliche aus Versatzstücken des eher distinguierten Golfsports die abseits normierter Plätze ausgeübte, betont unkonventionelle Trendvariante des Crossgolfens ableiten, haben mit umgekehrten Vorzeichen zahlreiche Erwachsene die jugendkulturelle Praxis des Inline-Skatings in der zweiten Hälfte der 1990er-Jahre von ihren eigensinnigen sowie widerspenstigen Elementen gereinigt und in eine pure Ausdauersportart transformiert.

Das Hinzukommen neuer Praktiken, die Vervielfältigung von Sportmotiven und die Auflösung der ursprünglichen Sinnmitte des Sports (Leistungsaskese, Wettkampfprinzip, Siegescode usw.) hängt vor allem eng mit dem fortschreitenden Einbezug ehemals sportferner Bürgerinnen und Bürger zusammen. Allein der in Sportverbänden organisierte Bevölkerungsanteil hat sich nach den Bestandserhebungen des DOSB von 1950 bis heute in Deutschland ebenso vervierfacht wie die Zahl der Vereine. Maßgebliche Einflussfaktoren für diese Entwicklung dürften zum einen die in dem genannten Zeitraum enorm gesteigerte Teilhabe von Frauen und zum anderen die Ausdehnung der Sportengagements auf die gesamte Lebensspanne sein. Eine solche Versportlichung der Gegenwartsgesellschaft korrespondiert mit einer partiellen Entsportlichung des Sports, dessen zunehmend buntes Erscheinungsbild auf eine Pluralisierung der Bewegungsformen, eine Individualisierung des Sporterlebens und eine Vielfalt der Perspektiven verweist (vgl. Bette 1999: 147 ff.; Cachay 1990; Schimank 1992). Figurformung mittels Bauch-Beine-Po-Kursen, Cardiotraining, Nordic Walking, Snow- oder Skateboarding gehören heute eben fast schon so selbstverständlich zum Feld des Sports wie Fußball, Leichtathletik, Schwimmen oder Gerätturnen.

Als Angebot bleibt die Sportkultur für Subjekte mit unterschiedlichsten Lebenshintergründen attraktiv, da sie durch die Körperbetonung grundlegende Kommunikationsbedürfnisse und Gefühlslagen anzusprechen vermag. Unter den Rahmenbedingungen eines weitgehend gleichförmigen, relativ abgesicherten Lebensalltags in sozialstaatlich orientierten Gemeinwesen verspricht der Sport nicht nur einen Ausgleich des Bewegungsdefizits, wagnisreiche Handlungssituationen, erregende Momente, ästhetische und materiale Erfahrungen aus erster Hand sowie – unter günstigen Umständen – ein Aufgehen im Tun. Beim Sport können wir darüber hinaus in Bewegung vorführen, wer wir sein wollen (Identität) und wie wir uns von anderen unterscheiden (Distinktion). Mitverantwortlich hierfür ist die besondere Strukturiertheit des Sports, die sozial konformes und zugleich eigenständiges Handeln notwendig macht, sich zwischen den Polen der Ordnung und Spontaneität, der Routine und Subversion bewegt, dabei Emotionen freisetzt und Rollendistanz einfordert. Der Sport eröffnet in dieser Sicht einen der wenigen gesellschaftlich akzeptierten Handlungsräume, in denen die Akteure alleine oder gemeinsam mit anderen moderates Erregungsverhalten und Expressivität öffentlich ausleben und daran Vergnügen finden können (vgl. Elias/Dunning 2003: 136 f.; Maguire 2005:11 ff.).

Den Sport als ein Kulturphänomen zu verstehen heißt vor dem skizzierten Hintergrund zuallererst, ihn als eine Form sozialer Kommunikation zu begreifen, die rund um den Globus unzählige Menschen direkt erreichen und Prozesse der Sinnstiftung in Gang setzen kann. Betrachtet man das Agieren aller Beteiligten, lässt man die scheinbaren Gegensätze von »populär« und »elitär« ebenso hinter sich wie jene normativen Deutungsversuche, die den traditionsreichen Vorbehalten der Oberschicht gegenüber dem Sport mit dem Hinweis auf eine an sich kulturell wertvolle Eigenwelt begegnen (vgl. Grupe 1987). Die Einzigartigkeit des Sports als populärer Kultur drückt sich vor allem darin aus, dass entsprechende Bewegungsformen aufgrund ihrer vielfältigen – eigenständigen und von außen zugeschriebenen – Sinngehalte mehreren Lesarten und Nutzungsvarianten offen stehen, also von verschiedenen Akteuren unterschiedlich gedeutet bzw. angeeignet werden können (vgl. Schwier 2008). Wie wird also Sport repräsentiert und wo geschieht das? Dabei wird unterstellt, dass die Repräsentation zu den Praktiken zählt, die an der Entfaltung der Sportkultur erheblich beteiligt ist: In der Tradition der britischen *Cultural Studies* erscheint sie als ein wesentlicher Teil des fortlaufenden und nicht-linearen Prozesses, in dem die Angehörigen einer Kultur durch Sprache, Zeichen, Symbole, Bilder und Diskurs (geteilte) Bedeutungen erzeugen und austauschen (vgl. Fiske 1989; Hall 1997: 15 f.). Der Sport ist zweifelsohne in allen seinen Erscheinungsformen auf individuelle und kollektive Sinnstiftung angewiesen. Was Fußball, Leichtathletik, Pilates, Surfen oder Streetball bedeuten können, ergibt sich über »Signifying Practices« (Du Gay u. a. 1997: 17) – gemeinschaftliche Prozesse der Sinnstiftung – bei der Ausübung des Sports, wobei allerdings der *Common Sense* mit seinem konventionellen Sportverständnis eine wichtige Rolle spielt. Die Auffassungen darüber, ob eine Sportart eine Affinität zu bestimmten Geschlechterkonstruktionen aufweist, gehen, abhängig z. B. vom kulturellen *Mainstream,* mitunter auseinander: Fußball gilt in Europa und Südamerika wohl noch immer als ein Kampfspiel, in dem klassisch als männlich attribuierte Sozialtugenden, Rollenmuster und Körperbilder zum Tragen kommen. Nicht zuletzt unter Betonung des im Vergleich zum American Football niedrig zulässigen Gewaltniveaus und Verletzungsrisikos wird Soccer demgegenüber in Nordamerika eher als Frauensportart verstanden.

Als Antwort auf die von Whannel (1992: 9) formulierte Annahme, dass der Sport und seine Repräsentationen eine Schnittstelle zwischen dem umgangssprachlichen *Common Sense* der Alltagskultur und dem stärker organisierten politischen Diskurs bilden können, werden nun einige Facetten der massenmedialen Inszenierung des Sports ausführlicher dargestellt.

Sport als erfüllte Gegenwart

Beim Sport kann man unter günstigen Umständen ein gesteigertes Lebendigkeitsgefühl, eine emotionale Bindung an die Aktivität und die Spielgemeinschaft, intensive Tätigkeitsfreude und erregende Jetztgefühle erleben, da hier – pointiert formuliert – unaufhörlich Schauspiele des Menschlichen in Echtzeit zur Aufführung kommen. Akteure versuchen innerhalb des Regelrahmens zu tun, was die schnell wechselnden Konstellationen von ihnen verlangen, sie wachsen in der konkreten Wettkampfsituation über sich hinaus oder brechen unerwartet ein. Der Einzelne setzt sich unter Zeitdruck mit den Winkelzügen der eigenen Mannschaftsmitglieder und der Konkurrenten auseinander, Spieler bringen gemeinsam Aufgabenlösungen hervor und integrieren sich handelnd in einen Kollektivkörper, während gelegentlich schlicht der Zufall über den Ausgang entscheidet, Rivalitäten und Konflikte eskalieren oder virtuos ausbalanciert und damit für die sportliche Leistung fruchtbar gemacht werden.

Sportereignisse dramatisieren also einerseits soziale Beziehungen und signalisieren andererseits, dass hier etwas um seiner selbst willen getan wird, dass authentische Körper in echten Situationen mit ungewissem Ausgang handeln und die Gewinner den Sieg leibhaftig verdienen. Gleichzeitig ist der sportliche Wettkampf trotz allem leidenschaftlichen Engagement eben kein echter Kampf und sowohl die Athleten als auch das Publikum sind sich in der Regel des Als-ob-Charakters der Betätigung bewusst. So geht es z. B. beim Fußballspiel einerseits nur darum, den Ball zu erobern, zu passen und zu flanken, Zweikämpfe zu gewinnen, Tore zu schießen und zu verhindern, andererseits erscheint dieses Spiel wie die gesamte Sonderwelt des Sports nahezu unausweichlich als eine Arena der Repräsentation, die widersprüchliche Prozesse der Bedeutungsbildung integriert und verschiedenartige Lesarten hervorbringt (man denke nur an die unterschiedlichen Auslegungen des professionellen Fußballspiels durch Fans und Clubmanager).

Von zentraler Bedeutung für eine solche Logik des Wettkampfs ist zunächst die Existenz überindividuell geltender und normativ vorgegebener Handlungsmuster. So sind etwa in den Spielregeln und Wettkampfbestimmungen der modernen Sportarten die für alle Teilnehmer verbindlichen Verhaltenserwartungen festgelegt. Die Regeln ermöglichen es uns in gewisser Hinsicht erst, eine bestimmte Disziplin als solche zu bestimmen und von anderen Praktiken zu unterscheiden. Die Kodifizierung einiger weniger Regeln (u.a. Verbot des Handspiels und des *Hacking*) hat beispielsweise in der zweiten Hälfte des 19. Jahrhunderts dazu geführt, dass sich aus den frühen Formen des modernen Fußballs die beiden Sportspiele Soccer und Rugby entwickelt haben. Die Regeln markieren zunächst einen Rahmen und ermöglichen einen Vergleich erbrachter Leistungen, sie dienen aber vor allem dem Aufbau und der Aufrechterhaltung einer Spannungsbalance (vgl. Elias/Dunning 2003: 121 ff.). Darüber hinaus schreiben Sportregeln und Wettkampfbestimmungen vor dem Hintergrund gesellschaftlicher Werte und Normen eine bestimmte soziale Verwendung des Körpers vor, halten aber ebenfalls Freiräume für kreative Auslegungen und alternative Taktiken bereit. Die international gültigen Regeln des Fußballspiels enthalten z. B. keine Bestimmungen, die die Parteien verpflichten, selbst Torschussgelegenheiten herauszuspielen und die Gegner durch eigene Abwehrhandlungen am Torerfolg zu hindern.

Die Bewegungshandlungen der einen Partei lösen bei den anderen Sportlern Reaktionen und Widerstände aus. So werden die Akteure zur selbstbewussten Auseinandersetzung mit der Spielsituation angeregt, deren erfolgreiche Bewältigung allerdings offen bleibt. Und gerade die Unbestimmtheit des Handlungsverlaufes und die Unvorhersehbarkeit des Ausgangs tragen das Moment der Selbstvergewisserung der Akteure in sich. Die sportliche Tätigkeit wird dabei u. U. durch ein Handlungswissen geleitet, das uns ohne weiteres Nachdenken situationsangemessen agieren lässt. Ein solches nur bedingt dem diskursiven Denken zugängliches Wissen bezeichnet Bourdieu (1992) als »praktischen Sinn«. Dieser erfahrungsgeleitete Sinn für das Spiel begünstigt einen ebenso kompetenten wie geschmeidigen Umgang mit der Logik und den Aufgabenstellungen des jeweiligen Wettkampfsports:

»Der gute Spieler [...] tut in jedem Augenblick das, was zu tun ist, was das Spiel erfordert. Das setzt voraus, dass man fortwährend erfindet, um sich den unendlich variablen, niemals ganz gleichen Situationen anzupassen« (Bourdieu 1992: 81 f.).

Das sportliche Sich-Bewegen nehmen die Akteure dabei häufig als unmittelbar erfüllte Gegenwart wahr, deren idealtypische Verlaufsqualitäten u. a. Csikszentmihalyi (1985: 34 ff.) unter dem Stichwort »*Flow*« beschrieben hat: Solange die Spannungsbalance stimmt, folgt scheinbar automatisch Handlung auf Handlung, man taucht vollständig in die Situation ein, ist ganz bei der Sache und erlebt spielend ein Gefühl der Initiative und Verursachung. Sowohl das Sporttreiben als auch das aktive Zuschauen beim Wettkampfsport lassen sich in diesem Sinne mit Gumbrecht (2004: 122 f.) als Möglichkeit einer auf Präsenz beruhenden Beziehung zur Welt deuten. Im Unterschied zu anderen Medieninhalten (wie Spielfilmen oder Fernsehserien) stellt der Sport ein sowohl greifbares als auch begreifbares Phänomen dar, das uns gefangen nehmen kann und unter günstigen Umständen »Momente der Intensität« (Gumbrecht 2004: 119) stimuliert. Diese Bewegungskultur elektrisiert weltweit Menschenmassen, wohl weil Sporttreiben kein bloßes Anwenden von Spielregeln ist, sondern kreatives Handeln, dessen Verlauf und Ergebnis nicht vorhersehbar sind: Der Ball bleibt eben rund und das Spiel kann jederzeit eine unvorhersehbare Wendung nehmen. Auch die Weltstars des Fußballs sind sich des runden Leders niemals ganz sicher, es kann immer wegspringen oder in der Luft spontan die eingeschlagene Richtung ändern. Die vollständige Beherrschung des Spielgeräts bleibt unmöglich, vielmehr droht bei jeder Annahme, jedem Dribbling und jedem Pass latent schon der Ballverlust. Auf dieses für den Wettkampfsport konstitutive Moment der Spannung – die Frage nach dem Gewinner, dem häufigen Wechsel der Führung, der Entscheidung in letzter Minute – vertraut auch die Produktion des Mediensports.

Sport als Ausdruck unserer Kultur

Bewegungspraktiken wie Biathlon, Fußball, Handball, Golf, Leichtathletik, Tennis oder Radrennen führen einige wesentliche Elemente unserer Kultur auf. Vor allem der Mediensport setzt deren Bedeutungsgewebe oder Glaubenssätze ebenso körpernah wie überzeugend in Szene. Die im okzidentalen Zivilisationsprozess durchgesetzten Normen, Werte und Handlungsstile wirken mehr oder weniger unausweichlich in die Hervorbringung, Organisation und Aneignung von Sportarten hinein. Der moderne Sport mit seiner Betonung der kämpferischen Konkurrenz, der individuellen Investitionsperspektive, der Rationalisierung, der Rollenspezialisierung, des *Team Spirit* sowie des Überbietungs- und Rekordstrebens steht marktwirtschaftlichen Idealen von Leistung und Nützlichkeit nahe und spiegelt letztlich die wissenschaftlich-technische Weltanschauung zeitgenössischer Gesellschaften wider (vgl. Guttmann 1996).

Global verbreitete Sportarten wie Fußball weisen des Weiteren ein System dyadischer Beziehungen auf, das auf allen Ebenen – Spieler, Mannschaft, Club, Nation – zum Tragen kommt und tief in der »sozialen Ontologie« (Giulianotti 1999: 13) des Spiels verwurzelt ist. Als soziale Praxis stellt dieser Ballsport im Wettkampf selbst Spielparteien gegenüber, greift verschiedene Erfahrungsebenen, Gegensätze und Widersprüche europäischer, afrikanischer, asiatischer, nord- oder lateinamerikanischer Gesellschaften auf, lässt unsere Interpretationen des Spiels sowie die der anderen gleichzeitig in Aktion treten und besitzt somit ein identifikatorisches Potenzial. Im Rahmen der sekundären Inszenierungen des Mediensports stehen zwei Fußballmannschaften wiederum für bestimmte geografische, kulturelle und soziale Identitäten, wobei entsprechende Stereotype über den brasilianischen, englischen, italienischen oder deutschen Fußball zum Standardrepertoire der Berichterstattung gehören. Derartige Stereotype, Übertreibungen und bildhafte Redewendungen beeinflussen auf lange Sicht das öffentliche Bild von Sportlern sowie die Selbst- bzw. Fremdbilder von Regionen oder Nationen. Die verbreitete Vorstellung, dass sich in der Welt des Fußballsports diverse nationale Spielstile unterscheiden lassen, taucht des Weiteren in den Diskursen um die Konstruktion nationaler Identität an prominenter Stelle auf. Sowohl beim Rasen- als auch beim Medienfußball geht es daher immer um Aktion und Repräsentation, um Herstellung und Darstellung, um symbolische Machtstrategien und lustvolle Identitätspolitik (vgl. Müller/ Schwier 2006; Schwier 2006b).

Der Sport kann also verschiedenartige Interessen artikulieren oder Tendenzen der Mythologisierung fördern, da er als »leerer Signifikant« (Marschik 2004) nicht einer einzigen Sinnsetzung folgt, sondern diversen Zuschreibungen offensteht. Als grundsätzlich ambivalentes kulturelles Phänomen lässt sich das Feld des Sports ohne größeren Aufwand sogar für gegensätzliche Zielsetzungen instrumentalisieren: Sowohl demokratische Staaten als auch diktatorische Regimes jedweder Couleur räumen beispielsweise dem die Massen bewegenden Phänomen eine wichtige Rolle im Bildungssystem ein und versuchen ihn für die nationale Selbstdarstellung einzuspannen. Und weil ihn nahezu jede Gemeinschaft auf ihre eigene Art und Weise zu nutzen vermag, bietet sich der Sport als eine Projektionsfläche gesellschaftlicher Sehnsüchte und Wunschbilder an.

Nationale Identität und internationale Beziehungen bilden somit weltweit einen wichtigen Kontext der Berichterstattung über Olympische Spiele, kontinentale Vereinswettbewerbe, Europa- und Weltmeisterschaften. Der Sportjournalismus tendiert dazu, transnationale und die Gemeinsamkeiten zwischen den Völkern betonende Sportwettkämpfe massenmedial für Zwecke der nationalen Einheit und Identität zu instrumentalisieren. Spitzensport und Mediensport können dabei mächtige Emotionen und geteilte Erinnerungen ins Spiel bringen und intensive Gemeinschaftserlebnisse und Gefühle der Zugehörigkeit stimulieren. Und gerade der Fußballsport mit seinen Legenden, seinen Erzählungen über ewige Rivalitäten, den Duellen zwischen großen Favoriten und kleinen Außenseitern sowie seinen historischen und aktuellen Heldenfiguren zur Bestätigung kollektiver Identitäten, nationaler Werte oder sogar zur Massenloyalität trägt dazu bei. Der Gewinn der Fußballweltmeisterschaft 1954 durch die deutsche Nationalmannschaft markiert so in der kollektiven Erinnerung symbolisch das Ende der Nachkriegszeit und gehört als Wunder von Bern zu den Gründungsmythen der Bundesrepublik (vgl. Gebauer 2006: 172 ff; Pyta 2006: 8 ff; Schwier 2006a).

Inhalts- und diskursanalytische Untersuchungen belegen, dass der Mediensport im Allgemeinen und der Fernsehsport im Besonderen innerhalb gewisser Grenzen die herrschenden Ideologien, die tradierten Stereotypen und das bevorzugte Selbstbild jener Länder reproduzieren, in denen sie Leser, Zuhörer und Zuschauer erreichen wollen. Wernecken (2000) weist für den deutschsprachigen Markt nach, dass der Mediensport einen festen Kanon nationaler Images und Stereotype nutzt, wobei vor allem die (Live-)

Berichterstattung über Wettkämpfe von Nationalmannschaften die Aspekte der Selbstdarstellung, der Selbstvergewisserung und der Abgrenzung gegen das Außerhalb akzentuiert. Durchaus marktgerecht setzen Fernsehen und Printmedien damit an den identifikatorischen Haltungen und Stimmungslagen ihres Publikums an: »Positive Eigenschaften werden vornehmlich auf die ›eigene‹ Nation bezogen, negative Attribute ›den anderen‹ zugewiesen« (Wernecken 2000: 454).

Die Spiele von Fußballnationalmannschaften, die Rennen der Formel 1 oder die Tour de France sind jedenfalls für Medien überall auf der Welt eine günstige Gelegenheit, das Eigene und das Andere abzugrenzen sowie gezielt ein positives nationales Image auszustrahlen. Zugespitzt formuliert haben vor allem Fußballnationalmannschaften im Medienzeitalter die Aufgabe, das Bild und die Vorstellungen, die ein Land von sich besitzt, wirkungsvoll zur Geltung zu bringen (vgl. Gebauer 2002: 177 f; Schwier/Leggewie 2006). Die Beliebtheit von transnationalen Sportereignissen beim Publikum deutet darauf hin, dass Menschen auf allen Kontinenten diesen Wettkämpfen und ihrer Medienrealität aktiv Sinn geben. Wo die Globalisierung ein diffuses Gefühl der Unübersichtlichkeit, der Diskontinuität, der Enttraditionalisierung und des Schwindens von Heimat entstehen lässt, bietet sich u. a. der (Fernseh-) Sport als bedeutungsreicher, sinnstiftender Faktor, als – wenn auch beschränkte – Ressource des populären Vergnügens an. Und auch die fortschreitende Globalisierung des Sports vermag nach wie vor einen lokalen, regionalen oder nationalen Patriotismus symbolisch zu integrieren:

»Dem Sportsystem haftet eine gewisse Widerständigkeit gegen die Gleichmacherei und Vaterlandslosigkeit der ›Einen Welt‹ an, und wahrscheinlich besteht exakt in der Vorhaltung dieser patriotischen Reservekapazität die Aufgabe des Sportsystems in transnationalen Interaktionen« (Leggewie 2006: 116; vgl. Giulianotti 2005: 190 ff.).

Somit wird ein Merkmal der Sportberichterstattung weiter darin bestehen, die Perspektiven der einheimischen Spitzensportler und Trainer zu zeigen und deren persönliche Qualitäten dann als ausschlaggebende Faktoren für die sportliche Teamleistung, für Siege und Niederlagen, für Momente des – auch moralischen – Triumphes oder Scheiterns zu präsentieren (vgl. Schütte 2006; Schwier/Schauerte 2008; Wernecken 2000: 275 f.). Über eine personalisierte Darstellung laden Medien den sportlichen Wettkampf mit zusätzlicher Bedeutung auf, sodass er vom

Publikum sinnvoll eingeordnet und bewertet werden kann. Eine solche Personalisierung begünstigt zudem den Aufbau eines Spannungsbogens, eine schillernde, werbewirksame Inszenierung der Stars sowie eine fortlaufende Produktion von Heldengeschichten.

Spitzensport als Heldenerzählung

Der Sport dürfte in zeitgenössischen Gesellschaften eines der letzten sozialen Felder sein, das noch allgemein akzeptierte, von den Massen verehrte und in der kollektiven Erinnerung verankerte Heldenfiguren hervorbringen kann. Helden und Stars verkörpern dabei exemplarisch die für den Sport konstitutiven Prinzipien Eigenleistung, Perfektionierung, Konfrontation und Grenzüberschreitung. Sie bürgen quasi mit ihrem Namen dafür, dass im Wettkampf authentische Körper in echten Situationen mit ungewissem Ausgang handeln, wobei die Akteure primär ihren intrinsischen Antrieben folgen und die Gewinner den Sieg in der kämpferischen Konkurrenz leibhaftig verdienen. Der Spitzensport liefert in seinen besten Momenten ein grandioses Schauspiel vortrefflicher Menschen; die ihm eigene Dramaturgie mitsamt dazugehörigen Identitäts- und Rollenmodellen macht ihn zu einem überaus attraktiven Inhalt für all jene Massenmedien, die wie das Fernsehen unaufhörlich nach dem ewig Neuen, nach unerwarteten, sensationellen und spektakulären Bildern sowie Geschichten suchen (vgl. Schauerte/ Schwier 2007; Smart 2005).

Ein zentrales Merkmal der Sportstars ist aus diesem Blickwinkel ihr hoher Bekanntheitsgrad. Und vor allem die Massenmedien können die Namen von Athleten in nahezu jedes Wohnzimmer bringen. Die Etablierung eines Starsystems im Sport hängt letztlich mit der Durchsetzung des Fernsehens als Leitmedium zusammen. Beck (2006) weist darauf hin, dass erst das Fernsehen dem nicht vor Ort anwesenden (Millionen-) Publikum die bewegten Bilder der Wettkämpfe live präsentiert und gleichzeitig den Bekanntheitsgrad der Athleten durch Nahaufnahmen und Interviews gesteigert hat. Da das Fernsehen populäre Sportereignisse aktueller, anschaulicher und unterhaltsamer transportieren kann, setzt seine Verbreitung die Printmedien unter Zugzwang und erfordert vor allem von Tageszeitungen alternative Inhaltsfelder: »Als eine mögliche Lösung bot sich die intensive Berichterstattung über die Sportlerinnen und Sportler an« (Beck 2006: 75). Die Print- und die audiovisuellen (AV-) Medien wecken und decken jedenfalls gemeinsam den steigenden Bedarf an Stars, wobei deren Status und Verfallszeiten im Spitzensport wie in anderen Bereichen der populären Kultur u. a. von der Existenz einer treuen Fangemeinde abhängen.

Prominente Athletinnen und Athleten repräsentieren typische Formen, wie man in der Gegenwartsgesellschaft Sport praktiziert und seine verschiedenen Erscheinungsformen erlebt, einordnet und bewertet. Die Images von Sportstars können also für vieles stehen; sie sind mit den Akzenten anderer Prominenter quasi dialogisch vernetzt und begünstigen ein spielerisches Herstellen intertextueller Bezüge. Die von ihnen verkörperten Bedeutungen sind aber sozial vorgeformt und in breitere gesellschaftliche Diskurse eingewoben (vgl. Whannel 2002). Im Übrigen bieten Sportstars eine Vielzahl von publizistischen Anknüpfungsmöglichkeiten jenseits des eigentlichen Sportgeschehens (Homestories, Galaabende, Werbung, Spiel- oder Talkshows). Aufgrund ihres hohen Bekanntheitsgrades in der Bevölkerung lassen sie sich eben auch im Rahmen von Prominenzberichterstattung nutzen und lenken die öffentliche Aufmerksamkeit auf das jeweilige Medienerzeugnis (vgl. Smart 2005: 191 ff; Stauff 2007: 291 ff.).

Mit dem Siegeszug des Sportmarketings, der sogenannten *Celebrity Culture* sowie den symbolischen Kämpfen der Sportmarken Adidas und Nike gewinnen Kriterien, die allenfalls entfernt mit der Sportaktivität zu tun haben, eine wachsende Bedeutung. Einzelne Sportlerinnen und Sportler treten als globale Popstars auf, wobei u. a. Extravaganz, Image, Look und Erotik als Vermarktungsinstrumente eingesetzt werden. Der große Name oder originelle Imageelemente können inzwischen zumindest temporär jene Aufmerksamkeit sichern, die sich im Feld des Spitzensports traditionell auf die großen Leistungen gerichtet hat. Und die Besten einer Sportart sind umgekehrt nicht mehr in jedem Fall auch die prominentesten Vertreter ihrer Disziplin. Ohne die Transformation des Sports zum Mediensport und dessen schleichende Annäherung an die Unterhaltungsindustrie wäre eine solche Entwicklungstendenz kaum denkbar gewesen. Neben den Sportjournalisten gewinnen in diesem Kontext die Agenten, die Imageberater und die PR-Manager an Einfluss (vgl. Boyle 2006: 110 ff.).

Demgegenüber bleibt der Sportheld idealtypisch ein charismatischer *Selfmade Man*, der seinen Status durch außergewöhnliche Höchstleistungen, spektakuläre Taten und eine selbstbewusste Körpersprache begründet hat. Dies ändert allerdings nichts daran, dass im öffentlichen Diskurs über den Sport die Stars bestimmter Disziplinen – vor allem Fußball, American Football, Basketball, Formel 1 oder Tennis – deutlich mehr Raum einnehmen als die

Helden medialer Randsportarten. Da die Inszenierung des Spitzensports in den Massenmedien insgesamt den männlichen Körper in den Vordergrund rückt und fortlaufend Bilder hegemonialer Männlichkeit produziert, gibt es darüber hinaus zwar zahlreiche weibliche Sportstars, das sportliche Heldentum erweist sich jedoch nach wie vor als eine dezidiert männliche Domäne (vgl. Spitaler 2006). Bis auf wenige Ausnahmen stammen deutsche Sportheroen – von Max Schmeling und Fritz Walter über Täve Schur und Franz Beckenbauer bis zu Boris Becker und Michael Schumacher – aus der Mitte der Gesellschaft: Sie sind einerseits wie wir, andererseits durch ihr Tun ganz anders und suggerieren, dass man unabhängig von seiner Herkunft im Sport und über den Sport hinaus etwas Besonders sein kann. Aus nachvollziehbaren Gründen kreist ein beliebtes Erzählmuster des Mediensports schließlich um die unterstellte doppelte Identität der Heroen und präsentiert letztendlich manchen Superman des Sports als einen den Rubikon überschreitenden Clark Kent. Mit ihrer Tendenz zur ausladenden Überhöhung der Differenzen zwischen dem Alltäglichen und dem Erhabenen wecken derartige Muster der Berichterstattung erfahrungsgemäß die Neugier des Publikums. Die Heldenfiguren des Sports sind eben nicht unvergleichlich; gerade weil die Mitmenschen ihr eigenes Leben, Handeln, Denken und Fühlen mit deren öffentlichem Bild vergleichen, entdecken sie u. U. etwas Vorbildliches an diesen Athleten. Und wohl nicht ganz zu Unrecht hat Gebauer (1997: 314) angemerkt, dass die Fernsehbilder und Medienimages wiederum als Vorbilder auf die Sportler wirken können.

Obwohl das Spektrum der Heldenfiguren im Sport eher unübersichtlich erscheint, lassen sich verschiedene Grundformen identifizieren. Diese tauchen bereits im Prozess der Etablierung des modernen Spitzensports auf und kommen auch im Zeitalter des Fernsehsports zum Tragen. Solche wiederkehrenden Inszenierungsmuster sind – beginnend mit Barthes (2005: 94 ff.) »Charakterlexikon« der Tour-de-France-Teilnehmer von 1955 – bereits aus unterschiedlichen theoretischen Perspektiven analysiert worden. Einen ebenso originellen wie pointierten Ausgangspunkt wählt Whannel (2002: 94 ff.), der für die letzten fünf Jahrzehnte eine Abfolge der drei Hauptvarianten *Good Boys* (moralisch integer, bescheiden), *Pretty Boys* (cool, selbstbewusst) und *Bad Boys* (egoistisch, hedonistisch) rekonstruiert, die aus seiner Sicht gesellschaftliche Machtbeziehungen und Modernisierungsschübe sowie damit einhergehende kulturelle Veränderungen oder soziale Bewegungen spiegeln. Nach Vande Berg (1998: 139 ff.) existiert demgegenüber im heutigen Mediensport gerade ein Nebeneinander von traditionellen, modernen und postmodernen Heldenfiguren. Während traditionelle Sportidole vor allem für hegemoniale Männlichkeitsvorstellungen und Körperbilder stehen, sind moderne Stars facettenreicher und sprechen unterschiedliche Zuschauerpositionen an. Die postmodernen Helden artikulieren ferner »utopische soziale Werte« (Vande Berg 1998: 153) und agieren auch abseits des Sports als Medienprominente, Markennamen oder Stilikonen. Die vielfältigen und uneinheitlichen Medienimages postmoderner Sportstars erschweren dabei zugleich die Zuordnung zu einer vorherrschenden öffentlichen Rollenidentität (vgl. auch Schwier/Schauerte 2008: 212 ff.).

Aus systemtheoretischem Blickwinkel unternimmt Bette (2007) einen weiteren Versuch zur Klassifizierung von Sporthelden. Dabei wird zunächst zwischen den lokalen und den globalen Idolen bzw. den kurzzeitig und den längerfristig verehrten Sportler unterschieden. Im Rahmen der darauf aufbauenden Heldentypologie identifiziert Bette (2007: 253 ff.) dann nacheinander den Abwehrhelden (der das Team vor Niederlagen bewahrt) und als sein Pendant den Eroberer (z. B. den Siegtorschützen), die Gerechtigkeits- und Racheengel, den Retter und Erlöser (der für unerwartete Wendungen sorgt), den Märtyrer (der sich z. B. trotz einer schweren Verletzung für den Erfolg hingibt) sowie die tragischen Helden, die »in wichtigen Entscheidungs- und Notsituationen vor den Augen des Publikums dramatisch scheitern oder ein eklatantes Fehlverhalten zeigen« (Bette 2007: 256).

Abschließend bleibt anzumerken, dass eine (Selbst-) Darstellung, die dezidiert auf archetypische Erzählmuster zurückgreift, nicht nur die Chancen auf eine Aufnahme in den Olymp der charismatischen Sporthelden vergrößert. Gerade im Fall moralischer Krisensituationen kann sie auch eine medial gespurte Diskussion um Wertalternativen auslösen und zur Stabilisierung des temporär gefährdeten Heldenstatus beitragen. Dies scheint vor allem dann zu gelten, wenn der Sportler – man denke u. a. an den sozial engagierten und seinem Herkunftsmilieu verbundenen Zinedine Zidane – sich positiv von der Unnahbarkeit zahlreicher Showstars abhebt und das Publikum noch den echten Menschen hinter der medialen Kunstfigur zu erkennen glaubt.

Neben den Heldenerzählungen, den Spielräumen zum Ausleben von Emotionen, den unmittelbar sinnvollen Gegenwartserfahrungen, seinem identifikatorischen Potenzial sowie seiner Darstellungs- und Repräsentationsfunktion haben sicherlich noch weitere Faktoren zum anhaltenden Siegeszug des Sports in unserer Alltagskultur beigetragen. Und gerade für den modernen Mediensport gilt, dass nichts erfolgreicher ist als der weltweite Erfolg. Jenseits aller Diskussionen um Auflagenzahlen, Marktanteile, Reichweiten, Rechtekosten,

Sponsoring- und Werbeerlöse geht jedoch von den sportlichen Wettkämpfen sowie in günstigen Momenten wohl auch vom Fernsehsport eine Faszination aus, die beim Zuschauer ein Erstaunen über den Ausgang der Konkurrenz, die Lösung des Konflikts und/oder die Leistungsfähigkeit menschlicher Körper auslöst. Derartige soziale Dramen und leibhaftige Sensationen begeistern das Publikum und bestärken es gleichzeitig zu aller Nutzen in dem Glauben, dass der Sport seine Medienwirklichkeit zu überschreiten vermag. Solange der Ball rund bleibt und jederzeit seine Richtung ändern kann, bewahrt sich der Sport in den Medien seine sperrige Eigendynamik, Offenheit und Eigenartigkeit, die ihn nach wie vor von standardisierbaren Unterhaltungsangeboten und Kommunikationsplattformen unterscheidet.

Literatur

Barthes, R. (2005): Was ist Sport? Berlin.

Beck, D. (2006): Sportstars im Wettkampf und privat – Die Berichterstattung über erfolgreiche Sportler im Wandel der Zeit. merz. medien + erziehung 6: 73–81.

Bette, K.-H. (1999): Systemtheorie und Sport. Frankfurt/Main.

Bette, K.-H. (2007): Sporthelden. Zur Soziologie sozialer Prominenz. Sport und Gesellschaft 4/3: 243–264.

Bourdieu, P. (1986): Historische und soziale Voraussetzungen modernen Sports. In: Hortleder, G./Gebauer, G. (Hrsg.): Sport – Eros – Tod. Frankfurt/Main: 91–112.

Bourdieu, P. (1992): Rede und Antwort. Frankfurt/Main.

Boyle, R. (2006): Sports Journalism. Context and Issues. London.

Cachay, K. (1990): Versportlichung der Gesellschaft und Entsportung des Sports – Systemtheoretische Anmerkungen zu einem gesellschaftlichen Phänomen. In. Gabler, H./Göhner, U. (Hrsg.): Für einen besseren Sport. Schorndorf: 97–113.

Csikszentmihalyi, M. (1985): Das flow-Erlebnis. Jenseits von Angst und Langeweile: im Tun aufgehen. Stuttgart.

DOSB (2008): Bestandserhebung 2007, http://www.dosb.de/fileadmin/fm-dosb/downloads/2007_DOSB_Bestandserhebung.pdf (Zugriff am 29.10.2008).

Du Gay, P./Hall, S./Janes, L./Mackay, H./Negus, K. (1997): Doing Cultural Studies. The Story of the Sony Walkman. London.

Elias, N./Dunning, E. (2003): Sport und Spannung im Prozeß der Zivilisation. Frankfurt/Main.

Fiske, J. (1989): Understanding Popular Culture. London, New York.

Gebauer, G. (1997): Die Mythen-Maschine. In: Caysa, V. (Hrsg.): Sportphilosophie. Leipzig: 290–317.

Gebauer, G. (2002): Sport in der Gesellschaft des Spektakels. Sankt Augustin.

Giulianotti, R. (1999): Football. A Sociology of the Global game. Cambridge.

Giulianotti, R. (2005): Sport. A Critical Sociology. Cambridge.

Grupe, O. (1987): Sport als Kultur. Osnabrück.

Gumbrecht, H. U. (2004): Diesseits der Hermeneutik. Die Produktion von Präsenz. Frankfurt/Main.

Guttmann, A. (1996): Games and Empires. Modern Sports and Cultural Imperialism. New York.

Hall, S. (1997): The Work of Representation. In: Hall, S. (Ed.): Representation. Cultural Representations and Signifying Practices. London: 13–64.

Hall, S. (1999): Encoding, Decoding. In: During, S. (Ed.): The Cultural Studies Reader. London, New York: 507–517.

Horky, Th. (2007): Mediensport und Öffentlichkeit. Leipziger Sportwissenschaftliche Beiträge 2: 13–34.

Leggewie, C. (2006): »Marke Deutschland« – Sport als Medium kollektiver Identität im Globalisierungsprozess. In: Schwier, J./Leggewie, C. (Hrsg.): Wettbewerbsspiele. Die Inszenierung von Sport und Politik in den Medien. Frankfurt/Main, New York: 105–119.

Maguire, J. (2005): Power and Global Sport. Zones of prestige, emulation and resistance. London, New York.

Marschik, M. (2004): Sport als »leerer Signifikant«: Die Neutralisierung des Sports als Bedingung seiner kulturellen Bedeutungen. Kurswechsel 2: 35–43.

Müller, E./Schwier, J. (Hrsg.) (2006): Medienfußball im europäischen Vergleich. Köln.

Pyta, W. (2006): German football: a cultural history. In: Tomlinson, A./ Young, C. (Eds.): German Football: history, culture, society. London: 1–22.

Schauerte, Th./Schwier, J. (Hrsg.) (2007): Vorbilder im Sport. Perspektiven auf ein facettenreiches Phänomen. Köln.

Schauerte, Th./Schwier, J. (Hrsg.) (2008): Die Ökonomie des Sports in den Medien. 2. Auflage, Köln.

Schimank, U. (1992): Größenwachstum oder soziale Schließung? Das Inklusionsdilemma des Breitensports. Sportwissenschaft 22: 32–45.

Schütte, Ch. (2006): Matchwinner und Pechvögel. Ergebniserklärung in der Fußballberichterstattung in Hörfunk, Internet, Fernsehen und Printmedien. Münster.

Schwier, J. (2000): Sport als populäre Kultur. Sport, Medien und Cultural Studies. Hamburg.

Schwier, J. (2006a): Globaler Fußball und nationale Identität. Spectrum der Sportwissenschaften 18/1: 40–53.

Schwier, J. (2006b): Fandom and Subcultural Media. In: Tomlinson, A./ Young, C. (Eds.): German football: history, culture, society. London: 287–308.

Schwier, J. (2008): Inszenierungen widerspenstiger Körperlichkeit. Zur Selbstmediatisierung jugendlicher Sportszenen. Zeitschrift für Soziologie der Erziehung und Sozialisation 28/3: 271–282.

Schwier, J./Leggewie, C. (Hrsg.) (2006): Wettbewerbsspiele. Die Inszenierung von Sport und Politik in den Medien. Frankfurt/Main, New York.

Schwier, J./Schauerte, Th. (2008): Soziologie des Mediensports. Köln.

Smart, B. (2005): The Sport Star. Modern Sport and the Cultural Economy of Sporting Celebrity. London.

Spitaler, G. (2006): Fernsehfußball als maskulines Melodrama. In Kreisky, E./Spitaler, G. (Hrsg.): Arena der Männlichkeit. Über das Verhältnis von Fußball und Geschlecht. Frankfurt/Main, New York: 140–154.

Stauff, M. (2007): Prominente Gesichter, Schweiß und Tränen. Zum Stellenwert des Sports im Prominenz-System. In: Schierl, T. (Hrsg.): Prominenz in den Medien. Köln: 279–301.

Vande Berg, L. R. (1998): The sports hero meets mediated celebrityhood. In: Wenner, L. A. (Ed.): Mediasport. London, New York: 134–153.

Wernecken, J. (2000): Wir und die anderen. Nationale Stereotype im Kontext des Mediensports. Berlin.

Whannel, G. (1992): Fields of vision. Television Sport and Cultural Transformation. London, New York.

Whannel, G. (2002): Media Sport Stars. Masculinities and Moralities. London, New York.

Steffen Kolb

3 Sportjournalisten in Deutschland[1]

Forschungsstand und zentrale Fragestellungen

In Deutschland bzw. im deutschsprachigen Raum hat sich seit den 1990er-Jahren eine Tradition entwickelt, systematisch und repräsentativ Journalisten nach ihren Einschätzungen zu ihrem Beruf zu befragen. Die kommunikationswissenschaftliche Journalismusforschung hat in Deutschland bisher zwei repräsentative Studien hervorgebracht, 1993 und 2005, deren Daten (vgl. Scholl/Weischenberg 1998; Weischenberg et al. 2006) nun sekundäranalytisch ausgewertet werden. In der Schweiz existiert eine Studie von 1998, die gerade aktualisiert wird (vgl. Marr et al. 2001), und auch in Österreich ist soeben ein vergleichbares Projekt durchgeführt worden, mit allerdings bislang noch unveröffentlichten Daten. Auch Vergleiche zwischen den Ländern werden versucht: Beck und Kolb (2009) analysieren die aus Deutschland und der Schweiz vorliegenden Daten bezüglich des Sportbereichs.

Repräsentative Journalistenbefragungen wurden zuerst in den USA durchgeführt (vgl. Weaver/Wilhoit 1986). Sie haben gegenüber ausschließlich auf den Sportjournalismus ausgerichteten Untersuchungen, die bereits aus den 1970er-Jahren vorliegen (vgl. Weischenberg 1976), den Vorteil, dass direkte Vergleiche zwischen den Ressorts vorgenommen werden können. Solche Vergleiche sind besonders aufschlussreich, da sie helfen, die Besonderheiten der einzelnen Bereiche herauszuarbeiten.

---

[1] Ich danke Siegfried Weischenberg, Armin Scholl und Maja Malik für die Freigabe der Daten zu den beiden Studien »Journalismus in Deutschland« I und II. Siegfried Weischenberg sei an dieser Stelle auch für seine Anmerkungen zu diesem Kapitel gedankt.

Zu den entscheidenden Kategorien, zu denen in den folgenden Kapiteln Ergebnisse präsentiert werden, zählt dabei zunächst der Ausbildungsweg, den die Journalisten durchlaufen haben.[2] Hier werden wichtige Normen und Werte vermittelt. Debatten über zunehmende oder notwendige Professionalisierung der Journalismusausbildung können auf Basis dieser Ergebnisse fundiert geführt werden: Die Frage nach der Ausbildungssituation beleuchtet, wie die (erste) Sozialisation in verschiedenen Journalismussegmenten erfolgt ist. Im wirklichen Berufsleben geht der Sozialisationsprozess weiter: In diesem Zusammenhang ist die Orientierung an externen Einflussgrößen von Bedeutung. Die Ergebnisse erlauben Antworten auf die Frage, ob die »Kommerzialisierung des Journalismus« (vgl. Weischenberg et al. 2006: 142–144) in allen Ressorts in gleichem Umfang zu einer stärkeren Orientierung der Journalisten an den Interessen des Verlags, des Chefs oder der Kollegen sowie an den von ihnen wahrgenommenen Wünschen des Publikums geführt haben. Interessant ist auch, wie sich die tatsächlichen Tätigkeiten der Journalisten über die Zeit verändert haben. Hierzu wird ein Zeitvergleich der Ergebnisse durchgeführt. Redaktionelle Leitlinien oder Ethikkodizes der Berufsverbände als sozialisierende Normen können über die Einstellung der Journalisten zu umstrittenen Recherchemethoden gemessen werden: Die Recherche ist als zentrale journalistische Tätigkeit sehr gut geeignet, das Problembewusstsein für ethische Fragestellungen abzubilden (vgl. Weischenberg et al. 2006: 174). Abschließend sind die Rollenselbstbilder bzw. die Einschätzung der Ziele der eigenen Tätigkeit durch die Journalisten als die zentrale Größe bei der systematischen Analyse von verschiedenen Journalismussegmenten zu betrachten.[3]

Kurzdarstellung der Methode

Die Ergebnisse basieren auf einer telefonischen Befragung von 1536 repräsentativ ausgewählten, fest angestellten und freien hauptberuflichen Journalistinnen und Journalisten aller Mediensparten:

---

[2] Auf ein umfassendes Methodenkapitel über die Kurzdarstellung hinaus kann verzichtet werden, da alle Studien samt den Details der Durchführung publiziert sind.

[3] Die Debatte über die Brauchbarkeit solcher Selbstauskünfte wird hier nicht aufgenommen. Vgl. z. B. Beck/Kolb (2009) für eine ausführliche Begründung des Gehalts solcher Befragungsergebnisse.

»Hauptberuflichkeit wird dann konstatiert, wenn ein Journalist mehr als die Hälfte seiner Einkünfte aus journalistischer Arbeit bezieht oder mehr als die Hälfte seiner Arbeitszeit für journalistische Medien tätig ist. Ausgeschlossen werden Arbeitsrollen, die keinen unmittelbaren Einfluss auf den Inhalt der redaktionellen Produkte haben. Auch ehrenamtliche, arbeitslose oder nebenberuflich freie Journalisten werden somit nicht als professionelle Akteure des Journalismus berücksichtigt.« (Weischenberg/ Malik 2006: 347)[4]

Die Untersuchung wurde in der Zeit vom 01.02. bis zum 25.04.2005 vom Forschungsinstitut IPSOS durchgeführt. Basis der Daten von 1993 sind persönliche Interviews mit einer repräsentativen Stichprobe von 1498 fest angestellten und freien hauptberuflichen Journalistinnen und Journalisten aller Mediensparten in der Zeit vom 22.02. bis zum 30.08.1993 (vgl. Scholl/ Weischenberg 1998).[5]

Die Ergebnispräsentation erfolgt nach der Logik einer Replikationsstudie und muss daher zweierlei leisten: Erstens sollen in der Folge die aktuellen Befunde der Befragung aus 2005 mit den bereits bekannten Daten aus 1993 verglichen werden (vgl. speziell für den Sportjournalismus Weischenberg 1994). Dieser Vergleich von zwei Messpunkten darf nicht als Längsschnitt missinterpretiert werden, da der Zeitverlauf zwischen 1993 und 2005 nicht erfasst wird. Gleichwohl können mögliche Entwicklungstendenzen aufgezeigt werden, denen bei Folgestudien dann besondere Aufmerksamkeit gewidmet werden sollte. Zweitens soll hier die komparative Analyse des Sportjournalismus mit anderen Ressorts nicht vernachlässigt werden, denn die Stärke der repräsentativen Studie »Journalismus in Deutschland II« ist ja gerade die Analyse des gesamten Berufsfelds des Journalismus (vgl. Weischenberg et al. 2006). Da die tabellarische Darstellung dieser zwei Dimensionen sehr anspruchsvoll ist, werden hier nur ausgewählte Ergebnisse grafisch präsentiert.

Um die allgemeinen Veränderungen seit 1993 besser einordnen zu können, wird in jeder Grafik auch der allgemeine Trend im Journalismus dargestellt. Dazu werden jeweils die über die Gesamtheit der befragten Journalisten er-

---

[4] Durch diese theoretisch saubere Definition können auf Basis dieser Studie keine Aussagen über Personen getroffen werden, die sich zwar als Journalisten verstehen, aber keine der beiden 50-Prozent-Kriterien erfüllen.

[5] Über die Äquivalenz (vgl. z. B. Wirth/Kolb 2003) von persönlicher und telefonischer Befragung gibt es bislang wenige Erkenntnisse (vgl. Dillman 1978; 2000). Die vorliegenden Befunde einer Motorjournalistenbefragung lassen aber keine Verzerrungen bezüglich der Ergebnisse erwarten (vgl. Kolb 2002).

mittelten Durchschnittswerte abgetragen. In der Ergebnisinterpretation kann also in der Folge zwischen zeitlichen und ressortspezifischen Veränderungen bzw. Besonderheiten unterschieden werden.

Vor- und Ausbildung

Die Vor- und Ausbildung der deutschen Sportjournalisten hat sich in den letzten Jahren dem Niveau der anderen Journalisten angenähert. Zeigten sich in den Daten von 1993 z. T. deutliche Unterschiede zu den anderen Ressorts, so sind diese erheblich zurückgegangen. Als prominentestes Beispiel können dazu die Ergebnisse zum Volontariat präsentiert werden: In Abb. 1 finden sich nach Ressorts aufgegliedert die Anteile aller Journalisten, die das Volontariat als alleinige Ausbildung angegeben haben.

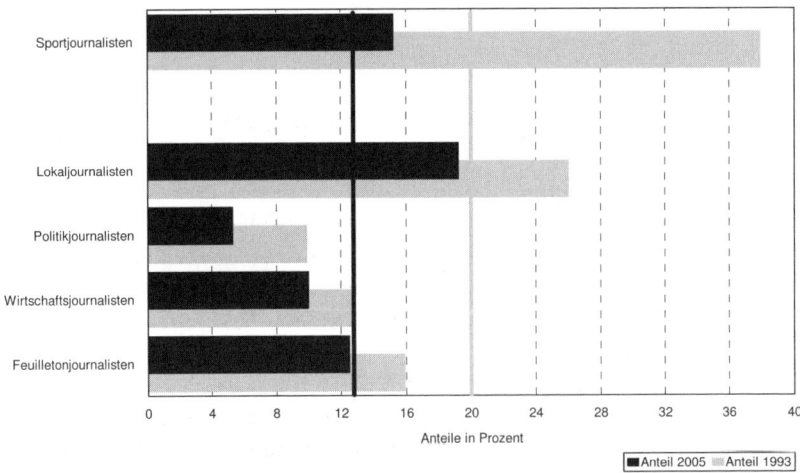

Die dunklen Balken geben den Anteil an Journalisten in den einzelnen Ressorts im Jahre 2005 an, die nur ein Volontariat gemacht haben. Die hellen beschreiben die Anteile 1993. Die durchgezogenen Linien zeigen den Durchschnittswert über alle Journalisten – also auch aus hier fehlenden Ressorts – an.

Abb. 1: Journalisten mit Volontariat als einziger Ausbildung nach Ressorts

Es zeigt sich, dass dieser Weg in den Journalismus insgesamt stark an Bedeutung verloren hat: 1993 hatte noch etwa ein Fünftel aller Journalisten nur ein Volontariat absolviert, 2005 war es nur noch etwa ein Achtel. Dieser Trend hält sich in den größten Ressorts, ist aber beim Sport besonders ausgeprägt. Der Anteil an Sportjournalisten, die nur ein Volontariat vor dem Berufseinstieg absolviert haben, hat sich von knapp 38 Prozent um mehr als die Hälfte auf etwa 15 Prozent reduziert. Damit ist dieser Ausbildungsweg für das Sportressort kaum noch wichtiger als für andere Ressorts.

Auffällig ist, dass sich die Kombination mehrerer Ausbildungsgänge durchzusetzen scheint. Wie Abb. 2 zeigt, kristallisieren sich insbesondere die Kombinationen aus einem Studium – in einer Minderheit aus dem Bereich der Journalistik – und weiteren Aus- und Weiterbildungen wie Praktika, Hospitanzen oder auch einem Volontariat als Königsweg in den Beruf heraus. In den Daten lässt sich ebenfalls deutlich die »Generation Praktikum« ablesen, die den Boom der kombinierten Ausbildung z. T. erklärt: Bis 39-Jährige haben überdurchschnittlich häufig ein Praktikum absolviert, bevor sie in den Journalistenberuf eingestiegen sind. Als weiterer Grund lässt sich anführen, dass die Einstellungsvoraussetzungen für Volontäre oftmals ein abgeschlossenes Studium beinhalten (vgl. Weischenberg et al. 2006).

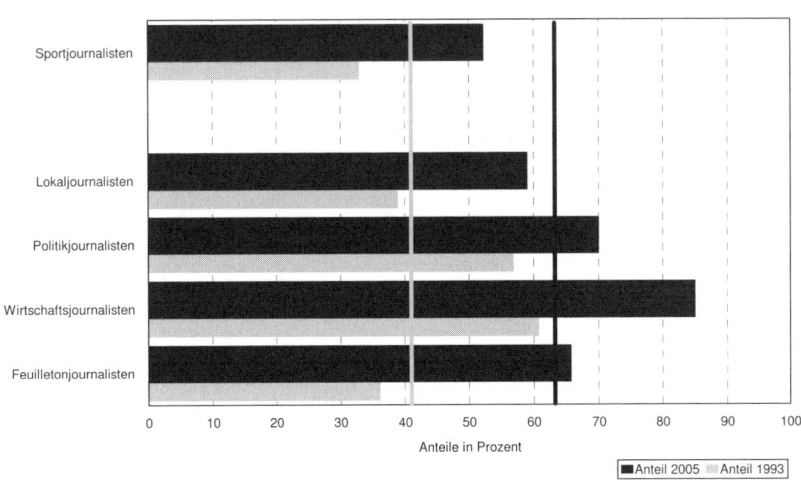

Abb. 2: Journalisten mit Studium und mindestens einer weiteren Ausbildung nach Ressorts

Fast zwei Drittel *aller* deutschen Journalisten verfügen über ein abgeschlossenes Hochschulstudium und mindestens eine weitere Ausbildung. Auch diese Entwicklung zieht sich durch alle Ressorts. Für Sportjournalisten bleibt dieser Weg jedoch noch immer weniger wichtig als für thematisch anders ausgerichtete Kollegen. Trotzdem verfügen mehr als die Hälfte aller deutschen Sportjournalisten im Jahre 2005 über ein abgeschlossenes Hochschulstudium und mindestens eine weitere journalistische Ausbildung.

Der Quereinstieg ohne jegliche Ausbildung in den Sportjournalismus kommt im Vergleich zu den anderen Ressorts häufig vor. Anders als noch 1993 hat jeder zehnte deutsche Sportjournalist überhaupt keine journalistische Ausbildung und auch kein abgeschlossenes Studium (vgl. Abb. 3). Prominente Beispiele sind vermutlich ehemalige Sportler, obwohl im Einzelfall häufig nicht zu klären ist, ob sie als hauptamtliche Journalisten gelten können.

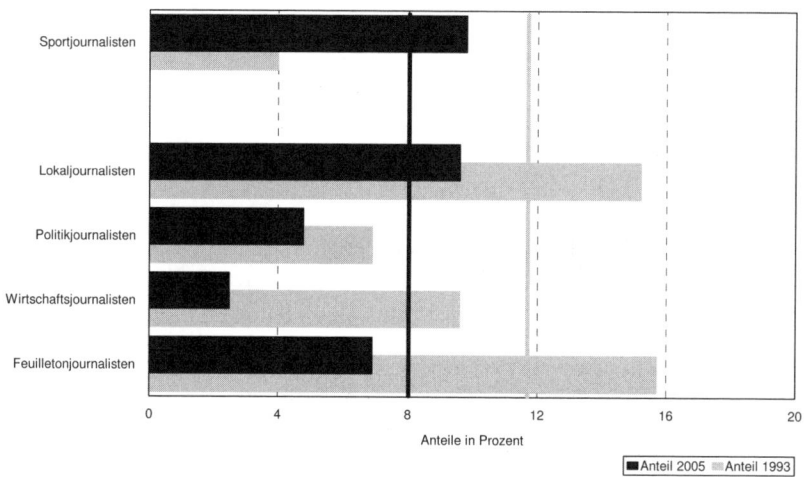

Abb. 3: Journalisten ohne Ausbildung nach Ressorts

Der Ausbildungsstand der deutschen Journalisten (zumindest quantitativ bzw. nach Abschlüssen und Häufigkeiten betrachtet) hat sich deutlich verbessert. In allen Ressorts bleibt jedoch Platz für Quereinsteiger: Der Anteil nicht vorgebildeter Journalisten beträgt rund acht Prozent, mit überdurchschnittlich vielen Vertretern im Sportressort und im Lokalen. Dennoch zeigt Abb. 3 hier für alle Journalisten einen deutlich rückläufigen Trend im Vergleich zur Vorerhebung in den 1990er-Jahren. Man könnte die gegenläufige Entwicklung im Sportressort auf den ersten Blick auf den verstärkten Einsatz von ehemaligen Sportlern als Reporter oder Experten im Fernsehen zurückführen. Doch die meisten Ex-Sportler durchlaufen zumindest ein Medientraining oder Praktikum.

Aufgrund der geringen Fallzahlen der im Sportressort Befragten können zudem diese beiden Werte nicht gesichert als unterschiedlich interpretiert werden: Sie liegen im Bereich der zufälligen Schwankungsbreite. Somit können erst weitere Studien zeigen, ob sich hier wirklich ein spezifischer Sporttrend abzeichnet.

Diese Befunde zeigen, dass der Zugang zum Beruf des Journalisten und besonders des Sportjournalisten in Deutschland nach wie vor offen ist. Über alles betrachtet sind Praktikum und Volontariat die am häufigsten vorkommenden Ausbildungswege: Jeweils rund zwei Drittel der deutschen Journalisten haben diese Form der Ausbildung durchlaufen. Häufig sind dabei, wie bereits deutlich wurde, Kombinationen mit Studienabschlüssen und anderen Ausbildungswegen. Bemerkenswert ist auch, dass der Ausbildungsweg keinerlei Einfluss auf die berufliche Position und wenig Einfluss auf das spätere Gehalt hat (vgl. Weischenberg et al. 2006).

Einflüsse auf die Berichterstattung

Die erste systematische Erforschung der Einflüsse auf die journalistische Berichterstattung aus Sicht der jeweiligen Journalisten hatte 1993 die Hierarchie des Unternehmens als Haupteinflussnehmer ausgemacht. Die aktuellen Daten bestätigen dies, allerdings sind die Einschätzungen der Einflussstärke insgesamt deutlich zurückgegangen. Während 1993 über alle Journalisten betrachtet noch jeweils knapp die Hälfte angab, der Einfluss der mittleren und der oberen redaktionellen Führungsebene sei groß, so tun dies 2005 nur noch knapp 40 bzw. rund 32 Prozent. Bis auf das Politikressort ist in allen Bereichen die mittlere Ebene von größerer Bedeutung als die Chefredaktion (vgl. Abb. 4).

Interessanterweise sind in allen Einflussbereichen die Einschätzungen der Einflussstärken zurückgegangen – nur nicht in der Öffentlichkeitsarbeit, deren Einflussstärke von den Journalisten als relativ stabil wahrgenommen wird. Hier sinkt der empfundene Einfluss nur bei den Sportjournalisten ganz leicht ab. Bereits 1993 ergab die Befragung ein besonders aufgeschlossenes Verhältnis dieser Gruppe zur PR: Damals empfanden fast zwei Drittel der Befragten im Sportressort Pressemitteilungen »als zuverlässig, anregend und sogar notwendig« (Weischenberg 1994: 437). In den aktuellen Daten findet sich diese herausgehobene Stellung der Sportjournalisten im Vergleich zu ihren Kollegen aus anderen Ressorts nicht mehr; die Einschätzungen von Pressemitteilungen als nützlich, anregend und notwendig sind z. T. deutlich auf 26–49 Prozent gesunken.

Einfluss-nehmer	SJ		PJ		WJ		LJ		FJ		AJ	
	1993 n = 101	2005 n = 92	1993 n = 270	2005 n = 227	1993 n = 85	2005 n = 80	1993 n = 276	2005 n = 407	1993 n = 179	2005 n = 160	1993 n = 1498	2005 n = 1536
Mittlere redaktionelle Ebene	48,4	49,4	43,6	40,2	46,8	50,0	43,9	32,4	51,1	35,6	45,0	39,1
Obere redaktionelle Ebene	42,7	24,7	44.0	42,8	55,8	36,9	32.0	21,4	46,7	26,4	42,5	32,1
Verleger, Verlag, Intendanz	22,0	5,7	28,3	10,8	24,7	7,2	22,0	12,2	31,0	12,1	24,3	11,6
Leser, Hörer, Zuschauer	32,4	20,9	19,5	15,6	31,7	22,1	46,6	30,7	34,2	17,6	34,1	22,6
Politische Parteien	3,4	0,0	11,7	2,8	9,1	5,0	9,1	5,4	3,8	0,6	7,1	3,0
Familie, Freunde, Bekannte	11,9	7,7	16,0	6,7	18,7	11,3	19,1	11,6	20,2	8,8	16,2	9,3
Öffentlichkeitsarbeit allgemein	16,0	13,1	8,2	10,1	15,4	16,3	25,0	18,0	13,7	17,1	16,1	16,5

SJ = Sportjournalisten, PJ = Politikjournalisten, WJ = Wirtschaftsjournalisten, LJ = Lokaljournalisten, AJ = Alle Journalisten.
Die grau hinterlegten Spalten geben den Anteil an Journalisten in den einzelnen Ressorts im Jahre 1993 an, die weißen die Anteile 2005.

Abb. 4: Großer Einfluss auf den Journalismus (Anteile in Prozent)

Trotz steigender ökonomischer Zwänge seit der sogenannten Medienkrise und trotz des Trends zu mehr Interaktivität im Journalismus sind die Anteile an Journalisten stark zurückgegangen, die bei Verlegern und Intendanten auf der einen Seite und bei den Rezipienten auf der anderen Seite einen großen Einfluss auf ihr Tun ausmachen. Das Sportressort bildet hier keine Ausnahme. Im Gegenteil ist der Anteil an Sportjournalisten, die bei ihren Verlegern einen großen Einfluss auf ihre Arbeit sehen, mit rund sechs Prozent geringer als in allen anderen Ressorts. Auch dies deutet auf eine Bestätigung der Befunde von 1993 hin: Sportjournalisten arbeiten eher in einem dezentral-kollegialen Umfeld, Einflussnahmen aus der Chefetage und besonders aus dem Verlag scheinen nicht die Regel zu sein.

Das zeigt sich ebenfalls bezüglich der Kontroll- und Kommunikationsmuster in den jeweiligen Redaktionen: Ein Gegenlesen oder gar eine Abnahme der Sportbeiträge durch die Chefredaktion kommt ähnlich wie im Lokalen nur etwa halb so oft vor wie in den anderen Ressorts. Insgesamt lässt sich aber feststellen, dass das Gegenlesen und Abnehmen von Beiträgen sowohl durch Kollegen, Untergebene, aber insbesondere auch Vorgesetzte (von rund 41 Prozent auf 73 Prozent) über alle Ressorts hinweg deutlich an Bedeutung gewonnen hat. Die Sportjournalisten werden nach wie vor am wenigsten von Vorgesetzten kontrolliert, während das besonders im Wirtschafts- und Politikressort an der Tagesordnung zu sein scheint (vgl. Weischenberg et al. 2006: 271 ff.).

Zeitbudgets für journalistische Tätigkeiten

Seit der letzten Untersuchung hat sich das journalistische Betätigungsfeld deutlich verändert. Auch die Arbeitsabläufe stellen sich im Zeitalter der Laptop-und-Handy-Kommunikation ganz anders dar als noch zwölf Jahre zuvor. Dies dürfte einen großen Einfluss auf die zeitliche Bedeutung der Basistätigkeiten von Journalisten haben: das Recherchieren, das Verfassen und Redigieren eigener Texte sowie das Redigieren von Agenturtexten und Pressemitteilungen (vgl. Abb. 5).

Tatsächlich steht den Journalisten weniger Zeit für Recherchen zur Verfügung. Die Sportjournalisten kommen dabei mit dem geringsten Zeitaufwand aus: An einem normalen Arbeitstag recherchiert der deutsche Sportjournalist im Schnitt nur rund eineinhalb Stunden, wogegen die anderen Kollegen rund eine halbe Stunde länger Informationen suchen und verifizieren. Auch

Tätigkeit	SJ		PJ		WJ		LJ		FJ		AJ	
	1993 n = 101	2005 n = 92	1993 n = 270	2005 n = 227	1993 n = 85	2005 n = 80	1993 n = 276	2005 n = 407	1993 n = 179	2005 n = 160	1993 n = 149	2005 n = 1536
Recher-chieren	119	95	138	120	137	145	154	110	129	133	140	117
Verf./ Red. eig. Texte	121	105	117	116	118	144	131	125	128	124	118	120
Text-auswahl	51	41	60	52	66	39	39	24	44	29	49	33
Red. von Agentur- und PR-Texten	53	37	46	47	49	44	35	37	29	20	37	33
Organisa-torisches	41	70	38	73	43	56	45	63	31	85	69	75

Abb. 5: Zeitbudgets für Tätigkeitsschwerpunkte an einem normalen Arbeitstag (Minuten pro Tag)

für das tatsächliche Verfassen eigener Texte bzw. das Erstellen eigener Bei-träge steht im Sportressort weniger Zeit zur Verfügung als 1993, dies sogar gegen den allgemeinen Trend in den anderen Ressorts. Hier bleibt das durchschnittliche Zeitbudget weitgehend konstant, bei den Wirtschaftskol-legen ist es sogar stark angestiegen. Die Textauswahl steht nicht so sehr im Mittelpunkt der journalistischen Tätigkeiten. Auch für die Selektion gilt, dass ihr im Sportbereich und – mit Abstrichen – im Lokalen ein deutlich kleinerer Zeitrahmen zugestanden wird bzw. werden kann als vor zwölf Jahren. In den anderen Ressorts bleibt dieser eher konstant. All diese »eingesparte« Zeit geht zum einen auf das Konto der organisatorischen Tätigkeiten: Insbeson-dere in Sport, Politik und Feuilleton ist der Zeitaufwand für die Organisa-tion des eigenen Arbeitens explodiert auf weit über eine Stunde täglich. Zum anderen verschlingt auch das Internet, das es 1993 so noch nicht gab, über alle Journalisten gesehen im Schnitt etwa zwei Stunden täglich. Dazu zählen Tätigkeiten wie Onlinerecherche, E-Mail-Kontaktpflege und Kommunikation mit den Rezipienten (vgl. Weischenberg et al. 2006: 267 ff.).

Akzeptanz von Recherchemethoden (Berufsethik)

Im Rahmen der wissenschaftlichen und auch öffentlichen Debatten um ein »Ausfransen« des Journalismus an seinen Rändern lohnt ein genauer Blick auf ethische Einschätzungen von Handlungen im Grenzbereich. Die Journalisten wurden also nach ihrer Akzeptanz von der Bezahlung für Informationen über die Verwendung nicht freigegebener Unterlagen bis hin zum Vortäuschen einer anderen Identität oder der Verwendung versteckter Kameras und Mikrofone befragt. Die Antwortvorgaben umfassten fünf Stufen von »voll vertretbar« bis »überhaupt nicht vertretbar« (vgl. Weischenberg et al. 2006: 244 f.).

Im Rahmen der ersten Erhebung wurde deutlich, dass sich die Sportjournalisten nur wenig von ihren Kollegen in anderen Ressorts unterscheiden. Allenfalls der Verwendung bestimmter Methoden des investigativen Journalismus wie falscher Identitäten und versteckter Kameras stehen sie etwas kritischer gegenüber (vgl. Weischenberg 1994). Das mag aber auch damit zusammenhängen, dass sich die Sportjournalisten und die Sportler in der Regel gut kennen und der Sport nicht unbedingt jeden Tag eine Investigativgeschichte bietet.

Unterschiede gab es aber in zwei Feldern: Erstens fand 1993 etwa ein Drittel der deutschen Sportjournalisten es durchaus vertretbar, einem Informanten Verschwiegenheit zuzusichern, diese jedoch nicht einzuhalten. Dieser Unterschied ist in den aktuellen Daten nicht mehr zu finden, er hat sich tendenziell sogar umgekehrt: Kein einziger der befragten Sportjournalisten hat 2005 angegeben, es in bestimmten Fällen mit der Verschwiegenheit nicht so genau zu nehmen. Auch bei den Kollegen aus den anderen Ressorts ist diese Vorgehensweise weitestgehend verpönt: Nicht einmal jeder dreißigste Journalist kann sich ein solches Vorgehen vorstellen (vgl. Abb. 6).

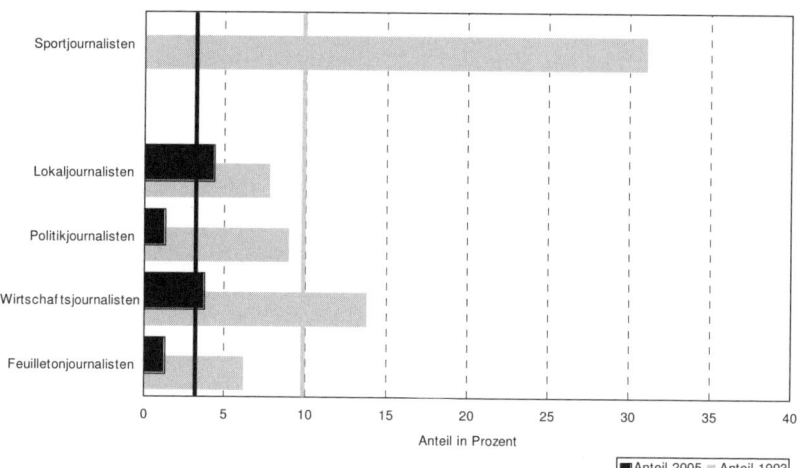

Anteile der Journalisten nach Ressorts, die »voll und ganz vertretbar«, »überwiegend vertretbar« oder »teils/teils (je nach Situation, Anlass)« ankreuzten.

Abb. 6: Vertretbarkeit des Nichteinhaltens von zugesicherter Verschwiegenheit

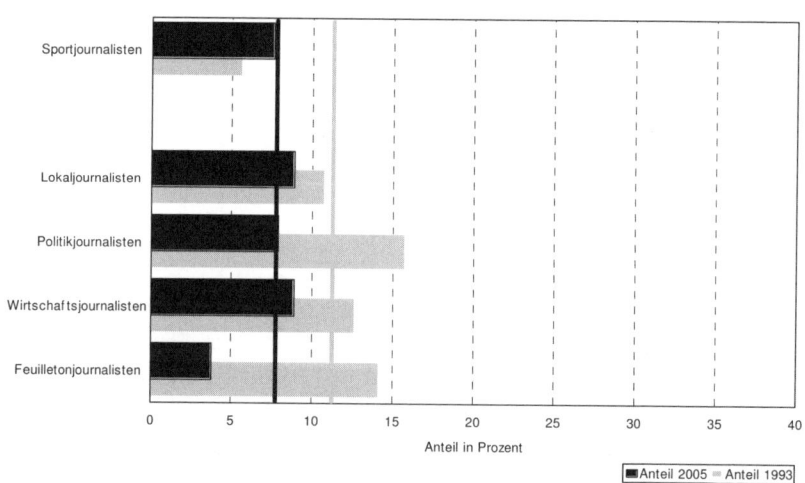

Abb. 7: Vertretbarkeit der Verwendung privater Unterlagen ohne Zustimmung

Zweitens, und damit verknüpft, unterschieden sich die Sportjournalisten 1993 noch stark von ihren Kollegen in der Ansicht darüber, wie mit privaten und nicht zur Veröffentlichung freigegebenen Unterlagen umzugehen sei. Heute führen offenbar die oben angeführten Gründe zu einer weitgehenden Vereinheitlichung der journalistischen Berufsethik: Über alle Ressorts hinweg kann sich nur etwa jeder Dreizehnte vorstellen, private Fotos o. Ä. zu veröffentlichen. Die deutschen Journalisten aus den anderen Ressorts sind also ähnlich vorsichtig geworden wie ihre Sportkollegen es schon in den 1990er-Jahren waren (vgl. Abb. 7).

Diese Entwicklungen beruhen vermutlich auch darauf, dass es zunehmend zu Abnahmen z. B. von Interviews durch den Interviewten, aber auch zu Klagen auf dem Gebiet der Veröffentlichung nicht freigegebener Informationen und privater Bilder kam und kommt.[6] Die Diskrepanz der beiden Angaben der Sportjournalisten von 1993, es mit der zugesicherten Verschwiegenheit nicht so genau zu nehmen wie die Kollegen, bei privaten Unterlagen aber vorsichtiger zu sein, lässt sich dadurch nicht eindeutig aufklären. Vielleicht hat die persönliche Nähe der Sportredakteure zu den Sportlern dabei eine Rolle gespielt, bei Dienstlichem schon einmal Dinge zu veröffentlichen, die nicht dafür vorgesehen waren, bei Privatem aber die Grenze zu ziehen. Plausibler erscheint aber, dass die Bedeutung privater Geschichten einzelner Sportler 1993 in den Inhalten der Sportberichterstattung noch nicht die Bedeutung hatten, es also wenig private Unterlagen gegeben hat, die zu publizieren sich gelohnt hätte. So könnte auch die im Sportressort gegenläufige Entwicklung der verstärkten Zustimmung zur Verwendung privater Unterlagen von 1993 (gut fünf Prozent) im Vergleich zu 2005 (rund acht Prozent) erklärt werden, wenngleich diese erneut im Rahmen zufälliger Schwankungen bleibt.

Ziele journalistischer Arbeit (Rollenselbstverständnis)

Ein großer Teil der journalistikwissenschaftlichen Kommunikatorforschung setzt sich mit der Frage der Einschätzung der beruflichen Rolle durch den Journalisten selbst auseinander. Dieser Forschungstradition liegt die Annahme zugrunde, dass die jeweilige Einstellung zum Beruf eine große Bedeutung für das Handeln des einzelnen Journalisten habe. Bedeutsam für aussagekräftige Ergebnisse in diesem Feld war, dass das dichotome Abfragen nach

---

6   Hinweise darauf gibt auch die umfangreiche Auseinandersetzung mit rechtlichen Fragen bei Interviews bereits in Standardwerken der Ausbildung (vgl. Haller 1997: 303–332).

Zugehörigkeit oder Nicht-Zugehörigkeit zu diesem oder jenem Berufsbild als überholt angesehen werden kann (vgl. z. B. Weischenberg 1994: 443).

Dies darf besonders in der Auseinandersetzung mit dem Sportressort nicht unterschätzt werden, wie die Ergebnisse der ersten Erhebung bereits gezeigt haben. Sportjournalisten sind mit dem Schlagwort »Unterhalter« unzureichend, ja sogar verfälschend beschrieben. Abb. 8 macht deutlich, dass Unterhaltung und Spannung zu bieten bei den Sportjournalisten nur am vierthäufigsten genannt wird, wenn die eigene Rolle beschrieben werden soll. Allerdings unterscheidet sie das von ihren Kollegen. Nur im Feuilleton rangiert die Unterhaltung noch unter den Top Ten, im Wirtschaftsressort belegt sie 1993 und 2005 abgeschlagen den letzten Platz.

Daneben ist interessant, dass in dieser Darstellung eher die Journalisten im Kultur- und Feuilletonbereich als die »Außenseiter« (vgl. für den Sport Weischenberg 1976) erscheinen. Im Sport tauchen 2005 auf den ersten sieben Plätzen neben der Unterhaltung alle sechs anderen Rollenbeschreibungen auf, die auch von der Gesamtheit aller befragten deutschen Journalisten genannt werden. Anders sah es und sieht es z. T. heute noch im Feuilleton aus, wo offenbar besonders die Rezipientenorientierung, also z. B. das (ausschließliche) Vermitteln interessanter Nachrichten, von geringerer Bedeutung ist – zumindest in der Wahrnehmung der Journalisten.

Im Sportressort fällt besonders auf, dass das Vermitteln komplexer Sachverhalte eine untergeordnete Rolle spielt. Das gilt besonders im Vergleich zu den anderen Ressorts, wo dieses Ziel 2005 in allen Disziplinen »aufs Siegertreppchen kommt«. Man könnte polemisch von einer Selbstdiskreditierung sprechen, vermutlich geht diese Wahrnehmung aber auf das all(mon-)tägliche Tun der meisten Sportjournalisten (im Print- und Agenturbereich) zurück: das Verfassen von Spielberichten aus der Fußball-Bundesliga und Ergebnisberichten von anderen Sportereignissen.

Wie schon bei der Kritik mangelnden Einsatzes investigativer Recherchemethoden sollte man sich mit allzu scharfer Schelte zurückhalten: Das Tagesgeschäft verlangt nicht den allergrößten Aufwand, um die Komplexität eines langweiligen 0:0 zwischen Borussia Mönchengladbach und Alemannia Aachen am 21. Spieltag der Saison 2006/2007 zu analysieren, bei der das spannendste und komplexeste Detail das Ketchup-beschmierte Haus des ehemaligen Gladbacher und seit einigen Monaten Aachener Trainers Michael Frontzeck war. Darüber hinaus hat es jüngst einige Beispiele gegeben, in denen Sportjourna-

Ziele	SJ		PJ		WJ		LJ		FJ		AJ	
	1993 n = 101	2005 n = 92	1993 n = 270	2005 n = 227	1993 n = 85	2005 n = 80	1993 n = 276	2005 n = 407	1993 n = 179	2005 n = 160	1993 n = 1498	2005 n = 1536
Möglichst neutral und präzise informieren	2	1	2	1	2	2	1	1	8	2	1	1
Komplexe Sachverhalte erklären und vermitteln	5	5	1	2	1	1	2	3	4	1	2	2
Möglichst schnell Informationen vermitteln	1	3	4	3	3	4	3	2	5	5	3	3
Die Realität genauso abbilden, wie sie ist	3	2	5	4	5	3	4	4	7	3	4	4
Nur interessante Nachrichten vermitteln	5	6	7	5	7	7	6	6	11	11	7	5
Kritik an Missständen üben	9	7	3	6	6	4	5	5	6	7	5	6
Unterhaltung und Spannung bieten	4	4	15	13	15	15	11	13	3	7	11	10

Rangfolgen einer Rangliste mit 15 Items aus Anteilen »trifft voll und ganz zu« oder »trifft überwiegend zu«. Ranking nach AJ 2005.

Abb. 8: Ziele journalistischer Arbeit nach Ressorts (Rangfolge nach Bedeutung)

listen durchaus investigativ komplexe Fragestellungen aufgeworfen und so z. B. die Finanzmisere von Borussia Dortmund aufgedeckt haben.[7]

---

[7] Freddie Röckenhaus (SÜDDEUTSCHE ZEITUNG) und Thomas Hennecke (KICKER) sind dafür mit dem Henri-Nannen-Preis 2005 ausgezeichnet worden.

Ziele	SJ		PJ		WJ		LJ		FJ		AJ	
	1993 n = 101	2005 n = 92	1993 n = 270	2005 n = 227	1993 n = 85	2005 n = 80	1993 n = 276	2005 n = 407	1993 n = 179	2005 n = 160	1993 n = 1498	2005 n = 1536
Möglichst neutral und präzise informieren	83,1	88,0	83,2	92,5	74,3	87,5	86,1	95,1	56,1	70,0	74,4	88,3
Komplexe Sachverhalte erklären und vermitteln	64,6	60,9	88,0	86,8	84,0	91,3	80,9	80,1	62,4	73,8	74,1	79,4
Möglichst schnell Informationen vermitteln	87,6	79,3	72,7	85,5	74,3	63,3	80,2	86,2	62,2	50,6	73,0	74,0
Die Realität genauso abbilden, wie sie ist	78,8	81,5	71,7	74,4	60,8	76,3	75,8	78,4	56,6	66,7	65,8	73,0
Nur interessante Nachrichten vermitteln	64,6	60,4	51,8	71,5	47,2	47,5	60,0	74,9	42,2	35,2	54,0	60,0
Kritik an Missständen üben	49,5	52,7	77,0	60,1	50,4	63,3	74,1	76,9	59,0	43,4	63,2	57,6
Unterhaltung und Spannung bieten	74,4	68,5	16,2	23,3	20,1	11,3	45,0	27,3	64,8	43,3	47,4	36,8

Abb. 9: Ziele journalistischer Arbeit nach Ressorts (Anteile in Prozent)

Trotzdem sind natürlich komplexe Fragestellungen auch im Sportressort denkbar. Das gilt insbesondere für Sportarten, mit denen die Rezipienten nicht so sehr vertraut sind. Warum z. B. Bobs und Schlitten bei bestimmten Bedingungen schneller sind und Eisbahnen bei zunehmender Benutzung schneller werden ist ebenso wenig trivial wie die komplette Regelkunde von Cricket (zumindest für einen Deutschen). Erklärungsbedarf wäre also in einigen Fällen da, diese Chance wird aber in den seltensten Fällen genutzt.

Das könnte auch damit zusammenhängen, dass Sportjournalisten nicht nur über ihr Spezialgebiet berichten, sondern durchaus auch bei Sportereignissen eingesetzt werden, bei denen sie selbst nicht alle Regeln kennen.

Generell kann man natürlich die Ergebnisse der Analyse einer Rangfolge in Zweifel ziehen, da sich auch die absoluten Werte der Zustimmung noch stark unterscheiden können. Um zu einem genaueren Bild über das Rollenselbstverständnis der deutschen Sportjournalisten zu kommen, sind in Abb. 9 die Anteile der Journalisten nach Ressorts angegeben, die zumindest überwiegend den Rollenbeschreibungen zustimmen.

Diese Darstellung zeigt, dass Sportjournalisten sich in der Beurteilung ihrer eigenen Rolle nicht (mehr) sehr stark von den Kollegen anderer Ressorts unterscheiden. Sowohl die Kritik an Missständen als auch die Erläuterung und Vermittlung komplexer Sachverhalte wird zwar unter den Sportjournalisten eindeutig weniger oft zur Beschreibung der eigenen Ziele angeführt, aber besonders in den Kategorien, die den Informierer (vgl. Weischenberg 1994) beschreiben, liegen auf den ersten Blick die absoluten Werte bzw. die Anteilswerte im selben Bereich wie im Politik-, Wirtschafts- oder Lokalressort.

Wenn man genauer hinsieht, fallen in den einzelnen Ressorts jeweils bestimmte Spezifika auf, die etwas vom allgemeinen Durchschnitt abweichen. Im Wirtschaftsressort kommt es offenbar nicht so sehr auf das Vermitteln (für die Rezipienten) interessanter Nachrichten und auf die Geschwindigkeit an, stattdessen ist die Erläuterungsfunktion besonders wichtig. Im Lokalen liegen die Schwerpunkte auf Aktualität, Neutralität und Präzision. Für den Feuilletonbereich scheinen fast alle Kategorien nicht so gut zu passen, die Zustimmungen sind insgesamt niedriger. Deutlich wird trotzdem, dass Geschwindigkeit und das Vermitteln (für die Rezipienten) interessanter Nachrichten seltener angegeben werden, um die eigene Rolle zu beschreiben. Beim Sport liegen diese Spezifika – noch einmal zusammenfassend gesagt – in der hohen Zustimmung zur Unterhaltungsfunktion und der geringen Bedeutung von Kritik- und Erklärungsfunktion.

Literatur

Beck, D./Kolb, S. (2009): Sportjournalismus in Deutschland und der Schweiz: Ein Vergleich der vorliegenden Befunde. In: Beck, D./Kolb, S. (Hrsg.): Sport & Medien. Aktuelle Befunde mit Blick auf die Schweiz. Zürich: 13–33.

Dillman, D. A. (2000): Mail and Internet Surveys. The Tailored Method. New York.

Dillman, D. A. (1978): Mail and Telephone Surveys: The Total Design Method. New York.

Kolb, S. (2002): Journalisten – eine schwer zu befragende Spezies. Rücklauf und Ergebnisse einer Befragung von Motorjournalisten. www2.dgpuk.de/ fg_meth/ (Zugriff am 09.09.2008).

Marr, M./Wyss, V./Blum, R./Bonfadelli, H. (2001): Journalisten in der Schweiz. Eigenschaften, Einstellungen, Einflüsse. Konstanz.

Scholl, A./Weischenberg, S. (1998): Journalismus in der Gesellschaft. Theorie, Methodologie und Empirie. Opladen/Wiesbaden.

Weaver, D. H./Wilhoit G. C. (1986): The American Journalist: A Portrait of U.S. News People and Their Work. Indiana University Press.

Weischenberg, S./Malik, M. (2006): Journalismus in Deutschland 2005. Media Perspektiven 7/2006: 346–361.

Weischenberg, S./Malik, M./Scholl, A. (2006): Die Souffleure der Mediengesellschaft. Report über die Journalisten in Deutschland. Konstanz.

Weischenberg, S. (1994): Annäherungen an die »Außenseiter«. Theoretische Einsichten und vergleichende empirische Befunde zu Wandlungsprozessen im Sportjournalismus. Publizistik, 39: 428–452.

Weischenberg, S. (1976): Die Außenseiter der Redaktion. Struktur, Funktion und Bedingungen des Sportjournalismus. Theorie und Analyse im Rahmen eines allgemeinen Konzepts komplexer Kommunikatorforschung. Bochum.

Wirth, W./Kolb, S. (2003): Äquivalenz als Problem: Forschungsstrategien und Designs der komparativen Kommunikationswissenschaft. In: Esser, F./ Pfetsch, B. (Hrsg.): Politische Kommunikationsforschung im internationalen Vergleich. Opladen/Wiesbaden: 104–131.

Hans-Jörg Stiehler / Thomas Horky

4 Themen für Sportjournalisten

Sport als Geschichtenerzähler

Im 21. Jahrhundert ist der Sport, den die Medien darstellen und inszenieren, nicht einfach irgendeine körperliche Betätigung. Es handelt sich um »Mediensport«. Das ist ein Kürzel für die gegenseitigen Abhängigkeiten und Wechselbeziehungen zwischen Sport und Medien, die sich in den letzten Jahrzehnten herausgebildet haben. Diese Abhängigkeiten und Wechselbeziehungen sind ein Ausdruck umfassender globaler Prozesse, die »Mediatisierung« genannt werden können und das Durchdringen sozialer Ereignisstrukturen in den verschiedensten Lebensbereichen durch technologische, ökonomische und institutionelle Aspekte der Medien meinen. Sie sind nicht allein auf den Sport beschränkt, aber dort besonders gut zu beobachten. Auf der einen Seite, den Medien, handelt es sich zunächst um gezielte Auswahlprozesse, die einen bestimmten Typ von Sport, den Hochleistungssport, und bestimmte Sportarten und Disziplinen, nämlich die weltweit bzw. in den jeweiligen Ländern populärsten, zum Gegenstand der Berichterstattung und der ihnen zur Verfügung stehenden Inszenierungsformen machen (»Medienrealität des Sports«). Auf der anderen Seite, dem Sport, handelt es sich um Anpassungsvorgänge an Verwertungsbedürfnisse der Medien und an mediale Dramaturgien, insbesondere des Fernsehens.

Die Entwicklung des Mediensports ist nicht ohne Vorläufer verstehbar. Mit der Entwicklung und Ausdifferenzierung des Sports trat, massiv im 19. Jahrhundert, eine neue Form des Sports in die Öffentlichkeit, der Zuschauersport. Markante Daten aus der Gründerzeit der »Moderne« sind die Gründung der Profiligen in Baseball (USA, 1876) und Fußball (England, 1888), die modernen Olympischen Spiele (seit 1896) oder die Erfindung der Tour de

France (1903) durch die französische Sportzeitschrift L`AUTO. Vorläufer dieses Typs Sport waren das Boxen und das Pferderennen. Das Regelwerk des Boxens wurde bereits 1743 (»London Prize Rules«) kodifiziert und 1876 (»Queensberry Rules«) in die heutige Form verändert. Für das (professionelle) Pferderennen stehen die Jahre 1750 für die Gründung des Jockey Club als Regelinstanz und 1780 mit dem Epsom Derby als wichtigster Jahrgangsprüfung. Die Daten umspannen jenen Zeitraum, in dem auch die Sportwetten populär und auf professionelle Basis gestellt wurden. Dieser Typ Sport war dadurch gekennzeichnet, dass er regelmäßig und primär für Zuschauer »produziert« wurde, die auf die verschiedenste Weise daran Anteil nahmen. Aufgrund dieses Publikumsinteresses wurde dieser Zuschauersport schnell Gegenstand medialer Berichterstattung: in der Presse, im Radio, in den Wochenschauen im Kino, im Fernsehen und nun auch im Internet und in anderen Informationsdiensten. Erst dadurch ist seine weltweite Rezeption entstanden, welche die Begrenzungen der einzelnen Sportstätten aufgehoben hat.

Sport bietet Ereignisfolgen mit Anfang und Ende, über die nicht nur berichtet und erzählt werden kann, sondern die zugleich »Texte« mit eigener Syntax, Semantik und Pragmatik darstellen, die »Geschichten« erzählen und also über sich hinausweisen. Es ist dieser »erzählerische« und »theatralische« Gestus, der die Faszination des Sports für das Publikum und daher für die Medien ausmacht. Alles, was zu einem Drama im aristotelischen Sinne gehört, ist vorhanden: Charaktere mit definierten Rollen, die Einheit des Ortes, der Zeit und der Handlung, Mimesis als darstellendes Durchspielen idealtypischer menschlicher Situationen wie Siegen und Verlieren, Glück und Unglück, Regelbruch und Fair Play, Freundschaft und Feindschaft, Ungewissheit und Gewissheit, Grenzen und Grenzüberschreitungen. Mythen werden aktualisiert – sportimmanente wie die des »friendly meeting« und des »sportmanship« in britischer Tradition (siehe Eisenberg 1995: 89) oder des antiken Friedens während der Olympischen Spiele, sportexterne Motive wie David und Goliath, Kain und Abel usw. Insofern kann man sagen, dass Sportereignisse soziale Situationen darstellen, die andere soziale Situationen modellieren. Andrzej Wohl (1981: 138) hat den Sport als »Bewegungslabor« bezeichnet. Man kann das Bild vom Labor aufgrund der Konkurrenz- und Kooperationsstrukturen im Sport auch auf soziales Verhalten und – angesichts der Bedeutung entsprechender Industrie – auf Sportmode und -geräte ausweiten.

Für die Medien war und ist der Sport also interessant, weil sich mit ihm unendliche und unendlich viele Geschichten erzählen lassen: Geschichten über Charaktere, menschliche Schicksale und Möglichkeiten, Geschichten vom Scheitern und Siegen, von Glück und Unglück – ganz ähnlich den epischen Dramen oder den »short stories« der Seifenopern. Er ist somit auch Projektionsfläche von kleinen und großen Gefühlen, von Heimatsuche im Zeitalter der Globalisierung, von Körperlichkeit in der Ära von körper- und seelenloser Bürokratie und Technik. Er ermöglicht den Anschluss an die alltägliche Kommunikation und an die um den Sport gewachsenen Sozialstrukturen – Vereine, Fans, Stammtische. Und diese wiederum werden inzwischen in den Medien imitiert, wie man an den schier unendlichen TV-Expertenrunden bei großen Sportereignissen erkennen kann. Die Medien – im Verbund mit Werbewirtschaft und Industrie – lieben den Sport, weil sie mit ihm Werbekontaktchancen in gleich dreifacher Weise bekamen: den Wettkampf als Umfeld für Werbung und Sponsoring, das mit Tafeln vollgestellte, inzwischen auch virtuell »bestückbare« Stadion als Werbeort und schließlich den Sportler als laufende, springende, den Ball spielende oder radelnde Litfaßsäule. Dem entspricht auf der anderen Seite der sehnsüchtige Blick des Sports und seiner Organisatoren auf die Medien, auf die öffentliche Aufmerksamkeit, die sie für sportliche Leistungen und die Vermarktung von Sportlern, Mannschaften, Trainern, Verbänden, Sportmoden, Geräten usw. versprechen.

In den letzten ungefähr 50 Jahren, forciert seit den 1980er-Jahren, haben sich die Grundstrukturen des heutigen mediatisierten Sports herausgebildet. Vereinfacht könnte man sagen, dass sich in wechselseitiger Anpassung Medien und Sport bemühen, das Unterhaltungspotenzial medial vermittelten Sports zu maximieren. Das Unterhaltungspotenzial des Sports lässt sich mit wenigen Stichworten beschreiben: Konflikt, Spannung, Abwechslung, Körperlichkeit/Personalisierung, strategische und taktische Aktionen von Solisten und Mannschaften, einfache Regeln, offener und messbarer Ausgang (Sieg, Remis, Niederlage, Rekord), Serialität von Wettkämpfen (Turnier, Liga, Weltcup usw.).

Betrachtet man die journalistischen Mittel und die dominierenden Darstellungsformen, handelt es sich beim Mediensport um einen bestimmten Typ des Informationsjournalismus.[8] Er gehorcht allerdings insofern eigenen Gesetzen, als in verschiedener Hinsicht Abweichungen vom »normalen« Informationsjournalismus möglich und real sind (siehe Abschnitt »Gefährdungen im Sportjournalismus«).

---

[8] Allerdings ist es mit den Sportkanälen im Fernsehen zu einer Adaptation auch »klassischer« Unterhaltungsangebote gekommen. Beispiele sind der Sportfilm und das Sportquiz.

Die Entwicklung des Verhältnisses von Sport und Medien der letzten Jahrzehnte ist auf die griffige (und zutreffende) Formel »vom Sport in den Medien zum Mediensport« (siehe für das Fernsehen: Foltin/Hallenberger 1994) gebracht worden. In dieser Formel sind zwei Formen der Veränderungen im Sport benannt. Zum einen handelt es sich um Veränderungen im Sport »vor Ort«, also der tatsächlichen Wettkämpfe (Regel, Sportarten, Orte, Inszenierungen). Für diese lässt sich zeigen, dass sie sich – explizit und implizit – nach dem Programmbedarf und nach den Regeln der Medien, vor allem des Fernsehens, vollzogen haben und weiter vollziehen. Zwei der markantesten Kennzeichen sind zum einen die Expansion und die »Erfindung« von Sportarten (ablesbar z. B. an der Ausdehnung der Programme der Olympischen Spiele) und von internationalen Wettkampfsystemen (z. B. durch die Weltcups seit Ende der 1980er-Jahre), die ein sozusagen permanentes Angebot an Sport auf Weltspitzenniveau an die Sportmedien darstellen (und zu einer gewissen Entwertung nationaler Meisterschaften in den Rang von »Qualifikationen« führten). Zum anderen handelt es sich um die mediale Präsentation von Sport, deren Entwicklung als Ausbau des Unterhaltungspotenzials des Fernsehsports interpretiert werden kann.

Beide Prozesse, die sich einander bedingen, können anhand des Infotainment-Konzepts systematisiert werden. Dieses Konzept versucht, Veränderungen in medialen Darstellungen (ursprünglich im Bereich des klassischen Informationsjournalismus) abzubilden. Es hat sich in einigen Bereichen bereits empirisch bewährt (Früh/Wirth 1997). Infotainment wird auf der Sendeseite verstanden als »Vermengung von informations- und unterhaltungsorientierten Inhalten, Stil- und Gestaltungselementen« (ebenda: 367). Es kann als Strategie verstanden werden, die Aufmerksamkeit zu erhöhen und die Rezeption zu erleichtern. Dieses Konzept auf den Sport anzuwenden ist vor allem deshalb interessant, weil sowohl die »reale« Inszenierung von Leistungssport als auch die mediale Präsentation genau diesen Merkmalen schon seit geraumer Zeit folgen (siehe Stiehler 1997; Kinkema/Harris 1998; Horky 2001). Als Basismerkmale von Infotainment gelten Dynamisierung, Emotionalisierung, Narrativisierung und Relevanzzuweisung. Eher stichpunktartig soll versucht werden, Entwicklungen in Sport und Mediensport unter diesen Kategorien zu systematisieren – wohl wissend, dass eindeutige Zuordnungen problematisch sein können, hier eine summarische Zusammenfassung von Entwicklungen stattfindet, die in den verschiedenen Sportarten unterschiedliche Ausprägungen annimmt, und sich immer kontrastierende oder widerlegende Beispiele finden lassen.[9] Auch lassen sich eine Reihe von Veränderungen im Sport – Schaffung von Überschaubarkeit der Wettkämpfe, Verlagerung von Wettkämpfen in Arenen und Stadtzentren, Bemühen um Einfachheit der Rezeption – zwar als Attraktivitätssteigerung verstehen, aber nur bedingt unter dem Infotainment-Ansatz analysieren.

Die folgende Übersicht stellt Veränderungen im Sport in Stichpunkten zusammen, wobei jeweils Veränderungen im Sport selbst und im Fernsehsport getrennt genannt werden, auch wenn zwischen ihnen ein »inneres Band« besteht.

Dynamisierung: Tempo, Unerwartetes und Ungewohntes (inhaltlich und formal)
Veränderungen im Sport als Wettkampf:
- Kurzwettkämpfe (wie jüngst im Ski, Biathlon, Skating)
- Animation in Wettkampfstätten
- Musikalische/Show-Begleitung/-Rahmung

Veränderungen im Mediensport:
- Bildwahl, Schnittfolge, Kameraperspektiven, laufende und »fliegende« Kameras usw.
- grafische Elemente mit Zusatzinformationen: Zeit, Entfernungs-/Geschwindigkeitsmaße, virtuelles Gelbes Trikot usw.

Emotionalisierung: Stimulierung, Verbalisierung und Visualisierung von Gefühlen
Veränderungen im Sport als Wettkampf:
- Einbettung in Rituale (z. B. Eröffnungs-/Abschlussfeiern, Siegerehrung)
- Zuspitzung zum Wettkampfende (Spezialregeln wie Golden Goal, Sudden Death, Tie-Break; Wettkampfformen: Finaldurchgänge; »Dramaturgie« bei den Sechstagerennen usw.)
- »Organisation« von Rekorden (z. B. »Hasen« in der Leichtathletik)
- Animation der Zuschauer
- Outfit der Akteure zwischen Erotik und Funktionalität
- neue »Choreografien« des Jubels

---

[9] Ebenso wenig soll behauptet werden, alle diese Entwicklungen dienten allein dem Unterhaltungswert. Eine Reihe von fernsehtechnischen Entwicklungen wie beispielsweise die neuen Möglichkeiten der Videoanalyse (Markieren des Bildschirms, virtuelles »Übereinanderlegen« von Akteuren, Einblendung zusätzlicher Informationen und Grafiken usw.) unterstützen zweifellos (auch) die journalistische Aufbereitung.

Veränderungen im Mediensport:
- emotionale Sportsprache: Zuspitzung, Boulevardisierung
- »Heldenverehrung« (und -sturz!)
- Großaufnahmen (Gesichter als Spiegel von Emotionen)

Narrativisierung: Einbettung der Sportberichterstattung in Geschichten
Veränderungen im Sport als Wettkampf:
- narrative »Logiken« der jeweiligen Sportarten (»Wer gewinnt wie?«)
- Wettkampftitel als »Erzählrahmen«, teilweise an Filme angelehnt
- Kommentierung »vor Ort« (Vorstellung der Sportler, reportagehafte Elemente in der Stadion-/Arenamoderation)

Veränderungen im Mediensport:
- tägliche Fortsetzungsgeschichten über internationale, nationale und z. T. auch regionale »Helden« in Sportkanälen, Nachrichtensendungen mit festen Sportrubriken (Bundesliga, Formel 1 etc.)
- Sporttalksendungen (als mediale Entsprechung des »Stammtisches«)
- Konzentration auf »Stars« und Prominenz
- umfangreiche »rahmende« Vor- und Nachberichterstattung bei Originalübertragungen
- Spezialkameras für einzelne Sportler, Funktionäre, Trainer usw.

Relevanzzuschreibung: Aufwertung von Themen (hier: Wettbewerben)
Veränderungen im Sport als Wettkampf:
- Rhythmussteigerung bei Welttitelkämpfen[10]
- Einordnung von Wettkämpfen in Hierarchien (Weltcup, Champions League)

Veränderungen im Mediensport:
- Selektion von Hochleistungssport auf internationalem Niveau; Beachtung des nationalen Spitzensports nur bei (wenigen) populären Sportarten (in vielen Ländern Fußball, in England dazu auch Rugby und Pferderennen, in den USA Football, Baseball, Basketball, Golf und Eishockey, in Irland Hurling, in Indien Kricket und Feldhockey usw.)

---

[10] Eine kuriose Sondersituation nimmt hier das Profiboxen ein, in dem mehrere konkurrierende Verbände ihre eigenen Weltranglisten und Titelkämpfe führen, was bei x Verbänden und y Gewichtsklassen zu y*x Titelkämpfen und Weltmeistern sowie gelegentlich zu besonders attraktiven Vereinigungskämpfen zwischen den Weltmeistern verschiedener Verbände führt.

- Dramatisierung von Wettkämpfen zu »Events« und grundlegenden Entscheidungen
- Verknappung auf »Duelle«

Der nahezu konsequente Endpunkt dieser Entwicklung ist im Wettkampfsport selbst die Installierung von Videowänden an den Originalschauplätzen. Den Zuschauern »vor Ort« wird hier neben dem Gefühlswert des Liveerlebnisses der (hier vor allem informatorische) Mehrwert der Fernsehübertragung geboten – vor allem bei Sportarten, die ohne mediale Darstellung nicht verfolgt werden können (Distanzrennen zu Fuß, Ski, Rad oder Auto, Golf usw.) und/oder bei denen die wettkampfentscheidenden Momente in einem der normalen Wahrnehmung entzogenen Mikrobereich liegen und folglich der Auflösung durch Wiederholungen, Zeitlupen usw. bedürfen.[11]

Zwischenfazit: Die Unterhaltungspotenziale des für die Medien relevanten Sports allgemein und die als Unterhaltung intendierten Leistungen medialer Inszenierungen des Sports haben sich in den letzten Jahrzehnten deutlich erhöht. Diese Veränderungen können dahingehend verstanden werden, das »Kommunikationsvergnügen« zu vergrößern, Spannung und Abwechslung (sowie Qualität) im Sport zu erhöhen und »planbar« zu machen (auch wenn das letztlich als Quadratur des Kreises scheint) und die ästhetischen Qualitäten verschiedener Bewegungsformen stärker herauszuarbeiten bzw. zu verdeutlichen. Diese Veränderungen können damit auch so verstanden werden, einerseits breitere Publika über Spezialisten einzelner (Rand-) Disziplinen hinaus anzusprechen, andererseits die Gratifikationen der Rezeption von Fernsehsport von den riskanten, weil vom Scheitern bedrohten ergebnisbezogenen Gratifikationen auf verlaufsbezogene Gratifikationen »umzulenken« (»verloren, aber mit tollen Bildern«).[12] Allerdings ist nicht gesagt, dass

---

[11] Auf Sonderentwicklungen des Neubaus von Sportarenen mit Lounges, Stadionfernsehen usw. als »Schnittpunkt« dieser beiden Phänomene wird hier nicht eingegangen.

[12] Diese These wird durch Überlegungen zur inzwischen etablierten rahmenden Berichterstattung gestützt. Die Schaltung zu einem Sportereignis ohne Vorbericht und die Zurückschaltung ohne Nachbericht gilt inzwischen als Ausnahme. Die Nachberichterstattung versucht u. a. die zentrale Frage »Woran hat's gelegen?« zu beantworten, auch wenn selbst plausible Antworten etwa »demoralisierende« Ausgänge nicht aus der Welt schaffen. Sie ist der Platz von Ursachenzuschreibungen, die neben erklärenden, die Situation definierenden bei Niederlagen auch troststiftende oder therapeutische Funktionen erfüllen muss (siehe Marr/Stiehler 1995). Zuschauern mit frustrierten dominanten Ergebniserwartungen bietet sie daher ein gestuftes Gleiten in die Normalität des Alltags an – vor allem im Vergleich mit dem früher üblichen »brutalen« Zurückschalten in andere Programme, das den Zuschauer mit einer – mehr oder weniger befriedigenden – Erklärung allein ließ.

die erwähnten (und andere, nicht erwähnte) Veränderungen im (Fernseh-) Sport das Versprechen besserer »Rezeptivität« auch einlösen.

Besonderheiten im Sportjournalismus

Zwar gelten für Sportjournalismus die gleichen Regeln wie für jeden anderen Journalismus, doch sprechen zwei Gründe für seine Sonderstellung. Erstens handelt es sich beim Gegenstand »Sport« um einen Lebensbereich oder ein Subsystem der Gesellschaft, den man mit Attributen wie »Spiel« und »(Körper-) Kultur« und hinsichtlich seiner ursprünglichen Funktionen als Unterhaltung und Rekreation kennzeichnen kann. Das Spiel, das Unterhaltung (wie immer sie bestimmt wird) erst ermöglicht bzw. zu deren typischen Formen Sport gehört, »ist eine Art Realitätsverdoppelung, bei der die als Spiel begriffene Realität aus der normalen Realität ausgegliedert wird, ohne diese negieren zu müssen. Es wird eine bestimmten Bedingungen gehorchende zweite Realität geschaffen, von der aus gesehen die übliche Weise der Lebensführung dann als reale Realität erscheint« (Luhmann 1996: 97). Allerdings handelt es sich beim Sport, wenigstens bei dem in den Medien auftauchenden Sport, um ein Spiel, das professionell, verwissenschaftlicht, mit kommerzieller Unterstützung und/oder Zielstellung, im Dienste und vor Augen der Öffentlichkeit (der Olympische Eid endet mit den Worten »zur Ehre des Landes«) usw. betrieben wird. Das hebt den konstituierenden Rahmen »this is sport« zwar nicht auf, die Eigenlogik des Sports und die Semantik der »schönsten Nebensache der Welt« (siehe Bette 1999) bleiben erhalten. Inmitten der hier nur angedeuteten Wechselwirkungen des Sports mit ökonomischen, politischen, kulturellen, technischen und sozialen Prozessen kann dann aber auch für Zuschauer (und Medien) aus dem Spiel »Ernst« werden.

Zweitens ist durch die skizzierten Veränderungen des Sports zum Mediensport die Situation entstanden, dass Sportjournalismus es mit einem »mediatisierten« Gegenstand zu tun hat. Sportjournalismus insgesamt, nicht unbedingt der einzelne sportjournalistische Akteur, bewegt sich in einer Welt, die er in mancherlei Hinsicht selbst geschaffen hat: durch Eingriffe in den Sport, durch Inszenierung bzw. Definition von Höhepunkten und Krisen, von Erfolg und Misserfolg. Dass die Selbstinszenierung des Sport und seine Fremdinszenierung durch die Medien Hand in Hand gehen, eine unzertrennbare Einheit bilden, muss heutiger Sportjournalismus immer mitreflek-

tieren – und bei geeigneten Anlässen auch zum Gegenstand der Berichterstattung machen.

Ausgehend von diesen beiden Besonderheiten können Merkmale und
Entwicklungstrends heutigen Sportjournalismus wie folgt – thesenartig –
beschrieben werden.

a) Von der »schönsten Nebensache der Welt« in den Kern gesellschaftlicher
   Öffentlichkeit
   Aufgrund der vielfältigen Verflechtungen des Sports mit anderen Teilsystemen der Gesellschaft (Politik, Wirtschaft, Medizin, Wissenschaft usw.)
   und des großen Publikumsinteresses ist Sport eben nicht nur »Spiel«. Er
   ist auch ein ökonomischer Faktor, eine Arena lokaler, regionaler und nationaler Selbstdarstellung und -vergewisserung, ein Gegenstand politischer
   Steuerung (durch nationale und internationale Sportverbände, durch die
   nationale Sportpolitik und -förderung). Die Stadien und Sporthallen prägen das Bild von Städten, und manche der (älteren und) neuen Bauten sind
   als »Kathedralen des Sports« von ähnlicher architektonischer Bedeutung
   wie viele Kirchen, Rathäuser oder Museen. In ihnen versammeln sich
   nicht nur die interessierten Sportpublika, sondern auch »Prominenz« unterschiedlichen Ranges und unterschiedlicher Provenienz. Sport steht nicht
   am Rande der Gesellschaft, sondern rückt – insbesondere bei den sportlichen Großereignissen – ins Zentrum gesellschaftlicher und medialer
   Aufmerksamkeit. Das ist ablesbar an der Medienresonanz, die diese Ereignisse finden: Olympische Spiele, Welt- und Europameisterschaften in
   populären Sportarten können die herkömmlichen Berichterstattungsmuster
   überlagern und »okkupieren« die Sendepläne von Funk und Fernsehen
   (siehe Teil B, Kapitel 7) oder führen zu Sonderseiten in Zeitungen und
   Zeitschriften. Daran ist die Rolle solcher herausragender Sportereignisse
   (und natürlich auch des »Alltags« des Sports) als Gegenstand nicht nur
   der öffentlichen Kommunikation, sondern auch als Gesprächsthema in
   allen Sphären der Gesellschaft ablesbar. Daraus ergeben sich ambivalente
   Folgen: Einerseits wächst die Gefahr politischer und kommerzieller
   Instrumentalisierung des Sports, zugleich aber auch die Aufmerksamkeit
   dafür. Zumindest weitet dieser Bedeutungsgewinn des Sports die Bericht-
   erstattungsanlässe und -themen erheblich aus.

b) Vom Berichten zur Vielfalt von Darstellungsformen
   Am Anfang der Sportberichterstattung standen – wie bei anderen Jour-
   nalismen auch – Nachricht und Bericht. Inzwischen ist die Vielfalt an
   Darstellungsformen gewachsen. Das hängt, vor allem beim Fernsehen,

zum einen mit medienökonomischen Umständen zusammen: Kosten für teure Sportrechte beim Fußball, bei den Olympischen Spielen, bei Welt- und Europameisterschaften sowie der Übertragungsaufwand rechnen sich besser bei einer Verteilung über größere Sendeflächen und bei einer Mehrfachverwertung des Materials. Diese Sendeflächen – sie machen bei wichtigen Fußballspielen mehr als das Doppelte der eigentlichen Übertragung aus – müssen unterhaltsam sein und mit Themen für ein breites Publikum gefüllt werden. Das resultiert auch aus dem unterschiedlichen Zugriff auf aktuelle und exklusive Sportereignisse. Die Printmedien, aber auch »rechtelose« Rundfunkanstalten haben gegenüber Rundfunk und Internet Zeitverzug. Um Interessantes zu bieten, müssen sie durch andere Stärken – analytische Nachbereitung, Hintergrundberichte, Einordnung – das Publikum gewinnen. Dazu gehören auch der Sporttalk, der in gewisser Hinsicht den »Stammtisch« imitiert, oder die Selbstreflexion der Medien z. B. in Form von »Rezensionen« der Sportübertragungen im Rundfunk.

c) Vom Sportereignis zur Themenvielfalt

Im Zentrum des Sportjournalismus steht das Sportgeschehen. Aber was ist das »Sportgeschehen«? Es ist in der heutigen Zeit eben deutlich mehr als der Wettkampf. Drei Aspekte sind besonders hervorzuheben, weil sie – auf jeweils eigene Weise – mediale Thematisierungen ermöglichen, wenn nicht sogar erzwingen. Erstens steht das Sportsystem in vielfältigen Austauschbeziehungen mit anderen Teilsystemen der Gesellschaft: Daraus ergeben sich ökonomische, medizinische, kulturelle und politische Aspekte, die teils hintergründig wirken, teils aber, wie politische Interventionen, Diskussionen über Übertragungsrechte, Doping usw., unmittelbar für die Beobachtung des Sports durch die Medien relevant sind. Zweitens werden sportliche Leistungen heute sozusagen arbeitsteilig und professionell erbracht. Damit kommen weitere Akteure in das Sportgeschehen hinein: als Interviewpartner, als Co-Kommentatoren, als Quelle von Hintergrundinformationen usw. Das sind einerseits die Stäbe der Trainer, Betreuer, Materialentwickler, Trainingswissenschaftler usw., die für die »sachliche« Seite der Profession verantwortlich sind. Das sind andererseits die Vermarkter, Spielervermittler, Manager usw., welche die »ökonomischen« Aspekte bearbeiten. Das bedeutet auch eine Erweiterung des Sportdiskurses um politische, ökonomische, juristische, kulturelle usw. Aspekte des Sports, nicht nur unter Spezialisten. Drittens sind sportliche Leistungen dann doch individuelle Leistungen, Ergebnisse der Aktionen eines Menschen oder einer Menschengruppe. Sie sind per se personalisiert, und die Charaktereigenschaft und Marotten von sportlichen Akteuren sind nicht nur solche, die alle Menschen haben, sondern Teil der »Produktionsbedingungen« ihrer sportlichen Erfolge und Misserfolge. Sport gebiert Stars, die bestens in das Starsystem der Medien, also der Produktion von »Prominenz«, passen. Heldenverehrung und -verachtung, die »soft news« aus dem Privatleben, Klatsch und Tratsch – durchaus wichtige Bedingungen der Herstellung von Vertrauen in Personen des öffentlichen Lebens – mögen nicht den besten Ruf haben. Doch da unterhaltsame Sportrezeption ihre Wurzeln in der Anteilnahme, im »Mitfiebern«, im Aufbau von (para-) sozialen Beziehungen zu den sportlichen Akteuren hat, ist (guter) Boulevardjournalismus eine Voraussetzung dafür.

Gefährdungen im Sportjournalismus

Die Sportberichterstattung steht immer wieder in der Kritik: der Sport in den Medien verkomme immer mehr zur Unterhaltung, der Sportjournalist werde immer mehr Verkäufer einer Unterhaltungsware als kritischer Begleiter, habe zu wenig Distanz zu seinem Gegenstand, sei mehr Fan als neutraler Beobachter. In der Tat weist der Sportjournalismus – wie jeder andere Journalismus auch – spezifische Gefährdungen auf, die – je nach Medium mehr oder minder dringlich – die Frage nach der Qualität aufwerfen (siehe zusammenfassend Bucher/Altmeppen 2003; Fasel 2004). Dabei ist unverändert umstritten, was Qualität im Journalismus sei. »Qualität im Journalismus definieren zu wollen, gleicht dem Versuch, einen Pudding an die Wand zu nageln« (Ruß-Mohl 1992: 85) ist seit fast 20 Jahren eine viel zitierte Feststellung.

* Gefährdung 1: *Die Patriotismus-Falle*
  Sportrezeption ist ohne ein Mindestmaß an spielerischer Parteinahme vermutlich nur wenig interessant und unterhaltsam. Der neutrale Beobachter ist im Publikum sicher die Ausnahme. Sportrezipienten tolerieren daher in gewissem Maße, dass die Sportjournalisten die Perspektive der »eigenen« Mannschaft – sei es die des lokalen Handballteams oder die der Fußballnationalmannschaft – einnehmen. Denn wie die Sportrezipienten sind auch die Sportjournalisten lokal, regional und national »verortet« und haben ihre Präferenzen für sportliche Akteure. Zugleich ist Parteinahme der Feind von neutraler und ausgewogener Berichterstattung, sie sieht das Geschehen mit einer eigenen »Brille«.

- Gefährdung 2: *Die Monopol-Falle*
  Guter Journalismus zeichnet sich durch eine Vielfalt von Anbietern und Sichtweisen aus. Im Mediensport werden jedoch die Übertragungsrechte für den Rundfunk, vor allem für das Fernsehen, teuer verkauft. Dadurch entstehen Monopole in der Berichterstattung und thematische Zwänge zur Verwertung der erworbenen Lizenzrechte. In gewisser Hinsicht geraten damit Sportveranstaltungen in den »(Mit-) Besitz« von Medien. Das muss nicht, aber es kann zu Problemen führen.

- Gefährdung 3: *Die Thematisierungs-Falle*
  Qualitativ hochwertiger Journalismus selektiert, bewertet und publiziert Themen nach den Kriterien der Relevanz: Nur was wichtig ist, passiert den Filter des Systems »Journalismus« und wird veröffentlicht. Dies führt zu professionellen Handlungsstandards bei den Journalisten, die im nachrichtlichen Informationsjournalismus wiederum oft identische oder sich zumindest angleichende Medienrealitäten zur Folge haben. Diese identischen Thematisierungen sind im Sportjournalismus besonders verstärkt zu verzeichnen, denn einerseits führt der Sport mit seiner Produktion von eindeutigen Ergebnissen und wiederkehrenden Wettkämpfen in Fortsetzungen (Serialisierung) zu einer Aufwertung der Information gegenüber der hintergründigen Analyse und journalistischen Bewertung. Andererseits führt die Ausrichtung an Nutzerzahlen und Einschaltquoten thematisch zu einem »more of the same«, was sich in der Konzentration auf wenige Topsportarten – Mediensportarten – wie vor allem Fußball und auf nationale Stars oder Helden zeigt. Das Übermaß der Stilisierung blendet thematische Vielfalt teilweise aus, zudem wird das Kriterium der Relevanz durch den Einkauf und die Verwertung von Lizenzrechten zusätzlich beeinträchtigt.

- Gefährdung 4: *Die Emotions-Falle*
  Die hohe Ereignishaftigkeit (Authentizität) des Sports mit seinem stark affektiven Gehalt und seiner großen persönlichen Anteilnahme (Fantum) bedingt im Sportjournalismus eine starke Konzentration auf Emotionen. Statt dem Rezipienten Hilfe bei der Einordnung von Themen und Informationen zu geben sowie Argumentationsstrukturen offenzulegen, werden Resultate und Events möglichst nah und erlebnisorientiert (DSF-Werbeslogan: »Mittendrin statt nur dabei«) präsentiert und vielmehr Meinungen zu vergangenen oder zukünftigen Ereignissen gesammelt sowie erlebte Emotionen geschildert (Flash-Interviews). Diese Stereotypen bedingen die Aufweichung der journalistischen Norm der Trennung von Meinung und

Sachverhalt und fördern damit einen »1:0-Journalismus« mit Floskeln und bemüht bedeutungsvollen (Wort-) Bildern.

- Gefährdung 5: *Die Abhängigkeits-Falle*
Journalismus ist definiert durch seine Unabhängigkeit gegenüber Institutionen und ihren Akteuren. Nicht nur die Abhängigkeit von privaten Wirtschaftsunternehmen z. B. als Verleger, Anteilseigner oder als Anzeigenkunde, sondern auch staatliche Einflussnahme können die Kontrollfunktion der vierten Instanz erheblich gefährden. Der Sportjournalismus – insbesondere Fernsehsender und Sportzeitschriften – ist jedoch in vielen Fällen als direkter Sponsor oder Lizenzrechtekäufer nicht nur Mitveranstalter von den Objekten seiner Berichterstattung, sondern hat diese in manchen Fällen sogar selbst erfunden, um Berichterstattung über diese Ereignisse zu initiieren (Tour de France). Diese Selbstinszenierung von Sportjournalismus kann zu deutlichen Abhängigkeiten auf der Unternehmensebene, sogar in struktureller Hinsicht (Finanzierung von Sportereignissen sowie -Verbänden, aber auch von einzelnen Programminhalten) führen. Aber auch die Akteure geraten durch das »kumpelige Miteinander« und die »klebrige Nähe« von Berichterstattern und Protagonisten des Sports in gefährliche Abhängigkeiten (siehe Leyendecker 2006). Fehlende Distanz zwischen Subjekt und Objekt von Berichterstattung bis hin zu Formen des »embedded journalism« und das spezielle Expertentum im Sportjournalismus sowie die mit den sportlichen Erfolgen der Berichterstattungsobjekte wachsende Popularität der Berichterstatter – vor allem von Moderatoren – generieren eine unsachgemäße Aufwertung der beteiligten Personen.
- Gefährdung 6: *Die Inszenierungs-Falle*
Die Unterscheidung zwischen der Eigeninszenierung des Sports und seiner Fremdinszenierung in/durch die Medien ist wesentlich für die Qualität von Journalismus. Probleme können dem Sportjournalismus erwachsen, wenn sich der Sport bzw. seine Aufführung zu deutlich und in erheblichem Maße nach den Inszenierungsvorgaben der Medien richtet. Der Verlust an Authentizität ist dabei nicht erst dann gegeben, wenn die Bewertung der sportlichen Ergebnisse nicht mehr nach den sportlichen Kriterien des Regelwerks vollzogen wird, wie z. B. beim Catchen. Auch die vorrangig auf die mediengerechte Wiedergabe ausgerichtete Inszenierung von Sportereignissen kann eine Gefährdung darstellen. Rezipienten sprechen dann von einer »reinen Inszenierung« des Sports – Beispiele dafür sind die neuen wettkampforientierten Gesellschaftsspiele wie Pokern, aber auch große Boxabende und Sport-Showveranstaltungen im Fernsehen.

- Gefährdung 7: *Die Werbe-Falle*

  Aufgrund seiner hohen Emotionalität und des großen medialen Interesse sind der Sport sowie der Sportjournalismus von Sponsoring und Werbung durchsetzt. Zudem müssen die Fernsehsender die Übertragung der lizenzpflichtigen Sportereignisse wenigstens in gewissem Maße mit Werbung oder Sponsoringpaketen refinanzieren. Dies ist nicht nur im Fernsehen zu beobachten: Auch im Hörfunk, bei Fotos oder in den Zeitungsseiten (z. B. bei werbegeteaserten Ergebnisblöcken und Tabellen) ist eine zunehmend unübersichtliche Vermengung von Werbung und journalistischen Inhalten zu verzeichnen. Die Gefahr ist unter diesen Aspekten groß, dass der Sportjournalismus im Umfeld der werbefinanzierten Programminhalte an Bedeutung verliert bzw. nicht mehr als Journalismus wahrgenommen wird – oder sogar gänzlich verschwindet und durch PR/Öffentlichkeitsarbeit ersetzt wird.[13] Auch ist dem Rezipienten die Sonderstellung des Sports als journalistischer Bereich mit Werbung in Grenzbereichen kaum noch zu vermitteln: Ein Beispiel ist die Kennzeichnungspflicht der Wok-WM oder des Eisfußball-Turniers von Stefan Raab bei PRO7 als Dauerwerbesendung, die bei Fußball-Länderspielen mit durchgehend sichtbaren Werbebanden und Sponsoren-Einblendungen und Gewinnspielen hingegen nicht besteht. Vor allem diese gegenseitige Annäherung von sportlichen Inhalten an Unterhaltung mit gleichzeitiger Orientierung der Unterhaltung an sportlichen Rahmen stellt für den Sportjournalismus zunehmend eine Gefahr dar.

---

[13] Vgl. Kapitel B 12 in diesem Buch zur Abgrenzung des Sportjournalismus von PR und Öffentlichkeitsarbeit.

Norm	Gefährdung
Vielfalt an Anbietern/Sichtweisen	Monopolrechte an Sportveranstaltungen (TV, aber auch Hörfunk)
Relevanz	Konzentration auf nationale Helden, Topsport, Mediensportarten (Übermaß/Stilisierung/Inszenierung)
Professionalität • Fairness/Neutralität • Richtigkeit • Analyse	• Parteinahme, Nationalismus (»rosa Brille«) • schönende Kurzberichte • Floskel-, 1:0-Journalismus, Stereotype
Rechtmäßigkeit	Diskriminierung
Unabhängigkeit • Unternehmensebene • Akteursebene	• Mitveranstalter • Problem Nähe/Distanz (»embedded journalists«, Expertentum)
Trennung Werbung – Text/Programm	• Sponsoring, Dauerwerbung
Trennung Meinung – Sachverhalte	• Emotionalisierung, Kommentierung

Abb. 10: Journalistische Normen und ihre Gefährdung im Sportjournalismus

Literatur

Bette, K.-H. (1999): Systemtheorie und Sport. Frankfurt/Main.

Bucher, H.-J./Altmeppen, K.-D. (2003): Qualität im Journalismus. Grundlagen – Dimensionen – Praxismodelle. Wiesbaden.

Eisenberg, Ch. (1995): Gesellschaftsgeschichte des bürgerlichen Sports. England und Deutschland vom 18. bis zum frühen 20. Jahrhundert. Habilitationsschrift am Fb Geschichtswissenschaft der Universität Hamburg. Hamburg.

Fasel, Ch. (2004): Qualität und Erfolg im Journalismus. Konstanz.

Foltin, H.-F./Hallenberger, G. (1994): Vom Sport im Fernsehen zum Fernsehsport. Zur Geschichte und aktuellen Situation der Sportsendungen. In: Erlinger, H.-D./Foltin, H.-F. (Hrsg.): Unterhaltung, Werbung und

Zielgruppenprogramme. (Geschichte des Fernsehens in der Bundesrepublik Deutschland, 4). München: 113–141.

Früh, W./Wirth, W. (1997): Positives und negatives Infotainment. Zur Rezeption unterhaltsam aufbereiteter TV-Information. In: Haller, M./ Bentele, G. (Hrsg.): Aktuelle Entstehung von Öffentlichkeit. Akteure – Strukturen – Veränderungen. München: 367–382.

Horky, Th. (2001): Die Inszenierung des Sports in der Massenkommunikation. Theoretische Grundlagen und Analyse von Medienberichterstattung. Jesteburg.

Kinkema, K. M./Harris, J. C. (1998): MediaSport Studies: Key Research and Emerging Issues. In: Wenner, L. A. (Ed.): MediaSport. London/New York: 27–54.

Leyendecker, H. (2006): Klebrige Nähe. Anmerkungen zur Korruption im modernen Sportjournalismus. In: Weinreich, J. (Hrsg.): Korruption im Sport. Leipzig: 228–240.

Luhmann, N. (1996). Die Realität der Massenmedien. 2., erw. Aufl., Opladen.

Marr, M./Stiehler, H.-J. (1995): „Zwei Fehler sind gemacht worden, und deshalb sind wir nicht mehr im Wettbewerb". Erklärungsmuster der Medien und des Publikums in der Kommentierung des Scheiterns der deutschen Nationalmannschaft bei der Fußball-Weltmeisterschaft 1994. Rundfunk und Fernsehen, 43 (3): 330–349.

Ruß-Mohl, S. (1992): Am eigenen Schopfe… Qualitätssicherung im Journalismus – Grundfragen, Ansätze, Näherungsversuche. Publizistik, (1): 83–96.

Stiehler, H.-J. (1997): Mediensport als Unterhaltung. Allgemeinplätze zu medialen Inszenierungen. soziale wirklichkeit. jenaer blätter für sozialpsychologie und angrenzende wissenschaften, 1 (3/4): 279–289.

Wohl, A. (1981): Soziologie des Sports. Allgemeine theoretische Grundlagen. Köln.

Gregor Enderle / Jan Schauerte

5   Vermarktung von Sportereignissen

Das Spielfeld: Begrifflichkeiten und Definitionen

Fernsehübertragungen von großen Sportereignissen sorgen regelmäßig für große Zuschauerzahlen. Insbesondere männliche und jüngere Zuschauer werden durch kaum einen anderen Sendeinhalt in vergleichbar hoher Zahl vor den Bildschirm gelockt, mit kaum einem anderen Programminhalt lassen sich Zuschauer so gut an einen Sender binden. Diese nahezu unvergleichliche Attraktivität erklärt die Bedeutung, die Sportsenderechte in der öffentlichen Diskussion einnehmen.

Der Begriff »Senderecht« bezeichnet dabei die Erlaubnis für ein Unternehmen, ein Sportereignis (sei es ein punktuelles Ereignis wie z. B. eine Weltmeisterschaft oder die Olympischen Spiele oder eine Serie von Einzelereignissen, die im Kontext z. B. einer professionellen Sportliga ausgetragen werden) über ein definiertes Medium (Radio, TV, …) den Zuschauern zugänglich zu machen und dafür vom Zuschauer direkt oder mittelbar über werbende Unternehmen im Umfeld der Übertragung Einnahmen zu erzielen. Senderechte sind damit Teil der allgemeinen Vermarktungsrechte einer Sportveranstaltung, zu denen z. B. auch die Eintrittskarten, die Werbung auf der Bekleidung der Sportler, die Bandenwerbung, Merchandising und viele weitere Vermarktungsrechte gehören. Aus juristischer Sicht sind Übertragungsrechte keine veräußerbaren Rechte im engeren Sinne; de facto verzichtet der Veranstalter eines Sportereignisses auf die Ausübung seines Hausrechts und erlaubt als Hausherr Medienvertretern den Zutritt zur Sportstätte und die Aufzeichnung und die Verwendung von Ton- und Bildsignalen. Ein urheberrechtlicher Schutz besteht hingegen für den Sport nicht (vgl. Hannamann 2001).

Der Verkauf von Übertragungsrechten ähnelt insbesondere bei Spitzensportereignissen einer Auktion, in welcher der Nachfrager mit dem höchsten Gebot den Zuschlag erhält. Auf der Käuferseite bestimmen damit die Zahl der Sender und deren Refinanzierungsmöglichkeiten (in Form erwarteter Erlöse aus Werbung oder Gebühren) den Preis, den der Anbieter für ein Senderecht erzielen kann. Die Senderechte werden dabei häufig mit zusätzlichen Auflagen belegt. So verpflichtet beispielsweise die Deutsche Fußball Liga GmbH (DFL) den Käufer der Liveübertragungsrechte im Pay-TV dazu, sämtliche Spiele zu übertragen, um auch unattraktiven Begegnungen mediale Präsenz zu sichern.

Senderechte werden typischerweise für eine geografische Region (z. B. Deutschland) und für einen bestimmten Zeitraum (z. B. der Dauer des Ereignisses oder auch mehrerer Saisons in Folge) vergeben. Sie regeln die genauen Modalitäten der Ausstrahlung, u. a. den Zeitabstand zwischen Ereignis und Ausstrahlung (live, zeitversetzt), die Länge von Zusammenfassungen und die weitere Verwertung von einzelnen Szenen für die Erstellung von Trailern usw. Senderechte werden in der Regel exklusiv vergeben, d. h. nur ein Unternehmen erhält vom Verkäufer die Möglichkeit, mit der Ausstrahlung Einnahmen zu erzielen. Dies hängt zum einen mit der grundsätzlichen Ökonomie von Fernsehübertragungen zusammen: Die Kosten für einen Sender, einen zusätzlichen Zuschauer mit einem Fernsehsignal zu versorgen, sind null. Gleichzeitig schmälert ein zusätzlicher Fernsehzuschauer nicht den Nutzen, den die anderen Zuschauer an einer Übertragung haben – der Ökonom spricht hier von Nicht-Rivalität des Konsums –, anders als bei den meisten anderen Produkten des täglichen Bedarfs. Folgerichtig kann der Verkäufer eines Senderechts keinen zusätzlichen Gewinn dadurch erzielen, dass er ein und dasselbe Recht an mehrere Nachfrager verkauft. Allerdings wird – gestaffelt nach dem zeitlichen Abstand zwischen Ereignis und Ausstrahlung und dem Umfang der Übertragung – zwischen Erst-, Zweit-, Dritt- usw. Verwertungsrechten unterschieden. Die Erstverwertung ist meist die Liveübertragung eines Ereignisses. Unter die Zweitverwertung fallen relativ zeitnahe Zusammenfassungen der Ereignisse, z. B. Berichte über die Fußball-Bundesliga im Rahmen der Sportschau; die Drittverwertung bezeichnet häufig den Verkauf der Rechte eines nationalen Ereignisses ins Ausland. Der Wert eines Rechts hängt dabei eng mit dem Grad der Exklusivität gegenüber den untergeordneten Rechten zusammen. So fordert der Pay-TV-Sender PREMIERE als Hauptverwerter der Liverechte der Bundesliga regelmäßig einen größeren zeitlichen Abstand der Zweitverwertung in der frei empfangbaren Sportschau, um das eigene Sportpaket für die Zuschauer attraktiver zu machen. Das Bundeskartellamt hat im Juli 2008 die Zentralvermarktung der Fußball-Bundesliga durch die DFL in Kooperation mit der Firma Sirius vor allem deshalb untersagt, weil das vorgelegte Konzept eine Verlängerung der Karenzzeiten zwischen der Liveübertragung im Pay-TV und der Zusammenfassung im Free-TV vorsah (BKartA 2008). Konkret sollte eine Zusammenfassung des Samstagsspieltages erst ab 20 Uhr (statt wie bisher ab 18:30 Uhr) erlaubt werden.

Die Aufstellung: Marktteilnehmer

Während wir bisher leichthin vom Verkäufer und vom Käufer der Rechte gesprochen haben, ist tatsächlich nicht ohne Weiteres offensichtlich, wer die Rechte an einer Sportveranstaltung tatsächlich besitzt und damit veräußern darf und wer der Aufkäufer ist.

Clubs, Verbände und Sportorganisationen als Verkäufer

Als Verkäufer von Senderechten treten de facto die unterschiedlichsten Institutionen auf. Rechtlich gilt als Eigentümer und damit als verkaufsberechtigt immer der Veranstalter eines Ereignisses. Veranstalter ist derjenige, der das wirtschaftliche Risiko trägt, d. h. einen Gewinn oder Verlust aus der Veranstaltung erzielen kann (vgl. Schellhaaß 2000). Organisatorische Leistungen (z. B. die Festlegung des Austragungstermins, Miete einer Sportstätte, Organisation des Ereignisses vor Ort usw.) sind zwar ebenfalls zu berücksichtigen, begründen aber für sich genommen noch keine Veranstaltereigenschaft. Dabei ist jedoch der Begriff »wirtschaftliches Risiko« im Sport mit seinen vielfältigen Verflechtungen in Politik und Gesellschaft nicht immer eindeutig. Beispielsweise werden die Olympischen Spiele nicht zuletzt unter wirtschaftlichen und regionalpolitischen Gesichtspunkten durch den Bau von Sportstätten durch das Gastgeberland massiv subventioniert. In der Folge trägt das Internationale Olympische Komitee (IOC) bestenfalls einen geringen Teil des tatsächlichen wirtschaftlichen Risikos. Dennoch fungiert das IOC als Verkäufer und erlöst aus dem Verkauf u. a. der Fernsehrechte regelmäßig hohe Summen.

In professionellen Sportligen wird die Veranstaltereigenschaft häufig den Clubs zugesprochen, weil die einzelnen Clubs einer Liga die Arbeitsverträge mit den Spielern schließen, deren Gehälter zahlen und die Stadionmiete entrichten (und damit in letzter Konsequenz auch das Konkursrisiko tragen) (BGH 1997). Tatsächlich treten oder traten die Clubs für einige ihrer Rechte als Verkäufer auf, z. B. für die Spiele im UEFA-Pokal im Fußball. Andere Rechte, wie z. B. die der Fußball-Bundesliga, liegen bei einer übergeordneten Institution – früher dem Deutschen Fußball-Bund (DFB), heute bei der Ligaorganisation DFL als gemeinschaftlichem Körper der Clubs innerhalb des DFB –, welche die Rechte zentral vermarktet und die Erlöse unter den Clubs verteilt.

Rechteagenturen als Zwischenhändler

Oftmals treffen Käufer und Verkäufer von Senderechten nicht direkt aufeinander. Als *Market Maker*, d. h. als Mittler zwischen Angebot und Nachfrage, fungieren sogenannte Rechteagenturen. Diese Agenturen kaufen den Rechteanbietern ihre Vermarktungsrechte ab (neben Senderechten betrifft dies häufig die Bandenwerbung, die Trikotwerbung, VIP-Logen im Stadion usw.), bilden hieraus kleinere Teil-Pakete und veräußern diese dann mit einem entsprechenden Aufschlag an interessierte Nachfrager. Die Rechteanbieter ziehen daraus doppelten Nutzen: Zum einen ist für den bestmöglichen Verkauf von Senderechten erhebliches juristisches und absatzwirtschaftliches Fachwissen erforderlich. Die Marktgegebenheiten, die Interessen der Fernsehsender und die wichtigsten Akteure auf Käuferseite müssen fortlaufend beobachtet und Vertriebskontakte aufrechterhalten werden. Hierbei sorgen Rechteagenturen für eine Professionalisierung der im Sport häufig noch durch das Ehrenamt geprägten Strukturen. Zum anderen ist es eine Binsenweisheit, dass die Einnahmen im Profisport vom sportlichen Erfolg abhängen. Für jeden Club, der sich im sportlichen Wettbewerb seiner künftigen Position nicht sicher sein kann, bedeutet dies u. U. von Saison zu Saison stark schwankende Einnahmen und damit eine relativ geringe Planbarkeit von Investitionen. Agenturen kaufen ähnlich einem Versicherungsunternehmen häufig die Vermarktungsrechte mehrerer Clubs auf und bilden damit ein Portfolio, dessen Risikoprofil ausgeglichener ist als das eines einzelnen Clubs. Mit den Einnahmen aus dem Rechteverkauf an eine Agentur verstetigt ein Club seine Einnahmen und macht diese besser planbar. Im Falle eines guten sportlichen Erfolgs in den Jahren nach Vertragsschluss hat der Verkäufer seine Rechte vielleicht zu günstig abgegeben, bei geringerer sportlicher Fortune hat er sich jedoch gegen Misserfolge und die damit verbundenen Einnahmeausfälle ein Stück weit abgesichert.

Fernsehsender und andere Unternehmen als Käufer

Als Käufer der Senderechte treten typischerweise Fernsehsender auf. Hierbei muss zwischen Pay-TV und Free-TV unterschieden werden. In Deutschland bedeutet Pay-TV vor allem PREMIERE, Free-TV umfasst sowohl die werbefinanzierten Sender RTL und SAT.1 als auch die aus Gebühren und Werbung mischfinanzierten öffentlich-rechtlichen Anstalten ARD und ZDF. Kleinere Sender wie die Spartensender DSF oder EUROSPORT gehören ebenfalls zu den Bietern, fokussieren allerdings eher auf Zweit- oder Drittverwertungsrechte wichtiger Sportereignisse, auf weniger bedeutende Events in den Spitzensportarten sowie auf Übertragungen von Schwellen- und Randsportarten.

Die öffentlich-rechtlichen Fernsehanstalten sehen ihren Programmauftrag zum einen bei Sportereignissen von besonderer gesellschaftlicher Relevanz, die einer breiten Öffentlichkeit zugänglich gemacht werden sollen. Dies betrifft vor allem die Zusammenfassungen der Fußball-Bundesliga sowie herausragende internationale Sportereignisse. Darüber hinaus sieht sich der öffentlich-rechtliche Rundfunk in der Pflicht, auch kleineren Sportarten mediale Präsenz zu verschaffen. Auf internationaler Ebene haben sich zahlreiche öffentlich-rechtliche Anstalten zur European Broadcasting Unit (EBU) zusammengeschlossen, um im Bieterstreit bestehen zu können.

Neben den Fernsehsendern treten zunehmend auch sogenannte „TIME"-Unternehmen (Telekommunikation, Informationstechnologie, Medien und Entertainment) als Käufer auf, die sich von den begehrten Sportereignissen Hilfe bei der Durchsetzung ihrer Produkte im Markt erhoffen.

Der Zuschauer als Konsument

Allen Unkenrufen von der Kommerzialisierung des Sports zum Trotz: Die Zuschauerzahlen steigen stetig. Obwohl die Vermarktung der Sendezeiten in Form von Werbespots, Gewinnspielen und zahlreichen Sponsorings zunimmt, lassen sich die Zuschauer nach wie vor das Interesse an großen Sportveranstaltungen nicht nehmen. Sechs der zehn quotenstärksten Sendungen im deutschen Fernsehen im Jahr 2007 waren Sportübertragungen (vgl. Abb. 11).

In Jahren mit Fußball-Welt- oder Europameisterschaften verzeichnen die Übertragungen der Spiele mit deutscher Beteiligung sowie die Ausscheidungsspiele der Turnierendrunde so hohe Quoten, dass diese gleichsam »außer Konkurrenz« laufen. Das Halbfinale der Fußball-Europameisterschaft 2008 zwischen Deutschland und der Türkei sahen z. B. fast 30 Mio. Zuschauer in Deutschland.

Sendung	Sender	Datum	Zuschauerzahl
1. Handball-WM Deutschland – Polen	ARD	04.02.	16,2 Mio.
2. Boxen: Maske vs. Hill	RTL	31.03.	16,1 Mio.
3. Wetten, dass?	ZDF	20.01.	13,5 Mio.
4. Wetten, dass?	ZDF	03.03.	13,3 Mio.
5. Fußball: Tschechien – Deutschland	ARD	24.03.	13,2 Mio.
6. Wetten, dass?	ZDF	10.11.	13,1 Mio.
7. Boxen: Klitschko – Austin	RTL	10.03.	12,9 Mio.
8. Fußball: England – Deutschland	ARD	22.08.	12,5 Mio.
9. Boxen: Klitschko – Brewster	RTL	07.07.	11,3 Mio.
10. Wetten, dass?	ZDF	06.10.	11,2 Mio.

Abb. 11: Die Top Ten der TV-Quoten 2007 (Quelle: Media Control)

Öffentliche Institutionen als Regulierer

Nicht erst seit der Bosman-Entscheidung des EuGH, durch die Transfer-
zahlungen beim Vereinswechsel von Spielern nach Ablauf ihres Arbeitsvertrages
untersagt wurden, und dem zunehmenden Interesse der Wettbewerbsbehörden
am Vermarktungsmodus der Champions League ist allen Marktteilnehmern
klar geworden, dass der Sport nicht im rechtsfreien Raum agiert und sich mit
zunehmender wirtschaftlicher Bedeutung mit den Maßstäben des Wirtschafts-
rechts messen lassen muss. Insofern sind die deutschen und europäischen
Gerichtsinstanzen, die EU-Kommission sowie wirtschaftliche Regulierungs-
behörden wie das Bundeskartellamt natürliche Mitspieler im Reigen um die
Millionen. Aufgrund seiner gesellschaftlichen Bedeutung ist der Sport zudem
regelmäßig Gegenstand in der politischen Diskussion, und die Politik sucht
und nimmt nicht zuletzt aus eigenem Interesse Einfluss auf die Vermarktung
des Sports: *„Sportpolitik ist Medienpolitik, ist Machtpolitik"* (von Weizsäcker 1998).

Die wichtigsten Spielzüge

Politische gegen wirtschaftliche Interessen – Exklusivität und die Folgen

Senderechte werden aufgrund der geschilderten Überlegungen in der Regel
exklusiv vergeben, d. h. nur ein Sender erhält die Erlaubnis zur Aus-

strahlung. Dabei gewinnt typischerweise der Nachfrager, der den höchsten Preis bietet. Aus der betriebswirtschaftlichen Logik heraus sind dies bei sehr attraktiven und damit relativ teuren Senderechten vor allem große, finanzstarke Sender mit hoher Reichweite, die Rechtepakete vorfinanzieren, viele Zuschauer erreichen und die Zuschauerkontakte an Werbekunden veräußern können, oder Sender, die über überlegene Refinanzierungsmöglichkeiten beim Zuschauer verfügen – d. h. Pay-TV. Mit dem Verkauf von Sportsenderechten wird aber automatisch immer auch ein Stück weit Medienpolitik gemacht, da wichtige Sportereignisse entweder im Pay-TV oder aber bei den wenigen, ohnehin marktbestimmenden Sendern landen. An dieser Stelle greifen staatliche Institutionen mit dem Ziel ein, das Ergebnis von Angebot und Nachfrage entsprechend den politischen Vorstellungen der Medienlandschaft zu korrigieren.

Schutzlisten

Mit der Einführung von Pay-TV und der Übertragung der ersten großen Sportereignisse in diesen Sendern wurde der breiten Öffentlichkeit klar, dass die Exklusivität der Vermarktung eines Sportereignisses auch den Zuschauer betrifft, der nun vom Konsum ausgeschlossen und nur gegen ein Entgelt wieder zugelassen wird. Auf politischer Ebene wurde diese exklusive Vermarktung im Pay-TV – unter Verweis auf die besondere gesellschaftliche Relevanz ausgewählter Ereignisse und damit auf den Wunsch, diese Ereignisse dem breiten Fernsehpublikum ohne zusätzliches Entgelt zugänglich zu machen – von der EU zwar nicht direkt untersagt, aber über das Gebot, dass die Ereignisse gleichzeitig auch im Free-TV zu sehen sein müssen, de facto verhindert. Schließlich schränkt eine solche Bestimmung den Wert der Rechte für einen Pay-TV-Anbieter deutlich ein. Dabei kann jedes Mitgliedsland der EU eine eigene Liste der »schützenswerten« Ereignisse benennen und damit eine sogenannte »Schutzliste« festschreiben, die im Übrigen nicht ausschließlich auf Sportereignisse beschränkt ist, sondern auch kulturelle Veranstaltungen umfassen kann. In Deutschland wird diese Schutzliste über den Rundfunkstaatsvertrag der Länder geregelt; sie umfasst in Deutschland z. B. die Übertragung der Olympischen Sommer- und Winterspiele sowie ausgewählte Fußballübertragungen, die von herausragendem gesellschaftlichen Interesse sind (siehe Abb. 12).

Aus rechtlicher Sicht stellt die Schutzliste einen massiven Eingriff in die Vertragsfreiheit zwischen dem Verkäufer der Rechte und den nachfragenden Pay-TV-Sender dar. De facto wird das Pay-TV-Senderecht für den Anbieter massiv entwertet, die Gewinnerzielung für den Pay-Sender damit effektiv verhindert. Bei der Aufnahme eines Sportereignisses in die Schutzliste muss daher sorgfältig geprüft werden, ob diesem Eingriff ein legitimes gesellschaftliches Interesse gegenübersteht.

Kurzberichterstattung

Im Ergebnis weniger drastisch, aber in der betriebswirtschaftlichen Logik ähnlich ist die Diskussion um das Recht zur Kurzberichterstattung. Bei dieser handelt es sich um die Ausstrahlung kurzer Sequenzen von ausgewählten Ereignissen oder Spielen. Der Rundfunkstaatsvertrag regelt, dass jedem europäischen Fernsehveranstalter das Recht auf Kurzberichterstattung über Ereignisse zusteht, die öffentlich zugänglich und von allgemeinem Informationsinteresse sind. Jedoch ist der Berichterstattung eine zeitliche Obergrenze von maximal 90 Sekunden gesetzt, sodass das Recht vor allem für Nachrichtensendungen wie z. B. der Tagesschau relevant ist (vgl. 10. Rundfunkstaatsvertrag). Die politische Zielsetzung hinter diesem Recht ist eindeutig: Informationen von öffentlichem Interesse (und hierzu gehören große Sportveranstaltungen) sollen unabhängig davon, um welchen Sender es sich handelt, frei und in Bild und Ton verfügbar sein und nicht aufgrund wirtschaftlicher Interessen des Veranstalters oder des Inhabers der Senderechte zurückgehalten werden dürfen. Ursprünglich war diese Berichterstattung sogar kostenlos, d. h. es musste weder dem Rechteinhaber noch dem Besitzer der Senderechte eine Gebühr gezahlt werden. Mittlerweile trägt das Bundesverfassungsgericht der Tatsache Rechnung, dass eine Kurzberichterstattung im Rahmen von Nachrichtensendungen nicht nur der Allgemeinheit, sondern auch dem jeweiligen Sender nutzt, sodass der Veranstalter nun ein Entgelt erheben kann, sofern dieses nicht die Möglichkeit der Kurzberichterstattung aushöhlt (BGH 2005). In Deutschland ist dieses Recht bislang allerdings kaum genutzt worden. In der Regel ist es unwirtschaftlich, für Berichte von maximal 90 Sekunden Länge eigene Übertragungstechnik am Austragungsort aufzubauen. Die Nutzung des ohnehin produzierten Fernsehsignals des Inhabers der Erstverwertungsrechte ist zwar möglich, erfordert aber dessen Zustimmung. Hier hat es in jüngerer Vergangenheit zwischen dem ORF und PREMIERE in Österreich Verwerfungen gegeben, als der ORF die von PREMIERE zur Kurzberichterstattung zur Verfügung gestellten Aufzeichnungen zur Ausstrahlung einer eigenen Sportsendung nutzte und damit den ursprünglichen Rechtszweck, die Information in Nachrichtensendungen, verließ (vgl. o. V. 2006).

	Deutschland	Österreich	Schweiz
Olympische Spiele	Sommer, Winter	Sommer, Winter	Sommer, Winter
Fußball			
EM,WM	Eröffnungsspiele, Halbfinale, Finale, alle Spiele mit nationaler Beteiligung	Halbfinale, Finale, alle Spiele mit nationaler Beteiligung	Halbfinale, Finale, alle Spiele mit nationaler Beteiligung
Internationale Spiele der Vereine	Endspiele Champions League und UEFA-Cup bei nationaler Beteiligung		Endspiele Champions League und UEFA-Cup bei nationaler Beteiligung
Nationaler Pokalwettbewerb	Halbfinale, Finale	Finale	Finale
Sonstige	Alle Spiele der Nationalmannschaft		EM- und WM-Qualifikation
Ski		Alpine FIS Ski-WM, Nordische FIS Ski-WM	Ski-Weltcuprennen in der Schweiz, Alpine Ski- WM
Eishockey			Alle WM-Spiele mit nationaler Beteiligung, Play-Off und Finale Schweizer Meisterschaft
Leichtathletik			Athletissima Lausanne, LCZ-Meeting Zürich, WM und EM
Tennis			Daviscup (Halbfinale und Finale bei nationaler Beteiligung) FED-Cup (Finale bei nationaler Beteiligung)
Radsport			Tour de Suisse

Abb. 12: Schutzliste in Deutschland, Österreich und der Schweiz (Quelle: Kruse 2007)

Sportlicher versus wirtschaftlicher Wettbewerb: Zentralvermarktung

Ein echter „Dauerbrenner" ist die Diskussion um die sogenannte Zentralvermarktung von Senderechten, die insbesondere im professionellen Ligasport häufig anzutreffen ist. Bei der Zentralvermarktung werden die Senderechte aller Spiele einer Liga durch den Verband oder einen von allen Clubs bestellten Ligaorganisator gebündelt und im Paket verkauft, anstatt die Rechte jedes einzelnen Meisterschaftsspiels durch den jeweils heimberechtigten Club zu vermarkten. Der Zentralvermarktung wird vorgeworfen, durch die Ausschaltung des Wettbewerbs zwischen den Clubs beim Verkauf der Rechte ein Kartell zu bilden, um so die Menge der angeboten Rechte (hier: die Zahl der ausgestrahlten Spiele) künstlich zu beschränken und die Preise nach oben zu treiben. Ein solches Kartell wird als eine wesentliche Ursache für den Anstieg der Rechtepreise in den vergangenen Jahren gesehen (Parlasca 1993; 2000).

Im deutschen Markt untersagte das Bundeskartellamt 1994 dem DFB mit diesen Argumenten die zentrale Vermarktung der Heimspiele im UEFA-Pokal, was 1997 vom Bundesgerichtshof höchstrichterlich bestätigt wurde.[14] Auf europäischer Ebene wurde ein Verfahren zur Freistellung der Zentralvermarktung in der Fußball-Bundesliga eingeleitet. 2005 hat die Europäische Kommission ein modifiziertes Verfahren der Zentralvermarktung zugelassen und gleichzeitig eine detaillierte Aufstellung verabschiedet, die regelt, dass die Senderechte in verschiedene Pakete aufgeteilt und separat verkauft werden müssen (vgl. Abb. 13).

Ziel der Kommission ist ein »transparentes und diskriminierungsfreies« (Europäische Kommission, 2005: 10) Bieterverfahren. Dabei bleibt die Möglichkeit zur Zentralvermarktung grundsätzlich bestehen; allerdings wird sichergestellt, dass verschiedene Ligen separat vermarktet werden und eine Reihe von finanziell weniger attraktiven Rechten (z. B. eine Ausstrahlung in voller Länge mehr als 24 Stunden nach dem Ereignis) den Clubs zugeschlagen werden.

---

[14] Obwohl sich der Rechtsstreit formal nur auf die Spiele des UEFA-Pokals bezog, wurde das Verfahren stets auch vor dem Hintergrund der Vermarktung von nationalen Sportligen (wie z. B. der Fußball-Bundesliga) betrachtet und diskutiert.

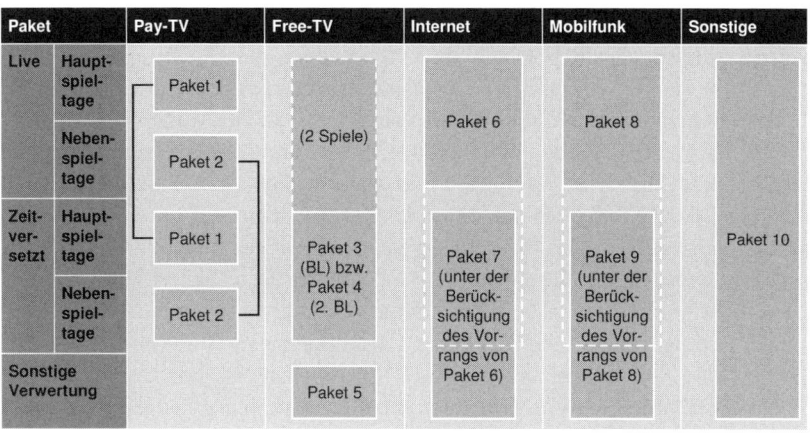

Abb. 13: Aufsplittung der Bundesligarechte in Pakete (BL: Bundesliga)

Im europäischen Profifußball findet sowohl die Einzelvermarktung als auch die Zentralvermarktung statt. Eine bemerkenswerte Fallstudie stellt hierbei der Verkauf der Senderechte der holländischen Eredivisie dar, die in kurzer Abfolge zunächst zentral, dann durch Clubs und danach wieder zentral vermarktet wurde. Interessanterweise haben beide Verkaufsverfahren dasselbe Ergebnis erbracht, da auch bei der Einzelvermarktung alle Senderechte der Clubs durch einen großen Fernsehanbieter aufgekauft wurden. Insofern ist die für ein Kartell typische Reduzierung der angebotenen Menge offensichtlich nicht Kern der Debatte. Jedoch ist klar zu sehen, dass die Preise bei einer Zentralvermarktung höher sind als bei einer Einzelvermarktung. Dies hat viel mit dem Kalkül des aufkaufenden Senders zu tun: Sein Produkt wird umso attraktiver, je mehr relevante Clubs einer Liga er unter Vertrag nehmen kann, da er dann das Produkt »Liga« in den Mittelpunkt der Vermarktung stellen kann. Letztlich ist es die Kombination der Spiele in einem Wettbewerb (der Meisterschaft), die den Wert eines Spiels für den Sender ausmacht. Ein Freundschaftsspiel zwischen zwei Mannschaften ist unter Vermarktungsgesichtspunkten in der Regel deutlich weniger interessant als ein Ligaspiel, sodass es eigentlich erst die Zusammenfassung in einer Meisterschaft ist, die das einzelne Spiel marktfähig macht. Folgt man dieser Argumentation, ist die gemeinsame Vermarktung aller Ligaspiele im Paket die logische Konsequenz aus der Produkteigenschaft der Meisterschaft, nicht jedoch ein Kartell.

Die zweite Beobachtung in diesem Zusammenhang ist, dass die Zentral-vermarktung in aller Regel auch zur Umverteilung der Einnahmen zwischen den Clubs dient. Während bei der Zentralvermarktung die Einnahmen im Prinzip beliebig zwischen den Clubs verteilt und so zur Stützung schwäche-rer Clubs genutzt werden können, klafft bei einer Einzelvermarktung die Einnahmeschere zwischen großen und kleinen Clubs in der Regel weit aus-einander, da Erstere sportlich erfolgreicher, mit einer größeren Anhänger-schaft ausgestattet, mit besseren Spielern bestückt und damit letztlich prestigeträchtiger für Werbekunden sind. Da sie gleichzeitig deutlich mehr Einnahmen erzielen als ihre schwächeren Mitbewerber, kann sich das sport-liche Leistungsgefälle innerhalb einer Liga zementieren und – so die Hypo-these – die Attraktivität der gesamten Liga beschädigt werden. Zwar lässt sich die Umverteilung von Fernsehgeldern auch freiwillig installieren, sofern alle Clubs ein Interesse am Fortbestand einer attraktiven Liga haben; wenn jedoch die Teilnahme an gutdotierten internationalen Wettbewerben weitere hohe Einnahmen verspricht, verschiebt sich das Interesse zunehmend vom Heimat- in den internationalen Markt und das Interesse am Heimatmarkt tritt in den Hintergrund (vgl. Enderle 2000).

Kleine gegen große Sportarten: Medienpräsenz von Randsportarten

Die Konzentration der öffentlichen Wahrnehmung auf den Fußball und die hohen Rechtepreise verstellen leicht den Blick darauf, dass es eine Vielzahl anderer Sportarten gibt, deren Senderechte bei weitem nicht die aufsehen-erregenden Erlöse des Fußballs erzielen oder die sich als gänzlich unverkäuf-lich erweisen. Diese Anbieter sind in erster Linie daran interessiert, mit ihren Wettbewerben überhaupt im Fernsehen präsent zu sein und übernehmen dafür nicht selten einen Teil der Produktionskosten. Die Vorteile einer medialen Präsenz sind offensichtlich: Sie kann einerseits dazu beitragen, die Fangemeinde einer Sportart zu vergrößern und sichert andererseits den Unternehmen, die an den Sportstätten auf Banden oder auf den Trikots der Mannschaften werben, eine größere Reichweite, womit sie letztlich zu höhe-ren Werbeeinnahmen für die Veranstalter führt. Randsportarten müssen sich erst eine Marktposition erarbeiten, die sie in die Lage versetzt, ihre Rechte gewinnbringend zu veräußern. Bereits 1980 schlossen sich daher 36 Rand-sportverbände zusammen, um ihre Rechte gemeinsam zu vermarkten. Heute sind noch 32 Verbände in den sogenannten TV-32er-Vertrag mit den öffentlich-rechtlichen Rundfunkanstalten eingebunden, die im Rahmen einer breit gefächerten Grundversorgung verschiedenste Sportarten in den Programmen von ARD und ZDF ausstrahlen. Verzeichnet eine dieser Sportarten beispielsweise aufgrund herausragender sportlicher Erfolge deutscher Athleten eine steigende Nachfrage, so werden diese Rechte für gewinnorientierte Privatsender zunehmend interessant. Ohne eine solche Grundpräsenz ist eine solche Entwicklung jedoch nur schwer vorstellbar.

Sofern eine Sportart eine verhältnismäßig kleine, aber zahlungsbereite Zuschauergruppe anspricht, ergeben sich durch die Vergrößerung der Kanalanzahl im Zuge der Digitalisierung des Fernsehens Möglichkeiten, eigene Übertragungskapazitäten anzumieten und somit ein gebührenpflichtiges Angebot zu schaffen. Aufgrund der deutlich sinkenden Kosten für (digitale) Transponderplätze auf den Fernsehsatelliten sind mittlerweile kleinste Spartenkanäle wirtschaftlich zu betreiben, sodass hierdurch eine weitere Vermarktungsmöglichkeit für kleinere Sportarten entsteht. Unter der Marke SPORTDIGITAL wird mit den Bundesligen in Handball, Volleyball und Basketball derzeit die „zweite Riege" der Mannschaftssportarten in Deutschland vermarktet. Liveübertragungen dieser Spiele können sowohl im Rahmen eines Saisonabonnements als auch einzeln als Pay-per-View bezogen werden. Der Empfang erfolgt dabei sowohl über das Internet als auch über zahlreiche Bezahlfernsehangebote, die das sportdigital.tv-Signal übermitteln.

Neue gegen alte Medien: die digitale Revolution

Neben die bisher angesprochenen Fernsehanbieter sind in der jüngeren Vergangenheit neue Wettbewerber um die Senderechte von Sportereignissen getreten. Medien-Konvergenz – also das Verschwinden der Trennlinie zwischen unterschiedlichen Mediengattungen durch technischen Fortschritt und durch Nutzung verschiedener Medieninhalte (Musik, Fernsehprogramme, Telefongespräche, Computerspiele, Zeitungsartikel usw.) nicht mehr nur über ihren »angestammten« Kanal, sondern über alle möglichen Kanäle (Internet, Handy, Fernsehen usw.) – bedeutet auch, dass neue Unternehmen in den Handel mit Senderechten eintreten und dass Fußball-Fernsehübertragungen keine alleinige Angelegenheit der Fernsehsender bleiben. Zunehmend versuchen neue, finanzstarke Wettbewerber, die nicht aus dem TV-Umfeld kommen müssen, mithilfe der Sportsenderechte ihre Produkte im Markt zu platzieren. International ist dieses Phänomen schon länger zu beobachten. So haben sich in Großbritannien bereits seit Jahren Kabelanbieter

(d. h. Infrastrukturunternehmen) in Stellung gebracht: Die beiden großen Kabelgesellschaften NTL und Telewest bieten dort – neben TV-Unternehmen wie dem Bezahl-Sender SKY – um die Rechte der Premier League. Ein anschauliches Beispiel für die nächsten Schritte bieten die Niederlande. Dort hat der Telefonkonzern Versatel die Liveübertragungsrechte der holländischen ersten Fußball-Liga (Eredivisie) erworben und wird sie über seine ADSL 2+-Internet-Zugänge ausstrahlen (o. V. 2005). Die gleiche Strategie verfolgt Belgacom mit der ersten belgischen Liga in Belgien (Hetzel 2005). Mit dem Einstieg von Unitymedia und neuen Konsortien wie Arena in den Wettbewerb um die Pay-TV-Übertragungsrechte der Fußball-Bundesliga und dem Erwerb der Internetrechte an Bundesligaliveübertragungen durch die Deutsche Telekom ist auch in Deutschland der Wettbewerb zwischen »neuen« und »alten« Medienunternehmen entbrannt, wenn auch bisher noch ohne nennenswerte Konsequenzen für die etablierten Anbieter.

Inland gegen Ausland: Weltweite Vermarktung

Die Erlöse aus der medialen Vermarktung der Fußball-Bundesliga sind in den vergangenen Jahren mit jeder neuen Vermarktungsperiode stark gestiegen. Mittlerweile erwarten die Verantwortlichen jedoch eher eine Stagnation auf hohem Niveau. Um zusätzliches Erlöswachstum zu generieren, geht der Blick der Vereine zunehmend über die eigenen Grenzen hinaus. Die DFL hat im Jahr 2008 mit der DFL Sports Enterprises eine eigene Agentur zur Vermarktung der Bundesliga im Ausland gegründet. Ziel ist insbesondere eine strategische Auslandsvermarktung der audiovisuellen Rechte an der Bundesliga. Bis zur Saison 2011/12 sollen die Auslandserlöse im Vergleich zur Saison 2008/09 auf 40 Mio. € etwa verdoppelt werden. Diese Summe ist immer noch bescheiden, vergleicht man sie mit den etwa 300 Mio. €, welche die englische Premier League aus der Vermarktung seiner Auslandsrechte erzielt.

Eine Auslandsvermarktung birgt jedoch auch Risiken für den Anbieter. So muss sichergestellt werden, dass ein ausländisches TV-Signal im Inland nicht empfangbar ist. Schon jetzt können Livespiele der Fußball-Bundesliga über illegale Videostreams via Internet kostenlos empfangen werden. Basis sind hier z. B. Bundesligaübertragungen im chinesischen Fernsehen, die von unbekannten Anbietern ins Internet übertragen werden. Mit steigenden Leitungsgeschwindigkeiten wird die Qualität solcher Angebote tendenziell zunehmen. Die Vereine müssen daher bei einer umfangreichen Auslandsvermarktung die Gefahr einer technischen Kannibalisierung ihrer inländischen Medienrechte berücksichtigen.

Juristische Fallstricke ergeben sich auch durch international unterschiedliche rechtliche Werbebeschränkungen. In Deutschland ist Werbung für Sportwettenanbieter gesetzlich untersagt. Ausländischen Vereinen droht bei einem Gastspiel in Deutschland ein Bußgeld bei einem Verstoß gegen diese Auflage, was u. a. der AC Mailand bei seinem UEFA-Cup-Spiel in Bremen erfahren musste. Bei einer Vermarktung der Bundesliga in arabischen Ländern muss Rücksicht auf die örtlichen Bestimmungen beispielsweise bezüglich Werbung für alkoholische Getränke genommen werden.

Das Spielende – Ausblick

Die Vermarktung von Sportsenderechten bleibt ein spannendes Feld für Akademiker und Praktiker. Wesentlicher Treiber wird dabei die Konvergenz der Medien sein: Internet, Fernsehen und Mobilfunk fungieren zunehmend als unterschiedliche Zugangskanäle zu ein und demselben Medieninhalt. Die rasante Verbreitung von leistungsfähigen Breitband-Kabelnetzen macht die Ausstrahlung von Fernsehprogrammen über das Internet möglich. So ist es nur folgerichtig, dass auch Fernsehinhalte auf dieser Plattform zugänglich gemacht werden. Gleichzeitig wachsen die traditionell nationalen Sportmärkte immer stärker zusammen. Die Auslandsvermarktung erfolgreicher Sportserien verspricht ein hohes Wachstumspotenzial. Der rechtliche Rahmen der Sportvermarktung wird daher in Zukunft noch komplexer werden.

Für den Handel mit Sportsenderechten birgt dies große Herausforderungen. Verwertungsrechte, die bislang separat und ohne Wechselwirkung miteinander verkauft wurden, müssen künftig gemeinsam betrachtet werden, wenn die für die Abnehmer so wichtige Exklusivität nicht verletzt und gleichzeitig das Produkt »Sportveranstaltung« optimal vermarktet werden soll.

Literatur

10. Rundfunkstaatsvertrag. Staatsvertrag für Rundfunk und Telemedien (RStV) vom 31.08.1991, in der Fassung von Artikel 1 des Zehnten Staatsvertrages zur Änderung rundfunkrechtlicher Staatsverträge vom 19.12.2007 (vgl. GBl. 2008: 237), in Kraft getreten am 01.09.2008.
Bundesgerichtshof (1997): Beschluss vom 11. Dezember 1997, KVR 7/96 – Europapokalheimspiele.

Bundesgerichtshof (2005): Beschluss vom 08. November 2005, KVR 37/03 – Entgelte für Übertragungen von Fußballspielen über Hörfunk.

Bundeskartellamt (2008): Statement zur Pressekonferenz am 24. Juli 2008. www.bundeskartellamt.de/wDeutsch/archiv/PressemeldArchiv/2008/2008_07_24.php.

Enderle, G. (2000): Vermarktung von Fernsehübertragungsrechten im professionellen Ligasport – Sportökonomische und wettbewerbsstrategische Aspekte. Berlin.

Europäische Kommission (2005): Entscheidung DG COMP/C-2/37.214 Gemeinsame Vermarktung der Medienrechte an der deutschen Bundesliga. Brüssel.

Hannamann, I. (2001): Kartellverbot und Verhaltenskoordination im Sport. Berlin.

Hetzel, H. (2005): Medienmogul John de Mol träumt vom Super-Netzwerk. DIE WELT vom 06.06.2005.

Kruse, J. (2007): Exklusive Sportfernsehrechte und Schutzlisten. Diskussionspapier Nr. 67, Universität der Bundeswehr Hamburg, Oktober 2007.

O. V. (2005): Football on broadband in Holland. Online Reporter, 441: 4.

O. V. (2006): ORF missbraucht Recht auf Kurzberichterstattung. www.it-news.cc/index.php?type=article&ID=1225.

Parlasca, S. (1993): Kartelle im Profisport. Berlin.

Parlasca, S. (2000): Eine wettbewerbspolitische Analyse der zentralen Vermarktung von Sportrechten. In: Schellhaaß, Horst M. (Hrsg.): Sportveranstaltungen zwischen Liga- und Medieninteressen. Schorndorf: 89–95.

Schellhaaß, H. M. (2000): Die zentrale Vermarktung von Sportübertragungsrechten aus sportökonomischer Sicht. In: Vieweg, K. (Hrsg.): Das Sportereignis – ökonomische und rechtliche Fragen der Sportübertragungsrechte. Stuttgart 2000.

Weizsäcker, C. C. von (1998): Keine Medienmacht für den Fußballbund. Frankfurter Allgemeine Zeitung vom 18.12.1998: 17.

Thorsten Schauerte / Thomas Horky

6 Publikum und Nutzung

Die Fußball-Weltmeisterschaft 2006 hat in Deutschland in vielfacher Hinsicht mediale Maßstäbe gesetzt. Natürlich sollen auch die sportlichen Aspekte der Folgen dieses Turniers nicht unerwähnt bleiben, aber eine Steigerung der Zahlen an Mitgliedern eines Sportverbandes, Aktiven in oder einfach nur Interessierten an einer Sportart hat es in der Vergangenheit schon häufiger und auch in anderen Disziplinen gegeben. Neben der bis dato höchsten gemessenen Zuschauerzahl bei einem Fernsehereignis (vgl. Geese/Zeughardt/Gerhard 2006) entstand bzw. etablierte sich eine Rezeptionsform, wie sie qua Ausmaß in Deutschland ein Novum darstellt. Durch das mit der etwas ungelenken Bezeichnung »Public Viewing« bezeichnete Phänomen dürfte die tatsächliche Anzahl der Menschen, die mindestens ein Spiel der Fußball-WM im Fernsehen gesehen haben, noch über dem amtlich gemessenen Wert von 61 Mio. (dies entspricht einer Reichweite in der Bevölkerung von 83 Prozent) liegen. Aber auch andere Sportarten oder Sportereignisse sind in der Lage, medien-, länder- und bevölkerungsübergreifend ein enormes Interesse auszulösen.

Im Folgenden werden die Faktoren skizziert, die darüber entscheiden, ob und in welchem Maße Sportangebote in den Medien konsumiert werden. Weiterhin wird ein Überblick über die beliebtesten Mediensportarten in verschiedenen Ländern Europas gegeben. Im Anschluss daran wird intensiver auf die öffentliche Rezeption von Sportangeboten in Gemeinschaft eingegangen und die Besonderheiten dieser Form von Sportkonsum werden aufgezeigt. Den Abschluss bildet ein kurzer Einblick in die reziproken Effekte von Sportjournalismus.

Motive und Motivationen
beim Konsum medialer Sportangebote

Was führt dazu, dass turnusmäßig Milliarden Menschen bei den Übertragungen von Olympischen Spielen oder Fußball-Weltmeisterschaften mitfiebern und allwöchentlich allein in Deutschland Millionen Fußballfans in den Stadien und vor den Fernsehgeräten die Geschicke ihrer Lieblingsmannschaften verfolgen? Ein wesentlicher Aspekt ist sicherlich im Wesen des Sports und den damit verbundenen Potenzialen der Berichterstattung zu finden.

Die Attraktivität des Sports konstituiert sich für das Publikum einerseits aus seinen immanenten Eigenschaften, wie dem Wettkampfcharakter und der Ungewissheit des Ausgangs, wodurch pausenlos Uraufführungen produziert und dem Publikum ein hohes Maß an emotionaler Partizipation ermöglicht werden (vgl. Seifart 1990: 31). Andererseits bieten seine Regelwerke und Wettkampfformen sowie sein gewachsenes Wertesystem dem Sportpublikum vergleichsweise einfache Optionen zur Decodierung des Geschehens und ermöglichen die Konstruktion von Begründungszusammenhängen für die sportlichen Resultate. Gleichwohl unterliegt der Sport einer Eigendynamik und offeriert seinem Publikum ein breites Spektrum zwischen affirmativer und oppositioneller Interpretation des Geschehens (vgl. Schwier 2000: 92 ff.; Whannel 1998; Darkow 1983: 56).

Ein weiterer Faktor, der den Sport für die Rezipienten und damit für die Massenmedien so attraktiv macht, liegt in dem hohen Identifikationspotenzial sportlicher Wettkämpfe. Sportler oder Mannschaften ermöglichen ihren Zuschauern parasoziale Orientierungen, die an Aspekte wie Ethnizität und nationale Identität (vgl. Maguire 1999; Davis/Harris 1998), Ästhetik (vgl. Whannel 2000), sportliche Leistungsfähigkeit (vgl. Gruneau/Whitson 1993) oder sportliche Verhaltensweisen (vgl. Bryant/Zillmann/Raney 1998) geknüpft sein können.

Diese Eigenschaften des Sports eröffnen den Menschen eine breite Vielfalt an möglichen Motiven, um mediale Sportangebote zu konsumieren sowie individuelle und kollektive Bedürfnisse zu befriedigen.

Wenner und Gantz (1998) identifizieren für den Konsum von Sportsendungen im Fernsehen insgesamt fünf Motivbündel, die sich teilweise überschneiden und gegenseitig ergänzen. Ein erstes Bündel wird mit dem Begriff des *Fantums* beschrieben und bezieht sch auf die emotionale Identifikation mit einem Sportler oder einer Sportlerin, einer Mannschaft oder einer Sportart sowie die leidenschaftliche Anteilnahme an der Dramaturgie des Wettkampfes. Die *Lern-Dimension* beinhaltet die gezielte Informationsrecherche über Sportarten, Wettbewerbe, Mannschaften etc. und scheint den kognitiven Gegenpol zum affektiv geprägten Fanship darzustellen. In der »*release dimension*« finden sich verstärkt motivationale Elemente, wie sie z. B. von Zuschauern bei Fußball-, Eishockey- oder Footballspielen bekannt sind. Hier steht die Suche nach einem emotionalen Ausgleich zum Alltag im Vordergrund. Diese wird in teilweise rituellen Handlungsmustern kanalisiert und auf den Sport übertragen. Damit stellt diese Dimension eine spezifische, aber weit verbreitete Variante des Fantums dar. Das vierte Motivbündel ist ebenfalls in unmittelbarer Nähe zum Fantum zu verorten. Die »*companionship dimension*« beinhaltet den Wunsch, in Gesellschaft bestimmte Sportübertragungen ansehen. Aus dem Umstand, dass Menschen sich Sportübertragungen zum reinen Zeitvertreib oder als »Lückenfüller« im Tagesverlauf ansehen, ergibt sich die fünfte Dimension, die den Konsum medialer Sportangebote quasi als »*Füllmasse*« beschreibt (vgl. Wenner/Gantz 1998: 236 f.). Die beschriebenen Motive und Motivbündel lassen sich einerseits hinsichtlich der möglichen Substituierbarkeit durch andere Medienangebote und andererseits im Bezug auf das durch den Konsum des Mediensports verfolgte Ziel im individuellen und sozialen Kontext klassifizieren. So kann die Rezeption von Sport nur eine mögliche Handlungsalternative z. B. zur Entspannung oder zum Vertreiben von Langeweile sein. Weiterhin können sich die Motive zum einen auf die unmittelbare Rezeptionssituation beziehen, wie dies z. B. bei dem Wunsch nach Gemeinschafts- oder Spannungserleben der Fall ist, und zum anderen auf das Resultat der sportlichen Handlungen. Hierzu zählen u. a. die emotionale Partizipation am Ausgang von Wettkämpfen und Wettkampfsituationen (vgl. Gabler 1998: 125; Schramm/Klimmt 2003).

Die hier vorgestellte Klassifizierung der Motive, die zum Konsum medialer Sportangebote führen können, stellt nur eine Möglichkeit zur Beschreibung und Erklärung dieses Sachverhalts dar. In den Untersuchungen anderer Autoren finden sich aber ähnliche Kategorien oder Begründungszusammenhänge wieder (vgl. z. B. Gabler 1998; Schauerte 2005).

Auf Basis dieser Überlegungen muss allerdings ein Aspekt hervorgehoben werden, ohne den die wissenschaftliche und praktische Auseinandersetzung mit der Rezeption des medial vermittelten Sports häufig zu kurz greifen würde. Die soziokulturelle Verankerung von Sportarten und -ereignissen darf im Hinblick auf eine überdauernde Begeisterung für ebendiese als ein zentrales Moment angenommen werden (vgl. Schauerte 2007: 47 ff.; Gerhard

2006: 465). Wie sich in der Vergangenheit anhand verschiedener Beispiele gezeigt hat, ist es für einen gewissen Zeitraum zwar möglich, Sportarten, in denen einheimische Athleten erfolgreich sind, im öffentlichen Bewusstsein zu verankern und diese medial erfolgreich zu vermarkten. Aber durch nachlassende Erfolge bzw. das Karriereende dieser Protagonisten verwandeln sich diese Sportarten auch sehr schnell wieder in mediale Randerscheinungen. Als Beispiele für solche Entwicklungen seien die Medienkarrieren der Sportarten Tennis, Boxen, Radsport oder Skispringen genannt.

Nutzung von Sportangeboten in den Medien

Eine Faustformel für die Nutzung medialer Sportangebote lässt sich also nur schwer erstellen. Dies hat zum einen mit dem sich stetig wandelnden Angebot an massenattraktiven Sportarten und zum anderen mit den sich ebenfalls verändernden Nutzungsgewohnheiten der Menschen zu tun. Klassische soziodemografische Parameter wie z. B. Alter, Geschlecht oder Bildung scheinen nur einen begrenzten Erklärungswert zu besitzen, wenn es darum geht, ob sich bestimmte Personenkreise Sportangeboten in den Medien zuwenden oder nicht. Einzig die Unterscheidung nach Geschlechtern und nach der grundsätzlichen Affinität zum Sport, erhoben anhand der Frage nach der eigenen sportlichen Aktivität, lassen grundsätzliche Tendenzen erkennen (vgl. Schauerte 2002).

Wenig verwunderlich ist es daher, dass der Fußball auch in diesen Punkten eine Ausnahme darstellt. Erstens scheint die Feststellung, Fußballschauen sei Männersache, zumindest partiell zu bröckeln. So lag die Geschlechterverteilung der Fernsehzuschauer bei den Spielen der deutschen Mannschaft während der WM 2006 bei 50:50. Das Viertelfinale, das Halbfinale und das Spiel um Platz drei hatten sogar mehr weibliche Zuschauer als männliche (vgl. Gerhard 2006: 473). Zweitens wird Fußball in Deutschland als alltäglich gelebtes (bewegungs-) kulturelles Element verstanden, welches es zu bewahren und gegen Unterwanderungs- und Aufweichungstendenzen zu verteidigen gilt. Dieser Aspekt verdeutlicht sich immer dann, wenn sich die Anhänger des Fußballs unisono gegen aus ihrer Sicht unliebsame Reformierungsversuche der Fußballkultur stemmen und versuchen, die aus ihrer Sicht fortschreitende Kommerzialisierung des Fußballs aufzuhalten oder zumindest zu entschleunigen (vgl. Schwier/Schauerte 2008: 204).

Da sich eine medien- und sportartenübergreifende Analyse der Nutzung des Sports in den Medien anhand soziodemografischer Merkmale als wenig fruchtbar erwiesen hat, werden im Folgenden einige Ergebnisse einer Studie vorgestellt, die sich auf den Einfluss von Nutzungsmotiven auf die Rezeption medialer Sportangebote konzentriert hat.

In Anlehnung an die Motivbündel von Wenner und Gantz (1998) wurden zunächst die Ausprägungen verschiedener Einzelmotive für den Sportmedienkonsum erfasst. Diese wurden in einem zweiten Schritt in Beziehung zu verschiedenen Nutzungsparametern gesetzt. Hier werden diejenigen Ergebnisse vorgestellt, die Aufschluss darüber geben sollen, wie häufig die Sportangebote in den verschiedenen Mediengattungen genutzt und in wie vielen Medien Sportberichte konsumiert bzw. welche Medien zu diesem Zweck bevorzugt miteinander kombiniert werden.

Reichweiten und Nutzungshäufigkeit

Die Reichweiten der Sportangebote in den einzelnen Medien stellen das Ergebnis individueller Selektionsprozesse der Rezipienten dar, nachdem ihre Entscheidung für eine Medienzuwendung als mögliche Handlungsalternative gefällt wurde. In Abhängigkeit von den verschiedenen Motiven dienen sie als Indikator für die Eignung der verschiedenen Mediengattungen und ihrer Sportangebote zur Befriedigung individueller und kollektiver Bedürfnisse. Da sich die einzelnen Medien hinsichtlich der Erscheinungshäufigkeit und -kontinuität von Sportangeboten voneinander unterscheiden, wurde das Kriterium der Reichweite hinsichtlich der möglichen Verfügbarkeit im Wochenverlauf differenziert. So bieten z. B. die Tageszeitungen und das Internet ihren Rezipienten die Möglichkeit, täglich aktuelle Sportangebote zu konsumieren, während sich die Sportberichterstattung im Hörfunk auf das Wochenende und gegebenenfalls auf wenige Tage mit sportlichen Großereignissen beschränkt.

Die höchsten Reichweiten erreicht die TV-Sportberichterstattung unter Personen, für die mögliche soziale Aspekte des Sportkonsums eine hohe Bedeutung haben, gefolgt von den Fans bestimmter Mannschaften/Sportler und jenen, die in den Medien gezielt nach Sportinformationen suchen. Die niedrigsten Reichweiten besitzen Sportsendungen unter den Befragten, die diese als zeitliche Füllmasse nutzen oder die sich in erster Linie für Boulevardthemen rund um den Sport interessieren. Der Wunsch nach sportbezogener interpersonaler Anschlusskommunikation erweist sich auch für die Sportangebote der anderen tagesaktuellen Medien als das Motiv mit dem stärksten Einfluss auf deren Reichweite. Da der Besitz von vielfältigen Informationen über das Sportgeschehen eine elementare Voraussetzung zur Befriedigung dieses Bedürfnisses darstellt, liegen die Werte der übrigen Medien entsprechend hoch (vgl. Abb. 14). So wird auch die massenmediale Anschlusskommunikation durch die soziale Komponente des Sports angeregt, wie sich am Beispiel des gemeinschaftlichen Sportkonsums zeigt. Bereits durch diesen Befund deuten sich die hohe gesellschaftliche Bedeutung des Sports und dessen mediale Repräsentationen sowie sein Einfluss auf unser tägliches Leben an.

Das Internet scheint sich für viele Menschen als viertes tagesaktuelles Sportmedium zu etablieren. Dessen vielfältige Informations- und Präsentationsmöglichkeiten sowie der hohe Aktualitätsgrad und die zeitlich ungebundene Verfügbarkeit tragen sicherlich dazu bei, dass es, je nach Motivationslage der Rezipienten, teilweise höhere Reichweiten als der Hörfunk erreicht. Zudem bietet das Internet vielen (medialen) Randsportarten und seinen Anhängern eine ideale Präsentations- und Kommunikationsplattform abseits der klassischen Massenmedien.

Die Reichweiten geben allerdings nur einen ersten Hinweis darauf, welche Bedeutung mediale Sportangebote für die Befriedigung der unterschiedlichen Interessen haben. Da die Sportberichterstattung einerseits in Konkurrenz mit anderen fiktionalen und nonfiktionalen Unterhaltungsangeboten der Medien und andererseits mit anderen Freizeitbeschäftigungen steht, ergibt sich aus der Analyse der Nutzungshäufigkeit ein detaillierteres Bild.

Die Gruppe der Personen, die in ihrem sozialen Umfeld mitreden wollen, sehen sich am häufigsten Sportsendungen im Fernsehen an. Aber auch die anderen Gruppen, deren Interesse sich unmittelbar auf das Sportgeschehen richtet, weisen eine große Nutzungshäufigkeit von TV-Sportangeboten auf. Unter den Anhängern bestimmter Sportarten findet sich allerdings ein vergleichsweise hoher Anteil, der die Sportangebote der erhobenen klassischen Mediengattungen nur selten nutzt oder sich von diesen gar nicht angesprochen fühlt. Dies könnte als Indiz für eine mangelnde Sportartenvielfalt in diesen Medien gedeutet werden, zumal ein überdurchschnittlich großer Anteil dieses Personenkreises zumindest sporadisch nach Sportinformationen im Internet sucht, in dem nahezu alle Sportarten vertreten sind. Trotz der geringen Reichweiten des Fernsehens und der Tageszeitung unter Personen, die auf der Suche nach Boulevardthemen rund um den Sport sind, scheinen diese dennoch bevorzugt zur Befriedigung dieses Interesses

n = 596	Fernsehen					Tageszeitung				
	(fast) täglich	3–5x/ Woche	1–2x/ Woche	(fast) nie		(fast) täglich	3–5x/ Woche	1–2x/ Woche	(fast) nie	
Interesse für bestimmte Mannschaft/Sportler	35	34	21	10		33	20	24	23	
Interesse für eine bestimmte Sportart	31	29	23	17		25	20	24	31	
Interesse für bestimmte Wettbewerbe	33	30	24	13		30	21	24	25	
Gemeinsam mit Freunden	40	34	18	8		34	22	25	19	
Zum Entspannen	41	34	16	9		37	20	22	21	
Um mitreden zu können	45	31	24	--		34	31	30	5	
Alles über Sport wissen wollen	34	34	23	9		35	23	24	18	
Anregungen für den eigenen Sport holen	31	32	24	13		23	23	28	26	
Um Langeweile zu vertreiben	21	19	24	36		21	19	24	36	
Interesse für das Privatleben der Sportler	32	28	27	13		27	19	26	28	

Abb. 14: Reichweiten und Nutzungshäufigkeit der Sportangebote in den Medien (eigene Erhebung; Angaben in Prozent)

herangezogen zu werden, da sie diesbezüglich zumindest gelegentlich genutzt werden. Diejenigen Befragten, die angeben, Sportangebote gegen ihre Langeweile zu konsumieren, weisen trotz des vorhandenen Sportinteresses (93 Prozent ließen ein grundsätzliches Interesse an Sport erkennen) medienübergreifend die geringste Nutzungshäufigkeit und die höchste Ablehnungsquote auf (vgl. Abb. 14).

n = 596	Radio				Internet			
	(fast) täglich	3–5x/ Woche	1–2x/ Woche	(fast) nie	(fast) täglich	3–5x/ Woche	1–2x/ Woche	(fast) nie
Interesse für bestimmte Mannschaft/Sportler	13	18	28	41	16	16	23	45
Interesse für eine bestimmte Sportart	13	17	25	45	14	14	31	41
Interesse für bestimmte Wettbewerbe	15	18	26	41	13	16	22	49
Gemeinsam mit Freunden	15	17	26	42	16	19	24	41
Zum Entspannen	14	17	26	43	18	14	24	44
Um mitreden zu können	19	23	26	32	18	19	20	43
Alles über Sport wissen wollen	15	23	25	37	21	16	18	45
Anregungen für den eigenen Sport holen	15	19	24	42	13	16	25	46
Um Langeweile zu vertreiben	13	10	32	45	15	11	22	52
Interesse für das Privatleben der Sportler	13	17	28	42	13	12	24	51

Anmerkung: Basis der Analyse sind jeweils alle Befragten mit einem vorhandenen Motiv (trifft (eher) zu). Grau unterlegte Werte bezeichnen die Reichweitenwerte der einzelnen Mediengattungen.

Fortsetzung Abb. 14

Medienrepertoires

Das Medienrepertoire der Rezipienten beschreibt das erhobene Spektrum der genutzten Medien und Medienangebote (vgl. Handel 2000). Durch ihre Analyse werden detailliertere Aussagen über die Medienumgebung möglich als bei der Erfassung der Medienreichweiten. Während der Umfang der Medienrepertoires weiteren Aufschluss über die Affinität zu diesem Genre gibt, lässt ihre Zusammensetzung erkennen, welche Medieninhalte bei unterschiedlicher Motivlage miteinander kombiniert werden. Dieser Aspekt ist vor

Nutzung der Sportangebote eines Mediums

	Fernsehen	Tageszeitung	Radio	Internet	Gesamt
Interesse für bestimmte Mannschaft/Sportler	18	4	14	<1	36
Interesse für eine bestimmte Sportart	17	2	17	1	36
Interesse für bestimmte Wettbewerbe	18	2	16	<1	37
Gemeinsam mit Freunden	18	2	11	<1	30
Zum Entspannen	20	3	9	1	32
Um mitreden zu können	15	2	12	<1	28
Alles über Sport wissen wollen	16	2	13	1	32
Anregungen für den eigenen Sport holen	19	1	16	1	36
Um Langeweile zu vertreiben	23	<1	17	<1	40
Interesse für das Privatleben der Sportler	18	1	21	<1	40

Abb. 15: Repertoire an Medien, in denen regelmäßig Sportangebote konsumiert werden (eigene Erhebung; Angaben in Prozent)

allem im Hinblick auf die unterschiedlichen medienspezifischen Präsentationsformen interessant.

Zunächst ist festzustellen, dass das Fernsehen und das Radio die beiden dominierenden Mediengattungen sind. Die Tageszeitungen und das Internet dienen scheinbar in erster Linie als Ergänzungsmedien oder – im Falle des Internets – als Ersatzmedium, wenn gerade kein anderer Zugang zu medialen Sportangeboten (z. B. am Arbeitsplatz) möglich ist (vgl. Abb. 15).

Die gewonnenen Ergebnisse zeigen, dass durchaus Motive existieren, die einen – medienspezifisch oder medienübergreifend – grundlegenden Einfluss

Nutzung der Sportangebote von zwei Medien

	Fernsehen + Tageszeitung	Fernsehen + Radio	Tageszeitung + Internet	Gesamt
Interesse für bestimmte Mannschaft/Sportler	6	24	3	33
Interesse für eine bestimmte Sportart	5	26	3	37
Interesse für bestimmte Wettbewerbe	6	25	1	33
Gemeinsam mit Freunden	7	31	3	36
Zum Entspannen	7	21	3	33
Um mitreden zu können	6	27	3	38
Alles über Sport wissen wollen	6	22	2	33
Anregungen für den eigenen Sport holen	5	29	2	40
Um Langeweile zu vertreiben	4	25	<1	34
Interesse für das Privatleben der Sportler	5	21	1	29

Fortsetzung Abb. 15

auf verschiedene Nutzungsmerkmale haben. So tragen neben dem »Interesse für jeden Sport« und der Fokussierung des »Interesses auf das eigentliche Sportgeschehen« vor allem das »Interesse für bestimmte Mannschaften oder Sportler(innen)«, der Wunsch, in der Rezeptionssituation ein Gemeinschaftserlebnis zu haben, und die Aussicht, während des Konsums medialer Sportangebote abschalten und entspannen zu können, verstärkt dazu bei, dass sich Menschen nicht nur regelmäßig den Sportangeboten in den Medien zuwenden, sondern auch mehrere Medien nutzen, um sich über das Sportgeschehen zu »informieren«. Durch die statistischen Zusammenhänge der Motive wird aber auch deutlich, dass die Motive nicht als isolierte Faktoren begriffen werden dürfen, sondern dass sie sich gegenseitig ergänzen oder auch auslösen können (vgl. Schauerte 2005). So ist es z. B. durchaus plausibel, dass

Nutzung der Sportangebote von drei Medien

	Fernsehen, Radio, Tageszeitung	Fernsehen, Radio, Internet	Gesamt	... von vier Medien
Interesse für bestimmte Mannschaft/Sportler	16	4	23	9
Interesse für eine bestimmte Sportart	14	3	19	7
Interesse für bestimmte Wettbewerbe	16	3	22	8
Gemeinsam mit Freunden	19	3	24	9
Zum Entspannen	19	4	25	11
Um mitreden zu können	18	7	28	6
Alles über Sport wissen wollen	15	4	22	13
Anregungen für den eigenen Sport holen	13	3	17	7
Um Langeweile zu vertreiben	9	4	13	13
Interesse für das Privatleben der Sportler	17	5	24	8

Anmerkung: Basis der Analyse sind jeweils alle Befragten mit einem vorhandenen Motiv (trifft (eher) zu) und der Nutzung von mindestens einem Medium. Nicht aufgeführte Medienkombinationen haben ein Auftreten von unter ein Prozent.

Fortsetzung Abb. 15

Fans von Mannschaften oder Sportlern versuchen, sich möglichst umfassend über ihre »Idole« zu informieren, und sich dabei nicht nur auf eine Informationsquelle stützen wollen. Mit dem erworbenen Wissen kann aber nicht nur die eigene Neugier befriedigt werden, sondern es können einerseits der Unterhaltungswert des künftigen Mediensportkonsums gesteigert und andererseits der sportbezogene Dialog im sozialen Umfeld bereichert werden.

Beliebteste Mediensportarten in Deutschland und Europa

Insbesondere sportliche Großereignisse erreichen über die Medien regelmäßig Publikumsmengen, von denen andere – ebenfalls kostenintensive – Sendeformate weit entfernt sind. Daher ist es auch nicht weiter verwunderlich, dass die Liste der zehn reichweitenstärksten Sendungen im Zeitraum von 1992 bis 2006 ausschließlich durch Übertragungen von Fußball-Welt- und Europameisterschaften gefüllt wird (vgl. Abb. 16).

Platz	Sendung/Spiel	Zuschauer
1	Fußball: Deutschland – Italien, WM-Halbfinale 2006	29,66 Mio.
2	Fußball: Deutschland – Tschechien, EM-Finale 1996	28,44 Mio.
3	Fußball: Deutschland – Brasilien, WM-Finale 2002	26,52 Mio.
4	Fußball: Frankreich – Italien, WM-Finale 2006	25,88 Mio.
5	Fußball: Deutschland – England, EM-Halbfinale 1996	24,85 Mio.
6	Fußball: Deutschland – Argentinien, WM-Viertelfinale 2006	24,74 Mio.
7	Fußball: Portugal – Griechenland, EM-Finale 2004	24,74 Mio.
8	Fußball: Deutschland – USA, WM-Vorrunde 1998	24,37 Mio.
9	Fußball: Deutschland – Iran, WM-Vorrunde 1998	24,32 Mio.
10	Fußball: Deutschland – Dänemark, EM-Finale 1992	24,16 Mio.

Abb. 16: Meistgesehene Sendungen im deutschen Fernsehen von 1992 bis 2006 (Quelle: Gerhard 2006: 469)

Fußball stellt in Deutschland und in vielen weiteren Staaten Europas *die* Mediensportart schlechthin dar, in deren Schatten die übrigen Sportarten ihr Dasein fristen. Auf den weiteren Plätzen folgen (vor allem bedingt durch verschiedene nationale Vorlieben) die Formel 1, Tennis und alpine Skirennen (vgl. Abb. 17).

Europa (Österreich, Belgien, Tschechien, Frankreich, Deutschland, Ungarn, Irland, Niederlande, Polen, Rumänien, Slowakei, Slowenien, Schweiz)	
Platz	Sportart
1	Fußball
2	Formel 1
3	Tennis
4	Ski (alpin)
5	Eisschnelllauf
6	Eishockey
7	Leichtathletik
8	Skispringen

Abb. 17: Die beliebtesten TV-Sportarten in Europa (Quelle: Research International, 2006)

Die angesprochenen nationalen Unterschiede bezüglich der Vorlieben für TV-Sportarten zeigen sich in der nachfolgenden Tabelle. Zwar rangiert der Fußball in allen Ländern auf einem der ersten beiden Plätze, aber auch Sportarten, die in Deutschland nur eine mediale Randerscheinung darstellen, wie z. B. Skifahren, Eishockey oder Eisschnelllauf, stellen in den Ländern, in denen diese über die angesprochene bewegungskulturelle Verankerung verfügen, eine mediale Größe dar (vgl. Abb. 18).

Darüber hinaus gibt es in einigen Ländern auch noch spezielle Sportereignisse, die im Kanon der Mediensportarten ebenfalls nur selten oder zumindest nicht regelmäßig auf den vorderen Plätzen der Reichweitenauswertungen auftauchen, sich aber trotzdem einer großen Beliebtheit in der Bevölkerung erfreuen. Als stellvertretendes Beispiel in dieser Kategorie sei ein Eisschnelllauf-Wettbewerb in den Niederlanden genannt: De Elfstedentocht (Elf-Städte-Tour). Hierbei handelt es sich um ein 200 Kilometer langes Rennen über die zugefrorenen Kanäle und Seen entlang der elf Städte mit Stadtrecht in der niederländischen Provinz Friesland. Seit dem ersten offiziellen Rennen im Jahre 1909 fand dieser Wettbewerb bisher erst 15 Mal statt, da die limitierende Voraussetzung für einen Start eine durchgehend mindestens 15 Zentimeter dicke Eisschicht auf der Laufstrecke ist. Ein Kriterium, das einerseits für die Veranstalter und die Aktiven sowie die Medien und die Zuschauer eine unkalkulierbaren Größe darstellt, andererseits aber auch einen Mythos begründet hat. Die Unsicherheit der Durchführbarkeit der Veranstaltung, ein sie umgebender Hauch von Abenteuer und ihre Seltenheit haben dazu geführt, dass die Sieger dieses Rennens, wie zuletzt 1997 Henk Angenent, in Holland zu einer nationalen Berühmtheit werden, vergleichbar mit Johan Cruijff, Johan Neeskens, Willem van Hanegem oder Johnny Rep (vgl. www.elfstedentocht.nl/sjablonen/2/default.asp?objectID=20). Der Aufwand und das Interesse der Medien und der Bevölkerung bei diesem Ereignis übertreffen sogar internationale Fußball-Großereignisse um Längen.

Land	Platz 1	Platz 2
Österreich	Ski (alpin)	Fußball
Belgien	Tennis	Fußball
Tschechien	Eishockey	Fußball
Slowakei	Eishockey	Fußball
Schweiz	Fußball	Tennis
Italien	Fußball	Formel 1
Niederlande	Fußball	Eisschnelllauf
Frankreich	Fußball	Rugby
England	Fußball	Formel 1
Spanien	Fußball	Radsport
Griechenland	Basketball	Fußball

Abb. 18: Beliebteste TV-Sportarten in Ländern Europas (Quelle: Research International, 2006)

Gemeinschaftlicher Mediensportkonsum: Public Viewing

Die Sonderrolle des Fußballs als globaler Mediensportart mit besonderen Nutzungsmotiven belegt ein Blick auf die herausragenden Veranstaltungen für den Sportjournalismus: Welt- und Europameisterschaften zählen neben den Olympischen Spielen weltweit zu den größten Medienereignissen und offenbaren damit zukünftige Strukturen und Prozesse der Berichterstattung (Dayan/Katz 1992). Krotz (2001) weist darauf hin, dass die gemeinschaftliche Sportrezeption mit den öffentlichen Fernsehstuben während der Olympischen Spiele 1936 sowie während der Liveübertragungen der Fußball-WM 1954 schon in den Anfängen der Rundfunkberichterstattung zu beobachten war, zurückzuführen allerdings auf die mangelnde Ausstattung der Bevölkerung mit Empfangsgeräten. Unter der Perspektive der Rezeption dieser medialen Höhepunkte ist erst seit Mitte der 1990er-Jahre ein Phänomen zu beobachten, das unter dem Begriff »Public Viewing« Karriere gemacht hat und immer stärkere Beachtung findet. Auch andere mediale Angebote wie Folgen der Krimiserie »Tatort« werden öffentlich in Gemeinschaften konsumiert – im Sport ist diese Rezeptionsform allerdings durch die z. B. von der FIFA organisierten Angebote institutionalisiert und bringt regelmäßig in wachsendem Ausmaß mehrere Millionen Menschen in »neuen Öffentlichkeiten« zusammen (Horky 2007).

Bezugssystem der gemeinschaftlichen Mediensportrezeption

Der Sport scheint durch seinen hohen affektiven Gehalt verbunden mit emotionaler Anteilnahme wie kaum ein anderes Medienthema ein hohes Merkmalspektrum für eine gemeinschaftliche, öffentliche Rezeption aufzuweisen. Der Rezeptionsprozess ist dabei durch drei wesentliche Aspekte geprägt: In *Bezug auf unterschiedliche Gruppenkonstellationen* ist eine Ausdifferenzierung auf sozialer Dimension zu beachten. Die Aneignung von Mediensport ist an soziale (Gruppen-) Konstellationen gebunden, sei es vor Ort im Stadion oder medial vor Großbild-Leinwänden, in eher privaten Gruppen vor dem Fernseher oder in der Familie und in der Sportbar. Entscheidend sind die institutionell und räumlich geprägten sozialen Interaktionen einer Gruppe; die Beziehungen der Gruppenmitglieder können zu einer eher homogenen oder eher heterogenen Gruppenstruktur führen, was z. B. in der Familie, unter Ehepaaren oder in unterschiedlichen Gruppenkonstellationen von Freunden untersucht wurde (vgl. zusammenfassend Raney 2006; Gantz 1981; Wenner/Gantz 1989). Für große Interaktionsgemeinschaften wie beim Public Viewing liegen bis jetzt kaum empirische Daten vor (Horky 2007 und 2009). Die stark emotional geprägte Anteilnahme von Rezeptionsgruppen kann dabei durch Elemente wie Anzahl und Beziehung der beteiligten Interaktionsteilnehmer (Gruppengröße, Art der Gruppe) oder situative Rahmenbedingungen (öffentliche oder private Rezeption) variieren (vgl. Sapolsky/ Zillmann 1978; Wenner/Gantz 1989). Anzunehmen ist, dass die emotionale Differenzierung von Mediensport-Rezeptionsgruppen zumindest einen geringen Einfluss auf das kognitive Aufnehmen, Verarbeiten bzw. Akzeptieren von Inhalten hat; eine empirische Überprüfung dieser These steht aber noch aus.

Ein zweiter Aspekt der kollektiven Nutzung von Mediensport ist der Bezug zu räumlichen Situationen, der in der Forschung vor allem bei Untersuchungen zu Sportbars im Mittelpunkt stand (Eastman/Land 1997). Als Ursachen für den wachsenden Mediensportkonsum in öffentlich institutionalisierten Räumen wie Sportbars können der zunehmende Wechsel von Liveübertragungsrechten ins Pay-TV sowie die Sanierung der Stadien, die dadurch an Atmosphäre für die Livezuschauer verlieren, angesehen werden.

Drittens müssen Rezeptionsprozesse in Bezug zur Öffentlichkeit untersucht werden. Das »Gemeinschaftserleben« beim Sportkonsum biete dabei eine »wichtige kollektive Identitätsvergewisserung«. Der Sportzuschauer bilde »öffentliche Gemeinschaften«, die einerseits »soziale Distanzen (…) überbrücken«, andererseits aber auch zu Abgrenzungen vor allem gesellschaftlich benachteiligter Gruppen führen können (Bette/Schimank, 1995: 72–74). Das öffentliche Sportfernsehen in Gemeinschaft fand erstmals während der Fußball-WM 1998 in Frankreich wirkliche Beachtung und konnte anschließend bei der WM 2002 in Japan und Südkorea im größeren Stil beobachtet werden. Seit 2002 hat sich die Medienrezeption von Fußball-Großereignissen dadurch deutlich verändert. »Der Ereignischarakter von Europa- oder Weltmeisterschaften gewinnt offensichtlich zunehmend an Bedeutung«, beschreiben Zubayr und Gerhard (2004: 424) die Entwicklung. Charakteristisch sei das »gemeinschaftliche und öffentliche Erleben der Spiele«. So habe »fast jeder zweite EM-Zuschauer (…) das Fernseherlebnis ›Europameisterschaft‹ mit anderen geteilt«. Bei der WM 2006 war dann eine »dritte Qualität des Zuschauens« (Geese/Zeughardt/Gerhard 2006: 459) zu verzeichnen, die durch die voranschreitende Entwicklung der Nutzung von Mediensport bei Fußball-Großereignissen veranschaulicht wird.[15] Für das Public Viewing stellt die Liveübertragung des WM-Halbfinales Deutschland – Italien den bisherigen Höhepunkt der Entwicklung dar: Zusätzlich zu den von der Arbeitsgemeinschaft Fernsehforschung (AGF/GfK) ermittelten knapp 30 Mio. Zuschauern vor den privaten Fernsehgeräten (Rekordquote: 29,66 Mio.) haben laut Angaben einer (forsa)-Telefonumfrage 16,38 Mio. das Ausscheiden der deutschen Mannschaft woanders verfolgt.»Mithin kann für diese Begegnung von mehr als 45 Millionen Menschen ausgegangen werden, die das Schicksal der deutschen Mannschaft live miterleben wollten.« Die höchste Außer-Haus-Nutzung wies allerdings das Spiel um Platz drei zwischen Deutschland und Portugal (08.07.2006: 16,93 Mio.) auf (vgl. Geese/Zeughardt/Gerhard 2006: 457–458).

Besonderheiten des gemeinschaftlichen Rezeptionsprozesses

In dem geschilderten Bezugssystem weist die Rezeption von Mediensport in Gemeinschaft einige Besonderheiten auf. *Persönliche Anteilnahme (Involvement) und Identifikation* werden durch eine gemeinschaftliche Rezeption signifikant verstärkt. Dabei ist die soziale Gebundenheit der Gruppenmitglieder entscheidend für die Intensität der Anteilnahme: In der Familie ist das Involvement geringer als in einer Gruppe von Freunden (vgl. Wenner/Gantz 1989; Wenner/Gantz 1998: 238). Murrell und Dietz (1992) konnten zudem nachweisen, dass bei Erfolgen die Identifikation des Einzelnen mit der Anzahl der mitsehenden Rezipienten steigt. In der Gruppenrezeption ergeben sich bei Involvement und Identifikation für den Einzelnen zwar einerseits vor allem hohe Werte für das Motiv »Freude über Siege des bevorzugten Teams«, aber auch der Ärger über Niederlagen wird deutlich verstärkt (Wenner/Gantz 1989: 259–260). Bei der persönlichen Anteilnahme kommt es zudem zu Differenzierungen unter den Geschlechtern, denn Männer sind auch in der Gruppe stärker involviert und verhalten sich häufig wie Fans (vgl. Wenner/Gantz 1998: 239 ff.), für Frauen sei die gemeinschaftliche Rezeption dagegen eher die letzte Möglichkeit für einen Zeitvertreib (Gantz 1981; Wenner/Gantz 1998: 240). Entscheidende Merkmale sind zudem hoher Alkoholkonsum und (räumliche) Möglichkeiten, während der Rezeption eine soziale Gemeinschaft bilden und damit die Atmosphäre eines Stadionbesuches simulieren zu können. Auch unter Gesichtspunkten unterschiedlicher

---

[15] Vgl. die Daten der Media Perspektiven bei Zubayr/Gerhard (1998, 2002, 2004) und Geese/Zeughardt/Gerhard (2006).

Öffentlichkeiten kommt es bei der persönlichen Anteilnahme in der Gruppe zu besonderen Identifikationsprozessen. So ist durch die kollektive Rezeptionssituation ein Wissen um die Größe des Mitpublikums für den Einzelnen erlebbar; die *vorgestellte Gruppenzugehörigkeit* führte in der Konsequenz z. B. bei der Fußball-Weltmeisterschaft 2006 zu nationalen Parteinahmen und einer intensiven Patriotismusdebatte.

Das Gefühl der Gruppenzugehörigkeit ist bei der gemeinschaftlichen Mediensportrezeption allerdings nicht nur vorgestellt, sondern auch real, und wird dadurch für den einzelnen Nutzer als Faktor der Geselligkeit erlebt. Vor allem beim Public Viewing bei der WM 2006 strahlte die öffentliche Nutzung eine einzigartige Atmosphäre aus; die Gruppenzugehörigkeit wurde vor allem über Gespräche und Äußerungen zum Fanstatus der Beteiligten sowie die entsprechende Ausstattung mit Devotionalien wie Schals o. Ä. manifestiert. In amerikanischen Untersuchungen gaben viele der beobachteten Personen an, sie würden vor allem aus dem Grund der Geselligkeit zur Mediensportrezeption eine Sportbar aufsuchen (vgl. Eastman/Land 1997: 167–168). Dieses *Motiv der Gruppenzugehörigkeit* ist bei Männern und vor allem bei Fernsehsportfans signifikant stärker ausgeprägt als bei Frauen oder bei der nicht so sehr an Fernsehfußball interessierten Gruppe (Gantz 1981: 267). Männer wollen demnach häufiger mit Freunden ein Bier trinken und nutzen dafür die Gelegenheit der gemeinschaftlichen Mediensportrezeption. Denkbar erscheint allerdings auch eine entgegengesetzte Wirkung im Sinne einer bewussten oder unbewussten Distinktion innerhalb einer Gruppe durch soziale Vergleichsprozesse. Dem einzelnen Rezipienten könnte z. B. aufgrund fehlenden Wissens mangelndes Expertentum von der Gruppe unterstellt werden; so kann es Ausgrenzungsprozesse bei der gemeinschaftlichen Rezeption geben. Ebenfalls empirisch noch nicht untersucht – aber vorstellbar – sind zudem Motivationen zur gemeinschaftlichen Mediensportrezeption im Sinne einer bewussten Beobachtung, wie sich andere Rezipienten Mediensport aneignen.

Die verstärkte persönliche Anteilnahme bei der gemeinschaftlichen Mediensportrezeption kann im Gegensatz zu Prozessen der Gruppenzugehörigkeit aber auch zu *sozialer Kontrolle* durch die Gruppe der Mitrezipienten führen. Sapolsky und Zillmann (1978) konnten empirisch nachweisen, dass die Anzahl und die Art der sozialen Beziehung der Mitrezipienten die Anteilnahme am Mediensport wesentlich beeinflusst und zu Angleichsprozessen des Einzelnen zur angenommenen Einstellung und Vorliebe der Gruppe führten. Als Ursache wird ein Abgleich im Sinne einer sozialen Kontrolle der Gruppe angenommen, der durch die Konstellation beeinflusst wird und damit ein wichtiges Regulativ für die persönliche Anteilnahme darstellt. Eine ähnliche Besonderheit, die auf denselben Abgleichprozessen in der Gruppe beruht, ist die *Aneignung und Präsentation von Wissen* bei der gemeinschaftlichen Rezeption. Als Motiv kann hierbei angenommen werden, in der Gruppe mit diesem Wissen als Experte glänzen zu können und den eigenen sozialen Status so zu festigen. Nicht nur diese beiden Besonderheiten der gemeinschaftlichen Rezeption führen zu *Verhaltensänderungen und Ritualen als Präsentation von Gruppenzugehörigkeit*. Die Zugehörigkeit zu einer Gruppe kann soziale Akzeptanz und gemeinschaftliche Unterstützung erzeugen. Im Sport wird diese Zugehörigkeit vor allem durch Kleidung, Attribute wie Fanschals o. Ä. präsentiert, die auch bei Mediensportrezipienten auftritt. Diese Selbstpräsentation als gemeinschaftliches Ritual steigert den Zusammenhalt der Rezipientengruppe und erhöht damit das gemeinschaftliche Mediensporterlebnis. Besonderes Anzeichen für dieses stärkere Involvement bei der Gruppenrezeption sind Verhaltensänderungen wie laute Ausrufe oder kurze Diskussionen über Spieler, Trainer oder taktische Maßnahmen, die in sozial nicht stark institutionalisierten Gruppen von Freunden signifikant häufiger nachweisbar sind als z. B. in der Familie oder vor allem bei der Mediensportrezeption allein (Gantz 1981: 272; Wenner/Gantz 1989; Wenner/Gantz 1998: 238).

Eine letzte Besonderheit ist die *gemeinschaftliche Mediensportrezeption als Event*. Einerseits wird Mediensportrezeption in der Gruppe als öffentlicher Event, als ein gesellschaftliches Ereignis erlebt. Zum anderen bietet der Event der gemeinschaftlichen Mediensportrezeption eine Annäherung an das Liveerlebnis von Sport im Stadion ohne die als negativ empfundenen Begleiterscheinungen des realen Liveerlebnisses, wie schlechtes Wetter, fehlende Verpflegung, unangenehme Mitrezipienten, schlechte sanitäre Versorgung, schwierige Hin- und Rückfahrt, Eintrittsgebühren u. Ä. Die Fernsehrezeption wird so nicht nur als das bequemere, sondern auch als der durchaus angenehmere Event empfunden (vgl. Horky 2008).

Reziproke Effekte

Seit kurzem ist auch die Wirkung des Mediensports auf den Berichterstattungsgegenstand – also die Sportler und Sportlerinnen und ihre Einstellungen selbst – unter dem Begriff der reziproken Effekte in den Blickpunkt der Forschung gerückt. Dabei würden sich die Sportler weitgehend passiv verhalten und seien dem Mediensport gegenüber eher positiv eingestellt. Dies habe zur Ursache, dass die Sportberichterstattung nicht wesentlich für ihre eigene Tätigkeit und den sportlichen Erfolg sei (Bernhart 2008). Als wesentliche Faktoren für reziproke Effekte können der sportliche Erfolg, der Status des Sportlers und die Relevanz der Sportart gekennzeichnet werden. In einer Befragung von Spitzensportlern wurden jedoch auch problematische Äußerungen getätigt:

»Viele Spitzensportler wissen, dass ihre Popularität maßgeblich von der Art und Weise der Berichterstattung abhängig ist. Die Journalisten entscheiden mit, wenn es um die Akzeptanz des Sportlers beim Publikum und damit um seine Attraktivität für Sponsoren geht. Vor allem mit Blick auf die Folgen negativer Berichterstattung wird die Macht der Journalisten als recht hoch eingestuft. [...] Das eigene Einflusspotenzial auf die mediale Berichterstattung ist für die meisten Spitzensportler eher gering. Es wird eine gewisse Ohnmacht gegenüber der Informationsauswahl, der Themensetzung, den Präsentationsformen und der gesamten Veröffentlichungspraxis empfunden« (Schaffrath 2007: 5).

Interessant dabei ist der Parameter der sportlichen Aktivität bzw. der eigenen sportlichen Karriere der Sportjournalisten. Aus der Perspektive der meisten Spitzensportler bestehe ein Zusammenhang zwischen der sportjournalistischen Kompetenz und der Sportaktivität der Medienvertreter, bestätigt Schaffrath. Die überwiegende Mehrheit der Befragten hielt es für notwendig oder zumindest vorteilhaft, dass Sportjournalisten selbst sportlich aktiv waren oder sind. Die persönliche Erfahrung sei durch nichts zu ersetzen. Als Leitmedium werteten die Spitzensportler die BILD-Zeitung; das Fernsehen habe dagegen durch die Liveübertragungen eher funktionale Wertigkeit im Sinne der Bedeutungseinschätzung von Sportarten.

Literatur

Bernhart, S. (2008): Reziproke Effekte durch Sportberichterstattung. Eine empirische Untersuchung von Spitzensportlern. Wiesbaden.

Bryant, J./Zillmann, D./Raney, A. A. (1998): Violence and the Enjoyment of Media Sports. In: Wenner, L. A. (Hrsg.): MediaSport. London: 252–265.

Darkow, M. (1983): Sport im Rundfunk. Media Perspektiven, 1: 47–56.

Davis, L. R./Harris, O. (1998): Race and Ethnicity in US Sports Media. In: Wenner, L. A. (Hrsg.): MediaSport. London/New York: 154–169.

Dayan, D./Katz, E. (1992): Media Events. The Live Broadcasting of History. Cambridge/London.

Eastman, S./Land, A. (1997): The best of both worlds: Sports fans find good seats at the bar. Journal of Sport & Social Issues 21, 2: 156–178.

Gabler, H. (1998): Zuschauen im Sport – Sportzuschauer. In: Strauß, B. (Hrsg.): Zuschauer. Göttingen/Bern/Toronto/Seattle: 113–138.

Gantz, W. (1981): An Exploration of Viewing Motives and Behaviors Associated with Television Sports. Journal of Broadcasting 25, 3: 263–275.

Geese, S./Zeughardt, C./Gerhard, H. (2006): Die Fußballweltmeisterschaft 2006 im Fernsehen. Media Perspektiven, 9: 454–464.

Gerhard, H. (2006): Die Fußball-WM als Fernsehevent. Media Perspektiven, 9: 465–474.

Gruneau, R. S./Whitson, D. (1993): Hockey Night in Canada: Sport, Identities and Cultural Politics. Toronto.

Handel, U. (2000): Die Fragmentierung des Medienpublikums. Bestandsaufnahme und empirische Untersuchung eines Phänomens der Mediennutzung und seiner Determinanten. Wiesbaden.

Horky, T. (2007): Mediensport und Öffentlichkeit. Zur Ausdifferenzierung eines journalistischen Programmbereichs am Beispiel der Fußball-WM 2006. Leipziger Sportwissenschaftliche Beiträge 48, 2: 13–34.

Horky, T. (2009): Sozialpsychologische Effekte bei der Rezeption von Mediensport in der Gruppe. In: Schramm, H./Marr, M. (Hrsg.): Die Sozialpsychologie des Sports in den Medien. (Sportkommunikation, 5) Köln: 176–198.

Jørgensen, S. (2005): The World's Best Advertising Agency: The Sports Press. Monday Morning Weekly, 37: 1–7.

Krotz, F. (2001): Die Mediatisierung kommunikativen Handelns. Der Wandel von Alltag und sozialen Beziehungen, Kultur und Gesellschaft durch die Medien. Wiesbaden.

Murrell, A. J./Dietz, B. (1992): Fan Support of Sport Teams: The Effect of a Common Group Identity. Journal of Sport & Exercise Psychology 14, 1: 28–39.

O. V.: www.elfstedentocht.nl/sjablonen/2/default.asp?objectID=20 (Zugriff am 27.02.2009).

Raney, A. (2006): Why We Watch and Enjoy Mediated Sports. In: Raney, A./Bryant, J. (Hrsg.), Handbook of Sports and Media. Mahwah: 313–329.

Research International (2006): Pan European survey 2006. Role of TV. Europe.

Sapolsky, B./Zillmann, D. (1978): Enjoyment of a televised sport contest under different social conditions of viewing. Perceptual and Motor Skills 46, 1: 29–30.

Schauerte, T. (2002): Quotengaranten und Minderheitenprogramme. Theoretisch-empirische Analyse der Nutzung von medialen Sportangeboten. Berlin: Dissertation.

Schaffrath, M. (2007): Sportjournalismus im Spiegel des Spitzensports. Fachjournalist, 2: 4–10.

Schauerte, T. (2005): Der Einfluss von Motiven auf die Nutzung von medialen Sportangeboten. Sport und Gesellschaft, 2: 255–274.

Schauerte, T. (2007): Was ist Sport in den Medien? Köln.

Schramm, H./Klimmt, C. (2003): »Nach dem Spiel ist vor dem Spiel«. Die Rezeption der Fußball-Weltmeisterschaft 2002 im Fernsehen: Eine Panelstudie zur Entwicklung von Rezeptionsmotiven im Turnierverlauf. Medien- und Kommunikationswissenschaft, 51, 1: 55–81.

Schwier, J. (2000): Sport als populäre Kultur. Sport, Medien und Cultural Studies. Hamburg.

Schwier, J./Schauerte, T. (2008): Soziologie des Mediensports. Köln.

Seifart, H. (1990): Kritik an der Kritik – wird der moderne Sportjournalismus gerecht beurteilt? Media und Sport. Bulletin des Europäischen Verbandes der Sportjournalisten UEPS, 72: 31.

Wenner, L. A./Gantz, W. (1989): The Audience Experience with Sports on Television. In: Wenner, L. A. (Hrsg.): Media, Sports, & Society. Newbury Park: 241–269.

Wenner, L. A./Gantz, W. (1998): Watching Sports on Television: Audience Experience, Gender, Fanship and Marriage. In: Wenner, L. A. (Hrsg.): MediaSport. London/New York: 233–251.

Whannel, G. (1998): Reading the sports media audience. In: Wenner, L. A. (Hrsg.): MediaSport. London: 221–232.

Whannel, G. (2000): Sport and the media. In: Coakley, J./ Dunning, E. (Hrsg.): Sports Studies. London: 291–308.

Teil B

Praxis des Sportjournalismus

Arne Richter

1 Sportnachrichten von Agenturen

Selektieren, Gewichten, Einordnen

Welche Farbe hat die Handtasche von Victoria Beckham bei der Ankunft in Mailand? Hat Luca Toni Frau Meyer-Wölden geküsst? Übersteigt Diegos Punktekonto in Flensburg quantitativ die Ausbeute von Werder Bremen in der Bundesliga-Tabelle? Drei Themen, drei Fragen, allesamt aus einem Monat des Jahres 2009: Sie sind Beleg dafür, dass wohl kein journalistisches Ressort einen so großen gesellschaftlichen Wandel durchlaufen hat – und weiterhin durchläuft – wie der Sport. Längst ist die Abkehr von einer faktenkonzentrierten »1:0-Berichterstattung« vollzogen, und dabei haben nicht nur die sogenannten Klatsch- und Tratschthemen Einzug auf die Sportseiten in nahezu allen Medien gehalten. Alle gesellschaftlich mehr oder weniger relevanten Bereiche haben für die Sportwelt an Bedeutung gewonnen. Die kolportierten Milliardenverluste von Chelsea-Eigentümer Roman Abramowitsch durch den weltweiten Finanzcrash, die politische Dimension des Turnier-Ausschlusses der israelischen Tennisspielerin Shahar Peer im arabischen Dubai oder die juristisch immer heiklen und nicht enden wollenden Dopingskandale, nicht nur im Radsport, sind beste Beispiele für diesen Wandel. Mehr denn je werden die einst von Kollegen anderer Ressorts gerne als Fachidioten belächelten Sportjournalisten zu Generalisten der Medienwelt.

Innerhalb des sich weiterhin aus einer sehr homogenen Gruppe (männlich, leidlich gebildet, ballverliebt) rekrutierenden Kollegiums kommt einer speziellen Journalistengattung eine immer wichtigere Aufgabe zu: dem Agenturjournalisten. Die größere Themenvielfalt hat zusammen mit einer deutlich höheren Informationsdichte und -geschwindigkeit dazu geführt, dass auf zwei Ebenen das verstärkte Bedürfnis nach Selektion und Einordnung von Inhalten besteht: Nicht nur der Informationskonsument – sei es in Zeitung, Rundfunk oder Internet – benötigt eine Orientierungshilfe, auch der Sportjournalist selbst ist in seinem Betätigungsfeld mit steigendem Zwang zum Event-Charakter immer mehr an klaren Handlungsleitlinien interessiert. Diese einst als Schleusenwärter der Medienwelt beschriebene Rolle fällt weiterhin und sogar mehr denn je den Journalisten der Nachrichtenagenturen zu. Als Großhändler von Informationen müssen sie ihre Kundschaft mengengerecht mit den tatsächlich wichtigen Inhalten beliefern. Von der Zehn-Zeilen-Schnellmeldung über den einordnenden Korrespondentenbericht bis zu den immer wichtiger werdenden erklärenden Hintergrundkästen – die Vielfalt der Texte und Anforderungen nimmt immer weiter zu.

Doch die Welt des Schleusenwärters hat sich von Grund auf verändert. Der Fluss fließt längst nicht mehr nur zum Medienmeer hin. Im Web-2.0-Zeitalter muss sich der Nachrichtenjournalist auf Informationsströme aus allen Richtungen einstellen, crossmedial denken und handeln. Nachrichtenbeschaffung und -transport sind im Zeitalter von Twittern und Bloggen der Gefahr ausgesetzt, Beliebigkeitsphänomene zu werden. Das Alleinstellungsmerkmal der Produktionsmenge hat die Agentur praktisch schon verloren, mehr denn je muss sie aber ihr qualitatives Alleinstellungsmerkmal in Abgrenzung zu Singuläranbietern, die keinen Standards verpflichtet sind, wahren.

Kein Buchtext kann die Erfahrungen der Praxis ersetzen. Dennoch wird im Folgenden versucht, die verbliebenen und neuen Aufgaben und Herausforderungen zu beschreiben, die sich dem Agenturjournalisten im Sportressort heute stellen. Trotz aller Veränderungen sind einige Determinanten gleich geblieben: Genauigkeit vor Geschwindigkeit, Geschwindigkeit vor Schönheit – das bleibt eine unumstößliche Regel der Nachrichtensprache. Oberste Prämisse muss die wahrheitsgetreue, schnellstmögliche Mitteilung von faktischen Inhalten sein: Eine Nachricht ist eine Nachricht ist eine Nachricht.

Arbeitsalltag bei der Agentur

Was aber wird eigentlich zu einer Nachricht? Die Arbeit des Agenturjournalisten ist ein ständiger Auswahl- und Gewichtungsprozess. Prinzipiell unterliegt dieser Journalist dabei den gleichen Kriterien wie seine Kollegen bei anderen Medien, doch kann er sich dabei nicht auf eine vorweggenommene Sondierung verlassen. Diese Sondierung vorzunehmen bleibt seine genuine Aufgabe. Die sprachliche Umsetzung kann sich dabei weniger an den Newsfeature-Ansprüchen von Qualitätsmedien orientieren. Die Nachrichtensprache ist und muss präzise sein; langweilig oder gar dröge ist sie deshalb nicht. Auch Klarheit kann ihren Reiz haben und sie ist oft anspruchsvoller zu formulieren als sich in Ausschweifungen ergebende Abhandlungen, die erst im zweiten oder dritten Textbein zur Sache kommen.

Die im Journalismus verbreitete Meinung, der Agenturkollege könne wegen des aus gutem Grund gebotenen Verzichts auf den Kommentar keine »Meinung machen«, ist schlichtweg falsch. Gerade durch die Aufgabe der Nachrichtenselektierung ist bei keinem anderen Medium die Möglichkeit so groß, durch Themensetzung und -gewichtung Themen öffentlich ins Bewusstsein zu bringen und damit Einfluss zu nehmen. Die kumulierte »Auflage« der Agenturtexte überschreitet in der Summe bei Weitem die aller Einzelpublikationen, auch die des Boulevardleitmediums und Massenblattes BILD. Meldungen und Zusammenfassungen, die beinahe in Echtzeit verbreitet werden, sind Grundlage und Wegweiser für alle Medienschaffenden. Ein Aha-Erlebnis für alle Agenturneulinge ist immer wieder die erste selbst geschriebene Meldung, die unmittelbar darauf in Videotext und Onlineportalen im Wortlaut auftaucht – also per Tastenklick einem Millionenpublikum präsentiert wird. Der daraus resultierenden großen Verantwortung sollte man sich immer bewusst sein.

Doch wie sieht der Alltag des Agenturjournalisten in der Sportredaktion aus? Was bestimmt seine Arbeitsweisen und Arbeitsabläufe? Um diese Fragen beantworten zu können, ist zunächst ein Blick auf die Marktlage sinnvoll. In Deutschland herrscht eine für Europa unübliche Konkurrenzsituation. Neben der Deutschen Presse-Agentur (dpa) gibt es einen weiteren großen Anbieter von Sportnachrichten, den Sport-Informations-Dienst (SID). In anderen Ländern ist dies nicht der Fall. In Österreich (apa), der Schweiz (si), Frankreich (afp) oder Italien (ansa) haben die nationalen Agenturen eine Monopolstellung im Sportressort.

Nach wie vor wird der Marktführer dpa von mehr Verlagshäusern abonniert als die sid. Interne Abdruckanalysen ergeben zudem, dass in den Printausgaben der Zeitungen ein Verhältnis von etwa 60:40 pro dpa zu verzeichnen ist. Im stetig an Bedeutung gewinnenden Onlinesektor ist die dpa-Präsenz noch ausgeprägter. In gewisser Weise ist diese 1:1-Konkurrenzsituation »Mann gegen Mann« auch ein Spiegelbild des Sports, in dem sich oft genug Kontrahenten in dieser Form gegenüberstehen. Ein an produktiven Zielen ausgerichteter Zweikampf fördert sicherlich die Output-Qualität aller Akteure.

Druck darf dabei für den Agenturjournalisten kein Fremdwort sein. Redaktionsschluss ist immer. Als erster auf dem Markt zu sein, ist stets das Ziel. Dieser Publikationsvorsprung führt oft zu der Annahme, dass Agenturjournalisten über besonders gute Quellen verfügten oder andere Arbeitsweisen hätten als Kollegen anderer Medien. Dies ist sicher nicht grundsätzlich der Fall, verläuft doch der Arbeitsalltag weitgehend analog zu dem der Kollegen von Tageszeitungen oder TV- und Radiosendern, d. h. mit dem Besuch von Sportveranstaltungen, Pressekonferenzen, Trainingseinheiten oder der Kontaktaufnahme zu den Akteuren mit allen Formen der modernen Kommunikation. Der Agenturjournalist muss seine Arbeit eben nur schneller umsetzen.

Recherche ist dabei ein kontroverses Thema, bleibt doch aus aufgrund des Aktualitätsdrucks immer weniger Zeit, den Dingen tatsächlich auf den Grund zu gehen. Längst hat die »Generation Google« Einzug in die Redaktionen gehalten. Wikipedia und Co. dürfen aber nur Stichwortgeber und keine alleinige Informationsgrundlage sein. Verlässlichkeit von Quellen wird mehr und mehr zu einem Thema für den Agenturjournalisten. Gerade die Problematik der Auswertung von anderen Medien ist angesichts der vielen Gerüchte und Spekulationen in der Sportwelt ein sensibles Thema. In ein Thema erst einzusteigen, wenn sich der Betroffene selbst – und sei es zumindest in einem als seriös eingestuften Medium – äußert, kann dabei eine Leitlinie sein.

Eine Überprüfung gerade juristisch relevanter Fragen ist aber unerlässlich. Im Zweifelsfall sollte auf die Verbreitung einer Nachricht lieber verzichtet werden, als dass man diese später berichtigen oder zurückziehen muss. An einmal Gesagtes, und sei es im persönlichen Gespräch, können sich viele Athleten, Trainer und Funktionäre oft genug schnell nicht mehr erinnern. In den vergangenen Jahren haben sich Anwälte offenbar bewusst dieser Thematik angenommen und verklagen immer häufiger die der Verbreiterhaftung unterliegende Nachrichtenagentur. Gerade im Boxsport gibt es zahlreiche Beispiele (Rocchigiani, Brähmer), aber auch Fußballnationalmannschaftskapitän Michael Ballack lässt seit seinem Wechsel zum FC Chelsea genau prüfen, wie (vermeintlich) seine Aussagen gegenüber den oft aggressiven englischen Medien in den deutschen Markt weitertransportiert werden. Genaue Sorgfalt und penibles Checken aller Inhalte – manchmal Wort für Wort – sind die einzigen Mittel, sich nicht auf juristisches Glatteis zu begeben.

Die Sportwelt der dpa

Grundlage für ein präzises Vorgehen ist eine hohe Fachkompetenz und eine größtmögliche Nähe zum beschriebenen Objekt – stets mit der Maxime, sich nicht gemein zu machen, so verlockend die Glitzerwelt des Sports auch sein mag. In der dpa-Sportredaktion wird dies u. a. durch eine an regionalen und sportspezifischen Belangen orientierte Arbeitsaufteilung gewährleistet.

Insgesamt 43 Redakteure haben in einem klar definierten Netzwerk genaue Tätigkeitsfelder. In der Zentralredaktion, die ihren Sitz im Laufe des Jahres 2010 von Hamburg nach Berlin verlegen soll, wird der bundesweite Basisdienst, das Hauptprodukt der dpa, von 13 Redakteuren gesteuert. Die anderen Redakteure sind in der Fläche verteilt: in den Büros in Hamburg, Hannover, Berlin, Leipzig, Düsseldorf, Frankfurt, Stuttgart und München. Dort sind die Kollegen für regionale Inhalte ihrer Landesdienste verantwortlich, die – je nach Relevanz – auch in die Berichterstattung des Basisdienstes übernommen werden können. Darüber hinaus produzieren sie in ihren jeweiligen Spezialgebieten auch Texte direkt für den Basisdienst. Jeder Kollege betreut mindestens eine Sportart als Fachkorrespondent. Die Aufteilung richtet sich dabei nach regionalen Schwerpunkten (z. B. Ski alpin in München und Stuttgart, Pferdesport in Hannover), aber auch nach Vorlieben und praxisbezogenen Neigungen. Über den Fußball berichten praktisch alle Kollegen. Er macht spätestens seit der WM 2002 und in besonderem Maße seit der Heim-WM 2006 deutlich über 50 Prozent des Meldungsaufkommens aus – Tendenz steigend.

Pauschalisten und zahlreiche freie Mitarbeiter liefern gerade aus den Regionen Informationen, die dann in den Büros zu Nachrichten verarbeitet werden. International hat dpa keine fest angestellten Sportredakteure, kann aber durch das firmeneigene Netz an Auslandskorrespondenten und einige speziell für den Sport arbeitende Pauschalisten eine lückenlose, weltweite Abdeckung aller relevanten Ereignisse garantieren. Ein Output von etwa 400 Texten (sogenannten Laufnummern) im Basisdienst an einem gewöhnlichen Sportsonntag ist mittlerweile Realität – Material, um mehrere Zeitungen zu füllen. Immer intensiver und produktiver läuft die crossmediale Kooperation mit Online- und Audiotöchtern sowie mit den fremdsprachigen Diensten der dpa, die ein Sportangebot auf Spanisch, Englisch, Arabisch und seit April 2009 auch auf Türkisch produzieren.

Der berufliche Einstieg in die dpa-Welt erfolgt in der Regel über ein Volontariat, dem nicht selten freie Mitarbeit und Praktika vorausgegangen sind. Ein abgeschlossenes Hochschulstudium ist keine zwingende Voraussetzung, aber jedem Nachwuchsjournalisten zu empfehlen, ist doch eine fundierte (Aus-) Bildung im (Sport-) Journalismus heute unerlässlich. Die dpa bietet ein speziell auf die Anforderungen des Sportjournalismus ausgelegtes Volontariat an – auch ein Indiz für die Besonderheit des Ressorts. Diese zweijährige Ausbildung beinhaltet ein Jahr in einem Landesbüro und sieben Monate in der Basisredaktion, zudem gibt es Fremdhospitanzen und Akademiebesuche. Die meiste Zeit wird in der Sportredaktion verbracht, wo die spezifischen Arbeitsabläufe praxisnah erlernt und möglichst schnell verinnerlicht werden. Eine Übernahmegarantie in den Redakteurstatus gibt es nicht. Allerdings haben die meisten der dpa-Sportredakteure die interne Ausbildung genossen.

Dass nur zwei der 43 dpa-Sportredakteure derzeit (Februar 2009) Frauen sind – beim SID dürfte die Quote nicht signifikant höher sein –, bedeutet nicht, dass Frauen in diesem Metier weniger willkommen sind – eher das Gegenteil ist der Fall. Eine mögliche Erklärung sind die wenig familienfreundlichen Arbeitszeiten und Dienstreiseverpflichtungen, die – wie in anderen Berufsfeldern auch – immer noch eher Frauen als Männer abschrecken. Räumliche und zeitliche Flexibilität sind unerlässlich für Nachrichtenjournalisten. Geboten bekommen sie aber gerade im Sportressort bei entsprechender Eignung eine schnelle Teilhabe an der Berichterstattung von Großereignissen wie Olympischen Spielen oder Fußball-Weltmeisterschaften – und das in der Regel schon in jungen Berufsjahren. Davon kann mancher Kollege bei anderen Medien ein Leben lang nur träumen.

Hanns-Christian Kamp

2 Sport in der Tageszeitung

Warum sollte jemand noch als Sportjournalist für eine Tageszeitung arbeiten wollen? Man darf diese Frage ruhig stellen. Es ist schließlich leicht, ein düsteres Bild zu zeichnen von einer Branche, die einst als lebendig und abwechslungsreich, als – in positivem Sinne – reiseintensiv, abenteuerlich und bisweilen sogar als ein wenig glamourös gelten durfte.

Zusammen mit den sinkenden Auflagen und Werbeeinahmen haben sich auch in den Sportressorts der Tageszeitungen die Arbeitsbedingungen in den letzten Jahren zusehends verschlechtert – und das schon vor dem Beginn der globalen Wirtschaftskrise im Herbst 2008. Glück hatte dabei noch der, dem »nur« die Honorare oder Reiseetats zusammengestrichen wurden. Inzwischen aber wird immer klarer, dass die Einsparungen zunehmend an die Beschäftigungsverhältnisse selbst gehen. So wie beim Schleswig-Holsteinischen Zeitungsverlag (sh:z), der 2005 seine Sportredaktion in eine Tochtergesellschaft ausgliederte, womit Tariflöhne umgangen werden konnten. Oder jüngst bei der WAZ-Gruppe, die Anfang 2009 ankündigte, ihre bislang selbstständigen Redaktionen zusammenlegen und dabei ein Drittel der 900 Redakteursstellen einsparen zu wollen. Die Tendenz ist klar: Festanstellungen bei Tageszeitungen werden – nicht nur, aber eben auch für Sportjournalisten – immer seltener. Und wer als Freier ausschließlich für die Zeitung arbeitet, wird es bei Zeilenhonoraren von in der Regel unter einem Euro schwer haben, über die Runden zu kommen. Es ist keine Frage, dass mit dem Abbau von Ressourcen auch die journalistische Qualität leidet.

Zugleich ist der Konkurrenzdruck im Marktumfeld enorm. Das gilt für den Sport noch mehr als für andere Ressorts: Wer sich für Sport interessiert, findet im Fernsehen eine nie da gewesene Rundumversorgung mit Liveübertragungen und Zusammenfassungen. Wem das noch nicht genügt, der kann jederzeit auf das Internet zugreifen. Dort steht die Berichterstattung über die Ereignisse fast in Echtzeit bereit, und das nicht nur zum Nachlesen, sondern oft multimedial aufbereitet und dabei zumeist kostenlos. Wo also bleibt die Lücke? Wie kann die Zeitung sich aus dem Zangengriff von Fernsehen und Internet befreien?

Dies kann nur durch ein Mehr an Qualität gelingen: durch eine Berichterstattung, die die Faszination des Sports in Worten lebendig werden lässt, ihr aber nicht vollends erliegt; die nah am Geschehen ist und zugleich immer auch Distanz wahrt; die den Sport nicht nur an der Oberfläche beschreibt, sondern die Strukturen und Mechanismen aufzeigt, die ihm zugrunde liegen – und ihn manchmal auch zugrunde richten.

Wie ein solcher Weg in der Praxis aussehen kann, wird am Beispiel der Redaktionsarbeit bei der FRANKFURTER ALLGEMEINEN ZEITUNG (FAZ) vorgestellt – ergänzt um Erkenntnisse aus der Kommunikationswissenschaft, wo immer sich Anknüpfungspunkte ergeben. Es versteht sich, dass das Beispiel einer überregionalen Qualitätszeitung keinen Anspruch auf Allgemeingültigkeit erheben kann; dazu ist der Markt zu stark diversifiziert, sind die Produktionsbedingungen und auch die Publika zu unterschiedlich. Die Qualitätsfrage aber stellt sich – zumal bei immer größerem Kostendruck – für jeden Zeitungstyp, für jeden Titel: für FAZ, SÜDDEUTSCHE & Co. ebenso wie für Lokal- und Regionalblätter und den Boulevard.

Die Lage der Zeitung: Fortschreitende Erosion

Der Markt der Tageszeitungen unterliegt gegenwärtig einem Wandel, dessen Ausgang schwer abzuschätzen ist. Einerseits stellen Zeitungen quantitativ nach wie vor einen gewichtigen Faktor auf dem Medienmarkt dar. Für 2008 weist die Statistik des Bundesverbandes Deutscher Zeitungsverleger (BDZV) insgesamt 354 Titel aus, im Einzelnen sind das 335 lokale und regionale Abonnementzeitungen, zehn überregionale und neun Kaufzeitungen. Die Reichweite der Tageszeitungen lag 2008 laut BDZV und der AG Media-Analyse bei 72,4 Prozent (BDZV 2008). Knapp drei Viertel der Deutschen über 14 Jahren, in Zahlen: rund 47 Mio., nehmen damit täglich mindestens eine Zeitung in die Hand.

Andererseits können diese Zahlen nicht darüber hinwegtäuschen, dass die Tageszeitung ein schrumpfendes Medium ist. Nicht erst seit Beginn des Zeitungssterbens in den USA ist die Frage, ob das Internet eines Tages die gedruckte Zeitung völlig verdrängt haben wird, in den Verlagshäusern virulent. Auch in Deutschland ist die Gesamtauflage in den vergangenen Jahren stark zurückgegangen: von täglich 27,3 Mio. im Jahr 1991 auf 20,4

Mio. 2008 (ebd.), das entspricht einem Minus von gut 25 Prozent. Offensichtlich ist, dass Zeitungen vor allem ein Nachwuchsproblem haben. In allen Altersgruppen unter 50 Jahren ist die Reichweite in den vergangenen zehn Jahren um etwa zehn Prozentpunkte zurückgegangen. Bei den 14- bis 19-Jährigen liegt sie seit 2005 unter 50 Prozent (ebd.).

Damit verbunden und mindestens ebenso bedrohlich für das Geschäftsmodell der Tageszeitung sind die stagnierenden bzw. rückläufigen Werbeerlöse. Auch hier ist der Marktanteil in den letzten Jahren kontinuierlich gesunken (ebd.). Neben den Wirtschafts- betrifft das vor allem die Rubrikenanzeigen (Stellen, Immobilien, Kfz), bei denen das Internet den Zeitungen den Rang abgelaufen hat. Die überregionalen Blätter sind von dieser Entwicklung, die sich im Zuge der Wirtschaftskrise noch einmal verschärft hat, besonders hart getroffen, da diese Anzeigen eine tragende Säule ihres Finanzierungsmodells darstellen.

Es liegt auf der Hand, dass sich das auch auf den Arbeitsmarkt auswirkt. Beim Verband Deutscher Sportjournalisten (VDS) registriert man seit einigen Jahren – wie schon in der Zeitungskrise zu Beginn des Jahrtausends – einen »Trend weg von der Festanstellung« und einen »starken Anstieg der Freien«, wie Geschäftsführerin Ute Maag sagt. Präzise beziffern lasse sich diese Tendenz aufgrund der Freiwilligkeit der Angaben in der Verbandsstatistik zwar nicht, bei Printmedien aber sei sie aber im Verhältnis zu anderen Medientypen noch einmal verstärkt zu beobachten. Zudem habe man beim VDS den Eindruck, dass viele »dieselbe Arbeit, die sie als Feste gemacht haben, jetzt als Freie machen« – also unter verschlechterten ökonomischen Bedingungen (vgl. auch Schwier/Schauterte 2008: 169 f.).

Insgesamt zählte der VDS im Frühjahr 2009 rund 3600 Mitglieder, für den Printbereich geht der Verband von 2000 bis 2500 aus. Ein ähnliches Verhältnis hat Görner (1995) in der bislang einzigen Vollerhebung der Sportjournalisten in Deutschland festgestellt. Er weist den Anteil der Zeitungsvertreter unter den 4380 befragten Sportjournalisten mit knapp 60 Prozent aus.

Eine Besonderheit des deutschen (Arbeits-) Marktes ist, dass es eine reine Sporttageszeitung bislang nicht gibt – anders als z. B. in Frankreich, Spanien und Italien, wo die führenden Blätter dieses Segments, L'EQUIPE, MARCA und LA GAZZETTA DELLO SPORT, sogar die meistgelesenen Zeitungen überhaupt sind (Zubayr/Gerhard 2008). Zwar hatte der Springer-Verlag immer wieder mit einem solchen Projekt geliebäugelt; doch der bislang letzte Anlauf, die SPORT BZ, wurde nach einer regional begrenzten Testphase im Sommer 2006 beendet – wohl auch aufgrund der Erkenntnis, dass der Kannibalisierungseffekt zulasten der etablierten Produkte des Hauses größer wäre als die wirtschaftlichen Chancen. Man kann das auch so lesen: Die Sportberichterstattung in den Tageszeitungen befriedigt die Nachfrage sowohl qualitativ als auch in ihrer Vielfalt hinsichtlich einer diversifizierten Leserschaft.

Konsequenzen für die Berichterstattung: Hintergrund statt 1:0

Der Blick auf die gegenwärtige Lage macht deutlich, dass die Zeitungen in Zukunft vor einer doppelten Herausforderung stehen: ein Angebot zu schaffen, das einerseits jüngere Leser, andererseits auch Werbekunden wieder verstärkt an das Medium bindet. Für beides kann der Sport, dessen Attraktivität für Jugendliche – und damit auch für eine Kernzielgruppe der Werbung – noch immer groß ist, eine wichtige Rolle spielen. Wie aber muss eine solche Berichterstattung aussehen, die der Unmittelbarkeit des Fernseherlebnisses und der Schnelligkeit und uneingeschränkten Verfügbarkeit des Internets etwas entgegenzusetzen hat?

Schon einmal, Mitte der 1980er-Jahre, erlebte die Medienlandschaft im Allgemeinen und der Sportjournalismus im Besonderen einen großen Umbruch: Der Sendestart von SAT.1 im Januar 1984 leitete die Ära des Privatfernsehens in Deutschland ein. Und wie immer, wenn es galt, ein neues Angebot auf dem Medienmarkt zu etablieren, spielte der Sport als Vehikel eine wesentliche Rolle (vgl. Loosen 2008: 17 f.; Schwier/Schauerte 2008: 9 ff.). Zwischen öffentlich-rechtlichen und privaten Sendern entbrannte ein Wettstreit um Übertragungsrechte, in dessen Folge die Sendezeiten erheblich ausgeweitet wurden. Das betraf die Sportberichterstattung insgesamt, vor allem aber Liveübertragungen, die bis dahin nur bei Olympischen Spielen und Fußball-Großereignissen umfassenden Charakter besessen hatten.

Für die Tageszeitungen bedeutete die Allgegenwart des (Live-) Sports im Fernsehen die Notwendigkeit, sich verstärkt um ein eigenes Profil zu bemühen. Mit einer am Ereignis – und vor allem am Ergebnis – orientierten »1:0-Berichterstattung«, wie sie insbesondere die regionalen Blätter lange gepflegt hatten, sah das gedruckte Medium im Wortsinn »alt« aus. Als möglicher Ausweg wurde eine ergänzende, zum Angebot des Fernsehens komplementäre Form der »Hintergrundberichterstattung« gesehen. Zwar konnten von der Medienwissenschaft in der Folge Veränderungen des Berichterstattungsprofils nachgewiesen werden (vgl. Hoffmann-Riem 1988; Tewes 1991; Schierl 2006); Erkenntnisse allerdings, ob und wie sich das auf die Verbreitung – also auf Auflage und Reichweite – ausgewirkt hat, liegen nicht vor.

An der Vermutung jedoch, dass die größte – und vielleicht sogar einzige – Chance der Printmedien darin besteht, verstärkt auf Hintergrund und Vielfalt zu setzen, scheint sich bis heute wenig geändert zu haben (vgl. Schwier/Schauerte 2008: 37). Das gilt auch für die Sportberichterstattung in der FAZ, von der nun konkret und im Detail die Rede sein soll.

Ein wesentlicher Reiz der Zeitung, ihrer Produktion und ihrer Rezeption, besteht in ihrem Charakter als greifbares Produkt. Die Zeitung hat eine physische Dimension, man kann sie nicht nur in die Hand nehmen, man kann sich sogar – übertragen gesprochen – an ihr festhalten. Indem die Redakteure einzelne Texte und Themen bezogen auf einen fest definierten Umfang anordnen und gewichten, ermöglichen sie Überblick und Einordnung zugleich. Internet und Fernsehen können diese Leistung so nicht ohne Weiteres erbringen.

Autoren für vier Produkte: die Sportredaktion der FAZ

Die 29-köpfige Sportredaktion der FAZ erstellt die Inhalte für vier Produkte des Hauses: 16 Redakteurinnen und Redakteure gehören dem »Hauptsport« an, der für die Wochentagsausgabe (montags bis samstags) zuständig ist, fünf arbeiten für die FRANKFURTER ALLGEMEINE SONNTAGSZEITUNG (FAS), vier für die RHEIN-MAIN-ZEITUNG, die im regionalen Verbreitungsgebiet beiliegt. Beim Internetportal FAZ.NET sind ebenfalls vier Redakteure beschäftigt. Trotz der organisatorisch abgegrenzten Zuständigkeiten schreibt niemand exklusiv für ein Produkt; der Austausch zwischen den Teilredaktionen ist fließend.

Die seit September 2001 überregional verbreitete Sonntagszeitung wird als siebte Ausgabe der Tageszeitung gesehen, hat aber ein eigenes, an den veränderten Rezeptionsgewohnheiten am Sonntag orientiertes Profil entwickelt (FAZ 2008): »Vergnügliches am Tag der Muße« – das gilt auch im Sport, der nicht nur großzügiger und bunter aufgemacht ist als in der Tageszeitung, sondern häufig auch einen individuelleren Zugang zu den Themen wählt.

Beide Printprodukte verstehen sich als Autorenzeitungen, die über alle wichtigen Ereignisse aus der Feder von eigenen Redakteuren oder von ausgewählten freien Mitarbeitern berichten. Agenturtexte werden fast ausschließlich in den Meldungsspalten verwendet. Als Konkurrenz wird vor allem die SÜDDEUTSCHE ZEITUNG gesehen, die in ähnlichem Umfang und mit einer vergleichbaren Themensetzung über den Sport berichtet. Die Unterschiede liegen vor allem in der Umsetzung, die in der SZ – auch sprachlich – als verspielter, feuilletonistischer gilt, in der FAZ als nüchterner, dafür aber stärker an der Sache orientiert.

Die verkaufte Auflage der FAZ (Montag bis Samstag) lag im 1. Quartal 2009 laut IVW bei 369.051 Exemplaren (SÜDDEUTSCHE ZEITUNG: 444.983, WELT/ WELT KOMPAKT: 269.134 von Montag bis Freitag), im Vergleich zum Vorjahresquartal war das ein Plus von 0,1 Prozent. Auch über einen längeren Zeitraum betrachtet hat sich die Auflage der Tageszeitung – nach etlichen rückläufigen Jahren und gegen den allgemeinen Trend – stabilisiert. Die Sonntagszeitung ist sogar eines der wenigen Wachstumsprodukte auf dem Zeitungsmarkt. Im Vergleich zum Vorjahresquartal legte sie um 3,5 Prozent auf 337.403 Exemplare zu.

Vom Termin zum Text: Planung und Vorbereitung

Eine Zeitung verkauft sich vor allem über ihre Themen und die Art und Weise, wie sie journalistisch umgesetzt sind. Jeden Tag ein abwechslungsreiches – also ein informatives und unterhaltsames – Programm zusammenzustellen, erfordert sorgfältige Planung auf mehreren Ebenen. Der Sportkalender gibt das Raster der Berichterstattung vor. Wann finden die großen Ereignisse statt? Wie umfangreich will die Zeitung darüber berichten? Soll ein eigener Reporter dorthin reisen oder sollen Texte von einem freien Mitarbeiter eingekauft werden? Das sind Fragen, die lange im Voraus geklärt werden können und – weil sie die Etatplanung betreffen – in der Regel von der Ressortleitung auch frühzeitig entschieden werden.

Interessant wird es jedoch erst in der Detailarbeit, in der konkreten Umsetzung. Wenn das Ereignis näher rückt, wenn die ersten Entscheidungen fallen, kommt es darauf an, gute Ideen zu entwickeln, wie das Thema lesenswert ins Blatt gebracht werden kann. Das erfordert nicht nur Planung, sondern auch Vorbereitung: Nur wer Hintergründe kennt und Zusammenhänge einordnen kann, wird auf ein Ereignis schnell reagieren können. Wie in anderen Ressorts auch gibt es daher Spezialisten. Jede Sportart wird von einem Fachkorrespondenten betreut, der sich in seinem Bereich um die mittelfristige Planung der Berichterstattung kümmert.

Die Verantwortung für die tägliche Produktion liegt in den Händen des Blattmachers oder »Ko« (für Koordinator). Für einen Zeitraum zwischen einer und drei Wochen ist er derjenige, bei dem alle Fäden zusammenlaufen: Er hat einen Überblick über sämtliche relevanten Ereignisse in seiner »Ko«-Phase, trifft Absprachen mit Reportern und (Fach-) Korrespondenten, bestellt gegebenenfalls Texte bei freien Autoren. Zugleich gibt er der Zeitung ihr tägliches Gesicht, indem er das Layout (den Seitenaufriss) entwirft und die Bilder aussucht. Das Telefon des Blattmachers steht selten für mehr als fünf Minuten still. Eine klare Trennung zwischen den Tätigkeiten als Blattmacher und Berichterstatter gibt es bei der FAZ nicht; die meisten Redakteure übernehmen beide Aufgaben im Wechsel (vgl. Klemm 2007).

Wenn die Wirklichkeit überholt: Aktualität und Flexibilität

Nicht selten wird das Programm, das der »Ko« in der täglichen Blattabsprache um 11 Uhr vorstellt, von der Wirklichkeit überholt, sehen die Seiten am späten Nachmittag ganz anders aus als beim ersten Aufriss um die Mittagszeit. Den ganzen Tag über drängen Nachrichten und Themen über den Agenturticker oder vonseiten der Redakteure und Korrespondenten ins Blatt. Es ist ein Work-in-Progress mit ständiger Abwägung: Welche neue Entwicklung, welches Thema greift man auf, welchen Umfang räumt man dafür ein, welches ursprünglich geplante Thema muss auf den nächsten Tag geschoben oder sogar ganz gestrichen werden? An manchen Tagen nimmt das Blatt erst am späten Nachmittag feste Konturen an. Gegen 17 Uhr gibt der Blattmacher die Seiten frei, die erste Ausgabe der Zeitung geht in den Druck.

Fertig im Sinne von abgeschlossen ist die Zeitung aber auch damit nicht. Im Laufe des Abends werden weitere Ausgaben erstellt, um dem Leser am nächsten Morgen größtmögliche Aktualität zu bieten. Nicht jedes Ereignis ist schließlich um 17 Uhr schon beendet – im Gegenteil, oft finden die wichtigeren Wettkämpfe im Sport in den späten Abendstunden statt.

In der Regel werden im Laufe eines Produktionstages vier Ausgaben produziert, die dezentral gedruckt werden (in Mörfelden bei Frankfurt, Maisach bei München und in Potsdam) und dadurch unterschiedliche Verbreitungsgebiete erreichen: Drei Deutschland-Ausgaben (D1, D2 und D3) mit Andruckzeiten um 17, 19 und 21 Uhr sowie die im Rhein-Main-Gebiet ausgelieferte R-Ausgabe mit Druck um 23 Uhr. Zwischen den Ausgaben sind oft nicht nur kleinere Aktualisierungen vorzunehmen. Vor allem, wenn die Entscheidung eines wichtigen Wettkampfes in eine solche Zwischenzeit fällt, kann es schon einmal sein, dass einzelne Seiten noch einmal komplett umgebaut werden. So z. B. für die Sonntagsspiele der Fußball-Bundesliga, die in der Saison 2008/09 um 17 Uhr angepfiffen wurden, also erst gegen 18:50 Uhr zu Ende waren. Wenig Zeit, um die wichtige D2-Ausgabe (sie hat das größte Verbreitungsgebiet) noch zu erreichen. Aber natürlich erwartet der Leser am Montag einen ausführlichen Bericht mit entsprechender Aufmachung, wenn die Tabellenführung noch einmal gewechselt oder der FC Bayern München überraschend verloren hat. Extrembeispiele für eine fließende Zeitungsproduktion waren die beiden jüngsten Fußball-Großereignisse, die WM 2006 und die EM 2008, bei denen aufgrund der Anstoßzeiten zwischen 17 und 21 Uhr oft praktisch drei komplette Ausgaben mit völlig anderer Aufmachung produziert wurden.

Auch wenn beim Bemühen um Aktualität große logistische Anstrengungen unternommen werden: Die Zeit, die für die Herstellung und vor allem die Verbreitung benötigt wird, bleibt ein struktureller Nachteil der Zeitung im Vergleich zu Echtzeit-Medien wie dem Fernsehen und dem Internet. Ein erheblicher Teil der Auflage wird – zumindest bei überregionalen Blättern – auch in Zukunft ohne eine Zeile über das Ereignis vom Vortag auskommen müssen. Nicht auszuschließen, dass sich dies sogar noch verschärfen wird, wenn aufgrund der attraktiveren Fernsehzeiten immer mehr Wettkämpfe in den Abend verlegt werden.

Themen und Themenauswahl

Wenn also schon der Wettlauf um Aktualität nicht zu gewinnen ist, muss die Zeitung sich über ihre Themen und deren Umsetzung auszeichnen. Sie muss dem Leser inhaltlich etwas bieten, was die Konkurrenz so nicht leisten kann oder will: Hintergrund, Tiefe, Abwechslung, Überraschung, Einordnung, Bewertung – das alles sind Möglichkeiten, über die häufig oberflächliche und emotionale Betrachtung des Sports hinauszugehen. Wie aber kann das konkret aussehen? Im Redaktionsalltag der FAZ haben sich auf der Suche nach der richtigen Mischung zwei zentrale Fragen herauskristallisiert: die nach dem Verhältnis von Aktualität und Hintergrund sowie die nach dem Verhältnis zwischen Fußball und den übrigen Sportarten. Darüber hinaus gibt es zwei Themenkomplexe, die bei der Qualitätszeitung schon traditionell als eigene Domänen begriffen werden: Doping und Sportpolitik.

Aktualität versus Hintergrund

Wie bereits angedeutet, gibt es in der Berichterstattung ein Pflichtprogramm, das sich vor allem am Sportkalender und in gewisser Weise auch an der Berichterstattung im Fernsehen orientiert. An dieser Grundversorgung des Lesers mit aktuellen Nachrichten und Themen kommt die Zeitung nicht vorbei. Darüber hinaus lassen sich – wie in den anderen Ressorts auch – bestimmte Nachrichtenfaktoren identifizieren, die bei der Abwägung, ob ein Thema ins Blatt gelangt, mitentscheiden. Loosen hat für die Sportberichterstattung in Tageszeitungen Personalisierung, Elite, räumliche Nähe, Faktizität und Ethnozentrismus als wichtigste Nachrichtenfaktoren ermittelt (1998: 199 f.; vgl. auch Schwier/Schauerte 2008: 68 ff.). Anders gesagt: An der Portraitgeschichte über den Siegtorschützen einer deutschen Mannschaft im Finale einer Weltmeisterschaft – womöglich im »eigenen« Land – geht kein Weg vorbei.

Eine solche Geschichte aber wird jede Zeitung im Blatt haben. Es lässt sich also bestenfalls über die handwerkliche Umsetzung ein Qualitätsunterschied erarbeiten. Viel wichtiger ist es, sich auch jenseits des Pflichtprogramms abzuheben: mit Geschichten und Themen, die der Leser so nur in der eigenen Zeitung findet, die ihm einen echten Mehrwert gegenüber den Konkurrenzprodukten und -medien bieten können. Es muss also auch Raum für die Kür geben, für das Hintergrundstück, für die eigene, vielleicht sogar eigenwillige Geschichte.

So uneinheitlich der Begriff »Hintergrund« in diesem Kontext auch verwendet wird (vgl. Loosen 2008: 21) – einige anschauliche Hinweise, wie ein solches Konzept in der Praxis aussehen kann, liefert die Definition von Kroppach (1978: 140): Es sei das Recht des Lesers,

> »Einblick zu erhalten in die sozialen und ökonomischen Bedingungen des Sports (ohne deren Kenntnis beispielsweise keine Bundesligatabelle zu verstehen ist), in den inneren Ablauf von Sportarten, in taktische Details, in die inhumanen Tendenzen des Sportbetriebs (...), in die menschlichen Probleme, die sich für die Aktiven ergeben, in die Praktiken der Funktionäre«.

Welche Bedeutung dem Hintergrund bei der FAZ beigemessen wird, wurde nach der Platzreduzierung von drei auf zwei Seiten wochentags im Januar 2009 deutlich: Weil mit einem Mal nur noch Raum für das Aktuelle schien, waren die täglichen Blattabsprachen geprägt von einem Gefühl großer Unzufriedenheit. Immerhin wurde der Samstag um eine vierte Seite erweitert, sodass diese Ausgabe seitdem für Schwerpunkte genutzt wird: Die »Seite 4« wurde so konzipiert, dass sie einem »großen«, hintergründigen Thema Raum bietet. Beispiele aus den ersten Monaten sind die bislang weitgehend verdrängte westdeutsche Dopingvergangenheit vor der Wende, der Geschwindigkeitswahn im alpinen Skisport oder die Schwierigkeiten eines Radprofis, seinem stigmatisierten Beruf weiter nachzugehen.

Die Herausforderung wird bleiben, auch während der Woche ein gesundes Verhältnis herzustellen. Wie viel Raum für Hintergrund lässt die Aktualität? Wer die Frage so stellt, wird immer wieder zu einem unbefriedigenden

Ergebnis kommen. Jeden Tag gibt es genügend Themen aus dem aktuellen Geschehen heraus, um das Blatt restlos zu füllen. Die Frage sollte daher besser lauten: Wie kann ich mir Raum für den Hintergrund schaffen?

König Fußball und die Vielfalt

An den meisten Tagen wäre es kein Problem, den kompletten Sportteil mit Fußballthemen zu füllen: Irgendein Spiel von Interesse gibt es fast immer. Und wenn das sportliche Geschehen doch einmal Pause macht, lässt sich sicher über irgendeinen mehr oder weniger bedeutenden Transfer – womöglich noch im Stadium des Gerüchts – berichten oder über einen Zwist unter den Akteuren, bei dem man vielleicht mit etwas Abstand feststellen müsste, dass doch alles halb so wild war. Es ist unstrittig und gilt für jedes Medium, dass der Fußball eine Sonderrolle in der Sportberichterstattung einnimmt: Er ist einfach das Thema, das mit Abstand die meisten Leser interessiert. Das heißt jedoch nicht, dass es für den Fußball keine Grenzen gibt.

Denn zum einen erfüllt längst nicht jedes Thema das Kriterium der Relevanz. So manche eilig verbreitete Meldung hat eine Halbwertzeit von wenigen Stunden, und so mancher zum Skandal stilisierte Konflikt entpuppt sich als bloße Inszenierung. Mehr als anderswo kommt es im Fußball darauf an, so gut wie möglich zu unterscheiden zwischen den Fakten einerseits und den Spekulationen und Übertreibungen in einem weiten Teil der Medien andererseits, die manchmal eine eigene, vor allem am Verkauf orientierte Realität zu konstruieren scheinen.

Zum anderen würde man die Qualitätszeitung einer ihrer Stärken berauben, richtete man die Berichterstattung allein am Geschmack der Masse aus. Neben dem Fußball muss auch der übrige Sport seinen Platz finden, und zwar nicht nur während Großereignissen wie Olympischen Spielen oder Welt- und Europameisterschaften. Oft sind es die kleineren Sportarten, die besseren Zugang zu den Akteuren und damit interessantere Geschichten bieten. Und auch wenn es um die Leserbindung geht, ist die Wirkung eines vermeintlich exotischen Themas, das jedoch den Nerv des Liebhabers trifft, nicht zu unterschätzen.

In der Praxis sieht es häufig so aus, dass zwei Fraktionen mit Argumenten (aber auch mit Leidenschaft) um Platz für ihre Themen kämpfen. Als konsensfähig hat sich ein durchschnittliches Verhältnis von 50:50 zwischen Fußball und anderen Sportarten erwiesen – wobei Abweichungen in der Regel zu Gunsten des Fußballs gehen: Ein gutes Fußballthema hat es immer leichter ins Blatt zu kommen als ein ebenso gutes in einer kleineren Sportart.

Doping, Doping und kein Ende

Beim Thema »Doping« ist die Linie klar: Keine Toleranz für jede Art der Manipulation – alles andere wäre fahrlässig angesichts der oft unkalkulierbaren gesundheitlichen Risiken, die mit den künstlichen Eingriffen in die natürliche Konstitution des Körpers verbunden sind. Wie aber schafft man es, den Leser nicht zu ermüden mit all den Enthüllungen und Skandalen, deren Protagonisten austauschbar geworden zu sein scheinen, und die sich nur noch in der Art der Manipulation und der Dreistigkeit des Betrugs unterscheiden lassen? Gibt es angesichts des Generalverdachts überhaupt noch eine Möglichkeit, über den Hochleistungssport zu berichten, ohne in jedem Text einen Dopingvorbehalt zu äußern?

Die Antwort lässt sich nicht in einem Satz formulieren; das wurde in einer Ressortkonferenz Ende 2008 deutlich, in der nach einem sinnvollen Weg gesucht wurde, die Radsportberichterstattung nach den Erfahrungen der Tour de France fortzusetzen. Über das Ob herrschte Konsens: Ja, es muss weiter berichtet werden, und zwar unter Berücksichtigung aller Aspekte. Übereinstimmung gab es auch darüber, dass der Versuch, den sauberen Sport im schmutzigen zu suchen, zum Scheitern verurteilt wäre: weil sich gezeigt hat, dass letztlich niemandem zu trauen ist, und weil auch die vermeintliche Transparenz, mit der vor allem die Rad-Rennställe neuerdings um Vertrauen werben, den Beobachter noch lange nicht in die Lage versetzt, die Wahrheit zu erfahren. Skepsis oder Misstrauen müssen also der Modus des Beobachtens und des Berichtens sein – nicht nur im Radsport. Der Sport insgesamt, sagte ein Redakteur in jener Konferenz, habe eine famose Kulisse aufgebaut. Die Aufgabe des Sportjournalisten sei es, die Stellen aufzufinden, wo sie bröckelt.

Damit ist es selbstverständlich, dass jeder neue Dopingfall, jede neue Entwicklung aufgegriffen wird – oft in Form einer protokollarischen Meldung, wenn irgendwo wieder mal ein namenloser Athlet überführt wird. Doch eine gute Dopingberichterstattung muss mehr sein als eine *Chronique scandaleuse*. Sie muss Zusammenhänge und Hintergründe ausleuchten, sodass im besten Fall das System hinter dem Einzelfall zum Vorschein kommt – wie im erwähnten Text über die bislang weitgehend verborgene Dopingvergangenheit des westdeutschen Sports vor der Wiedervereinigung oder in dem Essay »Radsport ist überall« (FAZ vom 31.12.2008), mit dem jener aus der Konferenz zitierte Redakteur seine These illustrierte. Natürlich gehört auch der regelmäßige Kommentar zum festen Repertoire, wenn es um Doping geht.

Die Rolle, die der Journalist bei diesem Thema einnimmt, sollte jedoch vorrangig die des Berichterstatters, nicht die des Moralisten sein. Wer ständig belehrend den Zeigefinger hebt, wird sein Publikum auf Dauer ebenso langweilen wie derjenige, der als Zyniker den Hochleistungssport *sui generis* zu einem verseuchten Metier erklärt. Der Generalverdacht mag begründet und von den Sportlern selbst verschuldet sein, automatisch bewiesen ist er damit im Einzelfall noch lange nicht. Und schließlich verliert, wer sich ausschließlich mit Moralfragen beschäftigt, leicht die Zusammenhänge aus dem Blick, die Doping überhaupt erst zu einem Thema für die Sportler machen: die absolute Dominanz des Leistungsgedankens, die ökonomischen Zwänge, die Erwartungen von Fans, Medien und Sponsoren, die nicht nur für die Athleten selbst, sondern auch in deren Umfeld Druck erzeugen.

Ein erquickliches Thema, so viel ist klar, ist Doping nicht, ein journalistisch lohnendes aber allemal. Und nebenbei auch eines, mit dem sich die Zeitung im Wettbewerb profilieren kann: vor allem gegenüber dem Fernsehen, das in der Vergangenheit allzu gern von der Rolle des Beobachters in die des Sponsors oder sogar Mitveranstalters geschlüpft ist. Ob es in diesem Medium überhaupt eine Form und vor allem ein Publikum für eine fundierte Dopingberichterstattung gibt, wird zu beobachten sein. Für die Präsenz und die Konjunktur des Themas in der Öffentlichkeit jedenfalls haben – bis auf wenige Ausnahmen – die Printmedien gesorgt.

Sportpolitik – schwere Kost für Spezialisten?

Kann man beim Thema Doping noch davon ausgehen, dass sich bei entsprechender Aufbereitung ein interessiertes Publikum findet, trifft das für die Sportpolitik nur sehr begrenzt zu. Sie ist zumeist schwere Kost und wird als solche nur von einer begrenzten Klientel goutiert. Zugleich aber sind Bewerbungen um Olympische Spiele, Ränkespiele der Funktionäre, die Diskussion um die Aufnahme des Sports ins Grundgesetz, die Frage nach der gesellschaftlichen Rolle des Sports überhaupt zu wichtige Themen, um sie den (Sport-) Politikern und ihren Hinterzimmern zu überlassen. Wo, wenn nicht in der Sportpolitik, die im Gegensatz zum privatwirtschaftlich organisierten Profisport zumeist ein öffentliches Gut behandelt, könnte die Sportberichterstattung eine Rolle einnehmen, die der idealtypischen Auffassung vom Journalismus als vierter, kontrollierender Gewalt nahekommt?

Kritisch zu beobachten gibt es genug bei einem Sportetat von 142 Mio. Euro für das Haushaltsjahr 2009 – nicht nur, weil es Steuergelder sind, die vom Bundesinnenministerium zur Spitzensportförderung eingesetzt werden. Und doch gilt auch hier: Sportpolitik ist offenkundig kein Thema, mit dem sich im Fernsehen Quote machen lässt. Es wird fast ausschließlich von den großen Nachrichtenmagazinen, von Expertenblogs im Internet und eben den Qualitätszeitungen behandelt. Für sportpolitische Inhalte sieht sich die FAZ – und dasselbe ließe sich sicher auch für die SÜDDEUTSCHE ZEITUNG sagen – als Leitmedium.

Dallas with balls? – Der Faktor Unterhaltung

Bei allen schweren Themen sollte nicht vergessen werden, dass der Sport in den Medien für den Konsumenten in erster Linie eines sein dürfte: ein unterhaltender Stoff. Aber auch auf der Produktionsseite, also im Journalismus, wird der Unterhaltungsfunktion große Bedeutung beigemessen. Das geht aus Kommunikatorstudien, die das Rollenverständnis der Journalisten beleuchten (Weischenberg 1994; Görner 1995), ebenso hervor wie aus inhaltsanalytischen Arbeiten (vgl. Stiehler 2007). Beck/Kolb (2008) haben auch bei den Qualitätszeitungen eine verstärkte Unterhaltungsorientierung beobachtet. Boulevardisierung, Infotainisierung, Orientierung an Stars (Personalisierung) sowie vermehrter Einsatz von Dramatisierung, Emotionalisierung oder Humor seien Kennzeichen dieser Entwicklung.

Auch wenn es nicht ausformuliert ist: Zumeist klingt bei solchen Feststellungen Kritik mit. Dabei würde sicher niemand per se etwas Schlechtes an attraktiven und pointierten Texten finden, die dem Leser Vergnügen bereiten. In der Praxis drängen allerdings auch Meldungen und Themen ins Blatt, die vor einigen Jahren noch ohne große Diskussion im Papierkorb gelandet wären: Spekulationen, etwa über Spielertransfers, Kontroversen, deren Substanz fragwürdig ist, der immer tiefere Blick ins Privatleben der Sportler. Die Boulevardzeitungen, das Fernsehen und zunehmend auch das Internet setzen so manches Thema, das, ist es erst einmal in der Welt, auch die übrigen Medien bereitwillig aufgreifen.

Als »Dallas with balls« ist der (Medien-) Sport von der amerikanischen Kommunikationswissenschaft einmal bezeichnet worden (vgl. Loosen 2008: 22). So falsch ist das nicht, denn natürlich lassen sich in ihm – wie auch im Drama – die Erfahrungen des Alltagslebens zu einer Erzählung verdichten, können die Protagonisten, die Stars, Identifikationsangebote für die Rezipienten liefern. Doch in dieser Eigenschaft, die den Sport als Medieninhalt so attraktiv macht, liegen auch Gefahren – nämlich dann, wenn man ihn tatsächlich nur noch als Seifenoper begreift. Wenn etwa Prominenz als Nachrichtenfaktor genügt, also über jemanden berichtet wird, nur weil schon so viel über ihn berichtet worden ist (wie z. B. über den Fußballprofi David Beckham), folgt das mehr dem Wunsch nach Inszenierung als der Wirklichkeit. Und genau hier liegt der große Unterschied zum Drama oder zu einer Fernsehserie: Es handelt sich beim Sport eben nicht um einen fiktionalen Stoff, sondern um einen realen. Und das bedeutet auch, dass mit dessen Protagonisten nicht beliebig und ohne Rücksicht auf deren Würde umgesprungen werden darf. Ein Beispiel für eine klare Grenzüberschreitung lieferte die Berliner Ausgabe der BILD-Zeitung im Januar 2004: Am Tag, nachdem der ungarische Fußballer Miklos Feher, der als potenzieller Zugang von Hertha BSC galt, tot auf dem Platz zusammengebrochen war, titelte das Blatt über einem Foto des leblosen Profis: »Hier stirbt Herthas Hoffnung.«

Schnellschüsse und Nachdreher: Fußballberichterstattung in der Praxis

Hier soll nun weniger von den Ausnahmen als vom Alltag die Rede sein. Wenn andere sich so langsam auf ein erholsames Wochenende einstellen, beginnt für den Sportjournalisten die intensivste Arbeitszeit. Samstag oder Sonntag, oft auch beide, gehören in aller Regel dem Beruf, nicht Freunden, Familie oder dem eigenen Hobby. Sport findet vor allem am Wochenende statt, und das schlägt sich auch im Umfang der Montagausgabe nieder. Sechs oder acht Seiten umfasst der FAZ-Sport dann, es ist zugleich der einzige Werktag mit einem eigenen Zeitungsbuch. Üblicherweise ist etwa die Hälfte des Platzes, darunter zumeist die Titelseite, für die Fußball-Bundesliga reserviert. Bundesligaberichterstattung ist also Alltag für den Sportjournalisten und soll deshalb hier als Beispiel für eine Beschreibung der Textproduktion aus Praxissicht dienen.

Vorbericht, aktueller Spielbericht, Nachbericht – an diesem gängigen Muster orientiert sich die Berichterstattung strukturell noch immer. Inhaltlich bzw. thematisch hat sich das Profil in den vergangenen Jahren jedoch bei den meisten Zeitungen merklich gewandelt (vgl. Klemm 2005: 27). Angesichts der Allgegenwart des Fußballs in den Medien, vor allem im Fernsehen, hat der Zeitungsleser wenig davon, wenn er noch einmal all das aufgetischt bekommt, was er woanders ohnehin schon erfahren hat. So genügt es längst nicht mehr, möglichst viele Detailinformationen in der Vorberichterstattung unterzubringen oder das Spielgeschehen im Nachbericht noch einmal ausführlich Revue passieren zu lassen. Es geht vielmehr darum, das

»Thema im Thema« zu suchen, Geschichten zu erzählen, die das aktuelle Geschehen in einen größeren Kontext einfließen lassen. Die Berichterstattung, vor allem in den Qualitätszeitungen, ist von einer Ereignis- zu einer Themenberichterstattung geworden.

Auswahl statt Allerlei: der Vorbericht

Am deutlichsten gilt das für den Vorbericht, also den Text, der auf ein Ereignis hinführt. Um beim Beispiel Fußball-Bundesliga zu bleiben: In der Regel werden die Leser der FAZ mit zwei oder drei Texten in der Samstagausgabe auf den Spieltag eingestimmt. Das sind jedoch keine allgemeinen Vorschauen, welche die jeweilige Tabellenkonstellation und Personalsituation abhandeln und das eine oder andere belanglose Zitat (»Wir fahren dorthin, um zu gewinnen«) dazumischen. Mit solchen routinierten »Roundups«, die alle verfügbaren Informationen verrühren, aber keiner eigenen Idee folgen, würde man den Leser schnell langweilen.

Mehr noch als bei den anderen beiden Berichtsformen geht es beim Vorbericht darum, eigene Geschichten zu finden. Das kann eine spannende Personalgeschichte über einen Spieler oder Trainer im Blickpunkt sein (aber nach Möglichkeit nicht immer der, der »ausgerechnet« auf seinen früheren Verein trifft), ein längeres und exklusives Interview, eine hintergründige Analyse der sportlichen Entwicklung über einen längeren Zeitraum, manchmal sogar eine größere Reportage. Wichtig ist, dass der Leser Informationen oder besser noch eine kompetente Einordnung erhält, die er aus anderen Quellen nicht so einfach bekommt.

Schreiben unter Stress: der aktuelle Spielbericht

Wer für die FAZ in einem Bundesligastadion ist, bedient in der Regel auch die Sonntagszeitung mit einem aktuellen Spielbericht; dieser wird mit dem Schlusspfiff oder spätestens einige Minuten danach vom Laptop in die Redaktion geschickt (Andruck für die Sonntagszeitung ist um 18:30 Uhr). Natürlich sind bei diesen sogenannten »Schnellschüssen« keine Meisterwerke zu erwarten. Aber in der Tiefe der Beobachtung und vor allem sprachlich sollten sich die Texte schon etwas von dem abheben, was die Nachrichtenagenturen anbieten.

Die erste Halbzeit nutzen die Reporter meist noch, um das Spiel zu beobachten und Gedanken zu sortieren. Währenddessen legt die Redaktion in

Frankfurt auf der Grundlage der ersten 45 Minuten fest, wie umfangreich berichtet werden soll; zwischen 50 und 110 Zeilen à 38 Anschläge sind es in der Regel. Die Halbzeit-Viertelstunde ist die einzige Gelegenheit, weitgehend ungestört zu schreiben. Nach der Pause kann es je nach Spielverlauf drunter und drüber gehen. Das Spiel zu verfolgen und dabei einen möglichst fehlerfreien Text zu schreiben, während 50.000 Menschen um einen herum Krach machen, ist kein unerheblicher Stress – zumal mit dem ständigen Risiko, dass alles binnen ein paar Minuten kippen kann. Reporter, die vom Champions-League-Endspiel 1999 berichtet haben, das der FC Bayern erst in der Nachspielzeit gegen Manchester United verlor, werden diesen Arbeitstag nie vergessen.

Aus dem Alltag in der Bundesliga stammt das Textbeispiel vom 13. Spieltag der Saison 2008/09. Hoffenheim gegen Wolfsburg, das war im November 2008 das Duell zweier Emporkömmlinge, zweier Mannschaften, die sich weit besser schlugen, als die meisten Experten das vor der Saison vermutet hatten. Ein kleines Spitzenspiel also, das noch einen zusätzlichen Reiz dadurch bekam, dass Bundestrainer Löw ein paar Tage vorher die Hoffenheimer Profis Weis und Compper sowie den Wolfsburger Schäfer erstmals in die Nationalmannschaft berufen hatte. Der Blick auf dieses Trio war damit natürlich ein mögliches Thema für den aktuellen Spielbericht. Es passte, dass der Bundestrainer selbst ins Stadion gekommen war, um seine Kandidaten noch einmal persönlich in Augenschein zu nehmen. Doch je länger das Spiel dauerte, desto klarer wurde, dass seine Neulinge ausgerechnet an diesem Samstag nur Nebenrollen hatten. Der fertige Text zeigt etwas von dem Dilemma: Einstieg mit Löw und den drei »Neuen«, am Ende noch einmal ein, zwei Sätze – dazwischen aber ein an den Ereignissen orientierter Bericht über den Spielverlauf.

Es gehört also auch ein bisschen Glück dazu, ein günstiger Verlauf, um schon im aktuellen Bericht ein Thema zu finden – z. B. wenn ein Spieler früh mehrere Tore schießt. Ist das nicht möglich, sollte man zumindest versuchen, nicht nur einzelne Szenen nachzuerzählen (die hat der Leser im Zweifel auch im Fernsehen gesehen), sondern das Spiel thesenartig mit übergreifenden Beobachtungen und Wertungen zusammenzufassen. Noch ein Wort zur Sprache: Insbesondere unter Zeitdruck ist die Versuchung groß, zum Fußballjargon mit seinen abgenutzten Bildern und Floskeln zu greifen. Eine unaufgeregte, sachliche, dabei aber präzise Formulierung stellt immer die bessere Lösung dar. Und wer sich gedanklich die Mühe macht, wird hin und wieder auch ein frisches Bild finden, das den Text dann auch bereichert.

Hoffenheimer Spaß-Programm

Beim 3:2-Sieg der Tempokicker hält Wolfsburg lange mit. Ibisevic mit 14 Treffern bester Torschütze.

VON CHRISTIAN KAMP

MANNHEIM. Nichts lag näher für Joachim Löw, als ins Mannheimer Carl-Benz-Stadion zu kommen. Schließlich bot sich dem Bundestrainer die Gelegenheit, gleich alle drei von ihm frisch berufenen Fußballprofis noch einmal persönlich in Augenschein zu nehmen beim Spiel von 1899 Hoffenheim gegen den VfL Wolfsburg. Doch auch ohne besonderes Augenmerk auf die Herren Compper, Weis und Schäfer wäre es ein ausgesprochen kurzweiliger Nachmittag geworden, den Löw an der Seite des Hoffenheimer Mäzens Dietmar Hopp verbrachte: Fünf Tore und der verdiente 3:2-Sieg des Aufsteigers bescherten jede Menge gute Unterhaltung. Ibisevic mit seinem 14. Saisontor (23. Minute) sowie Treffer von Eduardo (37.) und Obasi (69.) sorgten dafür, dass der Aufsteiger weiter ganz vorne mitmischt. Wolfsburg glich durch Grafite (27.) und Dzeko (41.) zweimal aus. „Der Sieg war sicher ein bisschen glücklich. Es war ein spannendes und packendes Spiel, das von beiden Seiten mit viel Engagement geführt wurde und bis zur letzten Sekunde auf Messers Schneide stand", sagte der Hoffenheimer Trainer Ralf Rangnick. Sein Gegenüber Felix Magath war gar nicht so unzufrieden: „Wir haben unseren Beitrag zu einem hochinteressanten Spiel geleistet. Wir waren gute Gäste und haben uns ordentlich verkauft. Hoffenheim war aber die etwas aktivere Mannschaft und hat deshalb nicht unverdient gewonnen." Für die Hoffenheimer Himmelsstürmer war zuletzt in Berlin eine Serie von fünf gewonnenen Spielen nacheinander zu Ende gegangen. Aber vielleicht konnte ein bisschen Erdung gar nicht schaden angesichts des immer größer werdenden Trubels – die

Frage war nur: Wie würde die junge Mannschaft damit umgehen? Der Wolfsburger Trainer Magath hatte sich zudem etwas ausgedacht, um den Hoffenheimern den Spaß zu rauben: Eine Fünfer-Abwehrkette und zwei defensive Mittelfeldspieler ließen nur wenig Raum für Angriffsschwung. Bei so viel Gedränge, vor allem im Mittelfeld, war es kein Wunder, dass das Führungstor aus einer Kontersituation entstand. Eduardo auf Obasi, und der hatte noch das Auge für den besser postierten Ibisevic – 1:0. Wolfsburg wirkte bis dahin trotz des Gegentores gut sortiert, hatte selbst aber nicht viel Torgefahr entwickelt. So fiel der Ausgleich überraschend. Nach einer unübersichtlichen Situation vor dem Fünfmeterraum schaltete Grafite am schnellsten und glich aus. Schon beim 3:0 gegen Cottbus vor einer Woche hatte der Brasilianer dreimal getroffen – nun sein neunter Treffer. Sein Teamkollege Madlung war es dann, der Hoffenheim die abermalige Führung ermöglichte. Sein wenig cleveres Halten gegen Ba wurde mit dem Freistoß geahndet, den Eduardo spektakulär mit einem Schuss in den Torwinkel verwandelte. Doch auch Hoffenheim war in der Abwehr immer für einen Lapsus gut. Vor dem 2:2 sprang Torwart Haas am Ball vorbei. Nach der Pause war es lange mehr Fußballarbeit als -kunst. Wohl dem, der noch einen wie Salihovic in der Hinterhand hat. Eben erst eingewechselt, bereitete der Edelreservist den entscheidenden Treffer von Obasi mit einem wunderbaren Pass in den Strafraum vor. Diesmal konnte Wolfsburg nicht mehr zurückschlagen – ein Schuss von Grafite ans Außennetz in der Nachspielzeit war die letzte Möglichkeit. Blieb die Frage, was Löw von seinen Nationalmannschaftskandidaten sah. Alle drei deuteten zwar an, dass sie das Zeug zu überdurchschnittlichen Spielern haben, leisteten sich aber auch so manche Unaufmerksamkeit.

(Quelle: FRANKFURTER ALLGEMEINE SONNTAGSZEITUNG vom 16.11.2008)

Im Gegensatz zu den Akteuren auf dem Platz hat der Reporter nach dem Schlusspfiff keine Gelegenheit zu verschnaufen. Jetzt geht es in die *Mixed Zone*. Dort, im Zwischen-Raum auf dem Weg vom Spielfeld zur Kabine, werden Stimmen und Stimmungen aufgefangen, die bei entsprechender Andruckzeit noch in den aktuellen Spielbericht eingearbeitet werden können. In der Regel aber ist das schon das Material für den Nachbericht, der am Montag erscheint.

Die *Mixed Zone* ist kein gemütlicher Ort. Wer ganz vorne stehen und bei den Gesprächen selbst die Initiative ergreifen will, sollte nicht nur früh da sein, sondern auch die Ellbogen einsetzen können. Meist sind das die »Platzhirsche« von den ortsansässigen Blättern, die so nah wie möglich an »ihrem« Team dran sein müssen, die Kollegen vom KICKER und die vom Boulevard. Andere beobachten das Geschehen lieber aus zweiter Reihe. Dann braucht man gute Ohren, einen langen Arm (für das Aufnahmegerät) und womöglich auch die Kraft, es eine Weile auf den Zehenspitzen auszuhalten. Welche Variante man bevorzugt, ist mehr eine Frage der Neigung als der Qualität. Natürlich hat es seinen Reiz, direkt an der Quelle zu sein. Es kann aber auch lohnen, das Geschehen eher aus der Distanz zu verfolgen und die Beobachtungen erst später, auf dem Heimweg oder am Schreibtisch, zu einem Bild zu fügen.

Die Pressekonferenz eine halbe Stunde nach Spielende ist ein weiterer Pflichttermin, obwohl nicht immer etwas von Substanz dabei herauskommt. Wenn keiner der Reporter eine Frage stellt (und das kommt vor), bleibt es bei den kurzen Statements der beiden Trainer. Einige stehen danach noch für eine Art Poolgespräch im kleineren Kreis zur Verfügung. Das ist oft die ergiebigere Gesprächssituation, weil allmählich die Anspannung einer gewissen Lockerheit weicht und die Fragen unmittelbar und damit persönlicher gestellt werden können.

Im Anschluss an die Pressekonferenz ergibt sich manchmal noch die Gelegenheit zu weiteren Gesprächen mit Spielern in der *Mixed Zone*. Erst dann, gegen 19 Uhr, ist der Einsatztag zumindest für einen Teil der Reporter beendet. Diejenigen aber, die einen späteren Andrucktermin bedienen, machen sich jetzt noch einmal daran, ihren Spielbericht mit den frischen Zitaten anzureichern. Einige beginnen sogar erst jetzt so richtig zu schreiben.

Verdichten und gewichten: der Nachbericht

Von der Qualität des am Spieltag gesammelten Materials hängt viel für den Nachbericht, den Nachdreher, ab. Er gilt als der wichtigere der beiden Texte des Wochenendes, weil er dank des zeitlichen Abstands und der (einigermaßen) ausgeruhten Produktionsbedingungen eine Bewertung und Einordnung des Geschehens erlaubt. Der Nachdreher erzählt die Geschichte des Spiels – aber nicht im Sinne einer Nacherzählung des Spielverlaufs, sondern im Sinne einer Verdichtung der zentralen Aspekte. Anders als im aktuellen Spielbericht lautet die zu beantwortende Frage jetzt nicht mehr:»Was ist passiert?«, sondern »Wie ist es zu dem Resultat gekommen und was bedeutet das für die Teams?«

Oft drängt sich ein Thema praktisch von alleine auf, etwa wenn ein einzelner Spieler sich in besonderer Weise – positiv wie negativ – hervorgetan hat. Oft kristallisiert sich auch aus dem Gespräch der Reporter nach dem Spiel untereinander so etwas wie eine gemeinsame Deutungslinie heraus. Und spätestens, wenn am nächsten Morgen die stets aufs Wesentliche konzentrierten Agenturen ihren Nachdreher aus diesem Blickwinkel liefern, kann so ein Mainstream ein Stück weit als »gesetzt« gelten. Trotzdem: Ein klares »Richtig« oder »Falsch« gibt es in dieser Frage nur selten. In genügend Fällen liegt das Thema nicht eindeutig auf der Hand und der Reporter hat die Freiheit der Wahl. Die Frage ist dann, ob das eigene Thema vom Spielverlauf gedeckt ist und ob man es anhand des Materials schlüssig umsetzen kann.

Im Beispiel der Hoffenheimer Partie gegen Wolfsburg war es der Eindruck, dass sich im Spiel der Mannschaft etwas verändert hatte: physischer, härter, weniger filigran schien es im Vergleich zu den Vorwochen, in denen der Aufsteiger vor allem durch leichtfüßigen Kombinationsfußball auf sich aufmerksam gemacht hatte. In Verbindung mit den bevorstehenden kalten Monaten ergab sich die Idee, den Nachdreher für die Montagausgabe darüber zu schreiben, wie sich die Mannschaft auf die veränderten äußeren Bedingungen einstellt: »Hoffenheim wird winterfest« lautete die These, die dann auch zur Überschrift wurde.

Anhand eigener Beobachtungen während des Spiels sowie passender Zitate von Trainer und Spielern aus der *Mixed Zone* und der Pressekonferenz ließ sich die entsprechende Geschichte ohne Probleme schreiben. Dass die Stimme von Trainer Rangnick bereits vorwinterlich angegriffen schien, war ein willkommenes Detail, das sich für einen szenischen Einstieg anbot. Im weiteren Text sind dann – im Gegensatz zum aktuellen Bericht – praktisch keine Einzelszenen mehr beschrieben, fast alles bezieht sich auf das Thema. Der Blick ist dabei mehr auf die Zukunft (die nächsten Spiele) als auf die Vergangenheit (gegen Wolfsburg) gerichtet, was auch in der kleinen Vorausschau am Schluss seinen Ausdruck findet.

Unabhängig von diesem Beispiel lässt sich sagen, dass ein guter Text vor allem von einer eigenen These lebt. Das muss nicht der ganz große Wurf sein; oft ist sogar eine kleine, aber originelle Beobachtung die bessere Wahl. Zuerst sind also Entscheidungen über die Perspektive gefordert: Welche der beiden Mannschaften soll im Fokus stehen? Geht man nah ran und versucht, einen speziellen Aspekt zu betrachten – wie eine Kamera mit Zoom? Oder beobachtet man mehr das große Ganze wie mit einem Weitwinkel? Die Antwort entsteht aus der Situation heraus. Faktoren, die dabei eine Rolle spielen, sind etwa die Aussagekraft eines Spiels oder auch die Vertrautheit eines Reporters mit einer Mannschaft. Sieht man ein Team zum ersten Mal in der Saison, sollte man sich vor allzu forschen Schlüssen besser hüten. Schlägt ein Spitzenteam einen Abstiegskandidaten, lässt sich daran nur schwer die grundlegende Analyse aufhängen, ob es das Zeug zur Meisterschaft hat.

Bei der Argumentation sollte man sich auf keinen Fall nur von den Zitaten der Akteure leiten lassen. Natürlich sind die Stimmen der Spieler und Trainer ein wichtiges Element, um den Text lebendig zu gestalten und eigene Beobachtungen zu stützen. Wer sich aber ausschließlich darauf verlässt, beschränkt sich auf die Rolle eines (austauschbaren) Transporteurs von interessengeleiteten Aussagen. Für den Leser aber wird ein Spielbericht erst interessant, wenn er das Geschehen einordnet, die Leistungen der Akteure bewertet – ähnlich, wie das die Rezension im Feuilleton tut. Aufgabe des Sportjournalisten sollte es also sein, zu einer eigenen Sicht der Dinge zu kommen und sein Urteil meinungsstark zu vertreten.

Hoffenheim wird winterfest

Nicht nur zaubern, sondern auch kratzen, beißen und kämpfen: Der Aufsteiger zeigt beim 3:2 gegen den VfL Wolfsburg ganz neue Eigenschaften.

VON CHRISTIAN KAMP

MANNHEIM. Der Winter ist bekanntlich ein Feind des gepflegten Fußballs. Eisige Luft, harte Böden – diese Kombination hat schon manchem empfindlichen Muskel die Geschmeidigkeit geraubt und dafür gesorgt, dass mit feinsinnigem Kurzpassspiel nichts mehr zu gewinnen war. Schlechte Aussichten also für 1899 Hoffenheim, eines der führenden Technikerensembles der Fußball-Bundesliga? Wenn man Trainer Ralf Rangnick so reden hörte nach dem 3:2-Sieg gegen den VfL Wolfsburg, konnte man das schon glauben. „Wir haben gemerkt, dass es Herbst ist und dass es schon langsam Winter wird", sagte er, und seine Stimme klang dabei so angekratzt, als wäre es Mitte Dezember und der erste Frost mehr schlecht als recht überstanden.

Tatsächlich aber wollte Rangnick das Spiel gegen Wolfsburg als etwas ganz anderes verstanden wissen: als den ersten gelungenen Versuch, seine Mannschaft winterfest zu machen. Vor einer Woche noch, beim 0:1 in Berlin, waren die Hoffenheimer schmerzhaft ausgerutscht, und Rangnick klagte hinterher über den schwer zu bespielenden Platz. Und auch am Samstag waren die braunen Flecken auf dem vor kurzem noch satten Grün im Mannheimer Carl-Benz-Stadion nicht zu übersehen. „Die Boden-verhältnisse", sagte Rangnick, „werden lang-sam winterlich." Diesmal allerdings hatte seine Mannschaft die richtige Antwort parat gehabt. Sie rannte, arbeitete, biss sich in das Spiel, wie es schöner nicht hätte passen können zu dieser ganz nach englischem Vorbild errichteten Arena. „Wir haben heute über den Kampf zu unserem Spiel gefunden", sagte der Innenverteidiger Matthias Jaissle. Trainer Rangnick betonte, es sei „normal, dass auch ein bisschen an-dere Tugenden gefragt" seien bei solchen Bedingungen.

Kampf und Kraft als neues Hoffenheimer Erfolgsmodell? Ganz so war es nicht, denn auch gegen die mit einer Fünfer-Abwehr-kette angetretenen Wolfsburger zeigte der Aufsteiger wieder manches leichtfüßige Kunststück; so waren alle drei Tore ausge-sprochen schön anzusehen: der pfeilschnel-le, präzise Konter, den Vedad Ibisevic – allerdings wohl aus Abseitsposition – mit seinem 14. Saisontor zum 1:0 abschloss (23. Minute), ebenso wie Carlos Eduardos Freistoß in den Winkel zum 2:1 (37.) und das 3:2 durch Chinedu Obasi nach feiner Vorarbeit von Sejad Salihovic (69.). Doch daneben zeigte Hoffenheim auch bislang eher unbekannte Tugenden. Von „gezielten langen Bällen über die Abwehr hinweg" sprach Rangnick später. Aber auch bei gegnerischem Ballbesitz griff das fairste Team der Liga mitunter so kräftig zu, dass es mit drei Gelben Karten noch gut weg-kam. „Es war wichtig", sagte Rangnick, „mal auf eine andere Art zu zeigen, dass wir Spiele gewinnen können."

Der Winter nämlich könnte noch zu einer größeren Herausforderung werden. Bislang hat Hoffenheim die wenigsten Profis aller Bundesligateams eingesetzt, profitiert also davon, besser eingespielt zu sein als die meisten Konkurrenten. Doch das könnte sich schon bald ändern, wenn zusätzliche

Belastungen ihren Tribut fordern: nicht nur durch das Wetter, auch durch neue (und erfreuliche) Verpflichtungen wie die Beru-fung von Tobias Weis und Marvin Compper in den Kader der Fußball-Nationalmann-schaft. Bis jetzt, sagte Rangnick, sei von Müdigkeit bei 1899 „nichts zu sehen" ge-wesen. Ob allerdings die Bank der Hoffen-heimer wirklich so stark besetzt ist, dass sie, wie der Trainer sagte, „genug richtig gute Alternativen" bereithält, muss sich erst noch zeigen.

Gegen Wolfsburg gewannen die Hoffen-heimer, weil sie den Sieg wirklich wollten, während die Mannschaft von Felix Magath auch mit einem Unentschieden zufrieden gewesen wäre. Dass der VfL durch Grafite (27.) und Edin Dzeko (41.) zweimal aus-glich, sprach für die Qualität dieser Mann-schaft, die ihren Teil zu einem tempera-mentvollen Spiel beitrug – genug war es dennoch nicht. „Wir haben einen Tick mehr investiert", sagte Rangnick, und es ist ebendieses Plus an Entschlossenheit und Leidenschaft, das – bislang in allen Jahres-zeiten – zu den entscheidenden Stärken seiner jungen Mannschaft gehört.

Als Rangnick nach dem Spiel gefragt wurde, ob die Herbstmeisterschaft ein erstrebens-wertes Ziel sei, antwortete er natürlich ab-wehrend. „Guter Versuch", scherzte er und sprach dann wie gehabt lieber vom Ab-stand zu Platz 16, der nun schon 18 Punkte betrage. Guter Versuch – die Hoffenheimer Wirklichkeit des Herbstes 2008 aber zeigt das Team nach 13 Spielen punktgleich mit Bayer Leverkusen an der Tabellenspitze. Der Abstand auf die Bayern, die man mit Ausnahme eines Wochenendes im Sep-tember seit Saisonbeginn hinter sich weiß, ist auf drei Punkte gewachsen. In knapp drei Wochen, am 5. Dezember, darf Hoffen-heim zum großen Spiel gegen den Rekord-meister antreten. Ein kühler Freitagabend in München – keine schlechte Gelegenheit, um nach der Wintermeisterschaft in der Fußball-Bundesliga zu greifen.

(Quelle: FAZ vom 17.11 2009)

Ein gelungener Nachdreher erzählt also um den nachrichtlichen Kern (Ergebnis, Torschützen, Tabellenkonstellation) herum die Geschichte des Spiels. Natürlich ist dabei die Sprache von großer Bedeutung (vgl. Fey 1994); auch sie kann der geschriebenen Sportberichterstattung eine besondere, unverwechselbare Note verleihen, wenn sie auf Floskeln und Sportjargon verzichtet und sich stattdessen um lebendige Formulierungen und treffende Bilder bemüht. Im besten Fall gelingt ein origineller, womöglich szenischer Einstieg – allzu verkrampft danach suchen sollte man aber nicht, sonst kann es schnell auch aufgesetzt wirken. Das Gleiche gilt für den Schluss, der, wenn möglich, einen Gedanken haben sollte, der über den Tag hinausweist. Um alles andere wie Bildauswahl oder Überschrift kümmert sich die Redaktion. Oft gibt die Überschrift im Blatt einen Hinweis, ob ein Bericht gelungen ist: Findet der Kollege eine lebendige, griffige Zeile, dann hat der Text den Nerv getroffen. Bleibt die Überschrift diffus oder blutleer, könnte das auch am eigenen Text gelegen haben.

Zutritt nur für Mitglieder: Originalität und Exklusivität

Die Berichterstattung über die Spiele der Bundesliga mag reizvoll sein, sie hat aber auch Grenzen. So ist die Halbwertzeit der Texte in den allermeisten Fällen gering. Nicht selten tritt schon am nächsten Spieltag genau das Gegenteil von dem ein, was der Reporter prognostiziert hat. Vor allem aber sind exklusive Informationen im Umfeld der Spiele kaum zu gewinnen. Den zahlreich vertretenen Kollegen entgeht nichts, spätestens mit dem Material der Agenturen oder der Nachberichterstattung im Fernsehen am nächsten Morgen liegen die wesentlichen Informationen für jedermann auf dem Tisch. Es geht dann »nur« noch darum, wer es am besten umsetzt. Originalität statt Exklusivität ist also gefragt (vgl. Klemm 2005).

Natürlich sollte es auch in der Fußballberichterstattung das Ziel sein, eigene Schwerpunkte zu setzen, exklusives Material zu bekommen oder Hintergründe aufzuzeigen. Doch auch außerhalb der aktuellen Berichterstattung ist das in den vergangenen Jahren zunehmend schwieriger geworden. Das liegt vor allem daran, dass der Zugang zu Akteuren stärker kontrolliert und reglementiert wird. Es gibt zwar immer noch genügend Manager und z. T. auch Trainer, die ohne große Probleme und direkt telefonisch erreichbar sind. Doch die Tendenz geht eindeutig zu mehr Abschottung und verstärktem Kontrolldenken der Vereinsverantwortlichen. War es früher noch die Regel, dass nur ausführliche Wortlautinterviews zur Autorisierung vorgelegt wurden, wird das immer häufiger auch für einzelne Zitate verlangt, die der Journalist in seinen Texten verwenden will.

Problematisch wird es zudem, wenn sich die Vereine ihre bevorzugten Medien selbst aussuchen wollen. Im Januar 2008 sorgte ein Strategiepapier des FC Bayern München für Aufregung, in dem von einer »internen Erstellung von so genannten FCB-Medien mit Priorität« die Rede war. Mithilfe von Kategorien wie »Größe/Auflage«, aber auch »Fairness« sollte ein Pool von Redaktionen gebildet werden, mit denen der FC Bayern gedachte, enger als mit anderen zusammenzuarbeiten. Sogar der Begriff der »White House Press« wurde in diesem Papier gebraucht, das übrigens nur deshalb öffentlich wurde, weil der damalige Trainer Ottmar Hitzfeld es etwas zu offen für die Teleobjektive der Fotografen bei sich trug.

In Zukunft wird spannend zu beobachten sein, wie die Vereine selbst ihre Rolle als Medienanbieter sehen. Schon seit Längerem gehört es zum Standard, dass Spielberichte und ausgewählte Stimmen der Akteure auf der Homepage verbreitet (und von dort auch von Journalisten für ihre Berichte genutzt) werden. Bis jetzt geschieht dies in den meisten Fällen noch sehr offen; es werden durchaus auch kritische Töne berücksichtigt. Dennoch wäre es interessant, empirisch zu prüfen, in welchem Maße eine solche Eigendarstellung die Berichterstattung in den »externen« Medien beeinflusst, ob die Vereine über diesen Weg also gewissermaßen die Hoheit über die journalistische Präsentation gewinnen.

Der jüngste Trend in diesem Kontext ist das vereinseigene »Klub-TV« im Internet, das mittlerweile fast alle Bundesligaklubs anbieten. Interviews, Reportagen, auch Zusammenfassungen der Spiele sind dort zu sehen. Auch hier hat der Verein die Möglichkeit, über sein Bild in der Öffentlichkeit selbst zu bestimmen und nur ausgewählte Informationen zu verbreiten. Neben Imagepflege und Publikumsbindung verfolgen die Vereine zudem handfeste kommerzielle Interessen: Hier sollen Abonnenten für ein lohnendes Nebengeschäft geworben werden. Es dürfte keine Frage sein, wer im Zweifel leichter an exklusive Geschichten kommt: das hauseigene Programm oder ein unabhängiges Fremdmedium.

Print und Online: komplementär statt konkurrierend

Print first oder *Online first?* Das ist zur Glaubensfrage in den Verlagshäusern geworden, und zuletzt schien die Tendenz klar in Richtung einer Priorität der digitalen Verbreitung zu gehen. Bei der WAZ-Gruppe wurde im Zuge der Restrukturierung explizit das Motto *Online first* ausgegeben. Der Springer-Verlag begründete den Verkauf seiner Anteile an verschiedenen Regionalzeitungen damit, dass man sich auf die eigenen Onlineangebote konzentrieren wolle. Und beim HAMBURGER ABENDBLATT rief der neue Chefredakteur Claus Strunz zu seinem Amtsantritt gleich das »Abendblatt 3.0« aus. Was es für die journalistische Arbeit bedeutet, wenn Redakteure zusätzlich zu Stift und Block mit Mikrofon und Kamera ausgerüstet werden und sich als Multimedia-Berichterstatter üben dürfen, ist klar: Einer beliefert alles, heißt es dann – und die Wahrscheinlichkeit ist groß, dass die Qualität der einzelnen Produkte leidet.

Wer als Reporter für die FAZ unterwegs ist, arbeitet nach wie vor zunächst für die Bedürfnisse der Zeitung, hat also bei der Textproduktion in erster Linie deren Andruckzeiten und Formate im Kopf. Zugleich ist das Onlineportal FAZ.NET in den vergangenen Jahren sukzessive erweitert und verstärkt worden. Die Zugriffszahlen für das Gesamtangebot haben sich positiv entwickelt; so stieg die Zahl der Visits im März 2009 auf 19,2 Mio. (März 2008: 13,6 Mio., März 2002: 1,7 Mio.), die Page Impressions (PI) auf 116,8 Mio. (März 2008: 69,8 Mio., März 2002: 10,8 Mio.). Der Sport ist dabei an den meisten Tagen das gefragteste Ressort. Diese Entwicklung findet ihren Ausdruck auch darin, dass die Sportredaktion von FAZ.NET im Jahr 2008 von zwei auf vier Stellen erweitert wurde.

Auf der Ebene der Inhalte wird versucht, die Frage nach dem Verhältnis von Online und Print pragmatisch statt dogmatisch zu beantworten. Insbesondere in der aktuellen Berichterstattung genießt das schnelle Medium Internet einen hohen Stellenwert, hier gilt durchaus *Online first*. Ein Text, den ein Redakteur unmittelbar nach dem Ende eines Wettkampfs für die Printausgabe an die Redaktion sendet, wird häufig sofort von den Internetkollegen übernommen, leicht bearbeitet und ins Netz gestellt. So steht schnell eigenes Material zur Verfügung und es muss nicht auf die überall verfügbaren Agenturtexte zurückgegriffen werden. Mit den meisten aktuellen Spielberichten im Fußball wird so verfahren.

Darüber hinaus verfassen die Reporter immer häufiger auch Stücke exklusiv fürs Netz. Sinnvoll ist das vor allem dann, wenn die Zeitverschiebung zum Wettkampfort zuungunsten der Zeitungsproduktion ausfällt. Bei den Australian Open im Tennis z. B. war im Netz jeweils am frühen Morgen schon eine Zusammenfassung der Ereignisse der Nacht zu lesen. Wer sich ausschließlich in der Zeitung informieren wollte, musste sich einen Tag länger gedulden. Exklusiv für das Onlineangebot verfasst werden auch zwei wöchentliche Kolumnen: eine zum Thema Golf, eine zum internationalen Fußball. Die beiden sportlichen Großereignisse 2008, die Fußball-EM in Österreich und der Schweiz sowie die Olympischen Spiele in Peking, wurden jeweils mit einem eigenen Internetredakteur besetzt.

Komplementär statt konkurrierend – so lässt sich das Verhältnis von Print und Online bei der FAZ beschreiben. An manchen Stellen gehen die Angebote und deren Produktion fließend ineinander über, manchmal bleiben sie aber auch klar voneinander abgegrenzt. So wird in der Zeitung nur zurückhaltend auf das Onlineangebot verwiesen, um beim Leser nicht den Eindruck von Unvollständigkeit zu hinterlassen. Zugleich wäre es widersinnig, alle Texte der Printausgabe gratis ins Netz zu stellen, solange die gedruckte Zeitung noch das Produkt ist, das Werbeerlöse generiert und Abonnenten bindet.

Welches der richtige Weg ist, vermag niemand zuverlässig vorherzusagen. Im Augenblick jedenfalls, und das gilt für die Verlagsbranche insgesamt, ist mit den Erlösen aus dem Internet die Erosion des Printgeschäfts längst nicht zu kompensieren. Dass viele Verlage dennoch auf eine Erweiterung des Onlineangebots setzen, ist angesichts der bisherigen Entwicklung nachvollziehbar. Problematisch wird es allerdings, wenn der Versuch gemacht wird, ein Medium gegen das andere auszuspielen. Oder wenn – wie angedeutet – die Veränderung der Arbeitsbedingungen für die Journalisten strukturell zu Einbußen bei der Qualität führt.

Nichts anderes aber ist die Folge, wenn ein mit Kamera und Mikrofon bewaffneter Multimedia-Reporter alle Vertriebskanäle beliefern muss, und das auch noch in immer kürzeren zeitlichen Abschnitten. Wenn die journalistische Aufbereitung, das Bündeln und Bewerten, nichts mehr zählt, sondern nur noch die Authentizität des Materials und seine sofortige Verfügbarkeit. Dann wird der Journalist zum *Content Provider* – zum bloßen Transporteur von Informationsfetzen ohne eigene Einordnung und Bewertung.

Perspektive: Über den Tag hinaus wirken

Die Arbeitsbedingungen mögen zuletzt schlechter, das Umfeld schwieriger geworden sein. Die Anforderungen an Sportjournalisten sind zugleich gewachsen. Mit dem Sport und dessen fortschreitender Ökonomisierung hat sich auch das Berufsbild verändert. Kenntnisse über Regeln, Namen und Rekorde genügen längst nicht mehr, ohne Basiswissen in Recht, Wirtschaft und Politik steht der Reporter heute schnell im Abseits. Die Professionalisierung hinsichtlich der journalistischen Standards, die in anderen Ressorts längst gelten, hat nicht nur zu einer Aufwertung des Berufs, sondern tendenziell auch zu einem Mehr an Qualität geführt.

In den meisten Zeitungen – auch jenseits der Qualitätsblätter – ist der klassische »1:0-Journalismus« längst überholt. Die Texte sind pointierter, die Sprache ist sauberer und lebendiger geworden. Das ist sicher eine Grundvoraussetzung dafür, dass das Publikum auch in Zukunft Interesse an geschriebener Sportberichterstattung hat. Das alleine wird aber nicht genügen, um sich dauerhaft gegen die Konkurrenz von Fernsehen und Internet zu behaupten. Dazu sind die Livebilder zu verführerisch, ist die Onlineberichterstattung zu schnell.

Im Wettkampf um Aufmerksamkeit wird es nötig sein, das eigene Profil noch stärker zu schärfen, sowohl bei der Themenwahl als auch bei deren journalistischer Umsetzung. Neben der Grundversorgung mit den wichtigsten Nachrichten und Themen, an der für ein tagesaktuelles Medium auch in Zukunft kein Weg vorbeigehen wird, rückt die Frage nach dem Mehrwert in den Blick, nach den eigenen Akzenten, die die Zeitung bieten kann. Dies kann – wie gezeigt – eine Berichterstattung sein, die verstärkt auf Hintergrund setzt, die den Sport nicht nur an seiner Oberfläche beschreibt, sondern versucht, die Mechanismen aufzuzeigen, die ihm zugrunde liegen und die ihn zugleich stetig verändern.

Wenn Sport, Wirtschaft und ein Teil der Medien eine immer engere Symbiose eingehen mit dem Ziel, die Ökonomisierung voranzutreiben, dann muss ein anderer Teil der Medien es als Aufgabe begreifen, diesen Prozess zu beschreiben und kritisch zu begleiten. Während das Fernsehen viel Geld für Übertragungsrechte ausgibt und – durch eine fragwürdige Rollenvermischung – als Mitveranstalter oder Sponsor zu einem *Player* im Sportbetrieb geworden ist, sind die Wortmedien von solchen Zwängen weitgehend frei. Nutzen sie diesen Blick von außen bewusst, haben sie als vielleicht einzige die Möglichkeit, neben dem wirtschaftlichen Einfluss auch den der Medien auf den Sport zu thematisieren.

Das alles sollten sie unter Verwendung aller journalistischen Genres und Darstellungsformen tun: Bericht, Reportage, Feature, Interview, Kommentar, Glosse – gerade diese Vielfalt ist eine Stärke der Wortberichterstattung, die andere Medien so bislang nicht erreicht haben. Ein Blog im Internet mag ein Expertenpublikum besser bedienen, die Massen wird er aber mit seinem engen thematischen Blick und dem subjektiven Stil kaum erreichen. Für eine breitere Zielgruppe wird die klassische journalistische Aufbereitung auch in Zukunft wertvoll bleiben und, im besten Fall, über den Tag hinaus wirken. Um darüber hinaus auch wieder jüngere Leser zu gewinnen und zu binden, muss sich der Blick der Zeitungen thematisch öffnen – hin zu Stoffen, die vielleicht nicht dem klassischen (olympisch geprägten) Sportverständnis entsprechen, die aber für Jugendliche eine große Anziehungskraft besitzen.

Ohne Frage ist dies auch ein Plädoyer für einen kritischen Sportjournalismus. Um dabei aber ein häufiges Missverständnis zu vermeiden: Ein kritischer

Sportjournalist ist nicht derjenige, der in der *Mixed Zone* oder bei der Presse-konferenz kritische Fragen zu Einstellung, Taktik oder Leistung stellt; damit nimmt er vor allem seine Rolle als Unterhalter ernst. Ein kritischer Sport-journalist ist der, der sich eine Distanz zum Sportbetrieb und vor allem zum Mediensport wahrt – und damit auch seine eigene Rolle hinterfragt.

Checkliste Sprache

- Die Sprachebene dem Thema anpassen – lebhaft und bunt in der Reportage, sachlich und klar in der Analyse
- Sportjargon vermeiden – die Suche nach einer besseren Lösung lohnt sich immer
- Originalität ist gut – dabei aber nicht das Feuilleton übertrumpfen wollen
- Das treffende Bild suchen – aber nicht verschiedene Bildebenen vermischen
- Zuspitzen, aber nicht übertreiben – nicht jede Überraschung ist gleich eine Sensation, nicht jede Sensation ein Wunder
- Meinungsstark formulieren – aber nicht pauschal bewerten
- Sprachliche Varianz nicht erzwingen – »Synonymitis« wirkt bemüht, und man darf ruhig mehrmals etwas »sagen«

Checkliste Textstruktur

- Das Thema im Thema suchen – Konzentration auf einen Schwerpunkt
- Die passende Perspektive wählen – Zoom (an einen Aspekt ganz nah ran) oder Weitwinkel (breit angelegte Gesamtschau)
- Eine These formulieren – und sich damit von Anfang an klarmachen, wohin der Text führen soll
- Griffiger Einstieg – von nachrichtlich (nicht überfrachten), lakonisch (ein beiläufiger Gedanke) bis szenisch (wenn es sich anbietet) ist vieles möglich
- Zitate können die Richtung vorgeben – besser aber, sie stützen umgekehrt die eigene These
- Zahlen und Daten bewusst einsetzen – Statistik ersetzt keine eigene Analyse und macht im Übermaß den Text unlesbar
- Über den Tag / das Ereignis hinausweisender Schluss – besser nicht mit Zitat, sondern mit eigenem Gedanken

Literatur

Bundesverband Deutscher Zeitungsverleger (BDZV) (2008): Die deutschen Zeitungen in Zahlen und Daten. Auszug aus dem Jahrbuch »Zeitungen 2008«. Bonn.

Beck, D./Kolb, S. (2008): Rollenselbstverständnisse und Berufsbilder von Sportjournalisten im Vergleich. Eine Sekundäranalyse von Journalisten-Enqueten aus Deutschland und der Schweiz. Abstract zur Jahrestagung der SGKM 2008. Fribourg.

Fey, U. (1994): Linford Christie gegen Carl Lewis. Die Sportreportage in der FAZ In: Hackforth, J./Fischer, Ch. (Hrsg.): ABC des Sportjournalismus. München: 119–149.

Frankfurter Allgemeine Zeitung (FAZ) (Hrsg.) (2008): Alles über die Zeitung. Frankfurt.

Görner, F. (1995): Vom Außenseiter zum Aufsteiger. Ergebnisse der ersten repräsentativen Befragung von Sportjournalisten in Deutschland. Berlin.

Hoffmann-Riem, W. (Hrsg.) (1988): Neue Medienstrukturen – neue Sportberichterstattung? Baden-Baden, Hamburg.

Klemm, Th. (2005): Ausleuchten, wo etwas aufgeblitzt ist. EM-Berichterstattung in der Tageszeitung zwischen Originalität und Exklusivität. In: Horky, Th. (Hrsg.): Erfahrungsberichte und Studien zur Fußball-Europameisterschaft. Hamburg: 21–30.

Klemm, Th. (2007): Sportjournalismus in Tageszeitungen. In: Schierl, Th. (Hrsg.): Handbuch Medien, Kommunikation und Sport. Schorndorf: 324–338.

Kroppach, D. (1978): Gedruckt: Pathos oder Sachlichkeit? In: Hackforth, J./ Weischenberg, S. (Hrsg.): Sport und Massenmedien. Bad Homburg: 133–141.

Loosen, W. (1998): Die Medienrealität des Sports. Evaluation und Analyse der Printberichterstattung. Wiesbaden.

Loosen, W. (2008): Sport als Berichterstattungsgegenstand der Medien. In: Schramm, H. (Hrsg.): Die Rezeption des Sports in den Medien. 2., leicht überarbeitete Auflage, Köln: 10–30.

Schaffrath, M. (Hrsg.) (2007): Traumberuf Sportjournalismus. Ausbildungswege und Anforderungsprofile in der Sportmedienbranche. Berlin.

Schierl, Th. (2006): Ist Sportberichterstattung wirklich so wenig vielfältig? »1:0-Berichterstattung« revisited. Medien Journal (30) H.1, 25–35.

Stiehler, H.-J. (2007): Sportrezeption zwischen Information und Unterhaltung. In: Schierl, Th. (Hrsg.): Handbuch Medien, Kommunikation und Sport. Schorndorf: 182–199.

Schwier, J./Schauerte, Th. (2008): Soziologie des Mediensports. Köln (= Sport – Medien – Gesellschaft; 8).

Tewes, G. (1991): Kritik der Sportberichterstattung. Der Sport in der Tageszeitung zwischen Bildungs-Journalismus, Unterhaltungs-Journalismus und »1:0-Berichterstattung« – Eine empirische Untersuchung. Düsseldorf, Univ. Diss.

Weischenberg, S. (1976): Die Außenseiter der Redaktion. Struktur, Funktion, und Bedingungen des Sportjournalismus. Bochum.

Weischenberg, S. (1994): Annäherung an die »Außenseiter«. Theoretische Einsichten und vergleichende empirische Befunde zu Wandlungsprozessen im Sportjournalismus. Publizistik 39, 428–452.

Zubayr, C./Gerhard, H. (2008): Zur Nachfrage nach Sportangeboten in den Medien. In: Schramm, H. (Hrsg.): Die Rezeption des Sports in den Medien. Köln: 31–51 (Sportkommunikation; 3).

Michael Kleinjohann

3 Sportzeitschriften

Sportzeitschriften kommt im Angebot des Sportmedienmarktes besondere Bedeutung zu. Zum einen, weil sie historisch gesehen den Grundstein der heutigen Sportberichterstattung darstellen. Zum anderen, weil sie sich umfassender, intensiver und facettenreicher als Tageszeitungen oder Radio und Fernsehen mit dem Thema »Sport« beschäftigen. Eine ähnliche Themenfokussierung, eine ähnliche thematische Bandbreite oder einen annähernd ähnlichen inhaltlichen Tiefgang bieten sonst nur Sport-Tageszeitungen (die es auf dem deutschen Markt nicht gibt) und Sport-Onlineangebote. Als typische Special-Interest-Produkte richten sich Sportzeitschriften mit ihrem monothematischen Angebot an speziell fokussierte Leser: Sportinteressierte – aktive Sportler oder passive Sportfans mit z. T. großem Wissen in diesem Themenfeld (vgl. Kleinjohann 1987: 258; Rolf 1995).

Zunächst wird ein Überblick über die Marktsituation für Sportzeitschriften in Deutschland gegeben, bei dem vor allem deutlich wird, wie vielfältig dieser Sektor auch jenseits der »großen« Namen wie KICKER oder SPORT BILD ist. Es folgen Beobachtungen zur Leserstruktur und zum Verhältnis von Print und Online, bevor abschließend Aspekte der praktischen journalistischen Arbeit in diesem Genre diskutiert werden.

Sportzeitschriftenmarkt Deutschland

Eine verbindliche, alle Titel umfassende Statistik zur Zahl der (Sport-) Zeitschriften existiert in Deutschland nach wie vor nicht (vgl. Collmann 2001; Delius 1980; Gerick 2005; Kleinjohann 1987). In der vorliegenden Analyse beziehen sich die Marktbetrachtungen zum einen auf den Media-Daten Verlag (www.media-daten.de), einem auf freiwilliger Meldung der Verlage beruhendem Medienbranchenverzeichnis für die Werbewirtschaft, zum anderen auf die Informationsgemeinschaft zur Feststellung der Verbreitung von Werbeträgern (IVW) (www.pz-online.de), welche die Auflagenzahlen der Verlage in freiwilliger Mitgliedschaft neutral prüft.

Der Media-Daten Verlag listet für Anfang 2009 insgesamt 260 Sportzeitschriftentitel für 29 Sportarten (plus Sportverbände) auf. Die meisten Titel entfallen dabei auf den Pferdesport (36), gefolgt vom Wasser- und Schwimmsport (32) sowie Jagd- und dem Radsport (je 18). Von diesen 260 Titeln sind 83 Zeitschriften auch bei der IVW gemeldet und bieten somit verbindlich geprüfte Auflagendaten. In die hier untersuchte Titelgruppe wurden die in der IVW ausgewiesenen Sportzeitschriften sowie die Sporttitel der Gruppen »Motorpresse«, »Lifestyle« und »Naturzeitschriften« übernommen. Diese Sportmagazine stellen offensichtlich den publizistisch relevanten Markt der Sportzeitschriftenpresse dar, da sie mit der IVW-Mitgliedschaft und der Prüfbarkeit ihrer Auflagen eine wichtige Voraussetzung zur Vermarktung schaffen. In der Untersuchung wird die »verbreitete Auflage« analysiert, um auch Titel von Sportorganisationen, die nicht über das Pressegrosso oder im Abonnement verkauft, sondern kostenlos verteilt werden, mit kommerziell vermarkteten Zeitschriften vergleichen zu können.

Insgesamt decken die 83 IVW-gemeldeten Titel 21 Sportarten ab. Nur zwei Titel (SPORT BILD, BRAVO SPORT), die »allgemeinen Sportzeitschriften«, behandeln inhaltlich alle Sportarten, alle anderen Titel – 97 Prozent – konzentrieren sich auf eine Sportart und gehören damit zum Typ der »speziellen Sportzeitschrift« (vgl. Kleinjohann 1988: 128–129). Die meisten Titel erscheinen in dieser Statistik zum Reitsport (14), gefolgt vom Wasser- (10) und Jagdsport (8).

Alle 83 Sportmagazine verbreiten im Jahresdurchschnitt pro Erscheinungsintervall zusammen über 5,2 Mio. Exemplare. Die höchsten Auflagen weisen dabei die fünf Motorsport-Titel mit 700.602 verbreiteten Exemplaren (17 Prozent Auflagenmarktanteil) sowie die beiden allgemeinen Sportmagazine mit zusammen 651.477 verbreiteten Exemplaren (12 Prozent Auflagenmarktanteil) auf. Mit rund 520.000 verbreiteten Exemplaren ist die Verbandszeitschrift DAV PANORAMA Auflagenmarktführer, gefolgt von der allgemeinen Sportzeitschrift SPORT BILD mit rund 480.000 verbreiteten Exemplaren pro Heftfolge und AUTO MOTOR UND SPORT als spezielle Zeitschrift zum Automobilsport mit rund 470.000 verbreiteten Exemplaren alle 14 Tage. Die durchschnittlich verbreitete Auflage aller untersuchten 83 Titel beträgt 63.074 Exemplare.

Zusammenfassend lässt sich feststellen, dass der deutsche Sportzeitschriftenmarkt auch 2008 weiterhin im hohen Maße geprägt ist von vielen thematischen Spezialisten und wenigen Universalisten (vgl. Kleinjohann 1987: 194 ff.; Collmann 2001: 75; Gerick 2005).

Lfd. Nr.	Sportart/ Sportzeitschriften-Segment	Titel Anzahl	%	Verbreitete Auflage in Exemplaren	%
1	Allgemeiner Sport	2	2%	651.477	12%
2	Angelsport	4	5%	191.201	4%
3	Basketball	1	1%	22.247	0%
4	Bergsport	5	6%	636.226	12%
5	Fitness	1	1%	257.483	5%
6	Fußball	3	4%	499.750	10%
7	Golf	6	7%	283.652	5%
8	Jagdsport	8	10%	305.756	6%
9	Leichtathletik/Laufen	4	5%	137.862	3%
10	Motorsport	5	6%	700.602	13%
11	Outdoor	2	2%	73.378	1%
12	Radsport	4	5%	242.851	5%
13	Reitsport	14	17%	330.147	6%
14	Schießsport	2	2%	39.001	1%
15	Skisport	3	4%	370.507	7%
16	Tauchsport	3	4%	143.160	3%
17	Tennis	3	4%	61.695	1%
18	Tischtennis	1	1%	14.640	0%
19	Turnen	1	1%	18.314	0%
20	Volleyball	1	1%	6.927	0%
21	Wassersport	10	12%	248.239	5%
21	Gesamt	83		5.235.115	

Abb. 19: IVW-Titel und Sportarten 2008 (Quelle: IVW I - IV/2008, Jahresdurchschnitt pro Erscheinungsintervall, www.pz-online.de vom 02.02.2009)

Lfd. Nr.	Titel	Verbreitete Auflage in Exemplaren	%
1	DAV Panorama	520.433	10%
2	Sport Bild	484.075	9%
3	Auto Motor und Sport (1)	473.670	9%
4	Fit for Fun (2)	257.483	5%
5	kicker-sportmagazin Montag	229.649	4%
6	kicker-sportmagazin Donnerstag	203.877	4%
7	DSV aktiv SKI & SPORTMAGAZIN	196.813	4%
8	Bravo Sport	167.402	3%
9	Ski-Magazin	134.631	3%
10	GOLF TIME	89.332	2%
11	Bike	82.131	2%
12	Tour das Radmagazin	80.750	2%
13	Cavallo	75.252	1%
14	Blinker	74.871	1%
15	Mountain BIKE	74.238	1%
16	Golf aktuell	71.304	1%
17	Fisch und Fang	68.434	1%
18	Sporttaucher	66.380	1%
19	Wild und Hund	66.292	1%
20	Rheinisch-Westfälischer Jäger (3)	63.375	1%
	Titel 1 – 10	2.757.365	53%
	Titel 1 – 20	3.480.392	66%
	Alle Sportzeitschriften	5.235.115	

(1) Aus Gruppe »Motorpresse«

(2) aus Gruppe «Lifestyle«

(3) aus Gruppe »Naturzeitschriften«

Abb. 20: Top-20-Sportzeitschriften 2008 (Quelle: IVW I - IV/2008, Jahresdurchschnitt pro Erscheinungsintervall, www.pz-online.de vom 02.02.2009)

Zehn wechselhafte Jahre für Sportzeitschriften

Eine Analyse des Sportzeitschriftenmarktes über zehn Jahre hinweg zeigt, dass auch dieser Zeitschriftentyp in Deutschland an Auflage verloren hat. Im Jahresdurchschnitt 2008 verbreitete die gesamte Sportmagazinpresse 5.235.115 Exemplare, 1999 waren es noch 5.594.446; das entspricht einem Minus von rund sechs Prozent. Der Wettbewerb im Markt ist zugleich gewachsen, denn die Gesamtzahl der bei der IVW gemeldeten Titel ist im Zehn-Jahres-Vergleich um 17 Prozent gestiegen: von 71 Objekten auf 83. Immer mehr Sportzeitschriften kämpfen also um eine geringer werdende Zahl von Käufern.

Innerhalb der Segmente sind Verschiebungen bei der Titelanzahl und der Höhe der verbreiteten Auflage zu erkennen. Am positivsten entwickelte sich über die letzten zehn Jahre hinweg der Markt der Magazine für Leichtathletik und Laufen. Seit 1999 sind zwei Magazine neu in den Markt eingetreten, insgesamt verbreiteten diese Titel 2008 mehr als doppelt so viele Exemplare wie 1999. Auch in den Segmenten der Golf-, Berg-, Outdoor- und Ski-Sportzeitschriften ist ein Titel- wie Auflagenzuwachs zu verzeichnen.

Die Erklärung dafür liegt in der gewachsenen Attraktivität und Popularität dieser Sportarten sowie deren Ausdifferenzierung in neue Varianten. Im Laufsport genießen die Disziplinen Jogging, Marathon und Triathlon große Popularität. Der einst elitäre Golfsport hat sich zu einer Sportart mit einer deutlich größeren Zielgruppe und breiteren Akzeptanz entwickelt. Der ehemals mit einem ältlich-verstaubten Image behaftete Bergsport à la Luis Trenker (»Wandern, Klettern, Bergsteigen«) hat sich modernisiert (»Trailing, Trekking, Climbing«) und verjüngt. Jüngere und breitere Zielgruppen werden durch trendigere Sportvarianten wie Free-Climbing, aber auch durch eine sensiblere Einstellung zu Natur und Umwelt vermehrt angesprochen – ähnlich wie im Outdoorbereich. Auch im Skisport, der durch die Erfolge der deutschen Biathleten, durch neue Sportgeräte wie Carving-Ski und durch junge Sportarten wie das Snowboarding in den letzten zehn Jahren zusätzliche Impulse erhielt, haben diese Faktoren eine positive Wirkung auf Anzahl und Auflage der entsprechenden Sportzeitschriften.

Umgekehrt zeigt sich auch, dass das Fehlen populärer Protagonisten – wie beispielsweise eines Boris Becker im Tennis – oder die »untrendige«, stagnierende Situation einer Sportart wie etwa beim Angeln dazu führen, dass auch das Interesse an Medien, die diese Sportarten thematisieren, sinkt. So verlor das Segment der Tenniszeitschriften seit 1999 – dem Rücktritt von

Lfd. Nr.	Sportart/ Sport- zeitschriften- segment	Titel Anzahl 2008	1999	Diff. 2008–1999	Verbreitete Auflage in Exemplaren 2008	1999	Diff. 2008–1999	Index
1	Allgemeiner Sport	2	2	0	651.477	794.463	-142.986	82
2	Angelsport	4	5	-1	191.201	314.007	-122.806	61
3	Basketball	1	1	0	22.247	36.001	-13.754	62
4	Bergsport	5	3	2	636.226	474.996	161.230	134
5	Fitness	1	1	0	257.483	365.030	-107.547	71
6	Fußball	3	3	0	499.750	564.315	-64.565	89
7	Golf	6	5	1	283.652	192.392	91.260	147
8	Jagdsport	8	8	0	305.756	323.758	-18.002	94
9	Leichtathletik/ Laufen	4	2	2	137.862	53.615	84.247	257
10	Motorsport	5	4	1	700.602	791.033	-90.431	89
11	Outdoor	2	1	1	73.378	47.939	25.439	153
12	Radsport	4	4	0	242.851	264.847	-21.996	92
13	Reitsport	14	11	3	330.147	357.034	-26.887	92
14	Schießsport	2	1	1	39.001	49.571	-10.570	79
15	Skisport	3	2	1	370.507	274.954	95.553	135
16	Tauchsport	3	4	-1	143.160	223.272	-80.112	64
17	Tennis	3	4	-1	61.695	133.023	-71.328	46
18	Tischtennis	1	1	0	14.640	15.974	-1.334	92
19	Turnen	1	1	0	18.314	19.451	-1.137	94
20	Volleyball	1	1	0	6.927	10.456	-3.529	66
21	Wassersport	10	7	3	248.239	288.315	-40.076	86
21	Gesamt	83	71	-12	5.235.115	5.594.446		94
	Durch- schnittlich				63.074	78.795		

Abb. 21: Sportzeitschriftensegmente im Zehn-Jahres-Verlauf 1999–2008
(Quelle: IVW I - IV/1999 – I - IV/2008, Jahresdurchschnitt pro
Erscheinungsintervall, www.pz-online.de vom 02.02.2009)

Boris Becker aus dem aktiven Turniersport – mehr als die Hälfte der Auflage und einen Titel.

Den nach Auflage größten Zehn-Jahres-Verlust verzeichnen jedoch die allgemeinen Sportzeitschriften (SPORT BILD, BRAVO SPORT) mit einem Minus von über 140.000 Exemplaren bzw. 14 Prozent. Dieses Marktsegment ist schon immer problematisch gewesen: Die fehlgeschlagenen Versuche der ambitionierten SPORTS (Gruner + Jahr, Jahr-Verlag 1987–1999) und die wechselvolle Geschichte der SPORT-ILLUSTRIERTE mit mehrmaligen Verlagswechseln und Neustarts (Sport-Illustrierte Verlag 1969–1971, Burda 1971–1973, PC Verlag 1974–1982, Deutscher Sportverlag 1982–1988) zeugen von der Schwierigkeit, einen solchen Titel, der sich allen Sportarten widmet, langfristig zu etablieren (vgl. Kleinjohann/Timpe 1988; Scholt 1989). Auch eine Sport-Tageszeitung gibt es bis heute nicht auf dem deutschen Markt (vgl. www.sportmagazine-online.de).

Die Gründe dafür liegen vor allem darin, dass sowohl die regionalen und nationalen Abonnementzeitungen als auch die Boulevardzeitungen – allen voran BILD – aktuell und umfangreich über den Sport berichten. Hinzu kommt, dass sich potenzielle Käufer einer allgemeinen Sportzeitschrift intensiv für viele Sportarten interessieren müssten. In der Regel konzentriert sich jedoch das zeitschriftenrelevante Interesse auf eine oder zwei, maximal drei Sportarten.

Sportarten und Sportevents

Sportzeitschriften können nur dann entstehen, wenn eine Sportart nicht nur existiert, sondern wenn zugleich auch ein entsprechend großes Informationsinteresse an ihr besteht. Die Popularisierung einer Sportart und die Differenzierung in speziellere Varianten tragen – wie bereits gezeigt – dazu bei, dass die thematische Vielfalt auch eine Basis für sich darauf speziell fokussierende Sportmagazine bietet. Ein anschauliches Beispiel bietet hierzu der Markt der Radsportmagazine. Bis in die späten 1980er-Jahre war der Radsport ausschließlich durch Rennräder und das sportliche Fahren auf asphaltierten Straßen geprägt. Mit dem Aufkommen von Mountain-Bikes als »Offroad«- und »Fun«-Alternativen zum disziplinierten Rennradfahren Ende der 1980er-Jahre (1990: 1. Deutsche Mountain-Bike-Meisterschaft) entstand die Grundlage für das 1989 gelaunchte BIKE des Delius Klasing-Verlages, 1993 nahm MOUNTAIN-BIKE (heute Motor-Presse Stuttgart) und 1999 MOUNTAINBIKE RIDER (b+d Verlag) die Verfolgung auf. Mit der wachsenden Attraktivität entwickelte sich der Radsport in den Folgejahren immer differenzierter. Als Kombination aus straßentauglichem Rennrad und geländegängigem Mountain-Bike entstanden die Trekkingräder: alltagstauglich, technisch hochwertig und vielseitig auf jedem Terrain fahrbar. Für die wachsende Zielgruppe der Trekkingradfahrer schickte der Delius Klasing-Verlag 2003 das Magazin TREKKINGBIKE an den Start. Für die noch extremere Art des Abfahrens von Bergen oder gebirgigem Gelände, dem »Downhill« oder »Freeride«, brachte Delius Klasing im März 2005 das Magazin FREERIDE heraus.

Eine analoge Entwicklung zeigt sich im Wintersport mit einer Vielfalt von Sportarten und -magazinen (Alpin: SKI MAGAZIN/Brinkmann Henrich Verlag; Langlauf/Biathlon/Nordische Kombination: NORDIC SPORTS/ Brinkmann Henrich; Snowboarding: SNOWBOARDER/b+d-Verlag; Freestyle: SKIING/ b+d; SNOW/Brinkmann Henrich, PLANET SNOW/Motor-Presse).

Ebenso sorgen auch aufmerksamkeitsstarke Sportveranstaltungen wie Olympische Spiele, Europa- oder Weltmeisterschaften für den Start von Sportpresseprodukten – wenn auch nicht immer mit einem solchen Langzeiterfolg wie die italienische GAZZETTA DELLO SPORT, die 1896 (drei Tage vor dem Beginn der ersten Olympischen Spiele der Neuzeit in Athen) auf den Markt gebracht wurde und damit die älteste noch existierende Sport-Tageszeitung ist (Frütel 2005: 100). So wollten 2005 mehrere neue Fußball-Titel die Weltmeisterschaft in Deutschland zum erfolgreichen Start nutzen. Im Juli brachte der Olympia-Verlag in Nürnberg RUND als »buntes Fußball-Magazin« und als Alternative zum Traditions-Titel KICKER aus eigenem Hause ins Spiel, die Motor-Presse Stuttgart den Titel CHAMP im August 2005. Im Oktober 2005 stieg dann der Hamburger b+d Verlag mit dem monatlichen Titel PLAYER ein. Doch alle drei Objekte – positioniert als hintergründig, lifestylig oder people-orientiert – überlebten das »Sommermärchen 2006« nicht lange. CHAMP blieb eine einmalige Testausgabe, RUND wurde im April 2007 eingestellt und für den PLAYER war im Mai 2007 nach einer kurzzeitigen Umpositionierung als »junges Männer-Lifestyle-Magazin« das Spiel zu Ende.

Der Sportzeitschriftenleser

Die Vielzahl an Titeln und die Themenvielfalt des Sportzeitschriftenmarktes lässt auf eine konzentriert und speziell interessierte Nutzerschaft schließen. Doch wie unterscheiden sich Sportzeitschriftenleser von Nutzern anderer Printmedien? Eine Sekundäranalyse der »Allensbacher Werbeträger Analyse

(AWA)« 2008 zu ausgewählten Sportarten (Fußball, Radsport, Bergsteigen, Segeln, Golf, Reiten) und Sportpressesegmenten arbeitet im Vergleich mit der Gesamtbevölkerung und den Lesern regionaler Abonnementzeitungen interessante Aspekte heraus.

Grundsätzlich sind die Leser von allgemeinen wie von speziellen Sportzeitschriften bei den untersuchten Sportarten deutlich aktiver als die Gesamtbevölkerung und die Leser von regionalen Abonnementzeitungen. Die Leser allgemeiner Sportzeitschriften betätigen sich am häufigsten beim Fußball und im Radsport – und auch alle anderen Sportarten üben sie durchschnittlich häufiger aus als die Vergleichsgruppen der Gesamtbevölkerung und der Leserschaft regionaler Abonnementzeitungen. Im Vergleich zu den Lesern der speziellen Sportzeitschriften sind sie jedoch in den jeweiligen Sportarten nicht so häufig aktiv wie diese.

Deutlich wird der enge Zusammenhang zwischen dem intensiven Betreiben einer Sportart und der Nutzung der thematisch passenden Zeitschrift. So sind die Leser von TOUR sieben Mal häufiger mit dem Rennrad und mehr als drei Mal häufiger mit dem Mountain-Bike unterwegs als der Bundesdurchschnitt oder Leser einer regionalen Tageszeitung. Besonders extrem ist die sportliche Aktivität der Leser von Segel-, Golf- und Reitsportzeitschriften: Die YACHT-Leser segeln 18 Mal häufiger, die Leser des GOLF JOURNAL und des GOLF MAGAZIN golfen 24 Mal häufiger und die von REITER REVUE INTERNATIONAL und ST. GEORG reiten 13 Mal häufiger als der Durchschnitt. Offensichtlich ist die »schönste Nebensache der Welt« bei diesen Lesern eine echte Passion, ein auch medial wichtiger Bestandteil ihres Lebens geworden.

Sportzeitschriften digital

Sportzeitschriften stellen aufgrund ihrer Grund- und Spezialfunktionen die thematischen Spezialisten und medialen Experten für die Befriedigung der Informations- und Unterhaltungsbedürfnisse der Sportler in Tiefe und Breite dar (vgl. Kleinjohann 1987: 258). Doch angesichts der Digitalisierung der Medien insgesamt stellt sich die Frage, welche Auswirkungen diese speziell auf den Markt der Sportzeitschriften hat. Schließlich bietet das Internet aufgrund seiner technischen Möglichkeiten eine bis dato unbekannte Medienqualität für Zielgruppen, die ein konzentriertes und tiefgehendes Informationsinteresse zu einem speziellen Thema wie einer Sportart haben (vgl. allgemein zu Sport im Internet: Braun 1999; Schauerte/Schwier 2007; speziell zu Sportzeitschriften und ihrem Internetauftritt: Schaffeld 2000).

Sportart Das mache ich häufig/ab und zu…:	Fußball spielen		Rennrad fahren	
	Anteil an Leserschaft %	Index	Anteil an Leserschaft %	Index
Gesamt-Bevölkerung	21	100	10	100
Regionale Abo-Tageszeitungen	18	85	9	94
Allgemeine Sportzeitschriften				
Bravo Sport	81	394	21	216
Kicker Sportmagazin	60	291	16	161
Sport Bild	55	264	14	150
Spezielle Sportzeitschriften				
Tour			68	708
Mountain Bike			46	479
Bike			45	463
DSV aktiv Ski&Sportmagazin				
DAV Panorama				
Yacht				
Golf Journal				
Golf Magazin				
Reiter Revue international				
St. Georg				

Abb. 22: Reichweiten ausgewählter Printmedien und Sportzeitschriften
(Quelle: AWA 2008)

Mountainbike fahren – Anteil an Leserschaft %	Index	Bergsteigen – Anteil an Leserschaft %	Index	Segeln – Anteil an Leserschaft %	Index	Golf spielen – Anteil an Leserschaft %	Index	Reiten – Anteil an Leserschaft %	Index
20	100	12	100	4	100	3	100	6	100
17	82	13	112	4	103	3	103	5	82
58	287	13	112	7	167	10	318	10	174
32	156	15	129	4	94	5	166	4	64
32	158	14	120	4	90	5	163	4	65
66	324								
90	445								
82	402								
		36	301						
		67	566						
				74	1820				
						76	2420		
						78	2475		
								77	1305
								79	1343

Fortsetzung Abb. 22

Der Sport ist in hohem Maße durch Optik geprägt, die durch multimediale Offline- (DVD) und Onlineangebote (Internet) möglicherweise attraktiver als auf bedrucktem Papier präsentiert werden kann. Insbesondere die kommerziellen Verlage haben ihre Printangebote durch multimediale Angebote ausgebaut und ergänzen diese crossmedial. Das Fachwissen über eine Sportart und die journalistische Kompetenz einer Redaktion wird nicht nur genutzt, um die monatlich oder zweimonatlich gedruckte Zeitschrift zu publizieren. Die ursprünglich nur als Printprodukte gestarteten Marken werden online um ein permanentes, aktuelles Angebot an Texten und Tönen, stehenden und bewegten Bilder ausgebaut. Multimedial oder speziell für die Website arbeitende Redakteure versorgen das Internetangebot mit aktuellen Informationen, z. T. auch mit »Live-Tickern«. RSS-Feeds oder News-Flash-Programme für den Computer bieten individuelle, aktuelle und permanente Informationsversorgung ebenso wie E-Paper-Abonnements, die mit einem Zeitvorsprung vorab einen Blick in die gedruckte Ausgabe ermöglichen (u. a. www.sportbild.de). Kurze Filme als Web-TV oder Videoclips informieren mit aktuellen News von Sportereignissen (u. a. www.kicker.de), berichten von Sportgerätetests (u. a. www.yacht.de, www.segeln-magazin.de), lehren die richtige Technik (u .a. www.golf.de, www.surf-magazin.de) oder unterhalten mit spektakulären Sprüngen, Stunts und Stürzen (u. a. www.snowboarder.de, www.bike.de).

Den Nachteil von Sportzeitschriften, in ihrem Seitenumfang begrenzt zu sein, machen die Internetangebote der Titel mit zusätzlichem Content als thematische Verlängerung wett. Was nicht mehr ins Heft passt, kommt als ergänzender oder aktualisierter Artikel oder als Blog auf die Website (u. a. www.golfmagazin.de). Nach unterschiedlichen Kriterien abfragbare Datenbanken zu Sportgeräten, Zubehörprodukten, Tests, Locations oder Clubs und Vereinen (u. a. www.golf.de, www.boote-magazin.de, www.roadbike.de) bieten über die in der aktuellen Ausgabe abgedruckten Inhalte hinaus online zusätzlichen Nutzen für den Rezipienten. Die gegenüber Print deutlich bessere Möglichkeit des Internets, Interaktion zwischen Medium und Rezipient – und sogar zwischen den Zielgruppen-Mitgliedern selbst – zu bieten, nutzen Sportzeitschriften durch Foren und Chats (u. a. www.tour-magazin.de, www.fliegenfischen.de).

Der Journalist als Content Manager

Der deutsche Sportzeitschriftenmarkt ist gekennzeichnet durch eine Diversifikation mit vielfältigem Angebot an Titeln zu jeder Sportart – analog zur differenzierten Entwicklung und Situation von Sport und Gesellschaft. Wettbewerb und Angebot sind in den letzten zehn Jahren gewachsen: mehr Titel, weniger Auflage, verursacht durch die Entwicklung und die Attraktivität von Sportarten, -events oder -protagonisten. Nach wie vor ist der Typus der »allgemeinen Sportzeitschrift« eher selten, am häufigsten ist die »spezielle

Sportzeitschrift«, von einem kommerziellen Verlag oder einer Sportorganisation (Verband) herausgegeben. Sportzeitschriften sind im digitalen Zeitalter angekommen und redaktionell quasi permanent online.

Welche Auswirkungen haben diese Entwicklungen auf den praktischen Journalismus, also auf die Journalisten und Redakteure, die für Sportzeitschriften arbeiten? Grundsätzlich gilt, dass der Arbeitsmarkt für Sportjournalisten mit einer qualifizierten Ausbildung, redaktionellem Know-how und speziellem (Insider-) Wissen in einer Sportart aufgrund der Spezialisierung und Differenzierung des Sportmagazinmarktes gewachsen und somit attraktiv ist. Des Weiteren gilt, dass durch die veränderten Medienangebote und die sich ändernde Mediennutzung die Arbeit in den Redaktionen vielfältiger und aktualitätsbezogener geworden ist. Gearbeitet wird nicht mehr nur mit Text, Foto und Layout für eine gedruckte Zeitschrift. Berichterstattung in Sportmagazinredaktionen ist zunehmend eine dynamische Permanentproduktion, Redaktionsschluss ist aufgrund der Aktualität und der technischen Eigenart des Medienkanals Internet immer und jetzt. Bewegte Bilder und O-Töne, zusätzliche oder über das Heft hinausgehende Inhalte spielen bei der Recherche wie bei der Umsetzung von digitalen Sportmagazinangeboten zunehmend eine Rolle. Der klassische Redakteur, der die Artikel freier Mitarbeiter redigiert, weicht zunehmend dem *Content-Manager*, der jegliches für eine medienkonvergente Publikation geeignete Material organisiert, recherchiert und aufbereitet.

In der immer komplexeren Welt des Sports und seines Zubehörs kommt zudem dem Nutzwertjournalismus (»Servicejournalismus«, »Ratgeberjournalismus«) in Sportzeitschriften eine wachsende Bedeutung zu (vgl. Fasel 2004; Zedler 2004). Zwar haben Einzel-, Vergleichs- oder Dauertests von Sportgeräten und Zubehörprodukten ebenso wie Marktübersichten in Sportmagazinen schon immer ihren redaktionellen Platz gehabt. Doch gerade bei sich ausdifferenzierenden Sportarten mit teilweise auch für Insider kaum zu überblickenden Angeboten sucht der Verbraucher zunehmend nach »news to use«. Diese zu liefern ist eine aktuelle und zukünftige Aufgabe von Sportzeitschriftenredaktionen. Die schon immer wichtige Information über den Sport, die unterhaltende Faszination der schönen Bilder und die pädagogische und animierende Vermittlung von Sporttechniken wird ergänzt um weitere Facetten des journalistischen Arbeitens (vgl. Hackforth/Kleinjohann 1987: 204).

Die Digitalisierung der Medien mit der Möglichkeit, Texte, Fotos, Videos und Musik einfacher zu erzeugen, zu beschaffen, zu verarbeiten und zu verbreiten, beeinflusst die Arbeit von Sportmagazinredaktionen. Eine Herausforderung, die Verlage für publizistischen und wirtschaftlichen Erfolg in der Zukunft annehmen müssen. Denn auch die Leser und Nutzer haben sich in ihrem Medienverhalten geändert und werden Sport – »ihren« Sport – in der gewachsenen Bandbreite und Polarität der sportmedialen Möglichkeiten nutzen: aktiv und passiv, stationär und mobil, modular und kombiniert, permanent und spontan, grundsätzlich und speziell interessiert.

Literatur

Braun, O. (1999): SpiWWW – das Bild des Sports im WWW. Ergebnisse der ersten umfassenden Inhaltsanalyse sportjournalistischer Berichterstattung im deutschsprachigen World Wide Web. Bornheim.

Collmann, D. (2001): Der deutsche Sportzeitschriftenmarkt. Vergleichende Analyse der bei der IVW gemeldeten deutschen Sportzeitschriften. Köln.

Delius, D. (1980): Der Markt der Sportzeitschriften in der Bundesrepublik Deutschland. Geschichte, Struktur, Entwicklungen. München.

Fasel, Ch. (2004): Nutzwertjournalismus. Konstanz.

Frütel, S. (2005): Toy Departement for Men. Eine empirische Studie zum internationalen Sportjournalismus. Pulheim.

Gerick, F. (2005): Die Entwicklung des deutschen Sportzeitschriftenmarktes. Vergleichende Analyse der bei der IVW gemeldeten Sportzeitschriften der Jahre 2000 und 2005. Köln.

Hackforth, J./Kleinjohann, M. (1987): Der Sport- und Freizeitjournalist als „Kommunikateur". In: Heinemann, K./Haag, H. (Hrsg.): Berufsfeld Sport, 196–206.

IVW (Informationsgemeinschaft zur Feststellung der Verbreitung von Werbeträgern e. V.): Berichtsbände 01/1999 – 4/2008.

Kleinjohann, M. (1987): Sportzeitschriften in der Bundesrepublik Deutschland. Bestandsaufnahme – Typologie – Themen – Publikum. Theoretisch-empirische Analyse eines sportpublizistischen Mediums. Frankfurt am Main u. a.

Kleinjohann, M. (1988): Funktion und Wirkungspotential von Sportzeitschriften: Erfahrungen, Ergebnisse und Erkenntnisse. In: Hackforth, J. (Hrsg.): Sportmedien & Mediensport. Wirkungen – Nutzung – Inhalte der Sportberichterstattung. Berlin: 127–145.

Kleinjohann, M./Timpe, W. (1988): »Sport Bild« ist zum Sprung bereit. Medien – Märkte & Mächte 2: 62–67.

Media-Daten, 4/2008.

Rolf, N. (1995): Special Interest Zeitschriften. Münster.

Schaffeld, M. (2000): Vergleichende Struktur- und Inhaltsanalyse von Sportzeitschriften und ihrem Internet-Auftritt. Köln.

Schauerte, Th./Schwier, J. (2007): Nutzung von Sportangeboten in den Medien. In: Schierl, Th. (Hrsg.): Handbuch Medien, Kommunikation und Sport. Schorndorf: 200–211.

Scholt, R. (1989): SPORTS und die Konkurrenz. Inhaltsanalyse und vergleichende Typisierung von drei Sportzeitschriften. Köln.

Zedler, W. (2004): Sprachrohr der Verbraucher. In: Mast, C.: ABC des Journalismus. 10. Auflage, Konstanz: 497–500.

Andreas Wagner

4   Sportberichterstattung im Radio

»Tooor in Leverkusen ...« – Die ARD-Bundesligakonferenz ist schlechthin *das* Aushängeschild der Sportberichterstattung im ARD-Hörfunk. Und auch wenn der auseinandergezogene Bundesligaspielplan und das Bezahlfernsehen die Hörerzahl ein bisschen reduziert haben mögen, so sind es Samstag für Samstag immer noch mehrere Millionen Hörer, die die Bundesliga im Radio erleben. Und ein Erlebnis ist die Konferenz. Sie lässt die Hörer gleichzeitig in allen Stadien sein, sie garantiert ihnen, dass sie nichts verpassen, und sie transportiert Spannung und Emotion pur – dank der Stadion-Atmosphäre, die live übertragen wird, und dank der Reporter, die in den Köpfen der Hörer die Bilder dazu entstehen lassen.

Es ist die große Stärke der ARD, in jedem einzelnen ihrer vielen Radioprogramme ein sehr spezifisches Angebot machen zu können. Am gewaltigsten jedoch ist der Moment, wenn sich alle ARD-Anstalten zu einem gemeinsamen Angebot zusammenschließen: immer samstags in der Konferenz. Und doch ist die Konferenz nur eine Facette in einem breit gefächerten Angebot; einem Angebot, das sich im Lauf der Jahrzehnte grundlegend verändert hat. Insofern soll es hier um zwei Dinge gehen: Um eine kurze Darstellung der Entwicklung der Sportberichterstattung im öffentlich-rechtlichen Radio sowie – aufgezeigt am Beispiel des Südwestrundfunks – um einen Blick auf die heutige Sportberichterstattung im Hörfunk.

Entwicklungsgeschichte

Die Anfänge

Bereits in den ersten Stunden des Radios war die Sportberichterstattung eine feste Größe: Im April 1921 wurde vom amerikanischen Sender KDKA erstmals eine Sportveranstaltung im Radio übertragen – der Boxkampf Johnny

Ray gegen Johnny Dundee in Pittsburgh. Mit dem Start des Rundfunks in Deutschland im Oktober 1923 war der Sport bereits als fester Programmbestandteil akzeptiert. Von 1924 an wurde regelmäßig über Sportereignisse berichtet, und fünf Jahre später, am 28.04.1929, wurde das erste Fußball-Länderspiel im deutschen Hörfunk übertragen: Italien – Deutschland, live aus Turin. Den Zweiten Weltkrieg überstand die Sportberichterstattung im Radio ohne große Brüche; es ist die Zeit, in der das Radio Leitmedium war. Ab den 1960er-Jahren musste sich der Sport im Hörfunk zunehmend der Konkurrenz durch das Fernsehen stellen und wurde in seiner Bedeutung zurückgedrängt. Lediglich der Samstagnachmittag mit der Liveberichterstattung von der (1963 gestarteten) Fußball-Bundesliga entwickelte sich zum herausragenden Markenzeichen. Und er ist es bis heute geblieben, nicht zuletzt auch deshalb, weil von der Bundesliga am Samstagnachmittag im frei empfangbaren Fernsehen bis heute keine Livebilder gezeigt werden und die berühmte Schlusskonferenz mit ihrer Präsenz in allen Stadien gleichzeitig weiterhin über ein Alleinstellungsmerkmal verfügt.

Das Fernsehen kommt

Wie die Bedeutung des Fernsehens für die Sportberichterstattung gewachsen ist, lässt sich gut an der Rezeption der Fußball-Weltmeisterschaften zeigen. So wurden von den Turnieren 1954 in der Schweiz und 1958 in Schweden zwar jeweils neun Spiele live im deutschen Fernsehen übertragen, aber dieses Angebot konnten nur sehr wenige unter den deutschen Fußballanhängern empfangen: Im Jahr 1958 waren in Deutschland erst 1,2 Mio. Geräte angemeldet. Von der Fußball-Weltmeisterschaft 1962 in Chile gab es gar keine Livebilder. 1966 jedoch, als elf Spiele des WM-Turniers in England nach Deutschland übertragen wurden, waren schon deutlich mehr als zehn Mio. Fernsehgeräte angemeldet, und bei den Spielen der deutschen Mannschaft waren 65 Prozent der bundesdeutschen Haushalte live dabei. Das Fernsehen hatte das Radio als Medium Nummer eins für Sportübertragungen abgelöst.

Sport im »Kästchen«-Radio

In diese Entwicklung hinein – in den 1960er-Jahren – konturierten die ARD-Sender ihre Radioprogramme neu. Der Süddeutsche Rundfunk beispielsweise definierte 1962 SDR1 als ein Massenangebot mit Unterhaltungsmusik und SDR2 als ein Angebot für anspruchsvolle Minderheiten. Der Südwestfunk vollzog diesen Schritt 1967 mit der Trennung zwischen einem »Familienprogramm« (SWF1) und einem »schweren« Programm für anspruchsvolle

Hörer (SWF2). Der Sport fand seine Heimat in den massenattraktiven Programmen und hatte dort feste Sendeflächen (»Kästchen«; wie andere Fachredaktionen auch); nicht nur am Samstagnachmittag, wenn die Fußball-Bundesliga spielte, sondern auch noch am Sonntag und teilweise am Abend. Die Berichterstattung orientierte sich an den Bedürfnissen eines fachkundigen Publikums, das zur gewohnten Uhrzeit gezielt einschaltete. Die Sportredaktionen waren mehr oder weniger autark in der Ausgestaltung dieser Flächen. Fanden spannende Sportereignisse jenseits dieser Flächen statt, gab es in der Regel keine Berichterstattung.

Sport in der »Welle«

In den 1970er-Jahren kamen die »Wellen« auf, die »Programme aus einem Guss«, zunächst als Popwellen. SWF3, bundesweit Vorreiter für diese Programme, ging 1975 erstmals auf Sendung; der Süddeutsche Rundfunk zog 1979 nach mit dem Programm RADIO 3 SÜDFUNK STUTTGART. Und der Sport – jung und dynamisch wie die neuen Programme – ging mit. An der konzeptionellen Ausrichtung des Sportangebots änderte sich zunächst wenig: Die Sportflächen waren klar definiert, die Zielgruppe ein Sportfachpublikum. Es wurde allerdings bald ein Gegensatz erkennbar zwischen der Zielgruppe der Wellen (ein jüngeres Publikum, das Pop- bzw. Rockmusik hörte und auf eine jugendliche Anmutung ansprach) und der Zielgruppe des Sports (eher männlich, alle Altersgruppen). Der Bundesliga-Samstag war (und ist noch) sehr erfolgreich, weil er zwischen 15:00 und 18:00 Uhr den Konkurrenzprogrammen die Fußballfans abzog (eine Zielgruppe, die größer ist als die des erfolgreichsten deutschen Radioprogramms). Zugleich wurde aber klar, dass sich ein Teil der Stammhörer – insbesondere Hörerinnen – verabschiedete, sobald die Reporterstimmen ertönten. Das hatte Konsequenzen. Zwar blieb der Samstag eine Bastion des Sports, die Zahl der Flächen-Sportsendungen am Sonntag und am Abend wurde jedoch reduziert. Nach einem guten Jahrzehnt landete der Sport beim SWF wie beim SDR wieder da, wo er herkam: im ersten Radioprogramm.

Das bedeutete aber keineswegs, dass die Popwellen auf den Sport verzichteten. Im Gegenteil: Sie entwickelten ihre eigene Vorstellung von Sportberichterstattung: eine Sportberichterstattung für die Magazinflächen der Welle und für eine sehr viel breitere Zielgruppe, eine Berichterstattung in neuen Formen. Bunte Stücke waren gefragt, Hörbilder, oft schlicht und einfach nur gute O-Töne, die sich in eine Moderation einbetten ließen. Es ging um eine Berichterstattung nicht nur über den Sport, sondern um den Sport herum. Sportler wurden zu Popstars. Bereits vorweggenommen hatte das in den frühen 1970er-Jahren ein langhaariger Diskothekenbesitzer und Ferrari-Fahrer aus Mönchengladbach: Günther Netzer, im Hauptberuf Fußballprofi bei der Borussia. In den späteren Jahren gab es viele dieser sportlichen Topstars (auch wenn kaum einer die Extravaganz Günther Netzers erreichte). Diese Entwicklung ging einher mit dem, was Sportsoziologen »die Versportung der Gesellschaft« genannt haben.

Die Menschen hatten mehr Freizeit und füllten diese entsprechend aus. Die Zahl der Sporttreibenden (insbesondere unter den Frauen und den Menschen über 40) nahm rasch zu und es entwickelten sich neue Sportarten bzw. sportliche Betätigungen – insbesondere solche, die in Richtung Gesundheit, Wohlbefinden, Fitness, Körpergefühl gingen. Joggen, Aerobic und Fitnesstraining wurden Normalität, das Fahrrad war plötzlich ein Sportgerät und der Abenteuersport nicht mehr nur eine Angelegenheit für einige Freaks. Zugleich änderte sich auch die Sportrezeption: Das Fernsehen weitete sein Angebot beträchtlich aus, das Begleitmedium Radio zog (im beschriebenen Sinne) mit. Der Fußballfan, der sich am Abend das Länderspiel im Fernsehen anschauen möchte, erwartet schon morgens zur Radio-Primetime eine Vorberichterstattung in seiner Welle. Und selbst diejenigen, die am Abend keine 90 oder mehr Minuten vor dem Fernseher sitzen möchten, interessieren sich u. U. für ein Stück, in dem der Konkurrenzkampf der beiden Torhüter K. und L. um die Vorherrschaft im deutschen Tor aufgearbeitet wird.

Sportthemen waren auch zunehmend in den Nachrichten präsent. Die neue Definition von News-Faktoren – neben Aktualität und Relevanz auch Kriterien wie Regionalität, Unterhaltungsfaktor oder Gesprächswert für die Zielgruppe – halfen dem Sport in der »versporteten« Gesellschaft, diese Hürde zu nehmen. Vorbei die Zeit, da der Nachrichtensprecher zum Ende seines Auftritts vortrug: »Und nun noch eine Meldung vom Sport: Deutschland ist Fußball-Europameister.« Wie es auch die ARD-»Tagesschau« längst tut, platzieren die Nachrichtenredaktionen ganz wichtige Sport-News mittlerweile auch einmal als Aufmacher. Und als Bundestrainer Jürgen Klinsmann den bereits erwähnten Konkurrenzkampf der beiden Torhüter zugunsten von Jens Lehmann entschied, war das bundesweit die Topmeldung des Tages.

Während die Wellen die Entwicklung hin zur Orientierung am Geschmack von Mehrheiten rasch vollzogen hatten, taten sich die Sportredaktionen damit anfangs etwas schwerer. Was bitteschön hat das Privatleben von Boris Becker mit Sport zu tun? Nichts, war die Antwort, aber es interessiert die Hörer eben weit mehr als der Name des neu verpflichteten russischen Angriffsspielers, der beim Tischtennis-Bundesligisten TTC Zugbrücke Grenzau das hintere Paarkreuz verstärken soll.

»Wellengerechte Sportberichterstattung« war das Stichwort, unter dem sich der ARD-Hörfunksport Mitte der 1990er-Jahre neu positionierte. Auf der Basis von Untersuchungen der Medienforschung wurde eine Angebotsphilosophie entwickelt, die zugeschnitten war auf die Hörer der sogenannten »Massenwellen«. De facto handelte es sich um eine Öffnung der Sportberichterstattung für Boulevard-Themen, transportiert in Beiträgen modernster Machart. Die neue Philosophie erforderte auch ein neues Berufsbild: das des Story-Machers.

Für ein Stück von zwei Minuten Länge über die tief enttäuschte Weitspringerin, die grandios bei dem Versuch gescheitert ist, ihren Olympiasieg von vor vier Jahren zu wiederholen, wird nicht unbedingt ein Leichtathletikexperte benötigt. Aber es muss das Gespür dafür vorhanden sein, wie man fragen muss, um zwei, drei gute Antworten zur Gefühlslage zu bekommen; es braucht einen virtuosen Umgang mit dem digitalen Schnittsystem und eine Präsentationsform, die der Anmutung der Massenprogramme entspricht. Fähigkeiten, die ein guter Livereporter durchaus haben kann, aber nicht unbedingt haben muss. Neue, junge Leute, häufig ausgebildet in den Massenprogrammen, gelangten in den Sport.

Die Rolle der Livereporter wandelte sich. Es gab weniger Abnehmer für lange Reportagen, dafür aber ein Bedürfnis nach Gesprächen; nach Gesprächen allerdings, in denen sich die Reporter nicht als Experten für ein Fachpublikum betrachten sollten, sondern als Sachverständige, deren Aufgabe es war, auch die nur mäßig am Sport interessierten Hörer für das jeweilige Ereignis oder Thema zu gewinnen. Geführt wurden diese Gespräche überwiegend nicht in den Sportsendungen, sondern in anderen Strecken der Welle – und damit von Wellenmoderatoren, die ohnehin anders an Sportthemen herangehen als ihre Fachkollegen.

Diesem Bedürfnis der Programme nach Gesprächen – man könnte auch sagen: dem Bedürfnis nach Exklusivität – trägt der ARD-Sport seit einer ganzen Reihe von Jahren Rechnung. Die Gesprächsleitung ist häufig Teil des Angebots. Und bei der Übertragung von Großereignissen ist seit den Olympischen Spielen von Sydney im Jahr 2000 die sogenannte Exklusivleitung Standard (damals noch Aktualitäten-Pool genannt): Die Programme können seitdem fast rund um die Uhr bestimmte Zeitfenster buchen und mit einem Reporter vor Ort ein auf ihre Bedürfnisse zugeschnittenes Gespräch führen.

Bei einem Jugendradio kann sich das auf die Frage konzentrieren, wie der junge deutsche Überraschungssieger im olympischen Triathlon mit dem mitgereisten Fanclub seinen Erfolg gefeiert hat; eine Info-Welle interessiert sich vielleicht mehr dafür, wie der bulgarische Verband mit dem dritten Dopingfall unter seinen Schwerathleten umgeht. Die Reporter an der Exklusivleitung sind zudem in der Lage, O-Töne zuzuspielen. Auch bei Fußball-Welt- und Europameisterschaften ist die Exklusivleitung seit einigen Jahren Standard. Bei der Euro 2008 in Österreich und der Schweiz wurde erstmals eine Leitung aus dem Quartier der deutschen Mannschaft angeboten. Die Nachfrage der Programme war enorm.

Die Sportberichterstattung in der Welle geht damit über das eigentliche Sportereignis hinaus. Es interessieren also nicht nur die sportlichen Leistungen eines Raffael van der Vaart, sondern auch die Show-Ambitionen seiner Frau Sylvie (2003 »sexiest woman« der Niederlande). Während hier gewissermaßen eine Erweiterung der Berichterstattung festgestellt werden kann, erleben wir zugleich eine Verengung auf ganz bestimmte Sportarten. So wie im Fernsehen der »Unterhaltungssport« stark im Vordergrund steht (Fußball, Boxen, Formel 1, Biathlon – und alle vier Jahre bei Olympischen Spielen auch einmal die ganze Palette), picken sich auch die Populärwellen die Themen heraus, die weit über die Sportklientel hinaus Interesse finden. Über die Bedeutung des Fußballs in Deutschland muss hier nichts mehr gesagt werden. Grundsätzlich gilt, dass eine Sportart telegen sein muss, wenn sie die Massen ansprechen soll, sie braucht Erfolge – und natürlich die richtigen Protagonisten: 16 Goldmedaillen hat Deutschland bei den Olympischen Spielen in Peking errungen. Würde man Menschen auf der Straße nach den Namen der Sieger fragen, könnten selbst sportinteressierte Deutsche im Jahr danach nur noch wenige von ihnen nennen. Einen Namen aber hätten fast alle noch präsent: den des Olympiasiegers im Gewichtheben, Matthias Steiner. Und sie wüssten den Namen nicht der – zweifellos beachtlichen – sportlichen Leistung wegen, sondern wegen der Geschichte dahinter: wegen des einprägsamen Bildes des starken Siegers, der im Moment des Erfolges ein Foto seiner tödlich verunglückten Ehefrau in die Kameras hält.

Entwicklung der Livereportage

Längere Live-Sportstrecken passen nicht in ein Radioprogramm, das eine sehr spezifische – nicht mit den Sportinteressierten identische – Zielgruppe bedient und einen eher geringen Wortanteil hat. Hinzu kommt, dass Livesport nur bedingt planbar ist. Die letzten zwei Minuten eines Handballspiels können auch sieben Minuten dauern, das letzte Spiel eines Tennismatchs kann sich ebenfalls minutenlang hinziehen, und beim olympischen 100-Meter-Finale – so kurz das eigentliche Rennen auch sein mag – ist man nicht vor einem oder zwei Fehlstarts gefeit.

Worauf aber keine Populärwelle verzichtet, ist die Emotion, die manche Reportage transportiert. Die Reportage vom Olympiasieg Matthias Steiners haben nur einige wenige ARD-Hörfunkprogramme live übertragen. Zeitversetzt lief die Reportage des ARD-Reporters jedoch ungezählte Male – und in fast allen Programmen, konfektioniert für die Bedürfnisse der jeweiligen Welle. Denn die beiden Gefühlswelten Steiners, die des großen Siegers und die des trauernden Witwers, haben für einen der emotional stärksten Augenblicke der Olympischen Spiele gesorgt. Wie eine akustische Kamera hat der Reporter die Szene festgehalten – und wurde noch Tage nach dem Ereignis immer wieder gesendet. So wie emotional starke Fernsehbilder immer wieder gezeigt werden, so wird auch die Radioreportage längst nicht mehr nur für den einen Moment gemacht, in dem ein Sportler seinen Sieg erringt.

Die lange Reportage bzw. die sogenannte Vollreportage, bei der z. B. Fußballspiele von zwei Reportern komplett übertragen werden, schien mit dem Entstehen der Populärwellen keine Zukunft mehr zu haben. Längere Wortstrecken passten nicht mehr ins Programmkonzept. Anfang der 1990er-Jahre jedoch kamen die Info-Programme auf, reine Wortwellen, die im Lauf der Zeit die lange Reportage für sich entdeckten. Die Kooperation mit der Deutschen Fußball-Liga (DFL) lässt die Übertragung kompletter Ligaspiele in Vollreportage nicht zu; DFB-Pokalspiele, Spiele der europäischen Fußballwettbewerbe oder Länderspiele werden aber regelmäßig in voller Länge übertragen.

Partien des DFB-Pokals, des UEFA-Cups oder der Champions League sind häufig nicht live im Fernsehen bzw. teilweise nicht im frei empfangbaren Fernsehen zu sehen. Das Radio wird so auf Zeit wieder zum Primärmedium. Aber auch wenn Fußball parallel im Fernsehen läuft, bleibt die »Vollrepo«, wie sie intern genannt wird, immer eine Option: sei es für diejenigen, die nicht fernsehen können, oder auch für die, die Fernsehbild und Radioton gerne kombinieren. 19 der insgesamt 31 Spiele der Fußball-EM 2008, des letzten von der ARD übertragenen Fußball-Großereignisses, waren in voller Länge zu hören. Jede ARD-Anstalt hat in mindestens einem Programm Spiele in voller Länge übertragen. Mit SWR1 hat im Südwesten sogar eine Populärwelle das Europameisterschafts-Finale in voller Länge ausgestrahlt.

Regionale Kompetenz

Der ARD-Hörfunk ist immer mit dabei, wenn es gilt, sportliche Großereignisse wie Olympische Spiele zu übertragen. Und er produziert diesen gewaltigen Moment, wenn sich alle Häuser zur Bundesligaschlusskonferenz zusammenschließen. Zugleich liegt eine große Stärke der ARD im genauen Gegenteil dieses populären Zusammenschlusses: Unzählige Regionalstudios graben bundesweit täglich die Sportthemen aus, die ganz nah an den Menschen sind. So etwa das SWR-Büro Biberach mit dem Porträt des 48-jährigen Leichtathletik-Trainers aus Oberschwaben, der nicht nur Trainer ist, sondern auch Pressewart, Chauffeur, Reiseleiter und Wurstverkäufer beim alljährlichen Vereinsfest; oder das MDR-Büro Saalfeld mit dem Bericht vom Spitzenspiel der Fußball-Oberliga Süd zwischen Pößneck und Meuselwitz. Die regionale Kompetenz des ARD-Hörfunks kommt nicht zuletzt auch in der Sportberichterstattung zum Tragen. Und so ist die Sportberichterstattung im Radio immer ein bisschen von allem: Sie transportiert den großen Sport ebenso wie die ganz kleinen Momente in der Region.

Beispiel SWR

Die Zweiländeranstalt SWR, die für eine Vielzahl an Landsmannschaften Programm macht, ist gewissermaßen eine kleine ARD in der großen. Die Landessenderdirektionen in Stuttgart und Mainz verantworten mit SWR1 und SWR4 je zwei auf Landesebene ausgestrahlte Radioprogramme. SWR4 schaltet sich zu bestimmten Zeiten noch weiter auseinander: in 17 regionale und subregionale Programme von Koblenz bis zum Bodensee. Die Hörfunkdirektion in Baden-Baden verantwortet die Popwelle SWR3, das Kulturradio SWR2, das Wortradio SWR CONT.RA sowie DAS DING, das multimediale Angebot des SWR für Jugendliche und junge Erwachsene. Sport läuft in all diesen Programmen – jedes macht sein spezifisches Angebot.

Der SWR-Sport ist außerhalb der Programme organisiert: als bimediale Hauptabteilung, deren Dienstleistung allen zur Verfügung steht. Die Mitarbeiter der Hörfunkabteilung (HA) Sport sind an allen drei großen Standorten des Senders präsent und arbeiten für alle Programme des Hauses. Darüber hinaus gibt es Sportstrukturen in den vielen Regionalstudios; insbesondere dort, wo die Präsenz von Clubs der ersten oder zweiten Fußball-Bundesliga eine regelmäßige Berichterstattung vor Ort nahelegt. HA Sport und Studios arbeiten dort eng zusammen.

Es gibt mehrere Ansätze, das umfangreiche Sportangebot des SWR in den verschiedenen Hörfunkprogrammen zu systematisieren. So ließe sich differenzieren zwischen klassischen Sport-Sendeformen, die von der Abteilung Sport Hörfunk verantwortet werden, und der Präsenz von Sport in anderen Sendungen. Hier soll aus der Sicht der Hörer gedacht werden. Aus dessen Perspektive gibt es drei Säulen der Berichterstattung: 1. Sport live: immer dann, wenn hochkarätiger Sport stattfindet; 2. Sport nachrichtlich: zu festen, verlässlichen Zeiten; 3. Sport in der Fläche: aktuell bis hintergründig; in allen formalen Varianten.

Sport live

Nirgendwo ist die thematische Verengung der Sportberichterstattung so hoch wie beim Livesport, denn nirgendwo »hängt« für die Programmmacher »die Latte so hoch«. Und so handelt es sich beim Livesport (zumindest so weit er in den Populärwellen übertragen wird) in erster Linie um Fußball.

Das Flaggschiff aller ARD-Sportredaktionen ist die Bundesliga-Sendung am Samstagnachmittag. WDR2: »Liga Live«, NDR2: »Bundesliga-Show«, BAYERN1; »Heute im Stadion«, SWR1: »Stadion«, … – jeder Sender bringt die Bundesliga auf seine Weise zum Fußballanhänger; mit einer Wortverdichtung, wie sie in einer Populärwelle ansonsten nicht denkbar wäre. Hintergrund ist die Erkenntnis, dass am Samstagnachmittag ein weitreichender Höreraustausch stattfindet: So sind nur etwa 30 Prozent der Hörer von SWR1 »Stadion« Stammhörer von SWR1; etwa ein Drittel der »Stadion«-Hörer kommt von anderen SWR-Programmen, ein gutes Viertel der Hörer kommt von privaten Anbietern, der Rest von öffentlich-rechtlichen und privaten Programmen, die außerhalb des SWR-Sendegebiets angesiedelt sind. Der Frauenanteil bei SWR1 »Stadion« – auch das ein Effekt der Konzentration auf den Fußball – liegt bei gut 30 Prozent. Die am stärksten vertretene Altersgruppe ist die der 40- bis 49-Jährigen.

Auch hier zeigt sich die Stärke der ARD: Über weite Strecken macht jeder Sender ein Angebot, das auf die regionalen Erwartungen seiner Hörer zugeschnitten ist. Zur Schlussphase der ersten Halbzeit ab 16:08 Uhr und zur Schlusskonferenz ab 16:55 Uhr schalten sich dann alle Sender zu einem bundesweiten Angebot zusammen. Es ist eine große Leistung sowohl der Reporter als auch – nach außen kaum wahrnehmbar – eine große Regieleistung der Kollegen bei WDR2 in Köln, die dieses Produkt möglich machen. Den Machern ist gleichwohl bewusst, dass das Produkt, das sie anbieten, insbesondere von dem lebt, was in den Stadien passiert. Eine gute Konferenz hören wir eigentlich jede Woche, eine herausragende nur dann, wenn die Clubs für eine entsprechende Dramaturgie sorgen – wie am letzten Spieltag der Saison 1998/99: Nürnberg, Frankfurt, Rostock und Freiburg machten den dritten Absteiger unter sich aus, und während der Schlusskonferenz stand immer wieder ein anderes Team auf dem 16. Tabellenplatz; das Ganze perfekt transportiert und emotional geschildert von den Reportern. Am Ende traf es dann den Club aus Nürnberg: Nach Punkten und Tordifferenz auf gleicher Höhe mit Eintracht Frankfurt stiegen die Franken wegen der geringeren Anzahl der erzielten Tore ab. »Wir melden uns vom Abgrund!«, rief der Reporter Günther Koch in Nürnberg ins Mikrophon.

Eine verlässliche Schlusskonferenz, die alle angeschlossenen Programme mitnehmen, gibt es noch gar nicht so lange: erst seit Anfang der 1990er-Jahre. Davor wurden parallel mehrere regionale Konferenzen ausgestrahlt. Die Redakteure der Sendungen, die keinen oder nur einen Verein in ihrem Berichtsgebiet hatten, wie etwa der alte SWF1 »Sportreport« mit dem 1. FC Kaiserslautern, sprangen dann oft von Konferenz zu Konferenz, um ihre Hörer bestmöglich zu informieren und zu unterhalten.

Auch jenseits des Samstags gibt es reine Fußballsendungen. SWR1 »Stadion« beispielsweise ist immer dann live am Ball, wenn die deutsche Fußballnationalmannschaft um Qualifikationspunkte spielt oder wenn die Vereine aus dem Sendegebiet wichtige Spiele in der Bundesliga, dem DFB-Pokal oder den europäischen Fußball-Wettbewerben bestreiten. Dann allerdings orientiert sich die Sendung sehr viel stärker am Erscheinungsbild der Welle. Stößt ein Spiel zwar auf ein gewisses Interesse, rechtfertigt nach Einschätzung der Macher aber keine eigene Sendung, dann werden die Hörer gleichwohl bestens informiert: durch einige wenige Liveeinblendungen sowie einen verbalen Ergebnisdienst des Wellenmoderators.

Neben den Populärwellen mit Sportprofil setzen auch die Info-Programme auf Livefußball. SWR CONT.RA z. B. übernimmt die Schlusskonferenz der Fußball-Bundesliga am Samstag und bringt auch deren Sonntagsspiele live ins Ziel. Die große Stunde der Info-Programme schlägt aber insbesondere dann, wenn sie komplementär zur Populärwelle – wie beschrieben – Vollreportagen anbieten können und im jeweiligen Sendegebiet ein Alleinstellungsmerkmal haben.

Livesport in SWR1 oder SWR CONT.RA – und nicht nur da – ist vor allem Fußball, aber nicht nur: Olympische Spiele im Sommer wie im Winter, WM oder auch EM in wichtigen Sportarten (Handball, Leichtathletik, Schwimmen, Turnen, Biathlon oder Ski alpin), die Formel 1 oder (bis vor kurzem) die Tour de France: Auch anderer Sport kann live im Programm stattfinden.

Anders als der Fußball hat er aber zumindest im SWR keine eigene Sendung und auch keine Garantie für eine längerfristige Programmpräsenz.

Olympische Spiele finden im Zweijahresrhythmus in immer wieder anderen Zeitzonen statt und erfordern von Ereignis zu Ereignis spezifische Absprachen. Die Wettbewerbe erstrecken sich über ganze Tage und die Sportarten haben höchst unterschiedliche Wertigkeiten. Die Programme setzen da auf flexible, an der Aktualität orientierte Lösungen. Ein entscheidendes Kriterium für die Livereportage: Deutsche Medaillen-Chance – ja oder nein? Ähnliches gilt für die erwähnten Welt- und Europameisterschaften. Populärwellen reagieren hier auch auf den Stellenwert eines Sportereignisses in der Öffentlichkeit. Ein Fabian Hambüchen, der – auch noch in Stuttgart – Weltmeister am Reck wird, ist ein großes Thema beim SWR, sein entscheidender Wettkampf ein Liveereignis. Eine Turn-WM in Belgrad ohne Hambüchen hat einen sehr geringen Stellenwert.

Schaut man auf alle ARD-Programme, die Livesport senden, dann zeigen sich doch große Unterschiede. Zum einen sind da regionale Spezifika: Ski alpin spielt in Bayern eine andere Rolle als in Nordrhein-Westfalen; Reiten ist in Niedersachsen wichtiger als in Thüringen; und natürlich setzt ein Programm wie MDR INFO, das für eine sehr sportbegeisterte Region sendet, jedoch keinen einzigen Fußball-Erst- oder Zweitligisten im Sendegebiet hat, ganz andere sportliche Schwerpunkte als das beispielsweise im Südwesten der Fall ist. Konzeptionelle Unterschiede bei den Programmen kommen hinzu. Auch in diesem Punkt erweist sich die ARD als sehr vielfältig.

Sport nachrichtlich

Im Zusammenhang mit der Entstehung der Populärwellen wurde bereits dargestellt, dass Sport in den regulären Nachrichten eine wichtige Rolle spielt. Dies gilt umso mehr für jene Programme, denen man ein Sportprofil zuschreiben kann: Populärwellen wie SWR1, in denen samstags die Bundesligasendung läuft, aber auch Info-Programme wie SWR CONT.RA, die ihre Sportkompetenz stetig ausgebaut haben. Wichtig ist dabei das Zusammenspiel zwischen Nachrichten- und Sportredaktion. Man möchte den Hörern ja ein in sich stimmiges Gesamtprodukt anbieten. Und da auch die Nachrichtenredaktionen zu bestimmten Uhrzeiten News-Shows mit Korrespondentenberichten spielen, ist es wichtig, dass reguläre Nachrichten und Sportnachrichten aufeinander abgestimmt sind.

Das Konzept von SWR1 sieht so aus, dass werktäglich zwei kurze Sport-Summarys eine verlässliche Zusammenfassung der wichtigsten Sportereignisse des Tages liefern: das erste um 18:30 Uhr, das zweite im Rahmen eines 15-minütigen Nachrichtenformats gegen 22:12 Uhr. Wichtig ist dabei, dass sich auch diese von der Sportredaktion konfektionierten und präsentierten Sportnachrichten an die Wellenklientel richten, nicht (nur) an ein Fachpublikum.

Am sportträchtigen Wochenende wird verdichtet: Der Sportblock nach 22:00 Uhr (hier direkt nach den klassischen Nachrichten platziert) ist samstags sechs, sonntags sogar sieben Minuten lang. Zusätzliche Sport-Summarys am Sonntagnachmittag (von 14:30 Uhr bis 18:30 Uhr, jeweils zur halben Stunde) tragen dem Umstand Rechnung, dass der Sonntag der sportintensivste Tag der Woche ist. Noch dichter ist das Raster der Sport-Summarys im Wortprogramm SWR CONT.RA. Drei fünfminütige Ausgaben in der Frühstrecke (um 6:35 Uhr, 7:35 Uhr und 8:35 Uhr) stellen sicher, dass sich die Hörer in regelmäßigen Abständen über aktuelle Entwicklungen im Sport informieren können. Eine Zehn-Minuten-Strecke um 11:50 Uhr ist offen für eine nachrichtliche Berichterstattung, geht in der Regel aber weit darüber hinaus: mit selbst gesetzten Themen, mit Hintergründigem und mit Expertengesprächen. Ein weiterer fünfminütiger Sportblock um 19:05 Uhr sowie das (von SWR1 übernommene) Summary nach 22:00 Uhr runden das nachrichtliche Sportangebot von SWR CONT.RA an den Wochentagen ab.

Die Wochenend-Sportberichterstattung wird auch bei SWR CONT.RA verdichtet. Zwar gibt es am Samstagmorgen wegen der Wochenend-spezifischen Hörgewohnheiten nur einen zehnminütigen Sportblock um 11:50 Uhr. Rund um die Liveberichterstattung von der Fußball-Bundesliga (Übernahme der Schlusskonferenz) sowie in einem ausgedehnten nachrichtlich orientierten 15-Minuten-Sportblock um 19:05 Uhr wird SWR CONT.RA dem sportträchtigen Samstag dann aber gerecht. Nach 22:00 Uhr – auch sonntags – wird das Sport-Summary von SWR1 übernommen. Auch die Sonntagsspiele der ersten und zweiten Bundesliga werden in zwei eigens dafür platzierten Sportblocks aufgearbeitet, in einer Kombination aus nachrichtlicher und Liveberichterstattung: Die Schlussphasen der Erstligaspiele können live mitverfolgt werden.

Bei beiden Programmen geht es nicht (mehr) darum, einen Sporttag komplett im Programm abzubilden. Mit der Erkenntnis, dass nur zählt, wie viel Information bei den Hörern angekommen ist, steht die kundenfreundliche Aufbereitung des Sports im Vordergrund: Stringenter Aufbau; kurze, klare Sätze, »Hinhörer« wie O-Töne oder kreative Eigenformulierungen sind Standard. Entscheidend ist, mit dem Sport beim Hörer auf Interesse zu stoßen und dieses Interesse möglichst lange aufrechtzuerhalten. Minutenlange »Ergebnis-Friedhöfe« machen das Produkt nicht nur schwer konsumierbar; sie sind in den Zeiten von Videotext und Internet ohnehin längst überflüssig geworden. Angesichts einer sehr großen Zahl an sportbegeisterten Menschen (Medienforschern zufolge interessiert sich etwa ein Drittel der Bevölkerung sehr für Sport, ein weiteres Drittel zumindest etwas) ist es aber wichtig, die Hörer zu bestimmten Zeiten verlässlich zu informieren. Hier unterscheiden sich Sportnachrichten nicht von den regulären Nachrichten.

Sport in der Fläche

Der Sport in der Fläche umfasst alle denkbaren Genres: den O-Ton, die Collage, den bunten Beitrag, den Kommentar, das Expertengespräch, das Porträt – selbst das Halbstunden-Feature. Er kann brandaktuell sein, muss aber nicht. Im Unterschied zur Livereportage oder zum Nachrichtenblock kommt er nicht zu einer vorher bekannten Zeit, sondern orientiert sich stark an der Anmutung bzw. der Ausrichtung des Programms, in dem er stattfindet. Soll die Livereportage – insbesondere am Bundesliga-Samstag – den Fußball-anhänger ansprechen und soll das Sport-Summary (zumindest auch) der Sportklientel einen Einschaltimpuls vermitteln, so wird der Sport in der Fläche ganz nach den »Spielregeln« des jeweiligen Programms aufbereitet. (Und konkurriert mit allen anderen Themen, die in dieser Fläche laufen können.)

Die Jugendwelle sendet zur Herbstmeisterschaft von 1899 Hoffenheim vielleicht das Porträt des 20-jährigen Innenverteidigers Matthias Jaissle und spielt seinen Lieblingstitel von »Wir sind Helden«, die Populärwelle erfindet eine Comedy zu »Ralfi und seinen Jungs«, das Infoprogramm befragt den Sportdirektor des Clubs – Bernhard Peters – zum Tempofußball und zur Trainingsintensität, im Regionalprogramm wird die wirtschaftliche Bedeutung von 1899 Hoffenheim für die Metropolregion Rhein-Neckar beleuchtet und die Kulturwelle spielt das Stück über den Akademiker-Fanclub des Vereins. Und wenn die Sportredaktion gut ist, dann hat sie das Jaissle-Stück und den Beitrag über den Akademiker-Fanclub selbst gemacht, die Comedy beim Mittagessen mit einigen Kollegen von der Popwelle angeregt, den Sport-direktor Peters vermittelt und vielleicht sogar noch den Anstoß für das Wirt-schaftsthema gegeben, das bei einem Regionalkorrespondenten vermutlich besser aufgehoben ist als beim Sport. Wichtiger noch als in den klassischen Sportstrecken ist hier die Dienstleisterfunktion der Sportredakteure.

Ausblick

Der Sport ist heute im ARD-Hörfunk sehr viel präsenter als vor 15 oder 20 Jahren. Die ganze Gesellschaft ist sportaffiner geworden, die Programmlandschaft hat sich stärker ausdifferenziert und die Sportberichterstattung ist diesen Entwicklungen gefolgt. Von der Jugendwelle bis zum Info-Kanal bieten die Radioprogramme den Sport in einem nie dagewesenen Variantenreichtum an. Die stärkere Orientierung an den Bedürfnissen der Mehrheiten hat allerdings dafür gesorgt, dass die Vielfalt der Sportberichterstattung zurückgegangen ist. Es wird zwar immer mehr berichtet – aber über immer weniger Sportarten. Im Radio ist nur noch wenig Platz für Nischen. Wer sehr spezifische Bedürfnisse hat, wird eher im Internet fündig, hat dort mittlerweile allerdings Möglichkeiten, sich mit Sport zu beschäftigen, die sehr weit über das hinausgehen, was im Radio jemals möglich war. Vereinfacht gesagt ist das der Unterschied zwischen einem linearen Programmangebot und dem individuell nutzbaren Variantenreichtum, den das Netz bietet.

Ohnehin geht die Bedeutung des – linearen – Hörfunks für die Sportinteressierten zurück. Fernsehen und Zeitungen waren für die Mediennutzer schon länger wichtigere Sportinformationsquellen als der Hörfunk. Mittlerweile ist in dieser Hinsicht auch das Internet am Radio vorbeigezogen. Neue Hörfunkkonzepte sind gefragt (und werden auch schon entwickelt): Radiogeräte mit zusätzlichen Funktionen, mit der Möglichkeit, sich ein individuelles Programm zusammenzustellen und zeitsouverän zu hören. Aber vielleicht ist die Konkurrenz der drei Medien Fernsehen, Hörfunk und Internet irgendwann einmal gar kein Thema mehr. Die Grenzen zwischen den Medien beginnen bereits unklar zu werden. Und es ist davon auszugehen, dass sich die heute noch vorhandene organisatorische Dreiteilung der Medien perspektivisch auflösen wird, dass z. B. *ein* Programmbereich »Sport« alle Ausspielwege bedienen wird. In einem Punkt wird der lineare Hörfunk allerdings eine klare Kontur behalten: Wenn es darum geht, Spannung und Emotion live zu transportieren – wie in der ARD-Bundesligakonferenz.

.

Verena Burk

5 Sport im Fernsehen

Als das Fernsehen laufen lernte

Der Start des Fernsehens ist in Deutschland auf das Jahr 1935 zu datieren. Die Ausstrahlung eines regelmäßigen Versuchsprogramms dreimal pro Woche von 20:00 Uhr bis 22:00 Uhr begann am 22. März in Berlin und Umgebung. Der Heimempfang war für ein breites Publikum nicht möglich, da es keine Serienproduktion von Fernsehgeräten gab. Um das Angebot des Fernsehsenders einem größeren Publikum zugänglich zu machen, richtete die Reichspost in ihren Postämtern öffentliche Fernsehstuben ein, in denen sich 20 bis 40 Personen um zwei Fernsehgeräte versammelten. In dieser Anfangszeit schien der Sport ein idealer Inhalt zu sein, die neue Technik zu erproben und zu verbreiten. »Achtung, Achtung, hier ist der Fernsehsender Paul Nipkow mit Ton auf Welle 7,06 m und Bild auf 6,77 m mit der Olympia-Sondersendung«. So begann die erste Fernseh-Liveübertragung von Olympischen Spielen. Es war der 01.08.1936 in Berlin, als die ersten Bilder der Wettkämpfe in die öffentlichen Fernsehstuben übertragen wurden. 160.000 Zuschauer konnten sich 138 Stunden lang von der neuen Technik überzeugen. Insgesamt wurden 175 Wettkämpfe sowie die Eröffnungs- und die Schlussveranstaltung größtenteils live übertragen. Das Medium Fernsehen hatte eine neue publizistische Ära eingeleitet und die Olympischen Sommerspiele in Berlin waren der Ausgangspunkt für die moderne Fernsehentwicklung (vgl. Hackforth 1975: 37 und 2008: 14). 1939 wurde bei der Rundfunk- und Fernsehausstellung in Berlin die erste Sportsendung »Sport und Mikrofon« gesendet. Täglich wurden etwa zwölf Stunden ausgestrahlt, davon zwei Stunden Sport jeglicher Art. Fußball erlebte am 26.11.1939 auf dem Fernsehschirm mit dem Länderspiel Deutschland – Italien seine Premiere. Trotz widriger Witterungsverhältnisse und der Tatsache, dass es für die Kommentatoren keine Monitore gab, war es ein voller Erfolg. Damit hatte auch die beliebteste Sportart Einzug ins Fernsehen gehalten und sollte fortan eine wichtige Rolle im Programmangebot spielen. Während des Krieges wurden jedoch alle Übertragungen abgesetzt und die bislang vorhandene technisch-publizistische Vormachtstellung Deutschlands ging durch den Zweiten Weltkrieg verloren.

Nach dem Zweiten Weltkrieg begann auch der Fernsehsport 1951 wieder aufzuleben. Er etablierte sich im Programm des Nachkriegsfernsehens, konnte seine Stellung im Gesamtprogramm behaupten und gab Anlass zum Erwerb von Fernsehgeräten. 1952 wurde das erste Fußballspiel nach dem Krieg ausgestrahlt, 1953 weitete sich die Sportberichterstattung im Fernsehprogramm durch neue Sportarten und neue journalistische Darstellungsformen aus (vgl. Foltin/Hallenberger 1994: 114 f.). Das wichtigste sportpublizistische Ereignis in den 1950er-Jahren war jedoch der Gewinn der Fußball-WM in der Schweiz durch die deutsche Fußball-Nationalmannschaft gegen die hoch favorisierten Ungarn. 1954 gab es in Deutschland nur ca. 20.000 Fernsehgeräte und so mussten viele deutsche Fußballfans den Radiokommentar von Herbert Zimmermann verfolgen, der zur Legende wurde.

1958 wurde das Fernsehen erstmalig nicht zu Sportveranstaltungen zugelassen, da das neue Medium für die rückläufigen Zuschauerzahlen bei Sportveranstaltungen verantwortlich gemacht wurde. Dies betraf auch den Fußball. Am 01.10.1958 schlossen der Deutsche Fußball-Bund (DFB) und die Arbeitsgemeinschaft der öffentlich-rechtlichen Landesrundfunkanstalten der BRD (ARD) ein Abkommen, nach dem pro Monat nur ein Vereinsspiel vom Fernsehen übertragen werden durfte (einschließlich Länderspiele und Fußball-Europa-Cup nicht mehr als zwei Spiele pro Monat). Erst 1968 wurde diese Situation durch einen neuen Vertrag zwischen DFB und ARD/ZDF aufgehoben (vgl. Foltin/Hallenberger 1994: 115–116; Großhans 1997: 41).

Konkurrenz zwischen ARD und ZDF

Am 04.06.1961 begann eine neue Ära im deutschen Sportjournalismus: Die »Sportschau« wurde zum ersten Mal ausgestrahlt. Sie ist die erste periodische, kontinuierliche und universelle Sportsendung im deutschen Fernsehen und somit als der Prototyp der Sportmagazinsendung zu bezeichnen. Im Mittelpunkt der Sendung steht der Fußball und insbesondere für Männer wird die »Sportschau« am Samstagnachmittag ein fester Fernsehtermin (vgl. Foltin/Hallenberger 1994: 118 f.); bis Mitte der 1980er-Jahre erreichte die Sendung bis zu 15 Mio. Zuschauer. Nachdem das Zweite Deutsche Fernsehen (ZDF) 1963 auf Sendung ging, ließ auch dort eine Sportreihensendung nicht lange auf sich warten und die Konkurrenzsituation zwischen ARD und ZDF wurde auch auf dem Gebiet der Fernsehsport-Berichterstattung ausgetragen. Am 24.08.1963 wurde »das aktuelle sportstudio« zum ersten Mal gesendet – pünktlich zum ersten Spieltag der neu eingeführten Fußball-Bundesliga. Das Konzept der Sendung war für die damalige Zeit revolutionär: Ein Sendeplatz zur besten Abendzeit (22:00 Uhr), Unterhaltungselemente wie Torwandschießen, Sportdemonstrationen sowie neuartige Interviewtechniken sorgten für Aufmerksamkeit – und das nicht nur bei den deutschen Fernsehzuschauern, sondern auch bei Fernsehkritikern und bei der ARD, die bei der Sehbeteiligung überboten werden konnte (vgl. Foltin/ Hallenberger 1994: 120 f.).

1966 wurde eine Kooperation zwischen der ARD und dem ZDF geschlossen. Vereinbart wurden gegenseitige Rücksichtnahme bei der Programmplanung, gemeinschaftliches Verhandeln mit Sportverbänden, technische Kooperation bei Sportgroßveranstaltungen und nicht zeitgleiches Übertragen von den Olympischen Spielen, das 1968 in Mexiko auch eingehalten wurde. Auch bei den Olympischen Spielen 1972 in München kooperierten ARD und ZDF bei der Berichterstattung (vgl. ebd.: 124 f.).

Die Privaten kommen ...

Der gravierendste Einschnitt im deutschen Fernsehsystem und für den Fernsehsport erfolgte 1984, als die ersten kommerziellen Fernsehveranstalter zugelassen wurden und sich am deutschen Markt etablierten. Zunächst wurden sogenannte Kabelpilotprojekte in vier Städten Deutschlands gestartet, um das Nutzungsverhalten der neuen Programme durch die deutsche Bevölkerung zu überprüfen. Die Etablierung der privaten Anbieter vollzog sich stufenweise, dabei können fünf verschiedene Phasen unterschieden werden:

Phase 1: Zunächst werden private Vollprogramme gegründet (RTL und SAT.1), die in kürzester Zeit in allen Fernsehhaushalten zu empfangen sind.

Phase 2: Die zweite Phase lässt sich durch die Gründung von kleineren, privaten Sendern kennzeichnen (z. B. PRO 7). Nach einer gewissen Konsolidierung lassen diese Anbieter inhaltliche Tendenzen zu Vollprogrammen erkennen und erreichen somit eine größere Zahl an Zuschauern.

Phase 3: In der dritten Phase kommt es zum Aufbau privater Spartenprogramme, die z. T. als Zweitverwertungsprogramme kommerzieller Vollprogramme fungieren (z. B. KABEL 1, RTL 2) oder nur
bestimmte Programmsparten abdecken (z. B. N-TV, VIVA, DSF).

Phase 4: In der vierten Phase verstärkt sich der internationale Einfluss
(z. B. SUPER RTL, VIVA 2) und zusätzliche Dienstanbieter drängen
auf den Markt (z. B. Teleshopping-Kanäle).

Phase 5: Die fünfte Phase zeichnet sich durch eine neue Form des Fernsehens aus: Pay-TV und Pay-per-View (z. B. PREMIERE).

Mit der dualen Entwicklung des Fernsehsystems in Deutschland ging auch
eine Vermehrung der Anbieter und der Programme vonstatten. Bis 1984 bestand für die bundesdeutschen Zuschauer in der Regel die Auswahlmög-
lichkeit zwischen dem ersten Programm der ARD, dem Programm des ZDF
und einem Dritten Programm der Landesrundfunkanstalten. Durch die Einführung des dualen Rundfunksystems in Deutschland und der damit verbundenen Auflösung der Monopolstruktur öffentlich-rechtlicher Anbieter
erfolgte eine schnelle Vermehrung des Programmangebots für das deutsche
Fernsehpublikum.

Bei der Einführung des kommerziellen Fernsehens wurde jedoch nicht ein
vorhandenes System ergänzt, sondern ein neues System geschaffen. So kam
es u. a. zur Modifizierung der Erfüllung des Programmauftrags: Während die
öffentlich-rechtlichen Sender durch ein umfassendes Programmangebot die
Grundversorgung der Bevölkerung sicherstellen müssen, werden an den privaten Rundfunk im Sinne einer Zusatzversorgung nicht gleich hohe Anforderungen gestellt (4. Rundfunkurteil vom November 1986). Als Zulassungs- und
Aufsichtsbehörden für private Radio- und Fernsehprogramme wurden Landes-
medienanstalten eingeführt und Landesmediengesetze erlassen. Ferner müssen
unter strukturellen Gesichtspunkten zwei verschiedene Organisationsmodelle
auf dem deutschen Fernsehmarkt unterschieden werden: Der öffentlich-rechtliche Rundfunk ist idealtypisch durch Gemeinwohlorientierung, Gemeinnüt-
zigkeit, öffentliches Eigentum und eine nicht erwerbswirtschaftliche Unter-
nehmenszielsetzung gekennzeichnet. Das privatwirtschaftliche Organisations-
modell lässt sich hingegen durch eine Orientierung am Markt, private
Gewinnerzielungsabsicht, privates Eigentum an den Medien und ein erwerbs-
wirtschaftliches Unternehmensziel beschreiben. Darüber hinaus besteht bei
der Art der Finanzierung ein weiterer Unterschied, indem sich öffentlich-
rechtliche TV-Anbieter über Rundfunkgebühren und Werbung, private Fernsehveranstalter hingegen ausschließlich über Werbeeinnahmen bzw. Entgelte

finanzieren. Mit der Etablierung privater TV-Anbieter erfolgte ein Übergang von staatsnahen Organisationsformen mit mehr oder weniger abgesicherten Monopolstellungen zu einem dualen System mit stärker wettbewerblichen Elementen. Es bestand nun die Notwendigkeit, einen Markt neu zu definieren, der bislang aufgrund der spezifischen Strukturmerkmale des Rundfunks und der damit verbundenen politischen und kulturellen Bedeutung nicht den marktwirtschaftlichen Lenkungsprinzipien überlassen wurde und somit als wettbewerblicher Ausnahmebereich zu bezeichnen war (vgl. Burk 2003: 35–37).

Der Fernsehmarkt in Deutschland weist heute spezifische Teilmärkte auf, die bestimmten Wettbewerbsbedingungen und -prozessen unterliegen.

Auf dem *Beschaffungsmarkt*, der Ereignisse (z. B. Sportveranstaltungen), vorproduzierte oder vorhandene Programmangebote (z. B. Spielfilme) und deren Verwertungsrechte sowie Personen, die das Fernsehprogramm gestalten oder präsentieren, umfasst, herrscht ein Preiswettbewerb, der durch verknappende Ressourcen auf der Anbieter-/Produzentenseite und einer wachsenden Nachfrage der Fernsehveranstalter zustande kommt. An diesem Wettbewerb sind die öffentlich-rechtlichen und die kommerziellen TV-Anbieter mit nahezu identischen Ausgangspositionen beteiligt.

Der *Zuschauermarkt* stellt ein komplexeres Phänomen dar. So zielen die kommerziellen Sender mit ihrer Programmgestaltung vorrangig auf die für die Werbung interessante Zielgruppe der 14- bis 49-Jährigen ab. Die öffentlich-rechtlichen Sendeanstalten besitzen hingegen den Auftrag der Grundversorgung, d. h. es müssen Angebote für unterschiedliche Bevölkerungsgruppen unterbreitet werden. Dies bedeutet theoretisch, dass die öffentlich-rechtlichen Anstalten nicht aktiv am ökonomischen Wettbewerbsprozess beteiligt, wohl aber von ihm betroffen sind. In der Praxis ist aber auch bei den öffentlich-rechtlichen Fernsehveranstaltern die Gestaltung der Programme unter rein publizistischen und qualitativen Gesichtspunkten einer Orientierung an der Zuschauerquote und an den Marktanteilen gewichen.

Auf dem *Fernsehwerbemarkt* können drei verschiedene Formen von Marktteilnehmern klassifiziert werden: die Fernsehsender als Anbieter von Fernsehprogrammen und Werbezeiten, die werbetreibende Wirtschaft als Nachfrager von Werbezeiten sowie die Fernsehzuschauer als Nachfrager von Fernsehprogrammen. Die werbetreibende Industrie betrachtet hierbei das Fernsehprogramm als homogenes Gut, d. h. es ist völlig austauschbar und lediglich seine Reichweite besitzt Bedeutung. Somit bezieht sich die Nachfrage nach Fernsehen seitens der Wirtschaftsunternehmen nicht auf die publizistische

Tätigkeit der Fernsehanbieter, sondern auf den Zugriff auf potenzielle Käuferschichten durch den Kauf von Werbezeiten (vgl. Burk 2003: 38–60).

Der TV-Sport und seine Anbieter

Im Jahr 2007 wurden 7 Prozent der in 20 Programmen gesendeten Berichterstattung dem Sport gewidmet. Somit nimmt die Sportberichterstattung in einem Ranking des Spartenangebots im deutschen Fernsehen den fünften Rang ein. Spitzenreiter sind die Informationsangebote (46 Prozent), gefolgt von fiktionalen Angeboten (24 Prozent), Unterhaltung (8 Prozent) und Werbung (8 Prozent). Bei der Sportberichterstattung können die deutschen Zuschauer auf mehrere Programme zurückgreifen. So gestalteten 2007 die öffentlich-rechtlichen Vollprogramme DAS ERSTE der ARD und das ZDF zu 7 Prozent ihre Programme mit der Berichterstattung aus der Welt des Sports. Bei RTL und SAT.1 war es hingegen nur je 1 Prozent (vgl. Gerhards/Klingler 2008: 552–556). Geringere Zahlen ermittelten Krüger und Zapf-Schramm bei ihrer Analyse der Sparten im deutschen Fernsehangebot 2007: 6 Prozent der Sendezeit wurden bei der ARD mit Sport bestritten, 5,9 Prozent beim ZDF, 1,8 Prozent bei RTL und 0,7 Prozent bei SAT.1 (vgl. Krüger/ Zapf-Schramm 2008: 173). Die Sendedauer bei ARD und ZDF ist vor allem in Jahren, in denen sportliche Großereignisse stattfinden, besonders hoch. So konnten ARD und ZDF für das Jahr 2006 mit der Fußball-WM im eigenen Land hohe Werte erzielen. Bei allen vier Anbietern ist die Liveübertragung die am häufigsten gewählte Sendeform (vgl. Abb. 23).

Sportberichterstattung findet jedoch nicht nur in den dafür ausgewiesenen Sendungen statt. Vielmehr hat sich in den vergangenen Jahren ein Trend zum Aufgreifen sportbezogener Themen in anderen Sparten und Formaten gezeigt. So ist Sport Inhalt multithematischer Magazinsendungen, Sportpersönlichkeiten sind beliebte Elemente der Unterhaltungs- und Boulevardmagazine und auch die Nachrichtensendungen aller großen TV-Programme kommen heute nicht mehr ohne Meldungen aus dem Sport aus. Hier schneidet der sonstige Sport gegenüber dem Fußball erstaunlich gut ab. Lediglich SAT.1 berichtet in seiner Nachrichtensendung »SAT.1 News« vorwiegend über Fußball (vgl. Abb. 24).

Nicht alle auf dem deutschen Fernsehmarkt agierenden TV-Anbieter haben Sport in ihren Programmstrukturen. Neben den privaten Vollprogrammen SAT.1 und RTL sowie den Sportspartensendern DSF und EUROSPORT sind es vor allem die öffentlich-rechtlichen Programme, die umfangreich über Sport berichten.

		Sport gesamt	Sport- berichterstattung	Übertragungen
ARD/DAS ERSTE	2005	97	38	59
	2006	115	54	61
	2007	86	35	51
ZDF	2005	79	38	41
	2006	108	56	52
	2007	85	41	44
RTL	2005	30	12	18
	2006	33	14	18
	2007	25	11	14
SAT.1	2005	8	3	4
	2006	3	1	2
	2007	10	2	8

Abb. 23: Sportberichterstattung differenziert nach Formen 2005–2007
(Sendedauer in Min./Tag) (Quelle: Krüger/Zapf-Schramm 2008: 172)

Die ARD umfasst neun Landesrundfunkanstalten und bietet in ihrem Gemeinschaftsprogramm DAS ERSTE und in ihren Dritten Programmen Sport-Liveberichterstattung und Sportmagazinsendungen. Die ARD hält die Erstverwertungsrechte Free-TV an den samstäglichen Bundesligaspielen und berichtet über diese in seinem traditionsreichen Format »Sportschau«. Darüber hinaus überträgt sie abwechselnd mit dem ZDF die Olympischen Sommer- und Winterspiele, die Spiele der deutschen Fußball-Nationalmannschaft, den DFB-Pokal sowie Partien der Fußball-EM und -WM. Dies legt die deutsche Liste der »Sportereignisse von erheblicher gesellschaftlicher Bedeutung« fest. Auch im Wintersport ist die ARD mit seinem ersten Programm aktiv: Rodeln, Bob, Ski-Langlauf, Ski-Alpin, Biathlon und Eisschnelllauf ergänzen das Sportprogramm.

		Nachrichten-sendungen	Sport	Fußball	Sonstiger Sport
In Minuten	Tagesschau		453	77	376
	Heute		765	94	670
	RTL aktuell		1371	66	1305
	SAT.1 News		468	262	206
	Tagesthemen		626	110	516
	heute journal		403	92	312
	Gesamt		4086	702	3384
In Prozent	Tagesschau		8,0	1,4	6,6
	Heute		10,8	1,3	9,5
	RTL aktuell		17,6	0,8	16,8
	SAT.1 News		8,3	4,6	3,6
	Tagesthemen		6,9	1,2	5,7
	heute journal		4,5	1,0	3,5
	Gesamt		9,2	1,6	7,6

Abb. 24: Sport in den wichtigsten Nachrichtensendungen von ARD, ZDF, RTL und SAT.1 2007 (Sendedauer in Min./Tag) (Quelle: Krüger 2008: 70)

Die Dritten Programme der ARD wurden ab 1964 gegründet. Inhaltliche Schwerpunktsetzungen des sogenannten »Bildungsfernsehens« sind regionale Themen, Kultur und Bildung, Experimentelles und Künstlerisches. Mit diesen Programmen sollten einerseits auch Bevölkerungsgruppen erreicht werden, die bislang das Fernsehen ablehnten, andererseits wurde durch Zweitverwertung von Sendungen eine Kostenreduktion angestrebt. Traditionelle Wochentage der Sportberichterstattung sind Samstag (Fußball 3. Liga sowie Liveübertragungen anderer Sportarten) und Montag (Sportmagazine wie »Blickpunkt Sport«/BR, »sport inside«/WDR, »Flutlicht« und »Sport im Dritten«/SWR).

Das ZDF hat ebenfalls eine lange Tradition in der Sportberichterstattung. Neben den im Wechsel mit der ARD stattfindenden Liveübertragungen von Olympischen Spielen, Fußball und Wintersport sind seine Flaggschiffe die Magazinsendungen »ZDF SPORTreportage« und »das aktuelle sportstudio«. Auch hier steht eindeutig der Fußball im Mittelpunkt der Berichterstattung. In den vergangenen Jahren hat sich das ZDF auch als Fernsehsender für das Boxen etabliert. Ob Frauenboxen mit Regina Helmich und Ina Menzer oder Kämpfe um die EM im Halbschwergewicht – das ZDF ist live am Ring dabei.

Einen Namen auf dem deutschen Fernsehmarkt machte sich SAT.1 durch die Etablierung des Late-Night-Talk-Formats (»Harald Schmidt Show«), eigenproduzierte Spielfilme (»Der große SAT.1-Film«), Comedy-Sendungen (u. a. »Schillerstraße«), Gerichtsshows (u. a. »Richterin Barbara Salesch«) und neuartige Werbeformen (»Split-Screen-Spot«). In der Programmsparte Sport kann SAT.1 vor allem auf eine lange Tradition in der Fußball-Berichterstattung zurückblicken. Mit Start der Bundesligasaison 1992/1993 besaß SAT.1 die Erstverwertungsrechte und berichtete in der Sendung »ran-SAT.1-Bundesliga« über alle Begegnungen des Spieltags. Die Konzeption der Sendung gab den Fernsehzuschauern immer wieder Anlass zur Kritik: zu viele Showelemente, zu viel Werbung, zu viel human touch, zu viel Entertainment. Da SAT.1 die Bundesligarechte nicht mehr refinanzieren konnte, zog sich der Sender 2003 aus der Bundesligaberichterstattung zurück. Die Free-TV-Rechte der Champions League und der UEFA Europa League (ehemals UEFA-Cup) liegen nach wie vor beim Sender. Auch in anderen Sportarten versuchte SAT.1 sich – wenig erfolgreich – zu etablieren: Ab 2000 wurden Partien der Basketball-Bundesliga übertragen, diese jedoch 2002 aufgrund mangelnder Quote und fehlender Refinanzierbarkeit wieder abgesetzt. 2007 stieg SAT.1 in den Radsport ein, als am 19. Juli nach dem Boykott von ARD und ZDF die Übertragung der Tour de France aufgenommen wurde. Da die Marktanteile des Senders an keinem Tag über zehn Prozent stiegen und der Sender deutlich unter den Marktanteilen des regulären Nachmittagsprogramms lag, mussten die Werbepreise für die Nachmittagsübertragungen gesenkt werden – die Übertragungen wurden somit für SAT.1 aus wirtschaftlicher Sicht zu einem Desaster.

Das Programm von RTL zeichnete sich in den Anfangsjahren vor allem durch Tabubrüche aus, indem es erotische Filme und Shows (z. B. »Tutti Frutti«), Sex-Komödien der 1970er-Jahre, neue Talk- (z. B. »Der heiße Stuhl«) und Quizformate (z. B. »Der Preis ist heiß«, »Familienduell«) sowie Reality-TV (z. B. »Notruf«) zeigte. Auch eigenproduzierte Daily-Soaps machten den Sender vor allem bei der jüngeren Zielgruppe populär (z. B.

»Gute Zeiten, schlechte Zeiten«). Aufmerksamkeit erregte RTL, als es am 13.02.1988 für die damals astronomische Summe von 40 Mio. DM die Rechte an der Fußball-Bundesliga erwarb und mit der Sendung »Anpfiff« den Bundesligafußball im Privatfernsehen etablierte. Aus Sportveranstaltungen werden Sportevents, aus Berichterstattung wird Inszenierung. Wie kein anderer TV-Anbieter versteht es RTL, Sport im Fernsehen zu inszenieren, zu zelebrieren und zu performen. Ab 1993 gelang es RTL, mit »Gentlemen« Henry Maske die Renaissance des Boxsports herbeizuführen. Zur Inszenierung gehörte der aus den USA eingeflogene Ansager, die Titelmusik (z. B. »Time to Say Good Bye«), die designten Kampfmäntel, Prominente aus der Show- und Sportszene am Ring, Kameras in den Umkleidekabinen und ein Motto des Kampfes (z. B. »Eine Frage der Ehre«). Eine Fortführung fand die Inszenierung bei der Formel 1 und beim Skispringen, bei dem RTL am 01.01.2000 mit der Übertragung des Neujahrsspringens in Garmisch-Partenkirchen seine Premiere feierte. 250 Mitarbeiter setzten die traditionelle Sportart Skispringen in Szene, 30 Kameras eröffneten den Fernsehzuschauern neue Perspektiven und die RTL-Hymne »Adler sollen fliegen« untermalte stimmungsvoll die Aufnahmen aus der Luft. Ähnliche Innovationen konnte der Fernsehzuschauer bei den Übertragungen von der Handball-WM 2009 in Kroatien wahrnehmen: Eine erstmals beim Handball eingesetzte Spidercam zeigte Bilder aus der Vogelperspektive, das Mini-Mote – eine ferngesteuerte Kamera im Tor – vermittelte die Sicht des Tormanns. Inszenierungsformen«, die jedoch auch auf Kritik bei Fernsehzuschauern und Handballbegeisterten stoßen.

Der Münchner Spartensender DSF (DEUTSCHES SPORTFERNSEHEN) wurde 1993 von Leo Kirch gegründet und gehört heute zu 100 Prozent der EM.Sport Media AG. Die Entwicklung von DSF in den vergangenen Jahren ist vor allem auf das Engagement in der Fußball-Bundesliga zurückzuführen, da der Sender über die Free-TV-Rechte an den Sonntagsspielen verfügt. Weitere Programminhalte sind Zweitliga-Fußballspiele, Call-In-Shows und Sexy-Clips, die die Attraktivität des Senders erhalten bzw. steigern sollen. Mit seinem Angebot richtet sich das DSF in erster Linie an Männer und möchte für sie Sportinformationsmedium sowie Ratgeber für Freizeit und Sport sein (vgl. Deutsches Sportfernsehen 2009: o. S.). Vor allem bedient das DSF die Sportnachfrage der Bevölkerung mit Übertragungen der Fußball- und der Handball-Bundesliga sowie der Eishockey- und der Rugby-WM.

EUROSPORT wurde 1989 gegründet und 1991 von der privaten französischen Fernsehstation TF 1 übernommen (vgl. Komma-Pöllath 2008: 6). Seitdem wird in Paris entschieden, welche Rechte eingekauft werden und wie die Programmstruktur aussieht, um europaweit erfolgreich zu sein. EUROSPORT kann heute in 59 Ländern und 20 Sprachen empfangen werden – in den meisten Ländern jedoch als Pay-TV-Kanal (vgl. Komma-Pöllath 2008: 5). Dabei weist der Sender eine tägliche Einschaltquote von durchschnittlich 22 Mio. auf. EUROSPORT expandierte in den vergangenen Jahren: 1999 launchte der Sender seine Homepage, 2000 folgte der Nachrichtensender EURONEWS, 2005 begann die Ausstrahlung des verschlüsselten Satellitensenders EUROSPORT 2, der Team- und Trendsportarten (Handball, Volleyball, Lacrosse, Australien Football) ausstrahlt, und 2008 kam der Digitalkanal EUROSPORT HD dazu. Der Schwerpunkt der Programminhalte liegt auf Topevents wie den Olympischen Spielen, der Fußball-WM und der Champions League, wobei auch Sportarten wie Tennis, Wintersport sowie Auto- und Motorradrennen eine Rolle spielen. In Reichweitenstudien lässt EUROSPORT Nachrichtensender wie CNN (53,3 Prozent) und EURONEWS (40 Prozent) mit 59,1 Prozent hinter sich (vgl. Kerle 2006: 35). Des Weiteren erreicht der Sender einen durchschnittlichen Marktanteil von 5–10 Prozent bei Olympia und anderen Topevents (vgl. Komma-Pöllath 2008: 5).

Der Pay-TV-Sender PREMIERE wurde 1990 von Bertelsmann, Canal Plus (Frankreich) und Kirch gegründet. Heute ist die News Corporation mit einem Anteil von über 25 Prozent an der Premiere AG beteiligt, die übrigen Aktien (71 Prozent) sind in Streubesitz. Sieben verschiedene Senderpakete sowie weitere Angebote können durch die Abonnenten erworben werden – ein Sportpaket, das Fußball-Bundesligapaket sowie SPORTDIGITAL decken die Sportberichterstattung ab. SPORTDIGITAL sendet Handball, Basketball und Volleyball. Das Sportpaket umfasst Übertragungen der Champions League und anderer europäischer Fußball-Ligen, Formel 1 (mit für den Zuschauer frei wählbaren Kameraperspektiven), Golf, Eishockey und Tennis. Das Fußball-Bundesligapaket zeigt alle Spiele der 1. und 2. Fußball-Bundesliga live und in Konferenzschaltung. Dies war jedoch nicht immer so: 2006 verlor PREMIERE die Fußball-Bundesligarechte an ARENA – mit einher ging ein Kundenverlust (vgl. Pellikan 2006: 42).

Das Zuschauerinteresse am Sport

Das Fernsehen gilt heute noch – trotz zunehmender Bedeutung des Internets – als das bevorzugte Massenmedium in Deutschland. 97 Prozent aller deutschen Haushalte verfügen über ein Fernsehgerät, davon haben 36 Prozent der Fernsehhaushalte mehr als ein Fernsehgerät (vgl. Media Perspektiven Basisdaten 2008: 64). 72 Prozent der potenziellen deutschen Zuschauerinnen und Zuschauer haben im Jahr 2007 an einem Durchschnittstag ferngesehen und saßen im Schnitt mit einer Verweildauer von 285 Minuten täglich vor dem Fernsehgerät (vgl. Gerhards/Klingler 2008: 550). Betrachtet man die durchschnittliche Fernsehdauer pro Tag und Person im Längsschnitt, ist 2008 erstmalig ein Rückgang zu verzeichnen. Lag diese 2007 noch bei 212 Minuten pro Tag, sind für das Jahr 2008 noch 207 Minuten festzustellen (vgl. Abb. 25).

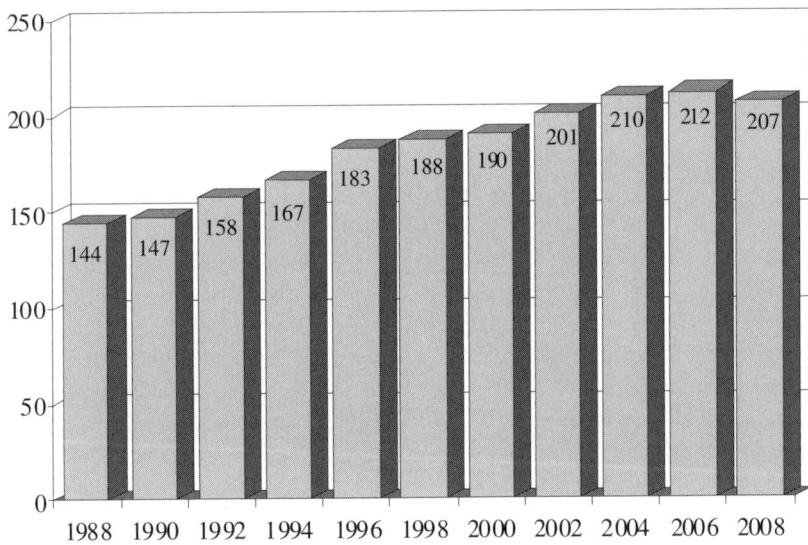

Abb. 25: Entwicklung der durchschnittlichen Fernsehsehdauer pro Tag/Person in Minuten (Zuschauer ab drei Jahre; alle Sender; Montag–Sonntag, 03:00–03:00 Uhr) (Quelle: Arbeitsgemeinschaft Fernsehforschung o. D. a: o. S.)

Die Wahlmöglichkeiten an frei empfangbaren Fernsehprogrammen sind in Deutschland besonders groß. So können die Fernsehzuschauer zwischen rund 25 öffentlich-rechtlichen und 35 privaten in Deutschland lizensierten Free-TV-Programmen wählen. Komplettiert wird das Angebot durch zahlreiche Pay-TV-Sender, Pay-TV-Digitalkanäle sowie Voll- und Spartenprogramme aus dem Ausland. Mit diesem Spektrum hat Deutschland gegenwärtig nicht nur das größte frei verfügbare Fernsehangebot in Europa – der Fernsehmarkt in der Bundesrepublik gehört überdies zu den wettbewerbsstärksten und lukrativsten der Welt. Nicht alle Fernsehprogramme sind gleich attraktiv für die Fernsehzuschauer – dies zeigt ein Blick auf die Marktanteile 2008. Spitzenreiter bei der Bevölkerung ab drei Jahren ist das erste Fernsehprogramm der ARD, gefolgt von den Dritten Programmen und dem ZDF (vgl. Abb. 26). Die privaten TV-Anbieter dominieren hingegen in der Zielgruppe der 14- bis 49-Jährigen: Hier konnten 2008 RTL 15,7 Prozent, PRO 7 11,8 Prozent und SAT.1 10,8 Prozent Marktanteile für sich verbuchen (vgl. Schader 2009: 42 f.).

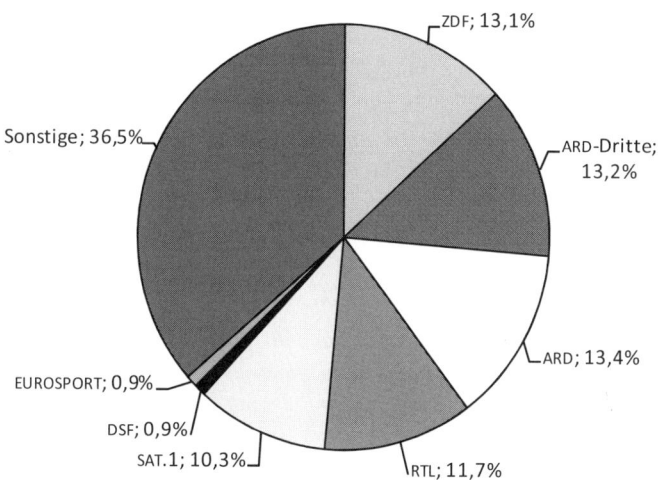

Abb. 26: Marktanteile der Fernsehsender im Tagesdurchschnitt 2008
(Zuschauer ab 3 Jahre; Montag–Sonntag, 03:00–03:00 Uhr)
(Quelle: Arbeitsgemeinschaft Fernsehforschung o. D. b: o. S.)

Die Nutzung des TV-Sports ist abhängig von Sportgroßereignissen. So ist beispielsweise im Jahr 2006 die Rezeption von Liveübertragungen durch die Fußball-WM im eigenen Land besonders hoch. Nachrichten und das Frühstücksfernsehen spielen hingegen bei den deutschen Fernsehzuschauern eine nachgeordnete Rolle (vgl. Abb. 27).

	2005		2006		2007	
	Sehdauer in min.	Nettoreichweite in Prozent	Sehdauer in min.	Nettoreichweite in Prozent	Sehdauer in min.	Nettoreichweite in Prozent
Sport	12	23	16	25	11	20
Sport: Nachrichten	0	1	0	0	0	0
Sport: Magazin	1	8	2	8	2	7
Sport: Frühmagazin	0	0	0	0	0	0
Sport: Berichterstattung (inkl. Übertragungen)	11	20	14	22	10	18

20 Programme: DAS ERSTE/ARD, ZDF, sieben Dritte Programme, 3SAT, RTL, SAT.1, PROSIEBEN, KABEL EINS, RTL2, VOX, SUPER RTL, DSF, EUROSPORT, N24.

Abb. 27: Nutzung von Sportsendungen in Deutschland nach Untersparten (Quelle: Gerhards/Klingler 2008: 565)

Das Sportjahr 2008 stand im Zeichen des Fußballs und der Fußball-Europa-meisterschaft in Österreich und der Schweiz. Die ersten 19 Plätze der TV-Sendungen mit den höchsten Zuschauerquoten belegten Begegnungen der Fußball-EM – angeführt vom Halbfinalspiel Deutschland – Türkei am 25.06.2008. Im Durchschnitt verfolgten 29,46 Mio. Zuschauer beim ZDF den 3:2-Sieg der deutschen Mannschaft (vgl. Abb. 28). Damit wurde die TV-Rekordsehbeteiligung von 29,66 Mio. Zuschauer beim WM-Halbfinale Deutschland – Italien 2006 nur knapp verpasst. Platz zwei und drei der Liste belegten das EM-Finale Deutschland – Spanien sowie der Klassiker Deutsch-land – Österreich (Vorrunde). Ein Grund für die hohen Zuschauerquoten bei der Fußball-EM war u. a. die hohe Sehbeteiligung von TV-Zuschauerinnen, die bei den EM-Auftritten der deutschen Nationalmannschaft in der Über-zahl waren. Rang 20 bis 32 nahmen ebenfalls Fußballübertragungen ein, z. B. das WM-Qualifikationsspiel der deutschen Mannschaft gegen Russland (Rang 20/11,12 Mio. Zuschauer). Erst auf Platz 32 folgt mit dem Boxkampf Witali Klitschko – Samuel Peter eine weitere Sportart (9,67 Mio. Zuschauer/ 48,2 Prozent Marktanteil), auf Platz 38 rangiert zum ersten Mal die Formel 1 (vgl. Abb. 28). Die Olympischen Spiele in Peking hingegen erzielten – wegen

Sportereignis	Datum	Sender	Zuschauer (in Mio.)	Marktanteil (in Prozent)
1 Fußball-EM: Halbfinale Deutschland – Türkei	25.06.	ZDF	29,46	81,5
2 Fußball-EM: Finale Deutschland – Spanien	29.06.	ARD	28,05	82,0
3 Fußball-EM: Vorrunde Deutschland – Österreich	16.06.	ARD	27,96	76,8
4 Fußball-EM: Vorrunde Deutschland – Portugal	19.06.	ARD	27,67	78,6
5 Fußball-EM: Viertelfinale Deutschland – Polen	08.06.	ZDF	23,82	69,9
6 Fußball-EM: Vorrunde Deutschland – Kroatien	12.06.	ZDF	22,77	76,2
7 Fußball-EM: Halbfinale Spanien – Russland	26.06.	ARD	19,24	60,1
8 Fußball-EM: Viertelfinale Spanien – Italien	22.06.	ZDF	17,2	56,6
9 Fußball-EM: Siegerehrung Deutschland – Spanien	29.06.	ARD	16,6	66,2
10 Fußball-EM: Viertelfinale Kroatien – Türkei	20.07.	ARD	15,88	56,7
32 Boxen: Witali Klitschko – Samuel Peter	11.10.	RTL	9,67	48,2
38 Formel 1: Großer Preis von Brasilien	02.11.	RTL	8,8	31,5
47 Eröffnungsfeier: Olympische Spiele in Peking	08.08.	ARD	7,71	52,4

Abb. 28: Die höchsten Sport-TV-Quoten in Deutschland 2008
(Quelle: BBV-Net o. D. a: o. S.)

der Zeitverschiebung – nur hintere Ränge. Die Sendung mit der höchsten
Zuschauerquote war die Eröffnungsfeier am 08.08.2008 mit 7,71 Mio. Zuschauern und einem Marktanteil von 52,4 Prozent. Neben der olympischen
Eröffnungs- und Schlussfeier waren es vor allem die Ruder- und Kunstturn-
wettbewerbe, die die Zuschauer in Deutschland vor die Bildschirme lockten.
Auch Frauenfußball, Gewichtheben, Beachvolleyball, Segeln, Tennis und
Leichtathletik konnten in der Olympia-internen Rangliste vordere Platzie-
rungen erreichen (vgl. Abb. 29). Mit einer durchschnittlichen Zuschauerzahl von 2,1 Mio. bleiben die Quoten von Peking aber weit hinter denen
von Athen 2004 zurück, was ZDF-Sportchef Dieter Kruschwitz nicht nur
mit der schlechten Sendezeit erklärt: »Durch die Diskussion um politische
Themen und Doping sind wir mit einem sehr nachdenklichen Gefühl nach
Peking gefahren. Und dort ist der Knoten leider nicht ganz geplatzt«. Auch

	Sportart	Datum	Sender	Zuschauer (in Mio.)	Marktanteil (in Prozent)
1	Eröffnungsfeier	08.08.	ARD	7,71	52,4
2	Schlussfeier	24.08.	ZDF	4,66	28,9
3	Kunstturnen	17.08.	ARD	4,33	36,6
4	Rudern	10.08.	ZDF	4,33	35,1
5	Gewichtheben	10.08.	ZDF	4,22	34,7
6	Beachvolleyball (Herren; Deutschland – USA)	12.08.	ZDF	4,21	23,7
7	Segeln	17.08.	ARD	4,17	34,8
8	Tennis (Rainer Schüttler – Novak Djokovic)	12.08.	ZDF	4,09	21,3
9	Fußball (Frauen; Deutschland – Schweden)	15.08.	ARD	4,08	31,0
10	Leichtathletik	23.08.	ARD	4,06	35,3

Abb. 29: Die höchsten TV-Quoten bei den Olympischen Spielen 2008
(Quelle: BBV-Net o. D. b: o. S.)

haben die Nichterfolge der deutschen Athleten »sich dabei direkt auf das Einschaltverhalten der Zuschauer ausgewirkt« (Sagatz 2008: o. S.).
Es ist offensichtlich, dass nur Fußball in der Lage ist, mehr als 20 Mio. Menschen vor die Bildschirme zu bringen. Weder Olympische Spiele noch andere Sportgroßereignisse sind in der Lage, eine derartige Zahl an Zuschauern zu mobilisieren. Dies wird auch bei einem Vergleich mit der Top-50-Liste des Jahres 2007 deutlich: Der Spitzenreiter Handball vermag lediglich 16,6 Mio. Menschen an das TV-Gerät zu binden (vgl. Abb. 30). Neben Handball scheinen nur noch Boxen und Formel 1 in der Zuschauergunst zu liegen. Diese Entwicklung ist kein neuer Trend – schon seit Jahren dominieren Fußballspiele die TV-Hitlisten. Besonders eindrucksvoll war dies 2006 bei der WM im eigenen Land. Jeweils über 20 Mio. Fernsehzuschauer sahen allein die deutschen Begegnungen. Auch das Eröffnungsspiel war ein Quotenerfolg. Obwohl das Spiel Deutschland gegen Costa Rica schon um 18 Uhr angepfiffen wurde, d. h. deutlich vor Beginn der Primetime, sahen über 20 Mio. Zuschauer das Spiel am Fernsehgerät.

	Sportereignis	Datum	Sender	Zuschauer (in Mio.)	Marktanteil (in Prozent)
1	Handball: WM-Finale Deutschland – Polen	04.02.	ARD	16,60	58,3
2	Boxen: Maske – Hill	31.03.	RTL	16,07	63,7
3	Fußball-Länderspiel: Tschechien – Deutschland	24.03.	ARD	13,21	41,7
4	Boxen: WM-Kampf: Klitschko – Austin	10.03.	RTL	12,88	52,8
5	Fußball-Länderspiel: England – Deutschland	22.08.	ARD	12,52	42,5
6	Boxen: WM-Kampf: Klitschko – Brewster	07.07.	RTL	11,27	57,0
7	Formel 1: Großer Preis von Brasilien	21.10.	RTL	11,10	39,7
8	Fußball-Länderspiel: Deutschland – Tschechien	17.10.	ZDF	10,90	34,9
9	Fußball-Länderspiel: Deutschland – Slowakei	06.06.	ARD	10,73	38,6
10	Fußball-Länderspiel: Irland – Deutschland	13.10.	ARD	10,64	35,6

Abb. 30: Die höchsten Sport-TV-Quoten 2007 (Quelle: BBV-Net o. D. c: o. S.)

Eine Renaissance im deutschen Fernsehen erlebte der Wintersport. Vor allem Biathlon hat sich zu einem Zuschauermagneten entwickelt – nicht zuletzt durch die Wettbewerbs- und Regeländerungen, die den Sport attraktiver für die Zuschauer an den Bildschirmen machen. So haben in der Wintersaison 2007/08 durchschnittlich 3,4 Mio. Zuschauer an den Fernsehgeräten zugeschaut, wenn Kathi Wilhelm, Magdalena Neuner, Michael Greis und Co. in der Loipe ihre Runden drehten. Aber auch Skispringen, Eisschnelllauf, Nordische Kombination und Langlauf erfreuten sich größerer Zuschauerbeliebtheit als das Jahr zuvor (vgl. Abb. 31).

Sportart	2007/08	2006/07
Biathlon	3,40	3,23
Skispringen	3,07	2,20
Eisschnelllaufen	2,25	1,67
Nordische Kombination	1,92	1,25
Langlauf	1,65	1,11
Ski-alpin	1,55	1,45
Bob	1,54	1,51
Rodeln	1,43	1,65
Durchschnitt	3,0	2,83

Abb. 31: Beliebteste Wintersportarten bei ARD und ZDF (in Mio. Zuschauer)
(Quelle: Statistik des Monats 2008: 15)

Fazit

Sport ist nach wie vor ein bedeutender Programminhalt im deutschen Fernsehen. Vor allem Sportgroßereignisse wie Fußball-WM und -EM sowie Olympische Spiele sind Quotenbringer. Darüber hinaus sind Formel 1, Boxen und Wintersport bei den deutschen Fernsehzuschauern beliebt. So lässt sich – trotz eines inflationären Angebots an Fußballspielen und Wintersportübertragungen – aktuell keine Übersättigung beim Rezipienten feststellen. Lediglich geringere Einschaltquoten sind zu konstatieren, da der generelle TV-Konsum der Bevölkerung nicht proportional mitwächst. Somit sind der Sport und die Rechte an ihm nach wie vor das Objekt der Begierde der TV-Anbieter. Die Einführung des dualen Fernsehsystems hat bei der Rechtevergabe um Sport-Topevents zu einem härteren Konkurrenzkampf geführt und schon lange sind die Senderechte nicht mehr refinanzierbar. Es bleibt abzuwarten, wie lange Fernsehsender bereit sind, aus Gründen der Imageverbesserung oder des Profitierens nachfolgender Programme, hohe Summen für den Sport zu bezahlen.

Literatur

Arbeitsgemeinschaft Fernsehforschung (o. D. a): Entwicklung der durchschnittlichen Sehdauer pro Tag/Person in Minuten. www.agf.de/daten/zuschauermarkt (Zugriff am 30.01.2009).

Arbeitsgemeinschaft Fernsehforschung (o. D. b): Marktanteile der AGF- und Lizenzsender im Tagesdurchschnitt 2008. www.agf.de/daten/zuschauermarkt/marktanteile (Zugriff am 30.01.2009).

BBV-Net (o. D.a): Die höchsten Sport-TV-Quoten 2008. www.bbv-net.de/public/bildershowinline/aktuelles/sport/mehr/andere/40306 (Zugriff am 30.01.2009).

BBV-Net (o. D.b): Die höchsten TV-Quoten bei den Olympischen Spielen 2008. www.bbv-net.de/public/bildershowinline/aktuelles/sport/olympia/sommer/deutschland/36822 (Zugriff am 30.01.2009).

BBV-Net (o. D.c): Die höchsten Sport-TV-Quoten 2007. www.bbv-net.de/public/bildershowinline/aktuelles/sport/mehr/andere/29788 (Zugriff am 30.01.2009).

Burk, V. (2003): Sport im Fernsehen: Öffentlich-rechtliche und private Programme im Vergleich. Darmstadt.

Deutsches Sportfernsehen (2009): Unternehmen. www.dsf.de/dsf_unternehmen/page/index (Zugriff am 30.01.2009).

Foltin, H.-F./Hallenberger, G. (1994): Vom Sport im Fernsehen zum Fernsehsport. Zur Geschichte und aktuellen Situation der Sportsendungen. In: Erlinger, H.-D. (Hrsg.): Geschichte des Fernsehens in der Bundesrepublik Deutschland: Unterhaltung, Werbung und Zielgruppenprogramme (Band 4). München: 113–141.

Gerhards, M./Klinger, W. (2008): Fernseh- bzw. Bewegtbildnutzung 2007. Media Perspektiven, 11: 565.

Großhans, G.-T. (1997): Fußball im deutschen Fernsehen. Frankfurt/Main u. a.

Hackforth, J. (1975): Sport im Fernsehen: ein Beitrag zur Sportpublizistik unter besonderer Berücksichtigung des Deutschen Fernsehens (ARD) und des Zweiten Deutschen Fernsehens (ZDF) in der Zeit von 1952–1972. Münster.

Hackforth, J. (2008): Olympische Spiele und TV. In: Lämmer, M./Wacher, C. (Hrsg.): Olympia. Werte – Wettkampf – Weltereignis. O.O.: 14–16.

Kerle, R. (2006): Ein Sender gibt Vollgas. Horizont Sport Business, (1), 34–36.

Komma-Pöllath, T. (2008): Der Aufstieg nach einem Ausstieg. Sportjournalist, 51 (10): 5–6.

Krüger, U. M./Zapf-Schramm, T. (2008): Sparten, Sendungsformen und Inhalte im deutschen Fernsehangebot 2007. Programmanalyse von ARD/Das Erste, ZDF, RTL, SAT.1 und ProSieben. Media Perspektiven, 166–189.

Krüger, U. M. (2008): InfoMonitor 2007: Unterschiedliche Nachrichtenkonzepte bei ARD, ZDF, RTL und SAT.1. Media Perspektiven: 58–83.

Media Perspektiven (2008): Media Perspektiven Basisdaten. Daten zur Mediensituation in Deutschland 2008. Frankfurt/Main.

Pellikan, J. (2006): Fehlender Kick sorgt für Knick. W&V, 44 (24): 42–43.

Sagatz, K. (2008): Peking unterliegt Athen bei TV-Quoten. TAGESSPIEGEL vom 22.08.2008.

Schader, P. (2009): Die dreisten Drei. Horizont Report, (6): 42–43.

Statistik des Monats (2008): Beliebteste Wintersportarten bei ARD und ZDF. Sportjournalist, 57 (5): 15.

Carsten Flügel

6   Aktuelle TV-Sportberichterstattung

Wenn im Fernsehen über Sport berichtet wird, geschieht dies fast immer aktuell. Der Anteil an hintergründiger oder zeitloser Sportberichterstattung hat demgegenüber in den vergangenen Jahren mehr und mehr abgenommen.

Als Grund für die beinahe ausschließlich aktuelle Sportberichterstattung im Fernsehen kann eindeutig der Druck gesehen werden, mit den in der Regel teuer erworbenen Sportrechten auch einen Programmerfolg zu erzielen, sprich: Quote zu machen. Und die – vor allem für private Fernsehanbieter – enorm wichtigen Einschaltquoten zeigen eindeutig, dass beim Rezipienten der Wunsch nach möglichst aktueller Berichterstattung – am liebsten live – im Sport eindeutig vorherrscht.

Den »Luxus« journalistisch-hintergründiger Sportmagazine können sich in der aktuellen Fernsehlandschaft nur öffentlich-rechtliche Anstalten leisten (z. B. »Sport inside«/WDR). Aus Sicht der Fernsehtreibenden beinhaltet der Begriff »aktuell« alle Darstellungs- und Sendeformen, die live ausgestrahlt werden oder von demselben Tag für denselben Tag produziert werden. Das sind zusammenfassende Berichte oder Reportagen, wie sie beispielsweise in der »ARD-Sportschau« oder in »das aktuelle sportstudio« des ZDF allwöchentlich gesendet werden.

Von diesen Grundvoraussetzungen ausgehend wird im Folgenden dargestellt, wie die aktuelle Fernseh-Sportberichterstattung in der Praxis funktioniert, welche Aufgabenfelder es gibt und welche Probleme dabei für die Berichterstatter zu bewältigen sind.

Vom Auftrag bis zur Sendung

Die Inhalte von aktuellen Sportsendungen werden in der Regel auf einer Redaktionskonferenz diskutiert und verabschiedet, an der alle Redaktionsmitglieder teilnehmen. Seltener ist der Fall, dass ein einzelner Redakteur allein über die Inhalte einer Sendung entscheidet. Ist ein Thema als Beitrag in eine Sendung aufgenommen, wird jemand gebraucht, der diesen journalistisch umsetzt.

Der Autor

Die meisten Berichte innerhalb der Sportberichterstattung werden von Autoren (häufig auch »Storymacher« genannt) gefertigt. Sie haben dafür in der Regel ein Kamerateam (Kameramann und Tonassistent) sowie anschließend einen Platz zur Endfertigung ihres Beitrages (Schnittplatz) zur Verfügung.

Immer mehr Einzug in die aktuelle Sportberichterstattung erhält aber auch der »VJ«, der Videojournalist: Ein Reporter, der mit einer kleinen Digitalkamera selbst Bilder drehen und anschließend am Laptop schneiden und vertonen kann. Von Vorteil ist hier vor allem die Schnelligkeit, mit der bewegte Bilder direkt vom Ort der Aufnahme zur Sendung gebracht oder auf der Internetseite eines Senders platziert werden können. Im Zeitalter des trimedialen Auftritts von Sendern und deren Fachredaktionen wird dies immer wichtiger.

Die Aufgabe des Autors ist in der aktuellen Fernsehberichterstattung sicherlich die vielschichtigste von allen. Sie erfordert viele Vorüberlegungen und Detailplanungen, aber genauso auch die Flexibilität, diese Planungen über Bord zu werfen und komplett neu zu denken.

Ein Beispiel: Ein Autor erhält den Auftrag, einen Bericht (»Story«) über ein Fußball-Bundesligaspiel für ein Regionalmagazin zu erstellen. Im Mittelpunkt soll dabei ein bestimmter Spieler stehen, der auch in der Sendung zu Gast sein wird. Zunächst muss er sich inhaltlich überlegen: Welche Story möchte ich erzählen? Eine rein sportliche Story? Dann reicht es, den Spieler vor, während und nach dem Spiel mit der Kamera zu begleiten und sich ggf. – falls vorhanden – Archivmaterial zu besorgen. Oder soll es eine Persönlichkeitsstudie werden? Dann müssen evtl. Verabredungen mit Personen getroffen werden, die eine Beziehung zum Spieler haben (Eltern, Trainer, Mitspieler) und sich zu ihm äußern können. Auch mit dem Spieler selbst könnte abseits des Ereignisses noch gedreht werden (privates Umfeld, Hobby, ...), und – klar – auch beim Spiel. Der Aufwand für eine solche Story wäre also erheblich größer.

Ein anderes Beispiel: Eine sachliche Story. Weil der Verein xy im Abstiegskampf steckt, seit neun Spielen auf einen Sieg wartet und Gründe für die Misere aufgezeigt werden sollen. Dann muss z. B. im Vorfeld die Grafikabteilung vom Autor den Auftrag erhalten, den Saisonverlauf als Kurve darzustellen, Archivmaterial muss bestellt und gesichtet werden (Bilder vom letzten Sieg?) und es sind Verabredungen mit Interviewpartnern zu treffen, die sich als Experten zum Thema äußern könnten.

Hat der Autor sich für eine Story entschieden, muss er sich überlegen: Wann, wo und wie lange brauche ich jeweils ein Kamerateam? Wann und wo werde ich den Bericht fertigen? All dies muss er im Vorfeld klären, damit ein Kamerateam, ein Cutter, ein Tonmischer und ggf. auch eine Überspielungszeit des Beitrages von Ort A zu Ort B disponiert werden können.

So weit die Vorarbeiten, die der Autor zu erledigen hat. Doch oft genug sind all diese Überlegungen Makulatur – weil das Ereignis selbst (im angenommenen Fall also das Spiel) plötzlich seine »eigene« Geschichte schreibt! Es kann beispielsweise passieren, dass es im Spiel vier rote Karten gibt und es diesen Fall noch nie zuvor gab!

Hier kommt der Autor an einen Punkt, an dem er abzuwägen hat, was er für journalistisch hochwertiger hält. Das geschieht häufig auch nach Rücksprache mit dem verantwortlichen Redakteur der ganzen Sendung. Soll er bei der zuvor geplanten sachlichen Betrachtung eines Saisonverlaufs bleiben? Oder doch die aktuell die Gemüter erregende Debatte über die vier roten Karten thematisieren? Und wie darin den Spieler einbinden, um den es ursprünglich gehen sollte?

Emotionen gehen vor

Die momentane Fernsehpraxis zeigt: Der Autor wird sich für die Story der roten Karten entscheiden.

Der Grund dafür liegt in der emotionalen Komponente des Themas. Denn bei den Zuschauern wie bei den beteiligten Sportlern werden die roten Karten Emotionen geweckt haben. (»völlig ungerechtfertigt!«, »absolut korrekt!«, »zwei der vier sind in Ordnung – aber warum die anderen beiden?« ...). Und Emotionen darzustellen – oder besser noch: beim Betrachter zu erzeugen – wird in der Praxis für die Wirkung eines Beitrages als sehr wichtig angesehen. Emotionen – so die landläufige Meinung der Fernsehschaffenden – halten den Zuschauer am Schirm. Das Ziel, ihn direkt mit dem Beitrag zu erreichen, wäre damit erfüllt. Und Zuschauer, die am Schirm bleiben, sind natürlich immer gut für die Quote. (Tatsächlich wird die Qualität von Beiträgen in einigen Redaktionen anhand der erzielten Quote gemessen – und dabei haben häufig genug die Redakteure, die darüber urteilen, nur eine Quoten-Verlaufskurve in Händen, den Beitrag selbst aber gar nicht gesehen!)

Wenn der Autor Glück hat, war »sein« Spieler, um den sich die Story drehen soll, direkt oder indirekt an einer der roten Karten beteiligt. In diesem Fall hätte es der Autor vergleichsweise leicht, den Spieler in seine Story einzubauen. War er es nicht, muss sich der Autor auch hier etwas einfallen lassen. Denn eine Story ohne den »Hauptdarsteller«, der anschließend im Studio zu Gast ist, wird die Redaktion ihm kaum abnehmen.

Abhängigkeiten

Von der Entscheidung für eine ganz andere Story als die ursprünglich geplante bis zu deren wirklicher Umsetzung hat der Autor noch ein Stück Weg zu bewältigen: Er muss nun – kurz nach oder ggf. sogar noch während des laufenden Spiels – die Überlegung anstellen, wie er diese »neue« Story bebildert. Das muss er dann schnellstmöglich auch seinem Kameramann mitteilen!

Der hatte bislang beispielsweise nur den »Hauptdarsteller« mit seiner Kamera beobachtet. Nun wird sein Auftrag ein anderer: Emotion darstellen! Durch aufgebrachte Zuschauer, schimpfende Trainer, wütende Spieler, den streng dreinschauenden Schiedsrichter ...

Spätestens an diesem Punkt ist der Autor abhängig von der Qualität seines Kamerateams. Kann der Kameramann den neuerlichen Gedanken des Autors nachvollziehen? Hat er verstanden, worum es in der »neuen« Story gehen soll, und macht selbst Vorschläge, wie das Thema zu bebildern ist? Hat er die handwerkliche Qualität, in Sekundenbruchteilen Dinge, die für die Story wichtig sein könnten, möglichst scharf und ohne zu wackeln einzufangen?

Oft genug sind Stories nicht wirklich gelungen, weil die entscheidenden Bilder fehlen!

Im angenommenen Beispiel könnte eine emotionale Story über die roten Karten nicht ohne Bilder funktionieren, die diese Emotionen auch wirklich zeigen. Der Autor könnte dann zwar in seiner Story behaupten: »Die Spieler des Vereins xy waren hochgradig sauer über den Schiedsrichter.« Wenn aber kein einziger Spieler mit saurer Miene im Bild zu sehen ist, nähme man dem Autor seine Story nicht recht ab.

Eine weitere – nicht zu unterschätzende – Abhängigkeit besteht zwischen dem Autor und den oder dem Protagonisten seines Beitrages. Was helfen die schönsten Bilder und Grafiken, wenn der »Hauptdarsteller« nicht vor der Kamera mit dem Autor sprechen mag? Manchmal laufen – es handelt sich in 99 Prozent der Fälle um Fußballer – die angefragten Interviewgäste nach einer Sportveranstaltung einfach an den Journalisten vorbei, ohne etwas zu sagen!

Der Autor kann den Beitrag über das »verrückte Spiel mit vier roten Karten« zwar dennoch machen. Aber ohne dass ein beteiligter Spieler oder der Schiedsrichter zu Wort kommt, wird die Sache extrem schwierig ... (Es gibt mittlerweile in der Sportberichterstattung auch regelrechte »ungeschriebene Gesetze« was das Einholen von O-Tönen betrifft: So kann man bei Sportlern, die z. B. unter Dopingverdacht stehen, mit 100-prozentiger Sicherheit davon ausgehen, dass sie sich nicht gegenüber einem Fernsehteam äußern werden.)

Und noch eine Hürde auf dem Weg zu einem gelungenen Beitrag: der Schnitt. Neben dem Kameramann muss auch der Cutter vom Autor in die Thematik seiner Story eingewiesen werden, damit er versteht, welche Bilder – und Töne! – wichtig sind. Ein Cutter, der keine Affinität zum Thema »Sport« hat oder sogar eine Abneigung dagegen hegt, wird keine konstruktiven Vorschläge beim Zusammenschnitt des Beitrages unterbreiten!

Zeitdruck

Im Sport muss es häufig schnell gehen: Zwischen Dreh und Sendung liegen in der aktuellen Sportberichterstattung oftmals nur ein paar Stunden!

Ein Cutter, der die Technik nicht (oder noch nicht) richtig im Griff hat, kann die Fertigstellung eines Beitrages gefährden. Es macht einen Unterschied, ob ein Schnitt zwei- oder dreimal gemacht werden muss oder ob jeder Schnitt auf Anhieb »sitzt«. Die Summe machts – und schnell kann die für den Schnitt zur Verfügung stehende Zeit vorüber sein! Als Rechengröße ging man früher von einer Stunde Schnitt für eine Minute Fernsehen aus. Dies hat sich mittlerweile aufgrund neuer Technologien auf ungefähr die Hälfte der Zeit reduziert. Im Klartext: In einer halben Stunde schaffe ich als Autor in der aktuellen Sportberichterstattung ungefähr eine Minute Programm.

Zwar wird in den meisten Sendern darauf geachtet, gerade im Sport erfahrene und gut geschulte Kameraleute und Cutter einzusetzen, dennoch kommt das Gegenteil vor und führt besonders im Schnitt zu erheblichem Zeitverlust.

Die kleinen Tricks

In der Praxis gibt es ein paar kleine Hilfen, wenn das Bildangebot nicht den Erwartungen entspricht oder die Zeit zur Suche nach passenden Bildern fehlt. Im angenommenen Fall wäre es für die Story z. B. äußerst misslich, wenn es kein Bild eines Trainers, Spielers oder Schiedsrichters gäbe, das Trauer, Wut oder Empörung dokumentiert.

Abhilfe kann dann z. B. der simple Einsatz der Zeitlupe schaffen. Ein einfacher Wimpernschlag in der Großaufnahme eines Gesichts wirkt in der Verlangsamung viel dramatischer als in der Realität! Gleiches gilt für einen Spieler, der einfach nur das Spielfeld verlässt. Wählt man hierfür das Instrument der Zeitlupe, wirkt sein Gang plötzlich schwerfällig und deprimiert. So kann trotz Bildermangels doch noch die gewünschte Wirkung erzielt werden.

Gleiches gilt für den Ton: Nicht immer ist der Ton zu einem Bild auch wirklich der, der zur entsprechenden Szene gehört! Pfeifende Zuschauer, der Pfiff eines Schiedsrichters oder ein kollektiver Torschrei können an ganz anderer Stelle stattgefunden haben, erzielen eine beabsichtigte Wirkung aber am besten, wenn man sie woanders einsetzt. Es macht schließlich einen Unterschied in der Wirkung, ob unter dem Bild des Spielers, der den Platz verlässt, Jubel oder Pfiffe zu hören sind.

Die Kehrseite: Die Wirkung von Bildern kann im Schnitt massiv manipuliert werden! Der Autor muss deshalb sehr genau abwägen, ob das, was er durch die Auswahl seiner Bilder darstellen will, auch wirklich der Realität entspricht. Gab es wirklich Enttäuschung, Aufruhr und Wut wegen der roten Karten? Dann wäre der dramaturgische Einsatz von verfremdeten Bildern noch legitim. Problematisch wird es, wenn der Autor eine Story durch verfremdete Bilder und Töne schlichtweg konstruiert!

Ist der Beitrag des Autors fertig geschnitten, muss er sich daran machen, einen Text zum Film zu verfassen. In der aktuellen Sportberichterstattung geschieht dies manchmal auch schon während des Schnitts, z. B. wenn zwischen Dreh und Sendung nur wenige Stunden liegen (z. B. in der »Sportschau«). Da der Schnitt in der Regel von allen Komponenten, die zur Fertigstellung eines Beitrages gehören, der zeitintensivste ist, bleibt für den Text häufig zu wenig Zeit.

Dabei ist der Weg zum fertigen Beitrag auch hier noch nicht zu Ende. Denn wenn Text und Schnitt fertig gestellt sind, erfolgt in der Regel die »Abnahme« durch den Redakteur. Erst wenn dieser Schnitt und Text abgenommen hat, kann der letzte Schritt vollzogen werden: die Tonmischung.

Dabei wird der Text des Autors direkt auf den Beitrag aufgesprochen. Das kann durch den Autor selbst oder durch einen hierfür extra eingesetzten Sprecher geschehen. Manchmal erfolgt das Aufsprechen des Textes aber auch live, d. h. der Autor spricht seinen Text, während sein Beitrag in die laufende Sendung eingespielt wird. Der Vorteil hierbei: Durch den Wegfall der »Tonmischung« wird wertvolle Zeit eingespart. Und Zeit ist der größte Feind des Autors – nicht nur in der Sportberichterstattung.

Von den Zuschauern stets am kritischsten beäugt und deshalb bei jeder Fernsehsendung der vermeintlich wichtigste Protagonist ist:

Der Moderator – das Gesicht des Fernsehens

Naturgemäß hat ein Zuschauer keinen direkten Ansprechpartner beim Fernsehen. Er hat nur ein Gesicht vor sich, das stellvertretend für eine Sendung steht. Der Moderator *ist* für den Zuschauer daher häufig die Sendung.

In der Praxis ist deshalb für die große Mehrheit der Zuschauer nicht der Autor für einen Beitrag verantwortlich oder der Techniker für einen Kameraausfall, sondern immer der Moderator (»Der hat doch in ›seiner‹ Sendung gesagt ...«). Daher bekommen Moderatoren stets Zuschauerreaktionen – positive wie negative – am ehesten mit. Durch Briefe, E-Mails, Anrufe oder direkte Ansprache vor Ort.

Oft genug wissen Moderatoren gar nicht, wofür oder weshalb sie nun Lob oder Tadel erfahren. Denn in der Regel müssen sie Dinge verantworten, die überhaupt nicht in ihrem Zuständigkeitsfeld liegen! Ein »dickes Fell« ist daher jedem angeraten, der sich regelmäßig vor eine Kamera stellen möchte.

Da es im Sport im Verhältnis zu anderen Fernsehproduktionen sehr häufig Livesendungen gibt, muss ein Moderator vor allem über Spontaneität, rasche Auffassungsgabe und – zumindest nach außen – innere Ruhe verfügen. Häufig ändert sich ein geplanter Sendeablauf kurzfristig; sei es, weil ein geplanter Beitrag nicht vorliegt (die Gründe dafür wurden unter »der Autor« beschrieben) oder weil ein Gesprächspartner nicht rechtzeitig erschienen ist.

Rasch muss der Moderator dann umsetzen, was ihm Redakteur oder Regisseur per in-ear-Hörer »aufs Ohr sagen« – und zwar so, dass alles, was jetzt auf dem Bildschirm erscheint, wirkt, als sei es so geplant.

Besonderes Gewicht erhält dies immer, wenn ein Moderator »ziehen« muss, wenn er also mit einem Gesprächspartner länger als geplant reden soll oder eine Anmoderation zu einem Beitrag viel länger als abgesprochen gestalten muss. Dies geschieht beispielsweise, wenn ein Beitrag nicht vorliegt, weil der Autor nicht rechtzeitig fertig wurde, oder wenn Mannschaften bei einer Liveübertragung länger in der Kabine bleiben, als es die verabredete Halbzeitpause vorsah.

Über jeden Beitrag, über jeden Gesprächsgast, über Tabellenkonstellationen und Hintergründe muss sich der Moderator daher vor der Sendung informiert haben, ganz gleich, ob es sich um eine Liveübertragung oder eine Studioproduktion handelt. Da Zuschauer von Sportsendungen zumeist gut über das allgemeine Sportgeschehen informiert sind, wiegen Fehler des Moderators besonders schwer. Ein falsches Ergebnis oder ein falscher Vereinsname können für einen Moderator im Sport unangenehme Folgen haben. Angefangen bei Spott und Häme in der Boulevardpresse bis hin zur Absetzung – wie im mittlerweile legendären Fall »Schalke 05«.

Und im Fall der Fälle wird der Moderator dankbar für jeden Stoff sein, den er zum Überbrücken heranziehen kann!

Genauso wie der Moderator steht aber noch ein weiterer an Sportsendungen beteiligter Protagonist unter extremer Beobachtung des Publikums:

Der Kommentator

Er ist derjenige, der bei einer Liveübertragung vom Einmarsch der Mannschaften bis zu den abschließenden Interviews das Spiel mit seinem live gesprochenen Kommentar begleitet. Häufig wird der Kommentator auch als Reporter bezeichnet, im Folgenden soll aber im Sinne einer einheitlichen Sprachregelung der Begriff »Kommentator« beibehalten werden. Zumal der Kommentator ja auch wirklich mit eigener Meinung aufwarten darf – und soll! Und somit im ureigensten Sinne das sportliche Geschehen kommentiert.

Hohe Erwartungen

Das größte Problem des Kommentators besteht in der Regel darin, dass von ihm von vornherein zu viel erwartet wird. Er soll möglichst alles wissen, alles sehen und alles richtig einschätzen – und zwar in Sekundenschnelle.

Der vielzitierte Satz »der Schiedsrichter musste in Sekundenbruchteilen entscheiden – er hat ja auch keine Zeitlupe« gilt genauso für den Kommentator. Zwar hat er natürlich das Hilfsmittel der Zeitlupe, doch wird von ihm in der Regel erwartet, dass er sich längst festgelegt hat, bevor er diese gezeigt bekommt. Muss er sich dann selbst korrigieren, entsteht schnell der Eindruck mangelnder Kompetenz.

Aber: Den perfekten Kommentar gibt es nicht! Jeder Kommentator erlebt während einer Livereportage Situationen, in denen er denkt: »Was hast Du da bloß gesagt?« Zumindest bei Liveübertragungen befindet sich der Kommentator mitten im Geschehen, nämlich auf der Tribüne. Und er ist deshalb so vielen äußeren Einflüssen ausgesetzt, dass es extrem schwierig ist, sich davon frei zu machen. Ein nicht gegebener Elfmeter für die Heimmannschaft löst um ihn herum ganz andere Emotionen aus als einer für die

Auswärtsmannschaft – und hat ganz sicher Auswirkungen auf seine eigene Wahrnehmung der Szene.

Sich als Kommentator diesen atmosphärischen Einflüssen zu entziehen, ist nahezu unmöglich.

Ohne Diskussion: Kommentieren erfordert eine gute Stimme! Die hat nicht jeder und deshalb reduziert sich von vornherein der Kreis der infrage kommenden Kollegen auf natürliche Weise.

Während der Übertragung muss der Kommentator in der Lage sein, sowohl das Geschehen vor sich als auch das Fernsehbild zu verfolgen. Wenn er etwas beschreibt, was der Fernsehzuschauer nicht sehen kann, weil gerade ein anderes Bild (z. B. die Großaufnahme eines Trainers) gezeigt wird, kommentiert er »am Bild vorbei«. Ein einfühlsamer Bildregisseur, der dem Kommentator stets zuhört, kann dies allerdings vermeiden helfen.

Unerlässlich ist darüber hinaus eine hohe Fachkenntnis. Die Fähigkeit, dem Fernsehzuschauer zu erklären, warum das Spiel so läuft, wie es läuft, warum der Schiedsrichter so und nicht anders entschieden hat, muss auf jeden Fall vorhanden sein.

Live kommentieren erfordert eine enorm schnelle Auffassungsgabe und die Fähigkeit, den eben gedachten Gedanken so auszudrücken, dass er authentisch und spontan wirkt. Der Kommentator soll lebendig wirken, aber nicht hysterisch, und obendrein natürlich über alles, was vor ihm passiert, genauestens informiert sein (z. B. also Bescheid wissen über die Geschichte der an einem Fußballspiel beteiligten Vereine, das Stadion, den Schiedsrichter – und selbstverständlich jeden einzelnen Spieler!)

Ein wesentlicher Teil des Livekommentars findet also bereits vorher statt: die Recherche. Alle oben angesprochenen Informationen muss sich der Kommentator vorab beschaffen. Dies geschieht zumeist mithilfe des sogenannten Kommentator-Assistenten.

Dieser kommt auch während einer Sendung immer dann ins Spiel, wenn der Kommentator trotz aller Aufmerksamkeit und Vorkenntnisse eine Szene nicht richtig sehen konnte (weil z. B. ein Zuschauer vor ihm aufgestanden ist und ihm die Sicht versperrt hat). Der Assistent muss dem Kommentator dann so schnell wie möglich die Details zur Szene nennen: Beteiligte, Ort, Regelverstoß ... Darüber hinaus besteht seine Aufgabe vor allem darin, den Kommentator an entsprechender Stelle mit passenden Zusatzinformationen zu versorgen, die der Assistent im Vorfeld recherchiert hat.

Fußballrecherche

Mittlerweile hat sich eine kommerziell tätige Gruppe von Recherchespezialisten formiert, die gegen Honorar zu jedem Fußballspiel (bislang handelt es sich nur um Fußball) eine ca. 80 Seiten umfassende »Info-Mappe« anfertigt. Diese wird zu jedem einzelnen Bundesligaspiel erstellt und von Privatsendern wie auch von öffentlich-rechtlichen gleichermaßen genutzt.

Quotendruck

Besonderes Gewicht hat im Zeitalter des Quotendrucks das sogenannte »Schönreden« bekommen. Dabei geht es darum, dass ein Kommentator stets versuchen soll, Spiele, die bereits entschieden – und damit langweilig – erscheinen, so darzustellen, als würden sie noch Spannung in sich bergen. Steht beispielsweise ein Fußballspiel bereits nach 20 Minuten 3:0, ist das in aller Regel ein Abschaltimpuls für viele Zuschauer. Denn das Spiel ist ja praktisch entschieden. Ein Kommentator, der genau das auch sagt, hat fachlich sicherlich recht, animiert die Zuschauer aber u. U. auch noch dazu, umoder abzuschalten. Gerade für private Anbieter, die von Werbeeinnahmen abhängig sind, wäre das natürlich kontraproduktiv!

Vom Kommentator wird daher erwartet, dass er auch bei einem solchen Spielstand noch »auf Spannung macht«, sprich: das Geschehen so darstellt, als sei für die im Hintertreffen liegende Mannschaft »noch alles drin«. Auch wenn der Kommentator selbst davon überzeugt ist, dass das Spiel bereits entschieden ist, zwingt ihn der Quotendruck zu einer anderen Darstellung. Natürlich wird spätestens hier der Weg objektiver Berichterstattung vorsätzlich verlassen. Das wird kein Verantwortlicher eines Senders je öffentlich zugeben, intern aber wird dies von den handelnden Kommentatoren ganz einfach erwartet – und das nicht nur beim Privatfernsehen!

Nachkommentar

Etwas anders stellt sich die Thematik beim »Nachkommentar« dar, einer Darstellungsform, die z. B. Woche für Woche in der Berichterstattung über die Fußball-Bundesliga in der »Sportschau« zu sehen ist.

Der Nachkommentar ist ein live zu einer Zusammenfassung gesprochener Kommentar. Im Unterschied zum Kommentar bei einer Liveübertragung kennt der Kommentator hier Ausgang, Verlauf und Bildangebot eines Spiels bereits und weiß somit, was als nächstes im Bild passiert. Dennoch soll sein Kommentar so wirken, als sei er spontan und praktisch während des Ereignisses entstanden.

Das erfordert ein gewisses Maß an schauspielerischen Qualitäten. Denn der Kommentator muss sich zurückversetzen in die Zeit, als er die gerade gezeigte Szene selbst auf der Tribüne erlebt hat und sie atmosphärisch auch so darstellen. Sich emotional für ein Tor zu begeistern, von dem man ja weiß, dass es schon lange gefallen ist, ist wirklich nur etwas für Begabte.

Als die »Sportschau« Ende der 1960er-Jahre begann, das Fußballgeschehen im Fernsehen abzubilden, war der zusammenfassende Bericht die erste und einzige Bildquelle, die dem Zuschauer zur Verfügung stand. Da er damals die Tore und die Szenen eines Spiel tatsächlich zum ersten Mal sah (sie waren ja nicht bei PREMIERE – jetzt SKY – zuvor bereits live gelaufen), wurden die Bilder auch so kommentiert, als fände das Gezeigte tatsächlich gerade – und somit »live« – statt. Schlussendlich ist der Nachkommentar damit ein Relikt aus Fernsehzeiten, in denen es nicht ganz normal war, jedes Fußballspiel »on demand« im eigenen Wohnzimmer zu sehen, und basiert auf den über Jahre erworbenen Sehgewohnheiten der Zuschauer und den Sendegewohnheiten des Fernsehens.

Wie auch immer diese aussehen – einer muss am Ende für den Inhalt aktueller Sportberichterstattung verantwortlich sein. Dies ist in aller Regel:

Der Redakteur

»Er kommt als Erster und geht als Letzter.« Ein in vielen Berufen gebräuchlicher Satz, aber in Bezug auf den Redakteur einer aktuellen Sportsendung absolut zutreffend.

Langfristige Planung

Gemeinsam mit dem Regisseur beginnt die Tätigkeit des Redakteurs bei Liveübertragungen zumeist schon einige Wochen vorher mit der sogenannten »Vorbesichtigung« (im Fernseh-Deutsch: »VB«). Dabei wird am Übertragungsort festgelegt, wo die Kameras stehen werden und ob Türme dafür errichtet werden müssen, wo ein kleines Studio für den Moderator errichtet werden kann, wo der Ü-Wagen stehen soll, auf welcher Seite des Stadions die Führungskamera stehen wird (Sonnenstand? Gegenlichtgefahr!) oder wo vom »Field-Reporter« nach Spielende Interviews gemacht werden können.

In der Praxis müssen auf einer Vorbesichtigung noch viele weitere Details geklärt werden. Die beschriebenen Punkte vermitteln aber einen ersten Eindruck über die Arbeit des Redakteurs dabei.

Diese Aufgaben entfallen natürlich bei einer standardisierten Studiosendung wie z. B. der Sportschau, in der Lichteffekte, Kamerastandpunkte und Ton-Erfordernisse im Wesentlichen von Sendung zu Sendung gleich bleiben.

Sendeablauf

Im zweiten Schritt ist der Redakteur für den Sendeablauf verantwortlich. Er überlegt sich also, wie die gesamte Übertragung von Anfang bis Ende ablaufen könnte. Da eine Liveübertragung nicht mit dem Anstoß beginnt, sondern in der Regel schon mindestens eine Viertelstunde früher, ist er für die inhaltliche Gestaltung dieses sogenannten »Vorlaufs« verantwortlich. Gleiches gilt für Halbzeitpause und »Nachlauf«. Plant er Filmbeiträge, muss er dafür sorgen, dass ein oder meistens mehrere Autoren dafür gefunden werden. Auch für deren redaktionelle Endabnahme ist er verantwortlich.

Unmittelbar vor der Sendung hält der Redakteur (i. d. R. gemeinsam mit dem Regisseur) eine sogenannte »Regiebesprechung« mit allen an der Übertragung beteiligten Personen ab. Grundlage hierfür ist der von ihm schriftlich verfasste Sendeablauf. Dieses Papier (immer öfter eine Datei auf dem Bildschirm) listet den Ablauf der Übertragung Punkt für Punkt auf. Zu jedem Ablaufpunkt gibt es spezielle Anmerkungen, die für die beteiligten Personen wichtig sind: Wer spricht wann? Mit wem? Und wie lange? Wann folgt ein Filmbeitrag? Wie lang ist der? Wird zum Beitrag live ein Kommentar gesprochen oder ist der Beitrag bereits vorher vertont worden? Wann ist eine »Schalte« geplant? Wohin? ...

Bei Standardformaten wie z. B. Sportmagazinen in den Dritten Programmen besteht die Arbeit im Wesentlichen aus denselben Bausteinen wie bei der Liveübertragung. Hierbei entfallen natürlich das Liveereignis mit Livekommentar und die vorangehende Vorbesichtigung. Alle anderen Bestandteile aber kommen auch bei einer Studioproduktion auf den Redakteur zu.

Logistik

Ob Live- oder Studioproduktion: Auch für die damit verbundene Logistik ist der Redakteur zuständig. Wo können die Autoren ihre Beiträge schneiden? Wann benötigen sie ein Kamerateam? Wie und von wo gelangen die fertigen Beiträge zur Ausstrahlung?

Plant der Redakteur Schaltungen zu anderen Schauplätzen, hat er dafür zu sorgen, dass der gewünschte Gesprächspartner für eine »Schalte« zum verabredeten Zeitpunkt am verabredeten Ort steht. Und auch dafür, dass die technischen Vorraussetzungen für die Schalte gegeben sind, z. B. eine Kamera zur Bild- und Tonaufzeichnung oder eine Satellitenleitung zwischen Ü-Wagen und Schaltort. Der Auftrag für die Bereitstellung aller technischen Gewerke ergeht zwar vom Redakteur an die Produktionsleitungsabteilung eines Senders, der Umsetzung seiner Anforderungen muss er sich aber rechtzeitig versichern.

Weiterhin ist es Aufgabe des Redakteurs, Absprachen mit Veranstaltern zu treffen. Beispiel: der Fußball-Verband bei einem Länderspiel. Wann soll exakt der Anstoß erfolgen? Gibt es vor einem möglichen Elfmeterschießen eine neuerliche Seitenwahl? Bis in welche Bereiche dürfen die Kameras vor Spielbeginn vordringen?

Promotion im eigenen Programm durch Hinweistrailer und das Verfassen von Pressemeldungen sind weitere Aufgaben des Redakteurs, die weit vor der Übertragung erledigt werden müssen.

Kurz vor Beginn der Übertragung verschafft sich der Redakteur nochmals einen Gesamtüberblick. Liegen alle geplanten Filmbeiträge vor? Sind die angefragten Gäste im Studio und für Schalten wirklich da? Und möglichst auch zu sehen und zu hören? Bestehen Sprechverbindungen zu den wichtigen Gewerken (Moderator, Kommentator, Regisseur ...)? Während der Übertragung »steuert« der Redakteur die Sendung, indem er darauf achtet, dass der zeitliche Fortgang der Sendung möglichst so voran schreitet, wie von ihm im Sendeablauf vorgesehen. Ändern sich kurzfristig die zeitlichen Planungen, weil z. B. durch viele Verletzungspausen ein Spiel viel länger dauert als erwartet oder weil ein Studiogespräch durch eine zu lange Antwort zwei Minuten länger dauert als geplant, muss der Redakteur dafür Sorge tragen, dass die Übertragung trotzdem im vorgegebenen Zeitrahmen bleibt. Dies kann z. B. durch Verzicht auf einen Beitrag oder Streichen eines im Ablauf geplanten Interviews geschehen. Denn eines gehört beim Fernsehen zu den größten möglichen Sünden: das Überziehen der Sendezeit! Dies kann und darf in den meisten Fällen nur nach Rücksprache mit hochrangigen Programmverantwortlichen geschehen. Und solche Telefonate sind während einer noch laufenden Livesendung nicht gerade einfach!

Handelt es sich bei der Sendung um eine Aufzeichnung, muss der Redakteur anschließend zur »Nachbearbeitung« in den Schnitt und die Sendung auf die gewünschte Länge zusammenkürzen.

Im Endeffekt ist in der aktuellen Fernsehwelt die ureigenste Aufgabe des Redakteurs – nämlich Inhalte festlegen und verantworten – fast zur Nebensache geworden. Die Vielzahl an Dingen, die ein Redakteur – vor allem logistisch – verantworten muss, lassen für die Inhalte nur noch sehr wenig Raum.

217

Fazit

Aktuelle Sportberichterstattung ist keinesfalls ein Gegenstand, der den Berichterstattern alle Freiheiten lässt. Das Gegenteil ist der Fall!

Die Menschen, die im Fernsehen aktuell über Sport berichten, unterliegen erheblichen Zwängen und Abhängigkeiten. Das fängt bei der Qualität und Flexibilität der Kamera- und Schnittkollegen an und endet beim Quotendruck, der eine realistische Einschätzung des Kommentators bei einer Übertragung manchmal verhindert. Da der Erfolg aber nur über die Einschaltquote zu ermitteln ist, wird dieser Status quo auf längere Sicht bestehen bleiben.

Sportberichterstattung, die im Vergleich zu anderen journalistischen Feldern extrem teuer ist, ist deshalb zum Erfolg verdammt.

Eberhard Figgemeier

7 Großveranstaltungen im Fernsehen

Sportberichterstattung ist sicher so ziemlich das Spannendste, was der journalistische Beruf zu bieten hat; ich habe meine Berufswahl in 40 Jahren nicht eine Sekunde bereut. In einem Standardwerk über Sportjournalismus sollten wir uns zunächst auf einige gemeinsame Ausgangskriterien verständigen, die wegen der unterschiedlichen Strukturen und Inhalte von Sportberichterstattung im Fernsehen wichtig sind.

Es gibt wohl keine gesellschaftlich relevanten und interessanten Ereignisse, die inhaltlich in so unterschiedlicher Form und vor allem in so unterschiedlichem Umfang im Fernsehen dargestellt werden wie der Sport. Unter anderem auch darin liegt das eigentliche Faszinosum, für die Zuschauer, aber auch für die Macher.

Und noch eines unterscheidet die Darstellungsmöglichkeit des Sportes im Fernsehen von der Darstellung anderer journalistischer Themen grundlegend. Der hochkomplizierte und finanziell sehr aufwendige Rechteerwerb gilt fast für die komplette Sportberichterstattung im TV als unabdingbare Voraussetzung. Das Recht der freien Berichterstattung gilt in vielen Sportarten nicht. Hierin liegt sicher auch ein ganz wichtiger struktureller Nachteil des Fernsehens gegenüber dem Hörfunk und den Printmedien. Ohne Rechte lassen sich bestimmte Themen einfach nicht darstellen. Sportberichterstattung generell lässt sich in vier Teilbereiche gliedern:

* *Einzelbeiträge:* Autorenstücke in diversen Sendungen bis hin zu Dokumentationen, extrem breitgefächerte Themenpalette von Zusammenfassungen eines einzelnen kleinen Sportevents bis hin zur investigativen Dopingstory (Autoren);
* *Seriensendungen:* immer wiederkehrende Sportsendungen, meist an einem festen Sendeplatz, »Sportschau« (ARD), »Sportstudio« (ZDF), Inhalte abhängig von Aktualität und/oder Rechtelage (Autoren, Reporter, Regisseure, Moderatoren);

- *Sondersendungen:* Übertragung singulärer Ereignisse bei allen vier großen Anbietern, z. B. einzelne Live-Fußballspiele, Formel-1-Rennen, Leichtathletikmeetings oder Radrennen etc. (Moderatoren, Reporter, Regisseure);

- *Großveranstaltungen:* international *Major Events* (ME) genannt. Diese Major Events dauern in der Regel mehrere Tage oder gar Wochen, bestimmen extrem nachhaltig das Programm der jeweiligen Sender, aber nicht nur in der Quantität, sondern auch in der Qualität. Typische Beispiele sind die Tour de France, Welt- und Europameisterschaften in den großen Sportarten wie Fußball oder Handball und dann natürlich das größte aller Major Events im Fernsehen, die Olympischen Spiele.

Die drei klassischen TV-Säulen:
Redaktion, Technik und Produktion

Diese Großveranstaltungen lassen sich eigentlich mit nichts in der normalen Sportberichterstattung vergleichen. Das Spektrum der Anforderungen ist gewaltig; bei Major Events greift eine Organisationsmaschinerie, die den Begriff »Teamwork« komplett neu definiert.

Redaktionell muss ein TV-Anbieter zunächst einmal das komplette Bedarfsprofil dessen abdecken können, was das moderne Berufsbild des Sportjournalisten verlangt. Moderatoren, Autoren, Livereporter, Regisseure und betreuende Redakteure in entsprechender Qualität und Quantität sind zwingende Voraussetzung, um die vorhandenen Rechte in entsprechendem Umfang ausnutzen zu können.

Technisch gehören die Major Events sicher zum Kompliziertesten, was im Zeitalter modernster Digital- und Satellitentechnik derzeit überhaupt machbar ist.

Produktion, die dritte Säule, ohne die Fernsehen nicht funktionieren würde. Umfang und Art des produktionellen Aufwandes richten sich natürlich nach mehreren Faktoren, zum einen nach Größe und Dauer des Major Events, zusätzlich aber auch nach der Zeitzone, in der produziert wird.

Die Spiele von München im Jahre 1972 waren die ersten, die ich damals als junger ZDF-Journalist vor allem bei der Leichtathletik erlebt habe. Vier Jahre später blamierten ARD und ZDF sich bei den Spielen von Montreal mit einem sehr starren, unflexiblen Sendekonzept, vor allem im Vergleich zum damaligen DDR-Staatsfernsehen. Parallel zu den sich verändernden Spielen selbst und der unglaublich rasanten Entwicklung moderner Aufzeichnungs-

und Übertragungstechnik änderte sich auch die gesamte Programmphilosophie, die ich in unterschiedlichsten Funktionen vom Reporter bis hin zum gesamtverantwortlichen Programmchef bis heute begleitet habe. Von ersten nationalen Übertragungskonzepten über europäische TV-Lösungen bis hin zum heutigen Standard, dem sogenannten Weltbild, war es ein weiter Weg.

Olympische Spiele Peking 2008

Am Beispiel der Olympischen Spiele 2008 in Peking werde ich im Folgenden erläutern, wie man solche Major Events inhaltlich, technisch und organisatorisch plant und umsetzt, vorausgesetzt, man besitzt die entsprechenden Rechte. ARD und ZDF gehören zu den sechs größten Garantoren innerhalb des Dachverbandes der europäischen öffentlich-rechtlichen Fernsehanstalten, der European Broadcasting Union EBU. Die EBU hat für alle seine Mitglieder die Olympiarechte bis inklusive der Spiele 2012 in London beim Internationalen Olympischen Komitee IOC erworben. In anderen Kontinenten gibt es vergleichbare Dachorganisationen, in Nordamerika dagegen haben je ein großer Privatsender der USA und Kanadas die Rechte beim IOC direkt gekauft. Das IOC beauftragt dann das Lokale Organisationskomitee der ausrichtenden Olympiastadt (LOC) mit der Planung der Spiele, den sogenannten Hostbroadcaster (HB) mit der Planung der Fernsehübertragungen (siehe Grafik nächste Seite).

EBU = Europäische Rundfunkunion der öffentlich-rechtlichen Fernsehanstalten
- gegründet 12.02.1950
- 75 Vollmitglieder aus 56 Ländern
- 43 assoziierte Mitglieder aus 25 weiteren Ländern
- Mitglieder sind u. a. BBC, RAI, RTE, FR 2–5, ARD, ZDF, ORF, SRG, NOS

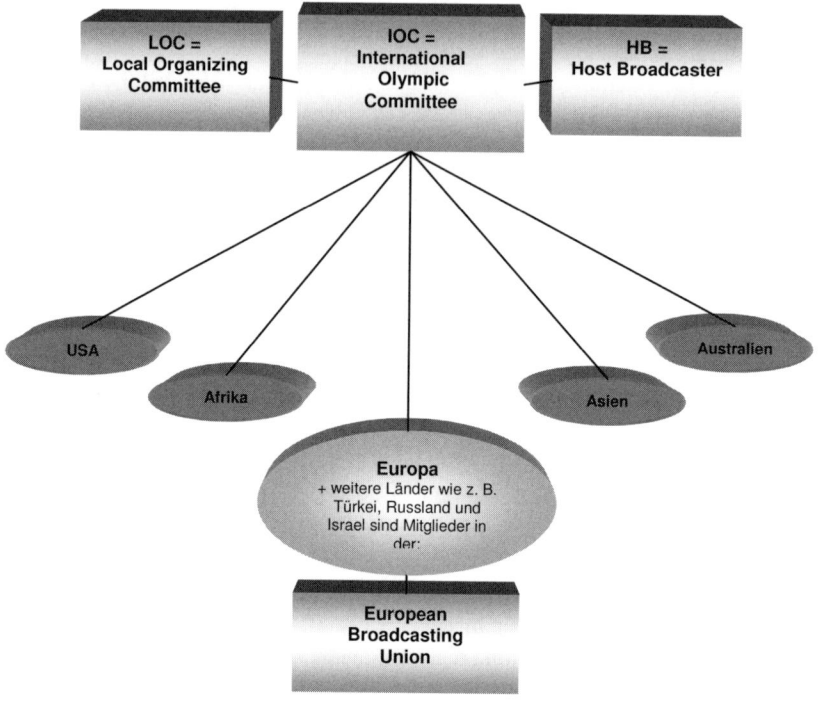

Abb. 32: Erwerb von Senderechten bei den Olympischen Spielen

Die eigentlichen Macher der Spiele

Das jeweilige lokale Organisationskomitee (LOC) und der Rundfunksender des Gastlandes (HB) sind die eigentlichen Macher der Spiele, in diesem Falle BOCOG (Beijing Organizing Committee of the Olympic Games) und BOB (Beijing Olympic Broadcasting) genannt. BOB sorgte dafür, dass die Olympiabilder Milliarden Menschen in der ganzen Welt erreichten.

BOCOG und BOB waren auch für ARD/ZDF die wichtigsten Ansprechpartner. BOCOG als verlängerter Arm des IOC, vor allem aber auch der chinesischen Regierung, zeichnete verantwortlich für die komplette Wettkampforganisation bis hin zu den Zeitplänen. Auch die gesamte Logistik wie Unterbringung und Transport von Athleten, Offiziellen, aber auch akkreditierten Journalisten gehört zu den Aufgaben des LOC. BOCOG war vornehmlich eine rein chinesische Organisation, ergänzt um Kontrollorgane, in denen natürlich auch Vertreter und Beauftragte des IOC saßen.

BOB entwickelte ein Übertragungskonzept mit fast 4.000 Stunden Sport. Nie zuvor wurden bei Olympia jeder Wettbewerb, jeder Vorkampf, jede Qualifikation und jedes Gruppenspiel live angeboten. Na klar, denkt man spontan, chinesischer Gigantismus mit einem vom totalitären chinesischen Staat kontrollierten Bildinhalt. Die Wahrheit sieht aber völlig anders aus. Die Hostbroadcasting-Firma, in Peking BOB, in Athen AOB genannt, ist eine Tochter des IOC, geführt von einem spanischen Kollegen. Er war der technisch Gesamtverantwortliche des spanischen Senders TVE bei den Spielen 1992 in Barcelona, ein ausgewiesener Experte also. An den Schaltstellen seines Unternehmens sitzen Olympiaspezialisten aus der westlichen Welt, nur ein einziger Chinese gehörte in Peking zu diesem Team.

Das 1. World-Broadcaster-Meeting ist Schlüsselwort und gleichzeitig der Startschuss für alle, denn mit dem 1. WBM beginnt weltweit die konkrete Planung eines solchen Ereignisses. Wenn LOC und HB die erste Phase ihrer eigenen Planung abgeschlossen haben, laden sie die Rechteinhaber weltweit zu einem ersten WBM ein und stellen ihr Konzept vor. Bei Großereignissen liegt dieser Termin in der Regel 24 Monate vor Beginn des Major Events, fast immer aber relativ exakt in der Zeit des Ereignisses, sodass man sich selbst einen Eindruck davon machen kann, wie denn die klimatischen Bedingungen während der Wettkämpfe sein werden.

Mit diesem WBM beginnt zunächst einmal reines Fernsehhandwerk. ARD und ZDF teilen sich in der Regel die Rechte paritätisch. Also sind auch die nachgeordneten Arbeitsgruppen paritätisch besetzt. Eine sogenannte Lenkungsgruppe zeichnet gesamtverantwortlich für die Planung von ARD und ZDF bei solchen Großereignissen. Sie besteht aus jeweils einem Vertreter von Redaktion, Produktion, Technik und internationaler Koordination pro System, also insgesamt acht Mitarbeitern von ARD und ZDF. Ausgangspunkt aller planerischen Überlegung ist der offizielle Zeitplan des jeweiligen Großereignisses. Und auf der Basis dieses Zeitplanes entwickeln die jeweils gesamtverantwortlichen Programmchefs ihr Programmschema und ihr Sendekonzept.

Version 1.3   09/06/2006

August / SPORT		6	7	8	9	10	11	12	13	14	15	16	17	18	19	20	21	22	23	24	Medals
		-2	-1		1	2	3	4	5	6	7	8	9	10	11	12	13	14	15	16	
		W	T	F	S	S	M	T	W	T	F	S	S	M	T	W	T	F	S	S	
OPENING CEREMONY				▓																	
CLOSING CEREMONY																				▓	
ATHLETICS											3	4	5	6	5	3	7	6	7	1	47
ROWING									R	7	7										14
BADMINTON											1	2	2								5
BASEBALL													R				R		1		1
BASKETBALL																			1	1	2
BOXING																			5	6	11
CANOE/KAYAK	Flat water																	6	6		12
	Slalom						2		2												4
CYCLING	Track											2	1	1	3	3					10
	Road				1	1		2													4
	Mountain bike																	1	1		2
	BMX															1	1				2
EQUESTRIAN	Jumping														1	R	1				2
	Dressage					1	R		R	1											2
	Eventing									2											2
FENCING					1	1	1	1	1	2	1	1	1								10
FOOTBALL																			1	1	2
GYMNASTICS	Artistic						1	1	1	1			4	3	3	G					14
	Trampoline												▓								2
	Rhythmic																	1	1		2
WEIGHTLIFTING					1	2	2	2	2		2	1	1	1	1						15
HANDBALL																			1	1	2
HOCKEY																			1	1	2
JUDO					2	2	2	2	2	2	2										14
WRESTLING	Greco-Roman							2	2	3											7
	Freestyle										2	2		2	2	3					11
AQUATICS	Swimming				4	4	4	4	4	4	4	4			1	1					34
	Synchronized swimming														1			1			2
	Diving												1	1	1	1	1	1	1	1	8
	Water-polo															1		1			2
MODERN PENTATHLON																	1	1			2
SOFTBALL													R		1						1
TAEKWONDO																2	2	2	2		8
TENNIS												2	2								4
TABLE TENNIS													1	1				1	1		4
SHOOTING					2	2	2	2	2	1	1	2	1								15
ARCHERY						1	1		1	1											4
TRIATHLON														1	1						2
SAILING											2	1	2	2	2	2	R	R			11
VOLLEYBALL	Volleyball																		1	1	2
	Beach																	1	1		2
Finals					11	14	12	16	16	17	20	28	29	19	21	13	21	22	31	12	302

Abb. 33: Competition Schedule (by day)

Programmliche Überlegungen

Wie also wird aus einem Zeitplan, der zunächst nur die Veranstaltungstage und die Sessionszeiten für die einzelnen Sportarten umreißt, eine Programmstruktur und später dann ein exakter Programminhalt? Mit den Sessionszeiten lässt sich zunächst eines ganz klar konzipieren: das Programmschema. Wichtige Eckdaten für ein solches Schema sind zunächst der Zeitunterschied von minus sechs Stunden, der Beginn der Pekinger Morgenveranstaltungen und die ungefähre Endzeit der Abendveranstaltungen. Da täglich alles vom ersten bis zum letzten Wettbewerb live gezeigt werden soll, ergibt sich daraus eine klare Struktur. Sendebeginn wäre demnach ca. 2:00 Uhr in der Nacht, das Ende der Livestrecke in der Regel gegen 18:00 Uhr. Bleibt die ganz wichtige Frage: An welchem Programmplatz versorge ich die Zahl der Zuschauer, die Olympia nicht oder nur zeitweilig live sehen konnten? Im ZDF haben wir uns in Absprache mit der Programmplanung und der Geschäftsleitung für das Modell entschieden, den Premiumsport Olympia auch in der Premiumsendezeit anzubieten: ein Highlight-Studio mit Katrin Müller-Hohenstein und Johannes B. Kerner von 20:15 bis 21:45 Uhr, dem am härtesten umkämpften Sendeplatz in Deutschland. Die ARD entschied sich für ein Modell mit Harald Schmidt und Waldemar Hartmann und wich auf die Zeit nach den »Tagesthemen« um 22:45 Uhr aus.

Hat man mit in der Gesamtplanung für ein solches Major Event den Programmrahmen abgesteckt, folgt ein erstes Programmschema, in das auch die Nachrichtensendungen und natürlich kleine kompakte Wiederholungen einzubauen sind, da wegen des Zeitunterschiedes am frühen Morgen stündlich viele hunderttausend Zuschauer hinzukommen, die auf den jeweils aktuellsten Stand gebracht werden wollen.

Peking 2008 Olympia – Tag Nr.   ZDF-Sendetag

Uhrzeit	Sendungen	Hinweise
	Datum: 08.08. – 24.08.08	
MESZ	Zeitunterschied -6 Std.	12:00 Uhr Peking = 6:00 Uhr Mainz
(08:05 – 10:45 OZ)		
02:05 – 04:45	Olympia live, 1/2 Std. vor Wettb.	Moderation, Livereportagen
04:45 – 04:48	*heute*	*flex. Anfangszeit*
04:48 – 07:00	Olympia live	Moderation, Livereportagen
07:00 – 07:02	*heute Nullzeit ZDF-MoMa-Woche*	**flex. Anfangszeit in ARD-MoMa-Woche**
07:02 – 09:00	Olympia live	Moderation, Livereportagen
09:00 – 09:02	*heute Nullzeit ZDF -MoMa-Woche*	*flex. Anfangszeit*
09:02 – 11:00	Olympia live	Moderation, Livereportagen
11:00 – 11:02	*heute*	*flex. Anfangszeit*
11.02 - 13.00	Olympia live	Moderation, Live-Reportagen
13.00-13.03	*heute Nullzeit ZDF-MiMa-Woche*	**flex. Anfangszeit in ARD-MiMa-Woche**
13:13 – 15:00	Olympia live	Moderation, Livereportagen
15:00 – 15:03	*heute*	*flex. Anfangszeit*
15:03 – 17:00	Olympia live	Moderation, Livereportagen
17:00 – 17:05	*heute incl. Wetter*	*Flex. Anfangszeit*
17:05 – 18:00	Olympia live	Moderation, Livereportagen
19:00 – 19:20	**heute**	*normale Sendezeit mit Sportbearbeiter*
20:15 – 21:45	Olympia-Highlights	Aus Deutschem Haus in Peking mit Gästen??
07:00/09:00/11:00 13:00/15:00/17:00	jeweils heute + Olympia kompakt ausgedruckt	
So. 10.08.08	bis 18:00 Uhr Oly live incl. Sportreportage, 19:10 – 20:15 Uhr Oly-Highlights	
Sa. 16.08.08	bis 17:30 Uhr Oly live, 17:30 – 19:00 Uhr Oly-Highlights	
So. 24.08.08	bis 18:00 Uhr Oly live incl. Sportreportage, 19:10 – 20:15 Uhr Oly-Highlights	

Abb. 34: Typischer Programmplan

Der nächste Schritt ist eigentlich der schwierigste und entscheidet oft über Erfolg oder Misserfolg eines Sendevorhabens: das inhaltliche Konzept. So sahen meine Anfangsüberlegungen knapp zwei Jahre vor Beginn der Spiele von Peking aus:

- Ziel der Berichterstattung muss es sein, ein ZDF-uniques Angebot zu liefern, das sich in den unilateralen Elementen deutlich vom Angebot der ARD unterscheidet. Bei den reinen Sportübertragungen wird dies so deutlich nicht möglich sein.

- Der Sport selbst wird bei uns im Mittelpunkt stehen, nicht die Selbstdarstellung und die Selbstinszenierung.

- Das Journalistische Angebot soll sehr breit gefächert sein.

- Chinesische Elemente: Die Kollegen des ZDF-Studios Peking, Diana Zimmermann und Johannes Hano, werden sowohl für die Vorberichterstattung als auch für die Zeit der Spiele selbst fest in das Sportteam eingebunden.

- Politische Einordnung Chinas, Bedeutung der Spiele etc.

- Chinesische Kultur: Hier überlegen wir, Künstler wie Lang Lang programmverträglich in die Peking-Berichterstattung einbauen zu können.

- Sicherheit und Zensur

- Doping: Eine Doping-Task-Force muss mit nach Peking.

- Highlight-Sendung 20:15 – 21:45 Uhr. Neben der journalistischen Aufarbeitung der wichtigsten sportlichen Highlights des Tages werden hochkarätige Gäste eingeladen, national und international. Hier könnten einige der vorher beschrieben Elemente als feste Standards einfließen.

- Olympia ganz anders: Hier sollten wir wieder, wie schon erfolgreich in Turin begonnen, die Kollegen Doyé und Wiemers (preisgekrönte Autoren der Rubrik »toll« in »Frontal 21«) um ihre spezielle Sichtweise bitten.

- Olympia-Song: Hier waren wir, wie auch bei anderen Großereignissen, stets sehr geschmackssicher und sehr erfolgreich. Ich habe dafür viele Ehrungen bis hin zu Fünffach-Platin für Anastacias Titelsong in Athen erhalten. (Die Musikentscheidung, hier mit Lang Lang einen der weltbesten Pianisten mit einem von Schiller eigens für ihn komponierten Olympiasong zu verpflichten, habe letztendlich dann ich getroffen. Zusätzlich stellte Lang Lang in einer täglichen filmischen Kolumne sein China vor.)

- Olympia im Gesamt-ZDF: Hier muss es Gespräche mit den anderen Bereichen der Chefredaktion gegeben, um ein Gesamtolympiapaket zu schnüren. Die Sportredaktion muss nicht nur um die Doping-Task-

Force und die Kollegen aus dem Studio Peking verstärkt werden, es sollte im ZDF ein journalistisches China-Gesamtpaket geben, mit dem weit vor den Spielen begonnen werden muss. Dieses Paket sollte ebenso politische Dokumentationen wie Themenabende und Kulturelles zum Thema »China« beinhalten.

Aus den Basisüberlegungen entwickelt man dann Inhalte und eine Programm-Philosophie. Das Programmkonzept selbst wird flexibel, aber konsequent den Vorgaben durch den Sport folgen. Fernsehen als:

- Erlebnis: »Olympia live«, Livesport mit den Weltbesten
- Erinnerung: »Yesterday«, die Rubrik für olympische Reminiszenzen
- Ergänzung: »Profile«, die Spezialportraits der Favoriten
- Erläuterung: »Know How«, die Rubrik für Erklärungen von Fachtermini
- Exquisites: »Olympia-Highlights«, die Tageshöhepunkte ab 20:15 Uhr

Programmelemente

Die Namen der verschiedenen Sendungen ergeben sich ebenfalls fast zwangsläufig aus ihrem Charakter. Das ZDF beginnt seine Berichterstattung jeweils 30 Minuten vor dem ersten Wettbewerb.

- »Olympia live«: ca. 02:00 – 18:00 Uhr. An einigen Tagen wird es differierende Anfangszeit geben, abhängig vom Beginn des ersten Wettbewerbs. Livesport bestimmt hier vor allem das Programm. Eine aus dem International Broadcast Center IBC moderierte Sendung mit permanenten Schaltungen zu den verschieden Wettkampfstätten. An vielen Wettkampfstätten wie Leichtathletik, Schwimmen, Reiten, Rad, Handball, Tischtennis etc. ergänzen ARD/ZDF das sogenannte Weltbild mit eigenen Kameras.
- »Olympia kompakt« und »heute«-Sendungen: Von den frühen Morgenstunden an nimmt die Zahl der Zuschauer permanent zu. Um dem Informationsbedürfnis unseres Publikums Rechnung zu tragen, wird es zu jeder vollen Stunde ein »Olympia kompakt« geben, jede zweite Stunde in Verbindung mit einer »heute«-Sendung. Alle »kompakt«-Sendungen werden in den programmbegleitenden Hinweisen ausgedruckt, sodass der Zuschauer genau weiß, wann und wo er diese knappen Zusammenfassungen findet. Dieses Konzept wurde auch bei vergangen Spielen sehr gut vom Publikum angenommen.
- »Olympia-Ticker«: Alle halbe Stunde ein grafischer Hinweis mit neuen Ergebnissen

- »Profile«, »Yesterday«, »Know How«: Kurzportraits, Erinnerungen, Erklärstücke
- »Olympia-Highlights«: 20:15 – 21:45 Uhr. Zur Primetime werden Katrin Müller-Hohenstein und Johannes B. Kerner die Zusammenfassung der sportlichen Höhepunkte des Tages moderieren. Gesendet wird hier aus der Gartenanlage des Deutschen Hauses im Kempinski-Hotel in Peking.

Was soll die Programmphilosophie vermitteln? Sie beginnt bei »Olympia live« mit Information und Aktualität, verbunden mit Kompetenz und Hintergrundberichterstattung, und geht hin bis zu den »Olympia-Highlights«, der zusammenfassenden Sendung aus dem Chinesischen Garten des Deutschen Hauses. Die klaren Programmstrukturen und das transparente Programmschema mit seinen ausgedruckten kompakten Zusammenfassungen sollen dem Zuschauer helfen, sich sein persönliches Olympia zusammenzustellen.

Ein solch riesiges Programmvorhaben ist zwangsläufig mit hohen Kosten verbunden. Auch vor dem Hintergrund des kostenbewussten Umganges mit den uns anvertrauten Gebührengeldern bilden ARD und ZDF schon seit mehr als zwei Jahrzehnten bei vergleichbaren Großveranstaltungen einen gemeinsamen produktionstechnischen Pool. Alle Mitarbeiter aus diesem Bereich arbeiten sowohl für die ARD als auch für das ZDF, was zu einer deutlichen Reduzierung der Gesamtkosten geführt hat, so auch in Peking. Nur in den imageprägenden Bereichen, also bei Reportern und Moderatoren, gibt es traditionell getrennte Teams.

Bei aller inhaltlichen Planung galt eine unserer ganz großen Sorgen aber der chinesischen Zensur. Klar war für uns, dass wir journalistisch natürlich ein besonderes Augenmerk auf das Gastgeberland richten und uns in unserer normalen Berichterstattung nicht beeinflussen lassen würden. Unklar war aber die Antwort auf die Frage, ob die Chinesen die westlichen Berichterstatter behindern oder gar zu zensieren versuchen werden oder aber für 16 Olympiatage nach dem Motto verfahren würden »Alle Schleusen auf, Augen zu und durch«. Vor dem Hintergrund dieser Unwägbarkeiten wollten wir zumindest technisch einen Weg finden, den Zugriff auf unser Signal zu erschweren oder besser noch ganz unmöglich zu machen. Wie aber konnten wir sicherstellen, dass sowohl unsere reine Sportberichterstattung als auch unsere journalistische Hintergrundberichterstattung über China unzensiert in Deutschland ankommen? Auch das wuchs sich wie vieles bei den Spielen von Peking zu einer spannenden Frage aus. Dass jede unserer Sendeminuten kontrolliert werden würde, war uns von vornherein klar, also haben wir ein Schwergewicht unserer Planung auf nicht zensierbare Wege unseres Sendesignals gelegt. In Deutschland herrschte ja die irrige Ansicht, das chinesische Staatsfernsehen würde Olympia produzieren und damit auch das kommunistische Regime die Berichterstattung zensieren. Deshalb skizziere ich hier Entstehung und Transport unseres Sendesignals, weil dies auch ein ganz wichtiger Punkt meiner Planung als Programmchef war:

- *Hostbroadcaster:* BOB war als Hostbroadcaster der EBU Partner für die Bilder von den Wettkampfstätten und für die komplette Technologie im IBC. Chef von BOB war der frühere TVE-Kollege Manolo Romero. Im Board von BOB saßen Europäer und Amerikaner, dazu nur ein Chinese als Angestellter von Manolo Romero.

- *Venuebilder,* also Bilder von den Wettkampfstätten: Als Vertragspartner von BOB arbeiteten in den Stadien Crews aus der ganzen Welt, deren Sender normalerweise auch Rechteinhaber sind. Es handelte sich also um Crews aus Ländern, mit denen wir regelmäßig international zusammenarbeiten. Die Leichtathletikbilder erstellten z. B. die Kollegen des finnischen Fernsehens YLE, Rudern wurde bei früheren Spielen immer von den Schweizer SRG-Kollegen produziert. Hier war also eigentlich keine Einflussnahme Chinas auf die Bildauswahl möglich.

- *Eröffnungs- und Schlussfeier:* Sicher die sensibelsten Übertragungen, weil hier vor den Augen der gesamten Welt Demonstrationen befürchtet wurden. Diese Bilder wurden ebenfalls von den Kollegen des finnischen Fernsehens YLE produziert.

- *IBC,* International Broadcast Center: Aus diesem riesigen Fernsehzentrum sendeten alle Rechteinhaber weltweit. Unsere unilateralen und die multilateralen Bilder von den Wettkampfstätten und die aus dem Highlight-Studio gelangten eigentlich unbeeinflussbar durch den Staat ins IBC.

- *Main Control Room,* der Hauptschaltraum für alle abgehenden Signale: Eigentlich war keine direkte Einflussnahme durch China möglich. Es ist aber wahrscheinlich davon auszugehen, dass die Chinesen zumindest wussten, was auf den vielen Signalen der Rechteinhaber lief.

- *Signaltransport nach Deutschland:* Unser bis zum IBC unbeeinflusstes Signal verließ über ein Glasfaser-Leitungsnetz der EBU das IBC und wurde ohne fremde Zugriffsmöglichkeit direkt bis nach Mainz transportiert. Legal war also auch hier eine Einflussnahme ausgeschlossen. Dennoch wird es vermutlich Mittel und Wege gegeben haben, den Signalinhalt aufzuzeichnen.

- *Back-up,* eine zusätzliche parallele Sicherheitsleitung: Unser Signal aus dem Highlight-Studio z. B. wurde als Backup-Lösung via Satellit nach Deutschland transportiert. Es stand ein deutsches Satellitenfahrzeug direkt am Deutschen Haus. Unsere Lösung hier: eine Direktabstrahlung des Signals via Satellit nach Mainz. Auch hier war also keine legale Einflussnahme möglich.
- *Das ZDF-Studio Peking:* Wahrscheinlich wurden alle Beiträge aus unserem Studio von den Chinesen mitgeschnitten, es wurde aber keine Ausstrahlung eines Beitrages durch die chinesischen Behörden verhindert.

Insgesamt hatten wir vermutlich alles getan, was machbar war, um unsere Signale fremdem Einfluss zu entziehen. Dennoch bin ich nicht so naiv anzunehmen, dass eine theoretische Sicherheit in China auch gleichzeitig in der Praxis eine sichere Lösung darstellt. Die totale »Nichtkontrolle« in China wird es aber ohnehin nie geben. Bleibt als Fazit die Vermutung, dass China jede Sendeminute von ARD und ZDF mitgeschnitten hat, verhindert haben sie aber keine einzige.

Dass die Olympischen Spiele von Peking zu dem Spannendsten in fast 40 Jahren ZDF zählen würden, war mir natürlich bereits im Vorfeld klar. Tatsächlich lässt sich der Erfolg der eigenen Arbeit aber nicht an Medaillen und Einschaltquoten ablesen, sondern an der Einschätzung derer, für die wir das Programm machen und die uns letztendlich auch mit ihren Gebühren bezahlen: die Zuschauer. Ich will also nicht mit eigenen Einschätzungen und mit Lobhudeleien auf die Programmqualität der ZDF-Hervorbringungen langweilen. Wir lassen unsere Arbeit immer von unseren Auftraggebern beurteilen, den Zuschauern. Und so sah das Ergebnis aus:

Bewertung der Übertragung der Olympischen Spiele Peking 2008

Kurz vor dem Ende der Olympischen Sommerspiele (vom 18.08. bis zum 20.08.2008) führte das IFAK-Institut im Auftrag der ZDF- und ARD-Medienforschung eine repräsentative Umfrage bei 1.008 Befragten ab 14 Jahren zur Bewertung der Berichterstattung bei ZDF und ARD durch.

Gesamtbewertung

Die große Mehrheit der Zuschauer ist mit den Fernsehübertragungen bei ZDF und ARD von den Olympischen Sommerspielen in Peking zufrieden.

Mehr als zwei Drittel (70 Prozent) der befragten Zuschauer bewerten die Olympia-Übertragungen von ZDF und ARD mit »sehr gut« (13 Prozent) oder »gut« (57 Prozent), 22 Prozent geben die Note »befriedigend«, 4 Prozent die Note »ausreichend« und nur 1 Prozent die Note »mangelhaft«.

Einzelne Statements

Bei der Begründung dieses positiven Gesamturteils heben die Zuschauer besonders folgende Elemente hervor:

- 95 Prozent finden die Berichte insgesamt »gut und professionell gemacht«,
- 92 Prozent fühlen sich »umfassend über die Olympischen Spiele informiert«,
- 92 Prozent finden, dass »tolle Bilder von den Wettkämpfen gezeigt« wurden,
- 92 Prozent attestieren den Berichten, sie seien »sympathisch moderiert« worden,
- 92 Prozent loben, dass das Thema »Doping« nicht unter den Teppich gekehrt wurde,
- 90 Prozent bescheinigen den Reportern und Moderatoren, dass sie »etwas von der Sache verstehen«,
- 86 Prozent loben, dass auch mal ganz andere Sportarten gezeigt wurden,
- 83 Prozent konnten die Erfolge und Niederlagen »hautnah miterleben«,
- 78 Prozent finden es richtig, dass auch die Schattenseiten des Gastgeberlandes gezeigt wurden,
- für 76 Prozent wurden alle »Wettkämpfe ausreichend berücksichtigt«,
- 75 Prozent finden, dass »die Olympische Stimmung gut rüberkam«.

Kritisches wurde vor allem wegen der durch die Zeitverschiebung für Deutschland ungünstigen Übertragungszeiten geäußert.

Bewertung der Moderatoren

Die Moderatoren des ZDF und der ARD werden durchwegs positiv beurteilt: Sie erhalten Schulnoten zwischen 1,9 und 2,2.

Öffentlich-rechtliche versus privat

Eine überwältigende Mehrheit (92 Prozent) der Befragten möchte, dass die Olympischen Spiele auch in Zukunft von ZDF und ARD übertragen werden, nur 2 Prozent möchten sie lieber bei den kommerziellen Sendern sehen.

Umfang und Menge der Berichterstattung

Für 85 Prozent der Befragten war der Umfang der Beichterstattung gerade richtig, für 7 Prozent war es zu viel und ebenfalls 7 Prozent hätten sich mehr gewünscht.

Insgesamt also haben wir in den Augen derer, für die wir das Programm machen, sehr ordentliche Arbeit abgeliefert. Erfolgreiche Sportberichterstattung resultiert aus einem Zusammenspiel vieler unterschiedlicher Faktoren. Als Allererstes muss der Sport, den wir transportieren, gut und spannend und am liebsten auch mit reichlich deutschen Erfolgen garniert sein. Die beste Planung hilft nichts, wenn nicht alle Rädchen möglichst perfekt ineinander greifen: Redaktion, Technik und Produktion. Deshalb sind Major Events und hier natürlich die Olympischen Spiele die größte Herausforderung in der TV-Berichterstattung, zumal man unter Extrembedingungen drei bis vier Wochen, je nach Aufgabe, täglich zwölf Stunden und mehr funktionieren muss. Hier sind also ganz besonders auch Teamfähigkeit und herausragende handwerkliche Qualität gefragt, die im ZDF in allen fernsehrelevanten Bereichen in großem Maße zu finden sind. Insofern bin ich auch ein wenig stolz auf unser Team.

New Media

Visits (Besuche) zu Olympia

Vom 07.08. bis zum 24.08.2008 verzeichnet das Onlineangebot des ZDF (»ZDFfamilie«) aufsummiert 12,6 Mio. Visits (Besuche), das entspricht durchschnittlich 0,7 Mio. Visits täglich (zum Vergleich: Teletext erreicht 6,12 Mio. Zuschauer täglich). Einzelne Olympiatage, besonders der ZDF-Übertragungstag am 12.08.2008 mit den vier deutschen Medaillengewinnen, erreichen mit rund 1 Mio. Visits Rekordniveau. Der zweiterfolgreichste ZDF-Übertragungstag, der 18.08.2008, liegt bei 0,91 Mio. Visits. Damit können die Visits aus dem Vormonat Juli (13,4 Mio.) bereits vor Monatsabschluss deutlich übertroffen werden; bis zum 24.08.2008 wurden 15 Mio. Visits generiert. Der bisherige Höchstwert wurde im Fußball-EM-Monat Juni 2008 mit 17,3 Mio. Visits erreicht. Unter den Einzelangeboten hat »ZDFsport« (www.sport.zdf.de) bis zum 24.08.2008 mit insgesamt 6,2 Mio. Visits den bisherigen Höchstwert aus dem Fußball-EM-Monat Juni (5,7 Mio. Visits) übertroffen.

Seitenabrufe (Page Impressions, PI) zu Olympia

Mit insgesamt 36,5 Mio. PI kann das Olympiaangebot 2008 mehr Seitenabrufe als zur Fußball-EM 2008 (24,1 Mio. PI) oder zu Olympia 2004 (24,4 Mio. PI) generieren. Zu den Inhalten mit den meisten Seitenabrufen gehören u. a. der »Medaillenspiegel« mit 3,5 Mio., die »Startseite Olympia in der Mediathek« mit 2,7 Mio., die Startseite des Olympiaschwerpunktes auf ZDFsport, www.peking.zdf.de, mit 2,0 Mio. und das »Olympiadatencenter« mit 2,2 Mio. Seitenabrufen. Auch andere Seiten innerhalb des ZDF-Angebots profitieren von Olympia. Die Startseite www.zdf.de erreicht im laufenden Monat bereits 7,9 Mio. Seitenabrufe.

Streaming ZDF

Beim Bewegtbildangebot zu Olympia haben sich die Zugriffe gegenüber dem durchschnittlichen Niveau nahezu verdoppelt. Vor den Olympischen Spielen werden durchschnittlich ca. 250.000 – 300.000 Sichtungen pro Tag erreicht, während der Spiele (07.08. – 24.08.2008) erreicht das (auch im Angebot ausgeweitete) Streamingangebot durchschnittlich 560.000 Sichtungen täglich. Spitzenwerte erzielen vor allem zwei ZDF-Übertragungstage: der 12.08.2008 mit 929.000 und der 14.08.2008 mit 803.000 Sichtungen. Insgesamt wurden im laufenden Monat (01.08. – 24.08.2008) bereits 10,2 Mio. Sichtungen zu allen Videos in der Mediathek gezählt, während ein durchschnittlicher Monat bei rund 9 Mio. monatlich liegt. Von den insgesamt 10,2 Mio. Sichtungen entfallen 5,1 Mio. auf Streams zu Olympia. Diese verteilen sich wiederum je zur Hälfte auf Livestreams einerseits und Abrufvideos andererseits.

Jan Becker

8 Sport im Internet

Das Internet hat sich heute als viertes Massenmedium bereits fest in der Gesellschaft etabliert und ist aus dem Alltagsgeschehen sowie als »Instrument der öffentlichen Kommunikation« (Trappel 2007: 15) nicht mehr wegzudenken. Insbesondere die unterschiedlichen Kommunikationsmöglichkeiten, die sich innerhalb dieses Mediums entwickelt haben, garantieren dem »neuen Medium« einen Platz in der Riege der klassischen Medien. Eine Verdrängung der klassischen Medien hat dennoch nicht stattgefunden. Vielmehr entwickelte sich eine Koexistenz, in der das Internet als Erweiterung und Ergänzung der bereits bestehenden Medienwelt angesehen wird. Trotz der Eingliederung in diese Medienwelt ist das Internet, bzw. das World Wide Web (WWW), ein weitgehend kostenloser Informationspool geblieben, in dem jeder, der über einen (kostenpflichtigen) Internetzugang verfügt, Zugriff auf Informationen aus der ganzen Welt hat.

Die Sportberichterstattung erhält in diesem Onlinesektor einen immer größeren Stellenwert. Sportportale können mit Live-Tickern und einer Fülle an Informationen in Form von Archiven alles bieten, was Sportinteressierte suchen. Durch technische Neuerungen und die Bildung von Communities bieten Sportportale immer häufiger die Möglichkeit zur interpersonellen Kommunikation und versuchen, die User so an ihr Onlinesportangebot zu binden.

Zur Geschichte des Internets

Die Entstehung des Internets an einem bestimmten Zeitpunktes oder einer bestimmten technologischen Errungenschaft festzumachen ist nicht leicht. Einer der wichtigsten Bausteine war die Gründung der Advanced Research Projects Agency (ARPA) in den USA, nachdem die Sowjetunion im Oktober 1957 ihren ersten Satelliten, Sputnik 1, ins All schickte und die USA in dem dadurch ausgelösten »Sputnik-Schock« um ihren Stand in der technologischwissenschaftlichen Welt fürchteten. Die Aufgabe der ARPA bestand in erster Linie darin, »neue, innovative Technologien zu entwickeln« (Musch 1997: 27). Paul Baran ebnete 1964 den Weg zum Internet mit seiner Idee der paketorientierten Netzwerkprotokolle. Diese Technik war grundlegend für die Entstehung der heute noch vorliegenden Anordnung als »distributed network« (verteiltes Netzwerk) anstelle der vorherigen Sternanordnung von Computern. Diese dezentrale Anordnung gewährleistet, dass beim einem Ausfall eines (zentralen) Computers nicht das gesamte Netzwerk zusammenbricht.

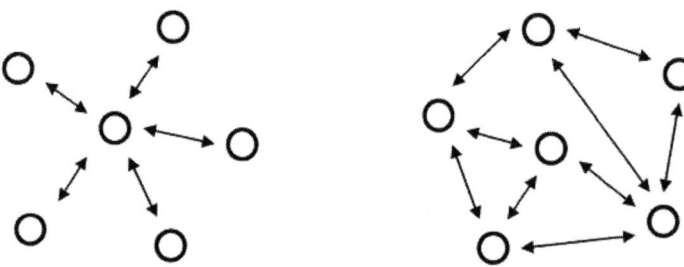

Abb. 35: Sternförmige und verteilte Netzwerktypologie (Quelle: Musch 1997: 30)

Das erste funktionsfähige Netzwerk entstand 1969 unter dem Namen ARPANET und verband vier wissenschaftliche Einrichtungen[16] in den USA miteinander. Hauptsächlich entwickelt, um Computer von Forschungseinrichtungen miteinander zu verbinden, boomte das Netz erst mit der Entwicklung der elektronischen Post (E-Mail). Die Möglichkeit, Menschen zu verbinden, wird auch heute noch in großem Umfang genutzt. So spielen Chatprogramme wie ICQ oder der MSN-Messenger gerade bei jungen Leuten eine wichtige Rolle. 84 Prozent der Jugendlichen zwischen 12 und 19 Jahren nutzten 2008 das Internet täglich bzw. mehrmals pro Woche zum chatten. Den Service des E-Mail-Versands oder das Surfen im Internet nutzten 89 Prozent der befragten Jugendlichen (vgl. Feierabend/Kutteroff 2008).

Um das Netzwerk allen unterschiedlichen Rechnertypen zugänglich zu machen, wurden 1975 das TCP- und 1980 das IP-Übertragungsprotokoll

---

[16] In diesem Netzwerk wurden die Universität von Kalifornien in Santa Barbara, das Stanford Research Institute, die Universität von Utah und die Universität von Kalifornien in Los Angeles miteinander verbunden. Später kamen noch die Harvard-Universität und das Massachusetts Institute of Technology (MIT) hinzu.

eingeführt. TCP (Transmission Control Protocol) sorgt für den »reibungslosen Paketaustausch« (vgl. Musch 1997: 36): Beim Versenden einer E-Mail werden die Daten in kleine Pakete zerlegt und jedes mit seiner Ordnungszahl und Angaben zur Zieladresse versehen. IP (Internet Protocol) kennzeichnet die Adressierung der Computer im Netzwerk. Jeder Computer ist mit einer IP-Adresse im Internet angemeldet. Die Vergabe von IP-Adressen erfolgt zentral durch die IANA (Internet Assigned Numbers Authority).

Die heute typische Verlinkung der einzelnen Internetseiten untereinander geht auf das Konzept der nichtlinearen Hypertexte von Tim Berners-Lee zurück. Nach der Vorstellung dieses Konzepts 1991 am europäischen Kernforschungszentrum CERN in Genf entwickelte sich das Internet mit einer Geschwindigkeit, die der technischen Infrastruktur einiges abverlangte. Das Zeitalter des World Wide Web – und damit die weltumspannende Vernetzung – wurde eingeläutet. Dies hatte zur Folge, dass die Übertragungsgeschwindigkeiten immer weiter gesteigert werden mussten, um der immer weiter zunehmenden Anzahl von Nutzern den Zugriff überhaupt zu ermöglichen. Bereits 1996 wurde deshalb ein Glasfaser-Breitbandnetz mit einer Geschwindigkeit von 155 Mio. Bit pro Sekunde in Deutschland eingerichtet, das die Anfangsgeschwindigkeit des ARPANET – 56.000 Bit pro Sekunde – weit übertraf. Heute basiert das Telekom-Netz, das größte Netz Deutschlands, auf einer Datendurchleitung von 10 GBit, also 10 Mrd. Bit, pro Sekunde.

Aktueller Stand des Internets

Voraussetzung und technische Notwendigkeit für die Weiterentwicklung des WWW sind die Breitbandanbindungen. Diese transportieren die Inhalte vom Server auf den Bildschirm des Users. Je komplexer die Inhalte werden, desto wichtiger wird diese Anbindung, denn nur sie – von der Leistung des Computers abgesehen – gewährleistet den schnellen und userfreundlichen Seitenaufbau. In diesem Jahr surfen bereits zwei Drittel aller Onliner (65,4 Prozent) mit einer Highspeedanbindung. Zwei Jahre zuvor waren es weniger als die Hälfte, die über eine schnelle Verbindung verfügten (vgl. (N)Onliner Atlas 2008). 2008 entfallen 61,8 Prozent auf einen DSL-Zugang, mit dem der User mit dem Internet verbunden ist, das entspricht einer Steigerung gegenüber dem Vorjahr um knapp fünf Prozent.

Neben dem DSL bietet auch das Kabelmodem (3,2 Prozent) einen Highspeedzugang an (vgl. (N)Onliner Atlas 2008). Die Entwicklung der Onlinenutzung nach der ARD-ZDF-Onlinestudie 2008 zeigt durchweg eine steigende Tendenz, deren Ende noch nicht absehbar scheint, obwohl sie leicht abflachend verläuft und die aktuellen Steigerungsraten nur noch zwischen drei und sechs Prozent schwanken.

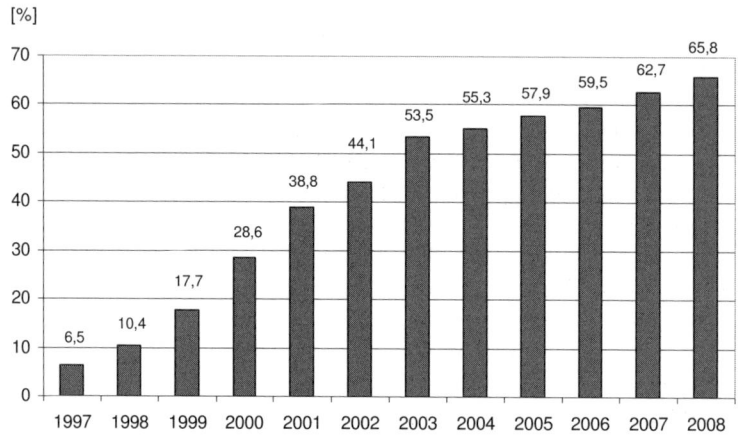

Abb. 36: Die Internetverbreitung in Deutschland von 1997 bis 2008 (Quelle: ARD-ZDF-Onlinestudie 1997 und 1998–2008 in: Van Eimeren/Frees (2008), eigene Darstellung)

Weiterhin steigen die Nutzung des Onlineangebots im Allgemeinen sowie das Interesse an multimedialen und interaktiven Inhalten im Speziellen stetig an. Van Eimeren und Frees (2006: 402) schrieben dazu, dass die »strikte Trennung ›TV und Hörfunk = Unterhaltung und aktuelle Information‹, ›Internet = Kommunikation und Informationsabruf‹« weiter aufweicht. Neue medial interaktive Präsentationsformen entwickeln sich, die verstärkt das gegebene Potenzial des WWW ausnutzen. Dies führt dazu, dass das Internet eben nicht mehr nur zur Informationsbeschaffung, sondern auch zur Unterhaltung genutzt wird. IP Deutschland als Vermarktungsgesellschaft von Medienwerbung stellt in der Zusammenfassung »Bewegtbild @ work« erste Ergebnisse einer Meta-Analyse von 13 Bewegtbildangeboten von Oktober 2007 bis Januar 2008 vor. Sie zeigt, dass sich knapp sieben Mio. User jeden Tag Videos bzw. Bewegtbildangebote ansehen. Zurückzuführen ist diese Tendenz auf den Boom von Videoportalen wie youTube.de, Clipfish.de oder myVideo.de, aber auch auf das zunehmende Angebot von Filmen oder Sendungen, die via Video on Demand (VoD) auch zu späteren Zeitpunkten am heimischen

Bildschirm angeschaut werden können. Im Jahr 2006 waren es knapp vier Mio. User, die Online-Bewegtbildangebote nutzten. Auch gemäß der aktuellen ARD-ZDF-Onlinestudie 2008 sind die treibenden Kräfte für den weiteren Anstieg der Internetnutzung die Videos. 55 Prozent aller Onliner greifen über Mediatheken oder Videoportale darauf zu. Auch in der Online-Sportberichterstattung nehmen Bewegtbildangebote eine immer stärkere Rolle ein.

Schlagwort des Internets der Neuzeit ist »Web 2.0«. Kennzeichnend dafür ist die Betrachtung des Internets nicht mehr nur als Informationsmedium, sondern vielmehr als ein Netzwerk der Interaktion (vgl. Beck/Mörike/Sauerburger 2007). Inhalte werden demnach nicht mehr nur von den Medien selber erstellt, sondern auch von unabhängigen Personen. Beispielhaft für Web-2.0-Technologien sind Wiki, Weblog und Bild- und Videoplattformen.

Wiki

Wikis (hawaiisch: »schnell«) sind vereinfachte Content Management Systeme (CMS), mit denen sich schnell und problemlos Inhalte ins Netz stellen und online bearbeiten lassen. Bekanntestes Beispiel ist WIKIPEDIA, wo jeder User als Autor oder auch als Korrektor tätig werden kann. WikiWikiWeb, das erste Wiki, wurde vom US-amerikanischen Softwareautor Ward Cunningham ab 1994 entwickelt und bereits 1995 übers Internet verfügbar gemacht.

Weblog

Der Begriff Weblog setzt sich aus »Web« für Netz(werk) und »Log« für Logbuch zusammen und ist besser bekannt unter der Abkürzung »Blog« (vgl. Neuberger 2007). Ein Blog enthielt in den Anfängen Mitte der 1990er-Jahre meistens persönliche Berichte oder Erfahrungen und wurde deshalb als »Online-Tagebuch« bezeichnet. Heute dient ein Weblog u. a. folgenden Zwecken (vgl. www.stefanbucher.net/weblogfaq/):

• Weitergabe von Neuigkeiten in regelmäßiger Zeitfolge;
• Diskussion dank der Kommentarfunktion;
• Wissensaustausch;
• Sammlung und Austausch von Web-Links;
• Aufbau und Pflege von persönlichen Kontakten;
• Präsentation von eigenen Artikeln und Arbeiten.

Auch im professionellen Sportjournalismus finden Blogs in den letzten Jahren, in Form von »Experten-Blogs«, immer mehr Resonanz. Natürlich hat sich auch der Bereich der Weblogs im Laufe der Zeit ausdifferenziert, sodass heute eine Vielzahl verschiedener Blogtypen existiert. So lassen sich

Erzähl-Weblogs (literarische Blogs), Fach-Weblogs (Diskussionen zu spezifischen Fachthemen), Moblogs (Blogs, die von mobilen Geräten aus gepostet werden) oder auch Fotoblogs unterscheiden. Auch unter den Bloggern selber, also unter den Leuten, die die Inhalte verfassen, werden unterschiedlichste Typen charakterisiert. So gibt es beispielsweise den Intelligenz-Blogger, den Fun-Blogger, den Besserwisser-Blogger oder auch den Berufs-Blogger (vgl. http://runtimeerror.twoday.net/stories/95020/).

Bild- und Videoplattformen

Plattformen für den Austausch von digitalen Medien, wie youTube.de oder Flickr.com, sind Paradebeispiele für die Entwicklung des Web 2.0. Bereits seit Ende 2007 bietet das ZDF einzelne Videos aus der ZDF Mediathek auf der Internetplattform youTube.de an. Diesen Trend der Gesellschaft macht sich sogar die Politik zunutze. So sind u. a. Bundeskanzlerin Angela Merkel (CDUTV) oder auch SPD-Chef Kurt Beck (spdvision) in youTube-Videos zu sehen. Nicht vergessen werden darf die Entstehung sozialer Netzwerke wie

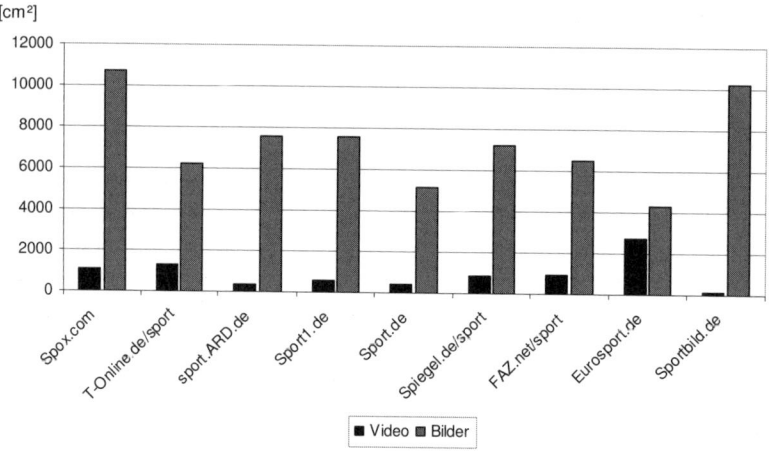

Abb. 37: Video- und Bildumfang bei Onlinesportanbietern (Quelle: Eigene Berechnung. Dargestellt ist der Video- und Bildumfang innerhalb der Online-Sportberichterstattung. Anbieter: n = 9; Untersuchungseinheiten: n = 76.)

MySpace.com, Xing.com[17] und StudiVZ.net, die User auf der ganzen Welt verknüpfen. Die Nutzung von Videos machen sich auch die Onlinesportanbieter zunutze. Im Vergleich zur Verwendung von Bildern ist der Umfang zwar noch als gering zu bezeichnen, eine Steigerung der Videonutzung im Sportsektor ist aber in der Zukunft zu erwarten.

Unique User – »Onlinewährung« der Zukunft?

Die Mittel zur Finanzierung eines Onlinesportangebots sind eingeschränkt, insbesondere wenn man zeitgleich mit dem Boom des Internets, frei nach dem Motto »Follow the free«, handelt und somit dem User kostenlosen Zugang zum redaktionellen Inhalt einer Internetpräsenz gewährt. Datiert man das Jahr 1994 (Start des Onlinemagazins HOT WIRED mit dem ersten Onlinewerbebanner) als das Geburtsjahr der Onlinewerbung, verstrichen nunmehr 15 Jahre, in denen sich die User daran gewöhnt haben, Inhalte umsonst zu bekommen. Zwangsweise entwickelte sich die Finanzierung über die klassische Onlinewerbung. Zu Beginn ging die Vorstellung jedoch eher dahin, dass die Bezahlung von Werbung eine Handlung des Users, meist ein Anklicken, voraussetzte (vgl. Trappel 2007: 79). Abgerechnet wird heute nach dem Tausender-Kontakt-Preis (TKP), dessen Währung die Page-Impressions (PI) sind (vgl. Mittasch 2007).

Um die Erfolgschancen von Werbeschaltungen bewerten zu können, braucht ein Auftraggeber eine Referenz. Diese ermöglicht es ihm, die Leistungen bzw. die Reichweite eines Onlineangebots zu erfassen und sich daran zu orientieren. Lange Zeit galten Visits und PI als als Kennzeichen für Reichweite und Seitenaufrufe eines Onlineangebots und damit als »Onlinewährung«.

Seit 2002 entwickelte sich als Alternative zu den bereits bekannten Onlinewährungen, vorangetrieben durch die Arbeitsgemeinschaft Onlineforschung (AGOF), der »Unique User« (UU). Grund für diese Entwicklung sind die mangelnde Aussagekraft sowie die Manipulierbarkeit von PI bzw. Visits. Da die PI grundsätzlich nichts über die zeitliche Auseinandersetzung eines Users mit dem Onlineangebot aussagt und jeder Klick innerhalb des Onlineangebots zu den PI dazugezählt wird, lassen sich diese mit Bildergalerien, Kreuzworträtseln oder einem Quiz in die Höhe treiben. Den Höhepunkt lieferte Sueddeutsche.de mit der Seitenstruktur zum Thema »237 Gründe, Sex zu haben«. Jeder Grund bestand aus einem Satz, jeder Satz stand auf einer eigenen Seite. Somit generierte jeder Grund einen Klick (vgl. Polke-Majewski,

---

[17] ehemals OpenBC

DIE ZEIT vom 06.03.2008: 41). Den Vorwurf der Klickschinderei, oder dass Redaktionen allgemein »zu klickorientiert arbeiteten«, mussten sich viele Onlineanbieter bereits vorwerfen lassen (Siegert, JOURNALIST 6/2008: 52).

Die Gegenüberstellungen von PI und UU der Untersuchungsobjekte zeigen die unterschiedliche Gewichtung der zwei Maßzahlen und die möglichen Verzerrungen. Die Tragweite des UU wird insbesondere beim Vergleich von Sport1.de und T-Online/sport deutlich.

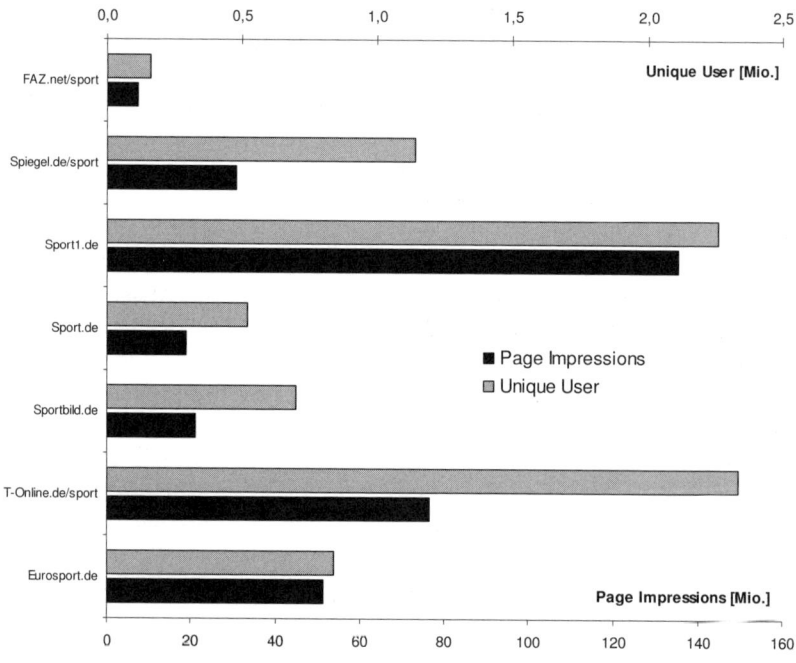

Abb. 38: Vergleich der Unique User und der Page Impressions der Sportanbieter (Quellen: Onlineausweisung der IVW von Juli 2008, AGOF internet facts 2008-I und von Anbietern zur Verfügung gestelltes Material)

T-Online/sport liegt mit ca. 76 Mio. PI deutlich hinter Sport1.de mit 135 Mio. Vergleicht man hingegen die UU, zeigt sich eine deutliche Annäherung. Sport1.de wartet mit ca. 2,2 Mio. UU auf, wird von T-Online/sport mit 2,3 Mio. UU aber auf Platz zwei verwiesen. T-Online.de/sport ist sich durchaus bewusst, »dass eigentlich der Unique User aussagekräftiger ist als jetzt PI's«[18] und kann vielleicht gerade deshalb auf Platz eins vorstoßen.

Die Verlockung, dem Trend der PI-Steigerung durch das Teilen von Texten, Gewinnspiele, Bildergalerien oder Suchmaschinenoptimierung (vgl. Range et al. 2007) zu folgen, ist groß und würde durch die Einführung des UU einigermaßen uninteressant. Welche Wege die Entwicklung der Reichweiten-messung in der Zukunft jedoch nehmen wird, bleibt abzuwarten. Festzuhalten ist, dass »quantitative Daten der Online-Nutzung auf der Basis von Visits und Page-Impressions […] keine ausreichende Grundlage für die Substanz von Online-Angeboten [sind]«. (Bucher 2000: 155)

Sportangebote im Web

Die Symbiose von Sport und Internet ist nahezu perfekt. Informationen von aktuellen Sportveranstaltungen können zeitnah, wenn nicht sogar topaktuell in Form von Live-Tickern angeboten werden. Sport gehört im Internet zu den am meisten nachgefragten Themen und ist daher auf vielen Nach-richten- und Informationsseiten (SPIEGEL, T-Online) zu finden. Daneben gibt es Special-Interest-Angebote, z. B. Sport1.de, die sich rein auf Sportinhalte konzentrieren. Zu den führenden Onlinesportanbietern gehören Sport1.de, Sportbild.de, Spiegel.de/sport, T-online.de/sport, Eurosport.de, Sport.de und FAZ.net/sport. Im August 2007 entstand Spox.com als neues, sehr user-orientiertes Sportportal. Der Standard einer Internetpräsenz beinhaltet heute Live-Ticker, RSS-Feeds Mobile-Services oder auch einen Shop, in dem Fanartikel, Poster oder Tickets erhältlich sind. Die seit 1999 existierenden RSS-Feeds bieten die Möglichkeit Nachrichten zu abonnieren. In einem Feedreader werden danach die Überschriften sowie kurze Textpassagen der gewählten Themenbereiche gelistet. Durch Anklicken der Nachricht wird der gesamte Artikel im Browser aufgerufen. Auch Onlinegames, Quiz oder Umfragen werden gerne angeboten, um den Onlineuser auf der Seite zu halten (vgl. Dimitriou 2006).

Sport1.de

Sport1.de ist nach wie vor Deutschlands größtes Sportportal. Gegründet wurde SPORT1 im Juli 1997 aus dem Onlinezusammenschluss des Axel-Springer-Verlags mit der Bertelsmann AG. Erst im zweiten Anlauf 1999, als

---

[18] Interview mit Arne Henkes von T-Online/sport

Online-Joint-Venture der Sportmarken SAT.1 ran, DSF und SPORT BILD, gelang die feste Positionierung im Onlinemarkt.

Sport1.de startete mit 11,7 Mio. PI und 3,3 Mio. Visits, konnte im Juli 2008 mit ca. 135 Mio. PI und 21,7 Mio. Visits (Quelle: IVW.de, Informationsgemeinschaft zur Feststellung der Verbreitung von Werbeträgern e. V.) aufwarten und führte damit den Vergleich der deutschen Sportportale an. Im ersten Quartal 2008 ließ Sport1.de mit 2,3 Mio. UU namhafte Onlinesportanbieter wie Kicker.de (1,3 Mio.) oder Spiegel.de/sport (1,1 Mio.) hinter sich.

Insgesamt kann Sport1.de durch einen großen Umfang von Zusatzinformationen in Form eines Daten- und eines Mediencenters überzeugen. Das Datencenter bietet Ergebnisse, Tabellen, Spielpläne und Teams für verschiedene Sportarten aus aller Welt. Das Mediencenter bietet zudem eine Vielzahl an Videoberichten zu aktuellen Sportereignissen. Für die User wurde seitens SPORT1 eine Community eingerichtet, in der sich Sportinteressierte austauschen können. Seit einem Relaunch Ende 2008 setzt Sport1.de nun verstärkt auf die Einbindung der User durch direkte Artikel-Kommentarfunktionen.

Sportbild.de

SPORT BILD in der Druckversion zählt zu Europas größten Sportzeitschriften. Und auch im Onlinebereich wird daran gearbeitet, den Anschluss zu den großen Onlinesportanbietern wieder herzustellen. Bereits 1996 übernahm SPORT BILD als erste Sportwochenzeitung die Vorreiterrolle und veröffentlichte die erste Onlineversion. Ein eigenständiges Onlineangebot entstand erst 2002. Sportbild.de gilt, nach eigenen Angaben, als fußballorientierte Sportseite. Neben weiteren Sportarten wie Formel 1, Radsport oder Eishockey bietet Sportbild.de auch eine Community in Form eines Forums an. Als besonderes Highlight ist die »Panini-Tauschbörse« zu nennen, welche die Fußballfaszination unterstreicht. Mit aktuell ca. 2,6 Mio. Visits und 21,2 Mio. PI (Quelle: IVW.de) siedelt sich Sportbild im Mittelfeld der Onlinesportanbieter an.

Spiegel.de/sport

Im Onlinenachrichtensektor ist SPIEGEL ONLINE bereits führend und liefert mit einer großen Auswahl von Politik, Wirtschaft, Kultur, Sport und weiteren Ressorts Nachrichten rund um die Uhr (vgl. Brüggemann 2004). SPIEGEL ONLINE, im Netz seit 1995, zählte 2007 zu den meistzitierten Nachrichtenmagazinen und greift auf eine enge Zusammenarbeit mit dem SPIEGEL-Verlag und SPIEGEL TV zurück (SPIEGEL ONLINE-Basisinformationen). Auch das Ressort Sport greift gerne auf diese Kooperation zurück und kann mit 1,14

Mio. UU auch in den Reihen der reinen Sportportale ohne Probleme mithalten. Gerade inhaltlich orientiert sich das Sportressort an einem reinen Informationsangebot und verzichtet weitgehend auf eine Userintegration. 2007 holte SPIEGEL ONLINE den zweiten Platz beim Lead Award in der Rubrik »Webleader des Jahres«[19].

T-Online.de/sport

Die T-Online Ära begann 1995 mit der Zusammenfassung des klassischen Bildschirmtextes (BTX) zu einem neuen E-Mail-Dienst und Internetzugang. Mittlerweile gehört T-Online zu den führenden Internetpräsenzen. Mit 12,5 Mio. Breitbandanschlüssen (Quelle: Telekom Geschäftsbericht 2007) und einem Netzkommunikationsumsatz von 10,1 Mrd. Euro zählt T-Online zu den größten Internet-Providern. Mit dem Ressort Sport erreicht T-Online 2,3 Mio. UU und positioniert sich damit an der Tabellenspitze der Onlinesportanbieter. Sogar SPORT1 – als Special-Interest-Anbieter – kann mit 2,2 Mio. UU die Stellung als Marktführer nicht behaupten (siehe Abb. 38). Für registrierte User hält T-Online eine große Videodatenbank mit Zusammenfassungen der Spieltage, Interviews oder Fanmitschnitte bereit.

Eurosport.de

EUROSPORT erreicht 114 Mio. Haushalte in 59 Ländern und gehört damit zu den am weitesten verbreiteten Sendern. Die Onlineallianz im Jahr 2007 von Yahoo und EUROSPORT schuf ein Onlinesportportal, das weltweit 7,9 Mio. UU vorweisen kann. 2007 erreichte das Portal bei der Wahl zum OnlineStar hinter Sport1.de, Kicker.de, Sport.de und Sportbild.de den fünften Rang.[20] Gerade die Zugehörigkeit zum TV-Sender EUROSPORT bietet vielfältige Möglichkeiten für die Online-Sportberichterstattung. Zusätzlich bietet Eurosport.de Informationen über Randsportarten wie Snooker oder Poker.

Sport.de

Sport.de ist das Sportportal von RTL und liefert »alle beliebten und publikumswirksamen Sportarten auf einer Seite« (Sport.de Basisinformationen

---

[19] Die Lead Awards werden seit 17 Jahren vergeben und sind Deutschlands führende Auszeichnungen für Print- und Onlinemedien. In den vier Kategorien Zeitschrift, Anzeigen, Fotografie und Online werden die besten Arbeiten dekoriert. Mehr Informationen unter www.leadacademy.de.

[20] www.onlinestar.de

2008). Besondere Aufmerksamkeit schenkt Sport.de dem Fußball und den RTL-Sportarten Formel 1 und Boxen, aufgrund der inhaltlich engen Zusammenarbeit von Sport.de mit RTL. Mit 18,9 Mio. PI und 0,5 Mio. UU ist die Reichweite von Sport.de durchaus noch ausbaubar und laut Guido Wüstemann ist Sport.de »schon dabei, die Pläne umzusetzen«. Erste Erfolge zeichnen sich mit dem dritten Platz bei der Wahl des OnlineStar 2008 bereits ab.

FAZ.net/sport

Die FAZ als Printausgabe, gegründet 1949, ist heute die zweitgrößte überregionale Qualitätszeitung. Als letzte Zeitung ging die FAZ am 08.01.2001 online, zu Beginn erreichbar unter FAZ.net und FAZ.de. Beide Angebote haben unterschiedliche Themenschwerpunkte. FAZ.net bietet aktuelle Nachrichten und andere Themenkanäle, FAZ.de lief vorerst als Onlineversion der Printausgabe. Erst im April 2003 wurden beide Portale zusammengeführt und sind nunmehr unter FAZ.net erreichbar (vgl. Bernhardt et al. 2004). 2003 besuchten 2,5 Mio. User die Portalseite und hinterließen 18,3 Mio. PI. FAZ.net gehört heute zu den führenden Nachrichtenportalen mit den Schwerpunkten Politik, Wirtschaft, Finanzen, Feuilleton und Sport (FAZ.net). Allein das Ressort »Sport« weist 2008 mehr als sieben Mio. PI vor.

Spox.com

SPOX ist das neue Sportportal des Pay-TV-Senders PREMIERE und gehört hier zu den jüngsten Onlinesportportalen. Spox.com kann jedoch bereits nach erstaunlich kurzer Zeit den dritten Platz beim Lead Award in der Rubrik »WEBmagazin des Jahres« vorweisen. Durch eine emotionale Bildsprache, eine moderne grafische Darstellung und einzigartige Interaktionsmöglichkeiten kann sich Spox.com von anderen Portalen abheben. Insbesondere das SPOX EMAG, in dem wie im echten Leben geblättert werden kann, fasziniert. Bereits zum Spox.com-Startup wechselten zahlreiche Mitarbeiter von SPORT1 zu SPOX.

Fazit

Das Internet wurde einst als Verbindung zwischen Universitäten zu Forschungszwecken entwickelt. Die Bedeutung des Internets in der heutigen Gesellschaft, gerade durch den Teilbereich des World Wide Web, hat der Erfinder wohl kaum erahnen können. Als viertes Medium spielt das WWW gerade auch im Onlinesportsektor eine tragende Rolle. Die technischen Weiterentwicklungen von Live-Tickern über Liveübertragungen hin zu Communities, Onlinespielen, Umfragen und Abstimmungen ermöglichen den Betreibern eine feste Integration der Rezipienten. Durch Interaktion mit den Usern bzw. ihre Einbindung in das Geschehen auf der jeweiligen Sportplattform, über Foren oder Kommentarflächen, Bild- und Videoarchive sowie Blogs, sollen sie langfristig an ein Sportportal gebunden werden. Trotz all dieser Maßnahmen sind Onlinemedien »auch nach zehnjähriger Entwicklung in einem äusserst [sic] dynamischen Umfeld ein publizistisches Rumpfangebot mit geringer journalistischer Eigenleistung geblieben« (Trappel 2007: 214). Die technische und damit u. a. die multimediale Weiterentwicklung der Sportportale bzw. der Sportressorts waren und sind neben den publizistischen Qualitäten die wichtigsten Faktoren im Kampf um Onlineuser.

Literatur

Beck, A./Mörike, M./Sauerburger, H. (2007): Web 2.0. Heidelberg.

Bernhardt V./Meyer-Lucht R. (2004): Fallstudie FAZ.net. In: Glotz P./ Meyer-Lucht R. (Hrsg.): Online gegen Print. Zeitung und Zeitschrift im Wandel. Konstanz: 151–161.

Brüggemann, M. (2004): Jetzt erst recht. Crossmedia-Strategien können die journalistische Qualität verbessern. In: Beck, K. / Schweiger, W. /Wirth, W. (Hrsg.): Gute Seiten – schlechte Seiten. Qualität in der Onlinekommunikation. München: 222–232.

Bucher, H. (2000): Publizistische Qualität im Internet. Rezeptionsforschung für die Praxis. In: Altmeppen, K./ Bucher, H.-J./ Löffelholz, M. (Hrsg.): Online-Journalismus. Wiesbaden: 153–172.

Dimitriou, M. (2006): „We love to entertain you" – Zur Typisierung des Unterhaltungspotenzials im Online-Sport. MerzWissenschaft 50. Jg., Heft 6.

Feierabend, S./Kutteroff, A. (2008): Medien im Alltag Jugendlicher – multimedial und multifunktional. MP 12.

Mittasch, M. (2007): Sportjournalismus im Internet. In: Schierl, T. (Hrsg.); Handbuch Medien, Kommunikation und Sport. Schorndorf.

Musch, J. (1997): Die Geschichte des Netzes: ein historischer Abriß. In: Batinic, B. (Hrsg.): Internet für Psychologen. Göttingen: 27–48.

Neuberger, C./Nuernbergk C./Rischke M. (2007). Weblogs und Journalismus: Konkurrenz, Ergänzung oder Integration. Eine Forschungssynopse zum Wandel der Öffentlichkeit im Internet. MP 02.

Range S./Schweins R. (2007): Klicks, Quoten, Reizwörter: Nachrichten-Sites im Internet. Wie das Web den Journalismus verändert. Friedrich-Ebert-Stiftung, Berlin.

Siegert, S. (2008): Ausgeklickt? journalist 6.

Trappel, J. (2007): Online-Medien – Leistungsprofil eines Massenmediums. Konstanz.

Van Eimeren, B./Frees, B. (2006): Schnelle Zugänge, neue Anwendungen, neue Nutzer? MP 08.

Van Eimeren, B./Frees, B. (2008): Internetverbreitung: Größter Zuwachs bei Silver-Surfern? MP 08.

Links

Bucher, S.: Weblog Faq. www.stefanbucher.net/weblogfaq/(Zugriff am 20.02.2009).

Initiative D21 e. V. (2008): (N)Onliner Atlas 2008. www.initiatived21.de/fileadmin/files/08_NOA/NONLINER2008.pdf (Zugriff am 20.02.2009).

Polke-Majewski, K. (11/2008). 237 Gründe, Sex zu haben. www.zeit.de/2008/11/Internet-Klicks (Zugriff am 09.06.2008).

Quandt, T. (04/2003): Online-Journalismus: Viel Agenturmaterial, wenig Multimedia. www.dgpuk.de/newsletter/index.cfm?id=1231 (Zugriff am 03.06.2008).

Über Blogger. runtimeerror.twoday.net/stories/95020/ (Zugriff am 20.02.2009).

Clemens Gerlach

9 Das Beispiel Spiegel online

Seit dem 25.10.1994 gibt es SPIEGEL ONLINE. Der Ableger des SPIEGEL war damit weltweit die erste Site eines Nachrichtenmagazins im Netz und ist nun die erfolgreichste Nachrichtensite im deutschsprachigen Raum: Im Januar 2009 hatte sie gemäß Erhebung der Informationsgemeinschaft zur Feststellung der Verbreitung von Werbeträgern (IVW) rund 103 Mio. Visits und 606 Mio. Page Impressions (PI).

Für SPIEGEL ONLINE arbeiten rund 100 Redakteure, die meisten in Hamburg. Das Unternehmen unterhält eine große Parlamentsredaktion in Berlin, ist in Deutschland in Frankfurt am Main und in München mit eigenen Reportern vertreten und verfügt zudem über ein eigenes Korrespondentennetz. Im Ausland ist SPIEGEL ONLINE mit eigenen Redakteuren in New York, Washington, Beirut, Islamabad, Moskau und London vertreten. Darüber hinaus existiert eine eigene Newssite in englischer Sprache.

Bei seiner Berichterstattung kann SPIEGEL ONLINE auf das Netzwerk der Redakteure und der Korrespondenten des SPIEGEL zurückgreifen. Zudem gibt es eine enge Zusammenarbeit mit SPIEGEL TV und der Website des »manager magazin«.

Viele renommierte Autoren sind für SPIEGEL ONLINE tätig. Zu den bekanntesten zählen Matthias Matussek mit seinem Videoblog und der Kolumnist Henryk M. Broder. Erfolgreich ist SPIEGEL ONLINE auch mit der Veröffentlichung von Büchern, allen voran Bastian Sick (»Der Dativ ist dem Genitiv sein Tod«) und Achim Achilles (»Mein Leben als Läufer«).

Ausstattung des Sportressorts

Der Sport ist bei SPIEGEL ONLINE nach Politik und Wirtschaft zusammen mit der International Site das größte Ressort. Und es ist eines mit der größten Reichweite. In Monaten mit Großereignissen wie Fußball-Weltmeisterschaft, Olympischen Spielen oder Tour de France steht der Sport nach PI sogar an der Spitze der Ressorts von SPIEGEL ONLINE. Der Rekordwert datiert aus dem Sommer 2008, als vom 08. bis zum 24.08. in Peking die XXIX. Olympischen Sommerspiele ausgetragen wurden. In diesem Monat erreichte allein das Sportressort von SPIEGEL ONLINE fast 100 Mio. PI.

Anzahl der Mitarbeiter

Im Sportressort von SPIEGEL ONLINE arbeiten sechs fest angestellte Redakteure. Dazu kommt ein Pauschalist für den Bereich Fußball, der für SPIEGEL ONLINE und SPIEGEL tätig ist.

Zudem gibt es eine große Anzahl freier Mitarbeiter, welche die Redaktion aushilfsweise unterstützen. Dies ist vor allem bei Großereignissen der Fall oder wenn sich Nachrichtenlagen entwickelt haben, die eine ausführlichere Berichterstattung nötig machen. Während der Olympischen Sommerspiele 2008 in Peking z. B. arbeitete ein Dutzend Redakteure (feste und freie) im Sportressort von SPIEGEL ONLINE. Nur so konnte die bei einem herausragenden Ereignis notwendige 24-Stunden-Besetzung gewährleistet werden.

In der Regel ist das Sportressort von 7 bis 24 Uhr besetzt, auch an Wochenenden und Feiertagen, und an jedem Tag des Jahres ist ein Fachredakteur anwesend. In den Randzeiten werden relevante Sportmeldungen vom allgemeinen Früh- und Spätdienst bei SPIEGEL ONLINE erstellt. Das Sportressort entsendet zu allen relevanten Großereignissen eigene Reporter. So war SPIEGEL ONLINE bei der Fußball-Europameisterschaft mit vier Redakteuren vertreten, bei den Olympischen Spielen mit einem Reporter und mit dem Peking-Korrespondenten des SPIEGEL.

Wie die anderen Ressorts von SPIEGEL ONLINE auch kann der Sport auf die Unterstützung durch freie Autoren bauen. Diese sind vor allem als Reporter tätig, etwa bei wichtigen Sportereignissen im Ausland. Damit ist SPIEGEL ONLINE weltweit in allen relevanten Regionen vertreten.

Zusammenarbeit mit dem Spiegel

Der SPIEGEL ist für sein großes Korrespondentennetz bekannt. Von diesem profitiert auch das Sportressort, denn SPIEGEL-Redakteure erstellen regelmäßig Beiträge exklusiv für SPIEGEL ONLINE. Zudem gibt es die Übernahme ausgewählter Artikel aus der jeweils aktuellen Ausgabe des SPIEGEL. Diese werden mit Assets wie Videos, Foren, Votes, Fotostrecken oder Hintergrundkästen für die Veröffentlichung bei SPIEGEL ONLINE angereichert.

Um Doppelrecherchen zu vermeiden, gibt es einen kontinuierlichen Austausch zwischen den Sportredaktionen von SPIEGEL und SPIEGEL ONLINE. Die Kommunikation dient auch dazu, die Qualität der Berichterstattung in beiden Unternehmen zu verbessern. Und die Kollegen beider Redaktionen recherchieren regelmäßig gemeinsam. Artikel, die es aufgrund der sich rasant entwickelnden Nachrichtenlage nicht mehr in die Printausgabe schaffen, werden umgehend online veröffentlicht. Dies gilt auch für längere Versionen von SPIEGEL-Artikeln oder exklusive Meldungen mit einer geringen Haltbarkeit. Dabei sind es nicht nur Sport-Redakteure des SPIEGEL , die für SPIEGEL ONLINE schreiben, sondern auch solche aus anderen Ressorts, zumeist Ausland.

Art der Berichterstattung

In der Berichterstattung des Sportressorts von SPIEGEL ONLINE finden sich alle Genres, die für Onlinejournalismus der heutigen Zeit wichtig sind. Dazu gehören Berichte, Hintergründe, Kommentare, Analysen, Interviews, Porträts, Videos und Foren.

Auch für ein schnelles Medium wie SPIEGEL ONLINE gilt der Leitsatz »Get it first. But first get it right«. Schnelligkeit darf nie auf Kosten von Korrektheit gehen. Auch Eilmeldungen werden bei SPIEGEL ONLINE nicht einfach auf die Site gestellt, sondern vorher von mindestens zwei Redakteuren überprüft. Nur so lassen sich Patzer vermeiden, auch wenn es 100-prozentige Fehlerfreiheit natürlich nicht geben kann.

Meldungen

Bei einem großen Teil der Nachrichtenartikel auf SPIEGEL ONLINE handelt es sich um Agenturmeldungen. Diese werden von renommierten Agenturen wie dpa, AP, Reuters oder, auf Sport spezialisiert, dem Sport-Informationsdienst (sid) geliefert.

Meldungen bei SPIEGEL ONLINE sind niemals 1:1-Übernahmen von den Agenturen. In der Regel handelt es sich um Artikel, die mehrere Agenturmeldungen als Quellen haben. Aus Gründen der Transparenz befinden sich in allen Meldungen Angaben zu den verwendeten Agenturen und dem Bearbeiter bei SPIEGEL ONLINE. Dies geschieht in Form eines aus drei Buchstaben bestehenden Kürzels. Im für jeden Leser frei zugänglichen

Impressum befinden sich die Kürzel und der jeweils dazugehörige Name des Redakteurs inklusive E-Mail-Adresse.

Lassen die ursprünglichen Agenturmeldungen in punkto Fakten oder Stringenz zu wünschen übrig, werden diese nachrecherchiert. Auch sprachliche Mängel werden behoben.

Autorentexte

SPIEGEL ONLINE arbeitet mit vielen renommierten freien Autoren zusammen. Diese sind vor allem als Reporter vor Ort im Einsatz, insbesondere bei Großereignissen. Die Autoren schicken ihre Texte per E-Mail in die Redaktion, wo sie aufbereitet und produziert werden, ganz ähnlich den Redakteuren von SPIEGEL ONLINE selbst, wenn sie auf Recherche sind. Viele exklusive Artikel und Analysen entstehen aber auch am Schreibtisch.

User-generated Content

User-generated Content (UGC), also Texte, Dokumente, Fotos oder Videos, die von Lesern geliefert werden, spielt bei SPIEGEL ONLINE eine große Rolle. Das Unternehmen hat mit »einestages« sogar ein eigenes Zeitgeschichte-Portal, das sich zum größten Teil aus UGC speist.

Bei SPIEGEL ONLINE selbst ist es vor allem das Forum, das fast 120.000 Mitglieder hat (Stand: März 2009). Auch Fotos steuern die Leser bei. So gab es bei der Fußball-WM 2006 und der Fußball-EM 2008 Aufrufe, Bilder einzuschicken.

Was muss ein Onlinesportjournalist können?

Auch wenn es viele Unterschiede zwischen Print- und Onlinejournalisten gibt, überwiegt eine Gemeinsamkeit: Es geht allein darum, eine gute Geschichte zu erzählen. Journalisten müssen begreifen, dass das Internet eine neue mediale Plattform ist wie Papier, Radio oder Fernsehen.

Eine der großen deutschen Tageszeitungen urteilte einmal scharf, vor allem über Blogs und Sammelportale: »Was da als Demokratisierung und Befreiung gefeiert wird, ist letztendlich die Entwertung der Kulturproduktion.«

Ist dem wirklich so? Oder zeigt dieses Urteil vielleicht nicht auch Ratlosigkeit, ein Gefühl des Sich-Überfordert-Fühlens – Angst sogar? Auf jeden Fall sorgt das Internet bei vielen Kollegen für Unverständnis. Was tun die überhaupt?

Menschlich sind solche Regungen durchaus nachvollziehbar, doch eine professionelle Reaktion sieht anders aus. Denn Leugnen, Ignorieren und Verdammen sind keine Optionen mehr. Es geht heute nur noch um die Frage, wie man sich zum Internetjournalismus verhält, nicht mehr um dessen Berechtigung. Das Internet hat (nicht nur ökonomisch) Potenzial. Es ist für Journalisten eine riesige Chance; vor allem die intelligente Verbindung von Texten und Bewegtbildern stellt eine Herausforderung dar. Um die Chancen nutzen zu können, muss man sie aber auch erkennen. Das geht nur mit offenen Augen.

Multimediales Arbeiten

Ein Onlinejournalist muss multimedial arbeiten, sonst wäre er kein Onlinejournalist, sondern ein Printjournalist, der seine Texte im Internet veröffentlicht. Onlinejournalismus zeichnet sich gerade dadurch aus, dass Inhalte nicht mehr nur auf der Textebene dargeboten werden.

Zusätzliche Elemente wie Bewegtbilder, Foren, Votes, Grafiken oder Flashanimationen lassen einen Text erst zu einem Onlineartikel werden. Ein Onlinejournalist muss deshalb besonders visuell denken können, zuweilen sogar in die Rolle eines Bild- oder Videoredakteurs schlüpfen. Videos sind auch deshalb wichtig und werden es in Zukunft sogar noch stärker sein, weil sich viele Themen besser, weil angemessener über Bewegtbilder erzählen lassen. Für mobile Anwendungen werden Videos ebenfalls rasch große Bedeutung gewinnen.

Im Sportressort von SPIEGEL ONLINE (und in allen anderen großen Webredaktionen) müssen die Redakteure Fotos selbstständig anlegen und in die Texte einbauen. Der gesamte Produktionsprozess ist darauf ausgerichtet, dass die einzelnen Onlineredakteure stark teamorientiert arbeiten. Der Onlineredakteur betreut seinen Artikel von Anfang bis Ende. Er konzipiert das Stück, schreibt es selbst, produziert es und stellt es dann – nach Rücksprache mit den Kollegen und den Chefs vom Dienst (CVD) – auf die Site.

Die Haltung »Hier ist das Word-Dokument, mach etwas draus« kann sich kein Onlineredakteur leisten. Im gesamten Prozess gelten dabei die gleichen Kriterien wie im Printjournalismus: Sorgfalt, Gründlichkeit, Präzision, Fairness und Objektivität.

Reiz des Onlinejournalismus

Onlinejournalismus ist schnell, manchmal sogar zu schnell. Darunter leidet dann die Qualität. Die Fehlerquote steigt, sprachlich und inhaltlich geraten die Stücke dann suboptimal. Grundsätzlich ist es jedoch eine herausfordernde Tätigkeit, wichtige Informationen, Meinungen oder Anregungen so schnell und akkurat wie möglich der Öffentlichkeit zur Verfügung stellen können. Die Unmittelbarkeit ist ein großer Reiz am Onlinejournalismus.

Auch die Reaktionen von Lesern und Kollegen sind direkt, spontan und oftmals sehr emotional, Beschimpfungen und Hasstiraden eingeschlossen. »Dass Sie die Bayern verachten, wissen wir ja alle. Aber dass Sie nicht einmal eins und zwei richtig zusammenzählen können, ist neu. Setzen, sechs!«

So verletzend und ärgerlich die Reaktionen auch sein mögen (per E-Mail, in Foren oder Blogs), oftmals geben diese dennoch gute Hinweise. Der Diskurs mit dem Publikum macht Spaß und ist eine wichtige Aufgabe. Anregungen und Hinweise der Leser in die publizistische Tätigkeit mit aufzunehmen, eigene Fehler öffentlich einzugestehen, sich lernfähig zu zeigen, ist keine Schwäche. Es ist schlichtweg notwendig, um (auch weiterhin) ein spannendes Produkt anbieten zu können, das vom Publikum geschätzt wird.

Die Bereitschaft zu aktiver Auseinandersetzung ist also zwingend nötig. Ansonsten sollte man Onlinejournalismus lieber sein lassen. Insbesondere für junge Menschen ist das Internet das Medium schlechthin, sie leben online. Sehr viele sind – auch was die Vermittlung von Informationen angeht – fast nur noch über das Internet zu erreichen. Das mag für viele Journalisten in herkömmlichen Medien eine furchterregende Vorstellung sein, ist aber Realität. Das Publikum von heute (und erst recht das von morgen und übermorgen) will beteiligt werden. Und es beteiligt sich bereits, mischt sich ein, mit Leser-E-Mails, in Communitys, Foren, Chats oder Blogs.

Das Informationsmonopol der Journalisten existiert schon lange nicht mehr, das Publikum hat sich Stück für Stück Terrain in den Medien erobert. Der Konsument wird zum Produzenten, um dann wieder zu konsumieren. Es ist ein Wechselspiel zwischen Leser und Journalist, eine gegenseitige Bereicherung. Diesen dynamischen Prozess als »Entwertung« wahrzunehmen und nicht als Belebung, bedeutet, ein Chance zu verpassen. Denn die Beteiligung der Leser (aller Altersgruppen) zu fördern und gestalten zu können, ist eine Bereicherung der journalistischen Arbeit. Dazu gehören natürlich auch Widerspruch und das Aufzeigen klarer Positionen. Dem Leser nach dem Mund zu schreiben, ist der falsche Weg.

Es wird gerne und immer wieder behauptet, die Onlinejournalisten würden nur auf die Quote schielen und für ein paar Klicks mehr alle journalistischen Prinzipien fallen lassen. Solche Behauptungen werden nicht dadurch richtig, dass sie gebetsmühlenartig wiederholt werden. Das gilt auf jeden Fall für die seriösen Nachrichtensites.

Berufliche Voraussetzungen

Guter Onlinejournalismus bedarf einer fundierten Ausbildung. Es gibt sicherlich immer wieder Naturtalente, doch in der Regel benötigt es seine Zeit, bis man als Onlinejournalist gestaltet und nicht vom Strom der Informationen mitgerissen wird oder sich mitreißen lässt.

Bei SPIEGEL ONLINE haben fast alle Redakteure ein Hochschulstudium abgeschlossen und zusätzlich eine Fachausbildung durchlaufen, die zumeist aus Volontariaten oder dem Besuch einer Journalistenschule besteht. Entscheidend ist aber die Erfahrung. Diese kann sich jedoch nur über Jahre einstellen. Es dauert, bis klar ist, welche Formate im Web funktionieren und welche nicht. Im Vordergrund steht dabei immer die Qualität.

Auf Dauer funktioniert eine Site nur dann, wenn die Leser sich gut, weil schnell und dennoch zuverlässig informiert fühlen. Aufwendig produzierte Flashanimationen können kein Ersatz für seriöse Nachrichten sein. Der Leser merkt sehr schnell, wo er Qualität bekommt und wo nicht. Andererseits müssen News aber auch onlinegerecht aufbereitet werden, also mit Videos, Hintergrundkästen, Rankings und Hyperlinks. Dies verlangt nach Redakteuren, die sich stark mit der Präsentation der Artikel beschäftigen. Es geht nicht nur darum, gute Texte zu schreiben – diese müssen auch beim Leser ankommen.

Mit Marktschreierei hat dies nichts zu tun. Es geht nicht darum, den Leser – einen Kunden! – zu täuschen. Es spricht aber nichts dagegen, hohe Qualität auch als solche herauszustellen. Der Redakteur ist immer auch Content-Manager. Das Argument, ein großer Zuspruch der User bedeute zwangsläufig mangelnde Qualität, wird häufig vorgebracht, entspricht aber nicht der Wahrheit. Der Leser lässt sich nicht für dumm verkaufen.

Ausblick

In einer sich immer schneller verändernden Welt, in der Informationen in Windeseile um den Globus rasen, wird Orientierung immer wichtiger. Das gilt nicht nur für das Publikum, sondern auch für den Journalisten. Nur wer selbst orientiert ist, kann Orientierung geben.

Für Onlinejournalisten bedeutet dies, sich auf wechselnde Anforderungen einzustellen und bereit zu sein, stets dazulernen zu wollen. Es bedeutet aber auch, sich und den Lesern klare Leitlinien zu geben. Es ist aufgrund der Vielzahl an Quellen, die heutzutage vorhanden sind, immer wichtiger, die richtigen auszuwählen. Alle zu berücksichtigen ist schlichtweg unmöglich. Fatal ist es, Trends zu folgen, weil man glaubt, sonst nicht mehr up to date zu sein. Natürlich ist es schlecht, wenn wichtige Entwicklungen wie Videos und Communityies verschlafen werden. Doch aus Angst, etwas zu versäumen, jeden Schwenk mitzumachen, führt nicht zu mehr Vielfalt, sondern zu Beliebigkeit. Anbiederung aber ist der sichere publizistische Tod.

Die Zukunft der Nachrichtensites liegt darin, sich auf die Kernkompetenzen zu konzentrieren. Es hat seinen Grund, warum es soziale Netzwerke gibt und Newssites. Mischseiten werden nicht funktionieren, weil sie die speziellen Bedürfnisse der User nicht wirklich befriedigen können. Der Leser der Zukunft wird noch stärker zur harten Auswahl tendieren. Er wird wenige Sites nutzen, diese aber sehr intensiv. Spezialisierung ist nötig, aber auch der Wille zu temporärer oder auf bestimmte Bereiche beschränkter Kooperation. Medienunternehmen werden Offshots von Kernmarken etablieren. So bleiben die Leser in der Familie. Dabei sollen sie Vielfalt entdecken und sich nicht in einem Mischmasch verirren. Wo es keine Orientierung gibt und deshalb kein ausreichend hoher Nutzen zu sehen ist, ist das Scheitern sicher. Der Leser ist trotz alle Neugier ein nach Qualität, Vertrautem und Bewährtem strebendes Wesen. Und er verzeiht Enttäuschungen nicht häufig. Schnelle Meldungen, schnell weg – das kann es nicht sein.

Die Onlinejournalisten müssen alles dafür tun, ein vielfältiges und interessantes Angebot zu bieten, damit das Publikum auf der jeweiligen Site bleibt.

Jürgen Schwier / Oliver Fritsch

10   Sport-Weblogs

Sportberichterstattung im Web 2.0

Mit dem Stichwort »Web 2.0« wird häufig eine Weiterentwicklung des neuen Mediums in Richtung allgemeiner Teilhabe, Dezentralität oder Vernetzung gekennzeichnet. Dahinter steht u. a. die Vorstellung, dass im vermeintlichen *Mitmach-Netz* nahezu jeder Bürger seine Sicht der Dinge kundtun sowie innovative Formen eines Open-Source-Journalismus auftauchen können. Derartige Partizipationschancen und -gewinne betreffen in der Folge sicherlich ebenfalls die Wechselbeziehungen zwischen dem Publikum und den Machern des Mediensports, zwischen Fans, Konsumenten, Sportsystem und Massenmedien. Der unaufhaltsame Siegeszug des World Wide Web (WWW) und die rasche Popularisierung von Multimediaangeboten markieren damit einen Transformationsprozess der gesamten Medienlandschaft, in dem die (sport-) journalistischen Leitmedien von Anfang an auch online vorneweg marschieren. Die gravierende Reduzierung der medialen Zugangsbarrieren begünstigt gleichzeitig einen schnelleren Informationsfluss, eine größere Vielfalt der publizierten Meinungen über den Sport sowie eine partielle Auflösung der Trennung von Medienmachern und -konsumenten (vgl. u. a. Quandt/Schweiger 2008; Zerfaß/Welker/ Schmidt 2008).

Das Internet dient so einerseits als virtueller *Hobbyraum* von (Amateur-) Journalisten und schreibenden Fans, die etwas über die Vorgänge in der Welt des Sports mitteilen, was die interessierten Nutzer in den etablierten Massenmedien kaum finden. Auf diesem Weg entstehen neue Rollenkombinationen zwischen Anbietern, Mediatoren und Nutzern, wobei eine Tendenz zur Vermischung von Formen der Fremd- und Selbstdarstellung stellenweise kaum zu übersehen ist (vgl. Neuberger 2008: 25 f.). Andererseits zeichnet sich eine Migration der tagesaktuellen Printmedien in das

WWW ab. Zeitungen und Zeitschriften richten ihr Augenmerk jedenfalls nicht nur in Deutschland verstärkt auf die Qualität des eigenen Internetauftritts. Experten in den USA diskutieren sogar schon ernsthaft die Frage, wann die erste nordamerikanische Zeitung ihre Printversion komplett einstellen und nur noch online erscheinen wird (vgl. Barrie 2003: 165–176; Bell 2005: 45). Grundsätzlich spricht aber nur wenig für die Annahme, dass mit den Web-2.0-Communities ein Ende der Massenmedien bereits in Sicht sei, da diese gegenwärtig für die öffentliche Kommunikation – auch über das Thema Sport – wohl nach wie vor unverzichtbar bleiben.

Vor diesem Hintergrund beeinflussen die mit offenen, globalen Netzwerken entstehenden Produktions- und Nutzungsperspektiven sicherlich nachhaltig die zukünftige Gestaltung des Mediensports. Der Wandel der Kommunikationsmittel im digitalen Zeitalter macht ein schlichtes Fortschreiben und eine allenfalls punktuelle Erweiterung der herkömmlichen Textsorten der Sportberichterstattung ohnehin wenig wahrscheinlich. Schon allein die zahlreichen Besonderheiten des Internets – u. a. Hypertextualität, Interaktivität, Kommunikationsgeschwindigkeit, Partizipation, Syndikation, nichtsequenzieller Aufbau, Modularität – implizieren mehr oder weniger eine Notwendigkeit alternativer Inszenierungsformen des Sports. Weblogs, Podcasting, *RSS 2.0-Feeds*, *Wikis* oder *Bliki*-Redaktionssysteme scheinen auch mit Blickrichtung auf das bewegungskulturelle Feld nun endlich die programmatischen Verheißungen der netzbasierten Kommunikation (Interaktivität, Mobilität, Personalisierung usw.) einzulösen.

Die Arbeitsbedingungen und Anforderungen im (Sport-) Journalismus bleiben von einer solchen Umbruchsituation nicht unberührt. Die neuen Medien beschleunigen zunächst die ohnehin dem Kriterium »zeitliche Exklusivität« verpflichteten Arbeitsabläufe der fest angestellten und freiberuflich tätigen Akteure, wobei gerade das Internet als Recherchewerkzeug unentbehrlich geworden ist und den sofortigen Informationsaustausch im Kollegennetzwerk anregt. Raymond Boyle (2006: 138 ff.) hat diesbezüglich den Begriff des »drahtlosen Sportjournalisten« geprägt, der mit Mobiltelefon, Notebook, Personal Digital Assistant (PDA), Bluetooth-, UMTS- und WLAN-Technologie immer und überall seine Nachforschungen anstellt, dabei ständig mit der Redaktion in Kontakt steht und gegebenenfalls unterwegs seine Beiträge verfasst. Die Miniaturisierung der Technologie ist inzwischen längst soweit fortgeschritten, dass bereits zahlreiche handelsübliche Mobiltelefone gehobener Preisklasse alle Computer- und Kamerafunktionen besitzen, die ein mobiler Reporter für seine Tätigkeit benötigt.

Das Phänomen der Weblogs lässt sich im weiteren Sinne ebenfalls dem »drahtlosen« Sportjournalismus zuordnen, da solche mehr oder weniger tagebuchähnlichen Onlinejournale mit minimalem Aufwand ein Maximum an Aktualität erzielen, den sportinteressierten Lesern eine Kommentierung der chronologisch sortierten Beiträge ermöglichen und durch ausgiebige Verwendung von Hyperlinks zum Weiterlesen auf anderen Webseiten animieren. Hinsichtlich der Ausprägungsformen unterscheiden Wied/Schmidt (2008: 180) im Übrigen neben den persönlichen Blogs von Rezipienten (wie www.bolzplatz-blog.de/), den Watchblogs (wie www.bildblog.de), den Corporate Blogs bzw. Redaktionsblogs (wie www.blog-g.de oder http://blog.zeit.de/bundesliga) noch die sogenannten Kritikerblogs, in denen externe Autoren unter dem Dach eines Massenmediums dessen redaktionelles Onlineangebot differenziert beurteilen oder tadeln (wie http://blog.zeit.de/meckern). Die Bereitschaft, selbst ein Weblog zu betreiben, ist ferner auch unter den Medienschaffenden im Umfeld des Sports durch die Markteinführung anwenderfreundlicher Blogging-Softwaresysteme wie WordPress oder Movable Type, kostenfreier Serviceangebote wie blog.de oder Bloginhaltsdiensten wie Technorati wesentlich gefördert worden.

Von einzelnen Medien oder Journalisten hervorgebrachte Blogs zu Sportthemen haben jedenfalls Konjunktur und stehen zwischenzeitlich bei den Nutzern in dem Ruf, als kritisch-konstruktive Stimmen jenseits des mediensportlichen *Grundrauschens* ein durchaus anspruchsvolles Insider- bzw. Spezialwissen zu kommunizieren. In diesem Zusammenhang postuliert Kline (2005: 17), dass diese mediale Bottom-up-Innovation eben nicht nur zahlreiche Menschen, sondern vor allem die *richtigen* Personen (z. B. Meinungsführer, Multiplikatoren) erreichen kann. Eine Bestimmung des Begriffs »Weblog« und seine Abgrenzung von anderen Formen des Internetauftritts wirft sicherlich methodische Probleme auf, wird aber neben der Textorientierung des – durch digitale Bilder, Videos oder Podcasts erweiterbaren – Formats vor allem auf die folgenden drei Merkmale verweisen:

»Weblogs gelten als authentisch, weil sie die Persönlichkeit des Autoren repräsentieren. Weblogs sind dialogorientiert, weil sie bidirektionale Kommunikation innerhalb eines Angebots und über einzelne Angebote hinweg technisch unterstützen. Weblogs sind schließlich eine dezentrale Form des Austauschs, die Merkmale der öffentlichen und der interpersonalen Kommunikation vereint und soziale Netzwerke unterschiedlicher Reichweite fundiert« (Schmidt 2006: 9).

Nur am Rande sei angemerkt, dass Qualität und Relevanz einer Veröffentlichung zu einem sportbezogenen Thema daher im Unterschied zum klassischen Journalismus nicht mehr durchgängig von vornherein durch umfassend redaktionelle Prüfungsvorgänge abgesichert, sondern eher im nachhinein durch die Aufmerksamkeit der Nutzer und deren Rückmeldungen auf diese Sportinformationen bestätigt oder korrigiert wird.

Sportblogs im deutschsprachigen Raum

Die Einsatzzwecke von Sportblogs sind breit gestreut und wandelbar. Neben Sportlern, Sportanbietern und PR-Agenturen – die sich nun ohne Vermittlung von Journalisten der interessierten Öffentlichkeit auf diesem Weg direkt mitteilen – reagieren einerseits zahlreiche Fans mit dem Schreiben eines Weblogs auf ihre Unzufriedenheit mit der professionellen Berichterstattung und deren Konzentration auf den durchkommerzialisierten Spitzensport in einigen wenigen Disziplinen. Die Onlineaktivitäten zielen dann vorwiegend auf den öffentlichen Austausch mit Gleichgesinnten, werben für ansonsten medial unterbelichtete Bewegungspraktiken oder Spielklassen und sollen über kollektive Meinungsbildungsprozesse auf den Sportjournalismus oder die Sportorganisationen wirken. Diese multimediale Produktivität schließt selbst den bislang noch seltenen Rollenwechsel ein, den vor einiger Zeit z. B. ein in der Szene bekannter Blogger mit seinen Dienstantritt beim – vor allem dem hauptstädtischen Sportgeschehen gewidmeten – Weblog HEIMVORTEIL (http://heimvorteil.tagesspiegel.de) des Berliner TAGESSPIEGEL vollzogen hat. Andererseits bildet die vielzitierte Blogosphäre einen »alternativen Raum für Journalismus« (Schmidt 2006: 119 f.) und eröffnet den Sportberichterstattern die Chance auf eine ungefilterte, transparente Interaktion mit ihren Rezipienten oder eine gezielte Ansprache von Teilpublika.

Das Weblog AMERICAN ARENA (http://american-arena.blogspot.com) des in New York lebenden Journalisten Jörg Kalwa beschäftigt sich so hintergründig mit den Ereignissen im nordamerikanischen Sport und deckt vom Golfsport über die MLB, die NFL und die NBA bis zur NASCAR-Rennserie oder der Rubrik »Beckham's World« eine breite thematische Palette ab, während das von Markus Juchem und Katja Öhlschläger konzipierte WOMENSOCCER (www.womensoccer.de) quasi als Nischenangebot ausschließlich Fragestellungen aus dem Bereich des nationalen und internationalen Frauenfußballs aufgreift.

Der Fußball bleibt ohnehin mit deutlichem Abstand der dominierende Gegenstand deutschsprachiger Sportblogs, deren namhafte Vertreter des Weiteren gut untereinander verlinkt sind und in einzelnen Fällen als Element einer crossmedialen Publikationskette erscheinen. Das auf einer Printausgabe basierende Fußballmagazin RUND kommt z. B. in seiner Onlineversion anscheinend ebenso wenig ohne Weblog aus (http://blog.rund-magazin.de) wie die thematisch verwandte Zeitschrift 11 FREUNDE (www.11.freunde.de).

Kaum noch zu überschauen sind ferner die vereinsbezogenen Angebote. Dazu gehören beispielsweise das dem Bundesligisten Schalke 04 gewidmete KÖNIGSBLOG (http://koenigsblog.net) oder das Weblog TEXTILVERGEHEN (www.textilvergehen.de), dessen Macher ihre Leidenschaft für den Drittligisten Union Berlin mit ihrem beruflichen Hintergrund in der Modebranche verbinden. Darüber hinaus sind ebenfalls länderspezifische Blogs zu verzeichnen: Unter dem Motto »Opera Buffa« beleuchtet beispielsweise die dort ansässige Korrespondentin Birgit Schönau Fußballgeschehen und Alltagsleben in Italien (http://operabuffa.blogspot.com).

Gewissermaßen zu den Klassikern der Sportblogs gehören inzwischen die humorvoll-hintergründigen Einwürfe von Trainer Baade (www.trainer-baade.de) und die Seite des selbsternannten TV-Sport-Maniacs Kai Pahl (www.allesaussersport.de), der nicht nur beim Webdesign auf Qualität achtet. Eine nachdenkliche und mitunter kritische Sicht auf die mediale Inszenierung des Fußballsports in Deutschland kultivieren schließlich u. a. das nach eigenen Angaben »politisch unkorrekte« Weblog FOOLIGAN (www.fooligan.de) unter dem Dach des Spreeblick Verlages sowie der auf die Wechselbeziehungen zwischen Politik und Sport ausgerichtete Blog von Felix Flemming (www.medien-sport-politik.de) und der Sportmedienblog von Christoph Anheuser (http://sportmedienblog.de).

Mehr oder weniger als Watchblog einzuordnen ist das Internetangebot des freien Journalisten Jens Weinreich (http://jensweinreich.de), der sich als einer der wenigen Medienschaffenden kontinuierlich mit nationaler und internationaler Sportpolitik, mit dem Wirken transnationaler Sportorganisationen (IOC, FIFA usw.), mit Doping, Kommerzialisierung und Korruption im Sport auseinandersetzt.

Ein gemeinsames Merkmal derartiger Sportblogs dürfte darin bestehen, dass sie in der Regel gewisse institutionelle Beschränkungen des *Corporate Journalism* – u. a. dessen oft affirmatives Verhältnis zum Spitzensport und seinen Protagonisten – ignorieren und gerade aufgrund dieser Haltung bei immer mehr hauptberuflichen Sportjournalisten zur regelmäßigen Pflichtlektüre zählen. Dabei sei dahingestellt, ob Sportjournalisten entsprechende Blogs lediglich als leicht zugängliche und Suchkosten minimierende Quellen heranziehen oder die eigenen Themensetzung auch mittels der Online-lektüre hinterfragen. Die kritische Beobachtung des Mediensports geht in der Blogosphäre jedenfalls mit offenkundigen Tendenzen einer journalisti-schen Selbstbespiegelung einher, kann also auch zur Verstärkung der weit verbreiteten Kollegenorientierung beitragen. Es überrascht daher kaum, wenn die – nach eigenem Bekunden um eine Qualitätsoffensive im Mediensport bemühte – Journalistenvereinigung Sportnetzwerk (http://sportnetzwerk.eu) ein Weblog zur Verstrickung von Sportjournalisten in die Dopingpraxis initiiert.

Sportblogs etablieren sich gegenwärtig als dialogische, individualisierte Spielwiesen des Journalismus und z. T. wohl auch als selbstverordnetes Therapeutikum gegen die kollektiv wahrgenommene *Déformation professionelle*. Ob Weblogs im Feld des Mediensports Themen setzen können oder gar als Gegenbewegung zur Medienkonzentration taugen, bleibt allerdings gegen-wärtig ebenso fraglich wie ihr medienökonomischer Stellenwert.

Aus dem Alltag eines Sportblogs

Da einer der Autoren dieses Textes selbst ein Weblog (www.direkter-freistoss.de) betreibt, das in gewisser Hinsicht das publizistische Angebot der Fußballpresseschau www.indirekter-freistoss.de ergänzt und erweitert, werden abschließend einige praktische Aspekte dieser Spielart des Online-sportjournalismus skizziert.

a) Als Blogger schreibt man wohl meist über Themen, die einen selbst be-wegen. Also etwas, das den Sportjournalisten ärgert: eine Meinungsäuße-rung oder ein Detail, das in den traditionellen Medien nach eigener Auf-fassung zu kurz gekommen ist. Auch mal ein Kuriosum. Im konkreten Fall befasst sich der Autor beispielsweise vorwiegend kritisch mit Berich-ten aus anderen Zeitungen, Zeitschriften, Websites und Sendern, oft auch wohlwollend. Daraus kann man einen klassischen Vorwurf an die Bloggerszene ableiten: den, dass sie bloß auf schon bestehende Bericht-erstattung reagiert. Mit diesem Stil kann man aber eine durchaus wichtige journalistische Funktion wahrnehmen: die des unparteilichen Beobach-ters und Kontrolleurs. Darüber hinaus sollte man selbst jedoch auch den Anspruch an die eigene Arbeit haben, öfter Themen selbst zu finden.

b) Wichtig beim Bloggen ist die kontinuierliche Diskussion mit den Usern. Es ist ratsam, jeden Beitrag ernst zu nehmen – fast jeden, um ehrlich zu sein. Es gibt immer einzelne Provokateure oder Störenfriede, doch die meisten User von direkter-freistoss.de steuern hilfreiche Inhalte, eine pointierte Meinung oder einfach ein prägnantes Zitat bei. Im besten Fall ist ein Nutzerkommentar so inspirierend, dass man ihn aufgreifen und einen neuen Beitrag daraus machen kann. Jedenfalls sollte man sich oft in die Debatten einschalten und die User zum regelmäßigen Mitdiskutieren auffordern. Bloggen heißt also immer auch, sich ernsthaft für die Meinung der User zu interessieren und deren Wissen für das Weblog fruchtbar zu machen.

c) Auch beim Sportbloggen ist bedeutsam, dass man multimedial arbeitet, also auf Videos, Fotos, Audios und (selbstredend) Text zurückgreift. Heute muss ja auch längst nicht mehr alles selbst produziert werden: Videos lassen sich über YouTube und andere Video-Portale einbetten, das Gleiche gilt für Audiodateien von Radiobeiträgen, etwa aus dem Deutschlandfunk. Erstrebenswert ist es für Blogger aber in jedem Fall, künftig mehr Videos, Fotos und Audios anzufertigen – auch wenn man nach eigenem Selbstverständnis immer primär ein *Schreiber* bleibt.

d) Nicht zuletzt sind Links die mehr oder weniger harte Währung eines Sportblogs. Kolleginnen und Kollegen aus den klassischen Medien räumen in Gesprächen immer wieder ein, dass sie glauben, User zu verlieren, wenn sie auf andere Quellen verweisen. Folglich setzen sie keine Links – und verweigern damit in diesem Punkt den Dienst am Nutzer. Denn durch Links lassen sich viele andere Quellen erschöpfen, und der eigene Beitrag wird transparenter und prüfbarer. Außerdem gilt: Setze Links, und Du wirst verlinkt.

Literatur

Barrie, G. (2003): News and the Net. Mahwah, London.

Bell, E. (2005): End of the Offline? British Journalism Review 16/1: 41–45.

Boyle, R. (2006): Sports Journalism. Context and Issues. London.

Kline, D. (2005): Toward a More Participatory Democracy. In: Kline, D./Burstein, D. (Ed.): Blog! How the Newest Media Revolution is Changing Politics, Business, and Culture. New York: 3–24.

Quandt, Th./Schweiger, W. (Hrsg.) (2008): Journalismus online – Partizipation oder Profession? Wiesbaden.

Neuberger, Ch. (2008): Internet und Journalismusforschung. Theoretische Neujustierung und Forschungsagenda. In: Quandt, T./Schweiger, W. (Hrsg.), Journalismus online – Partizipation oder Profession? Wiesbaden: 17–42.

Schmidt, J. (2006): Weblogs. Eine kommunikationssoziologische Studie. Konstanz.

Wied, Ch./Schmidt, J. (2008): Weblogs und Qualitätssicherung. Zu Potenzialen weblogbasierter Kritik im Journalismus. In: Quandt, T./ Schweiger, W. (Hrsg.): Journalismus online – Partizipation oder Profession? Wiesbaden: 173–192.

Zerfaß, A./Welker, M./Schmidt, J. (Hrsg.) (2008): Kommunikation, Partizipation und Wirkungen im Social Web. Köln.

Valeria Witters-Horky / Thomas Horky

11 Sportfotografie

Grundlagen und Geschichte

Der Sport in den Medien lebt von seinen Bildern – Bilder von Emotionen, Siegern, Kämpfen und traurigen Verlierern. Die Sportfotografie hält diese Momente des Schicksals im Bild fest und ist damit eines der wichtigsten Elemente des Mediensports. Bilder sagen dabei nicht »mehr als 1000 Worte«, wie es in einer Redewendung heißt, sondern die Bilder des Sports entwickeln ihre eigene Sprache, die Bildsprache. Sportfotos sind nicht nur in den Zeitungen, in der Werbung und in PR-Broschüren der »Eyecatcher«, sondern nahezu überall in den Medien zu entdecken: als Hintergrund im Fernsehen, als Reportagen in Magazinen und Büchern, als Dokumente in Büchern und Programmheften oder als Simulation von Bewegung im Internet. Die Sportfotografie sorgt für das Bild vom Sport, auch wenn sich der Markt vor allem durch die Digitalisierung in den letzten Jahren stark verändert hat. Trotz dieser großen Bedeutung ist sie ein bisher wenig beachteter Bereich des Mediensports und soll hier deshalb intensiv beleuchtet werden.

Unter dem Begriff »Sportfotografie« versteht man in erster Linie die Konzentration und Bündelung einer sportlichen Bewegung in einem fotografischen Bild. Damit repräsentiert die Sportfotografie die sportliche Bewegung. Durch das Sportfoto entsteht ein bildhafter Moment, ein Abbild, das den ganzen Ablauf einer Bewegung oder sogar sportlichen Handlungsfolge – wie z. B. das Überqueren der Latte beim Hochsprung oder der Torschuss für einen Treffer im Fußball – bündelt und symbolisiert. Dieser fast dokumentarische Charakter der Sportfotografie wird durch das Verhältnis von Authentizität und Inszenierung beeinflusst, denn die Momentaufnahmen in der Sportfotografie erzeugen eine Form von Stereotypen, also immer wiederkehrenden Bildern, die damit schematische Abbilder von sportlichen Handlungen darstellen. Die Inszenierung wird bei der Sportfotografie durch Bildauswahl, Perspektive, Ausschnitt u. Ä. erzielt. Großen Anteil besitzen auch technische und fotografische Innovationen wie immer lichtstärkere Teleobjektive und gezoomte Motive (Veränderung der Brennweite bei der Auslösung mit einem Zoomobjektiv) sowie bekannte Techniken wie sogenannte Wischbilder (Mitziehen der Kamera) oder Langzeitbelichtungen, also der gezielte Einsatz von Unschärfe, um Bewegung zu visualisieren.

Die Sportfotografie hat allerdings mit einem gravierenden Mangel zu kämpfen: Die entscheidende Beschränkung besteht nach Hediger/Stauff darin, »keine Bewegung und in der Konsequenz auch keine Zusammenhänge, Entwicklungen und Dynamiken sichtbar machen zu können« (Hediger/Stauff 2006: 30). Tatsächlich verweist vor allem das Sujet »Sport« mit seiner Körperlichkeit, seiner Aktionsgebundenheit und der Konzentration auf einen Moment einer Bewegung auf die besondere Problematik des Mediums Fotografie: Kein Foto kann den Fortgang oder die entscheidende Veränderung des Spiels festhalten, sondern immer nur neue Momente ins Bild setzen und damit gewissermaßen eine Neuinszenierung verursachen.

Den entscheidenden Moment der Bewegung erkennen und (fotografisch) einfrieren zu können, zusammen mit einer thematischen Einordnung, ist damit das Wesentliche der Sportfotografie. Gute Sportfotos kennzeichnet nicht die Konzentration auf die entscheidenden Momente des Spiels, die als bewegungsdynamischer Zusammenhang oder als erlebte Effekte in Form von emotionalen Momenten oft nicht abbildbar sind, sondern der »fotografisch gelungene(n) Moment« (ebd.: 32).

Der Beginn der fotografischen Beschäftigung mit dem Sport kann auf das 19. Jahrhundert datiert werden, als Atelierfotografen statische Porträtaufnahmen von Sportlern anfertigten, denn lange Belichtungszeiten erforderten unbewegte Motive. Zum Ende des 19. Jahrhunderts erreichte das gesellschaftliche Phänomen »Sport« immer stärkere Bedeutung; gleichzeitig entwickelte sich die Sportfotografie zu einem eigenständigen Genre.

»Der Aufstieg des Sports zum Massenphänomen und die massenhafte Verbreitung der Fotografie verliefen parallel. Ihre Geschichte war eng mit der Entwicklung der Industriegesellschaft und dem Aufstieg des Bürgertums verbunden« (Egger 2000: 7).

Zur Jahrhundertwende war es zunächst Albert Meyer, der 1896 auf eigene Faust zu den ersten Olympischen Spielen der Neuzeit nach Athen reiste und für ungewohnte Sportaufnahmen sorgte. Meyer zeigte Sportler nicht nur statisch mit Fahne und Medaille, sondern auch in der Bewegung, mit klarem Bildaufbau – wenngleich die technisch noch unzureichende Ausrüstung manche Einbußen an fotografischer Qualität mit sich brachte. Der zweite Sportfotograf war Lothar Rübelt, der in den 1920er- und 1930er-Jahren durch moderne Kameratechnik – vor allem mit der kleinen Leica – eine neue, moderne Epoche der Sportfotografie einleitete – der moderne Bildjournalismus im Sportbereich war entstanden.

Zeitgleich sorgte Leni Riefenstahl in ihrem Bildband »Schönheit im olympischen Kampf« mit der umstrittenen Körperverherrlichung in ihren meist gestellten Bildern und Kompositionen für eine neue, ästhetische Komponente in der Sportfotografie. Die Aufnahmen sind der Beginn von dramatischen Inszenierungen und bilden damit einen neuen Arbeitsbereich der Sportfotografie. Die immer stärkere Fokussierung auf Aktualität und Geschwindigkeit sowie die Technisierung der Sportarten sorgten nach dem Ende des Zweiten Weltkrieges für das Aufkommen der modernen Sportfotografie nach heutigem Verständnis. Einzelne Fotografen, wie z. B. Max Schirner und Heinrich von der Becke oder selbstständige Fotoagenturen wie Pressefoto Baumann haben das Bild der deutschen Sportfotografie immer wieder deutlich beeinflusst. Vor allem die technische Entwicklung der Kameras mit Spiegelreflextechnik und immer lichtstärkeren Objektiven veränderte Perspektiven und Motive. Nach den eher statischen Aufnahmen waren nun auch Emotionen und Dynamik der schnellen sportlichen Bewegungen in aller Schärfe abbildbar. Teleobjektive ermöglichten in den 1970er-Jahren Nahaufnahmen bis hin zu Detailaufnahmen. Die Entwicklung der Farbfotografie auf Kleinbildfilmen war zudem ein wichtiger Einschnitt, der vor allem in der Sportfotografie mit den bunten Nationaltrikots und -fahnen für neue Kompositionschancen der Fotografen sorgte. In der heutigen Zeit wandelt sich die Sportfotografie zunehmend schneller und muss verstärkt um Absatzmärkte und -chancen kämpfen; weitreichend ist der Einfluss von Werbung, PR und Marketingprodukten spürbar. Die großen Funkagenturen wie die Deutsche Presse-Agentur oder Reuters und ap prägen zwar den Markt der aktuellen Sportfotografie, dieser bietet jedoch weiterhin Raum für individuell und kreativ arbeitende selbstständige Fotoagenturen und einzelne Sportfotografen.

Aktuelle Situation, Ausbildung und Arbeitsalltag

Zurzeit sind rund 300 Sportfotografen und -fotografinnen als Mitglieder im Verband Deutscher Sportjournalisten e. V. (VDS) registriert. Dabei ist die Konkurrenz immens: Bei der Fußball-Weltmeisterschaft 2006 in Deutschland waren neben etwa 4500 Printjournalisten rund 1000 Fotografen akkreditiert. Allein beim Finale kämpften etwa 250 Fotografen im Innenraum um das beste Bild, während bei »normalen« Länderspielen meist etwa 100 Sportfotografen erscheinen. Die Konkurrenz verringert sich allerdings mit wachsendem organisatorischen und damit finanziellen Aufwand: Zu den Olympischen Spielen 2008 in Peking reisten z. B. nur ca. 35 freie deutsche Sportfotografen.

Während sich das Berufsfeld der modernen Fotografie aufgeteilt hat in Bereiche wie die der aktuellen und inszenierten Fotografie, der Bildredaktion oder der (elektronischen) Bildbearbeitung, ist die Sportfotografie im Wesentlichen ein Beruf für Einzelkämpfer. Durch die Veränderung und Vereinfachung der technischen Abläufe (siehe den Abschnitt zur Digitalisierung) ist der Sportfotograf ein Selfmade-Alleskönner geworden: Fotograf mit umfangreicher Ausrüstung in immer wieder neuen Situationen, Bildeditor mit Laptop am Spielfeldrand und Techniker beim Versenden des Angebots an Redaktionen oder andere Kunden.

In Deutschland hat sich dieser Markt zusätzlich zu einem Feld der Selbstständigkeit, meist von kleinen Agenturen oder Solisten, entwickelt. Neben den großen Nachrichtenagenturen dpa, Reuters, ap, afp und Getty Images befinden sich im Bereich der Sportfotografie kleinere Agenturen wie GES, Firo, Fishing Four, Camera 4, Horstmüller, Sven Simon oder auch Witters im Wettstreit um Kunden und Abdrucke. Nur wenige Regionalzeitungen leisten sich noch fest angestellte Fotografen, in der Regel wird der Bedarf durch freie Fotografen gedeckt. Anders in anderen Ländern: In den USA oder in England haben viele Redaktionen fest angestellte Sportfotografen, in Frankreich gibt es zudem über die Sporttageszeitung L'EQUIPE ein großes Netz derer. Vor allem in England ist zudem eine neue Entwicklung zu beobachten, die in Zukunft auch in weiteren Ländern zu erwarten ist: Der Fußballverein Manchester United beschäftigt zurzeit vier fest angestellte Fotografen, die den Club und seine Spieler ablichten – mit allen Vorteilen der vorhandenen Rechte und dem Nachteil der fehlenden (journalistischen) Unabhängigkeit.

Dass die Berufsbezeichnung »Sportjournalist« ungeschützt ist, wird bei den Sportfotografen besonders deutlich – und macht die Lage schwierig.

Vor allem »Kollegen«, die sich als reine Amateure Zutritt zu Sportveranstaltungen verschaffen, vergrößern die Konkurrenz und behindern teilweise sogar die professionelle Arbeit. Zwar ist es dank der steigenden Qualität moderner Digitalkameras bei gleichzeitig nachlassenden Anforderungen an fotografische Qualität durch die Redaktionen mittlerweile auch möglich, mit einer kleinen Ausrüstung tätig zu werden. Dennoch ist die teure Spezialausrüstung ein limitierender Faktor der Sportfotografie: Mehrere Kameragehäuse mit Motor (8 Bilder/Sekunde), ein Set von extrem lichtstarken Objektiven, z. B. von verschiedenen Weitwinkel- (14–24 mm/Fischauge: 10,5 mm) über Zoom- (70–200 mm Brennweite) bis zu Teleobjektiven mit einer im Sportbereich sehr langen Brennweite (400/600 mm), Blitze und entsprechende Verarbeitungs- bzw. Verbreitungstechnik (Laptop, Speicherkarten, Sendeeinheit, spezielle Software etc.) sind Standard. So eine professionelle Ausrüstung kann rund 25.000 Euro kosten.

Auch der Zugang zum Beruf ist offen: Zwar gibt es verschiedene Ausbildungen in der Fotografie (Lehre, Studium) – eine anerkannte Ausbildung zum Sportfotografen aber existiert nicht. Meist finden motivierte Jungfotografen den Weg über freie Mitarbeit im lokalen und regionalen Bereich hin zu einem Volontariat bei einer Agentur oder zu einer Festanstellung. Die speziellen Anforderungen der Sportfotografie (Bewegungsverständnis, Flexibilität, Konzentrationsfähigkeit usw.) lassen sich jedoch nur durch »Learning by Doing« aneignen und erfordern eine Menge Erfahrung bei unterschiedlichen Veranstaltungen. Letztlich bleibt Sportfotografie immer noch ein Beruf, der Begabung voraussetzt und viel eigene Motivation und Fleiß erfordert.

Was sind die besonderen Herausforderungen der Sportfotografie? Erstens bedeutet das Einfangen eines gelungenen »Sportmoments« eine *Antizipation von Bewegung:* Bewegung und Aktionen müssen vorausgeahnt werden können. Jede Bewegung sieht aus unterschiedlichen Positionen anders aus und lässt sich nur in wenigen Augenblicken wie bei einem kumulativen Höhepunkt als Bewegung fotografisch darstellen. Die Leser/Betrachter sind bestimmte Bewegungsmuster und Perspektiven durch Stereotype gewohnt. Diese Rezeptionsmuster sollte ein Fotograf kennen; er muss die sportliche Bewegung optisch lesen können, ein Verständnis für die Bewegungsabläufe einer Sportart haben. Was sieht im Stillstand gut aus? Was sind die wichtigen Momente der Vielzahl von Handlungsaktionen? Die gute Sportfotografie ist dann ein Ergebnis von gutem Timing und guter Planung des Standortes. Bredekamp (2006: 20) formuliert:

»Zufallstreffer mögen immer wieder geschehen. Erst die gedankliche Einschmiegung in die geheime Geometrie des Fußballspieles aber vermag auf Dauer derartig prägnante Aufnahmen zu erzeugen.«

Zweitens bedeutet die hohe Geschwindigkeit der sportlichen Aktionen eine starke Fähigkeit zur *Konzentration*: Sport ist schnell und flüchtig, das Ereignis kommt kein zweites Mal. Ein Finallauf über 100 m bei Olympischen Spielen ist minutengenau datiert und dauert knapp zehn Sekunden, dann ist alles vorbei. Eine Wiederholung gibt es nicht. Sportfotografen haben keine Zeitlupe, nur wenige Augenblicke bleiben für die fotografische Qualität. Eine Entscheidung für den falschen Läufer im Fokus bei 50 Metern kann kaum noch rückgängig gemacht werden.

Die unterschiedlichen Arbeitstechniken verdeutlicht die Schilderung eines typischen Arbeitstages in der Sportfotografie: ein Spieltag der Fußball-Bundesliga, der zu den meistgedruckten, immer wiederkehrenden Ereignissen in der Sportfotografie zählt.

Die Arbeit des Sportfotografen beginnt bereits eine Woche vor dem Ereignis mit der Anfrage nach einer Akkreditierung, da die Anzahl der Fotoakkreditierungen begrenzt ist. Die Akkreditierung läuft in der Bundesliga über die Pressestellen der Vereine, häufig in Absprache mit den Fotografenvertretern des VDS vor Ort. Die Plätze müssen am Spieltag möglichst schon zwei Stunden vor Spielbeginn gesichert werden, denn im Stadion gilt unter Sportfotografen das faire Prinzip: Wer zuerst kommt, hat Vorrecht. Die möglichen Fotopositionen sind in den Medienrichtlinien der DFL (Deutsche Fußball Liga GmbH) vorgegeben, teilweise mit Beschränkungen in den Arbeitsmöglichkeiten (auch aufgrund der verstärkten Bandenwerbung in den Stadien), und variieren von Stadion zu Stadion.

Vor Spielbeginn können dann als Featuremotive Trainer, Präsidenten, Funktionäre, Fans auf den Tribünen, Stadionansichten oder Spieler beim Warmlaufen fotografiert werden. Entscheidend ist im Anschluss eine Seitenwahl, ausgerichtet an den Bedürfnissen nach Aktionen und an der Priorität der Teams aufgrund von lokalen oder Agenturinteressen. Je nach Spielverlauf und Aktualität wird dann etwa 15 Minuten fotografiert (manchmal auch nur fünf Minuten), bevor die ersten Bilder auf dem Laptop am Spielfeldrand kurz bearbeitet (Bildausschnitt, Schärfe, Farbkorrektur und evtl. Beschriftung) und mittels einer Sendeeinheit über WLAN oder UMTS auf die FTP-Server der Redaktionen übertragen werden, teils sogar per Satellitenleitungen. Die Übertragungszeit pro Bild beträgt, leitungsabhängig, zwischen wenigen

Sekunden und zwei Minuten, von der Bildentstehung bis zum Foto in der Zeitungsredaktion liegen also nur wenige Minuten – bei den großen Agenturen wie dpa oder ap ist dieser Ablauf bei Großveranstaltungen sogar noch kürzer, quasi eine Lieferung in Echtzeit. Keine andere Fotoberichterstattung ist so zeitnah und aktuell wie die im Sport; eine ähnliche Entwicklung gibt es allenfalls in der modernen Kriegsberichterstattung.

Im Durchschnitt löst jeder Sportfotograf bei einem Bundesligaspiel etwa 1500 Mal aus. Die Kontrolle über den kleinen Kamerabildschirm erleichtert zwar die Arbeit, lässt aber den sicheren Fotoblick immer weiter verschwinden. Aktuell senden die meisten Fotografen zwischen 20 und 35 Bilder pro Spiel, die Nachrichtenagenturen etwas weniger. Für die Nachberichterstattung werden am gleichen Tag zudem weitere 20 Bilder gesendet, bei Witters wandern 100 bis 150 Fotos von Einzelaktionen, Schiedsrichtern oder Fans ins Archiv, bei guten Fotobedingungen –, also Sonne oder einem hervorragenden oder besonderen Spiel – können das sogar 250 Fotos werden.

Zum Berufsalltag gehört zudem die Beschäftigung mit speziellen Techniken wie den ferngesteuerten Remotekameras, mit denen hinter den Toren besondere Perspektiven bei Treffern eingefangen werden können. Nicht zu vergessen die Büroarbeit mit Datensicherungen, Akkreditierungsanträgen oder Reiseplanungen sowie tägliche Lokaltermine, Pressekonferenzen und Spezialaufträge – dazu muss auch ein enger Kontakt zu Redaktionen und Kunden gepflegt werden.

Arbeitsfelder

Diese Schilderung verdeutlicht unterschiedliche Berichterstattungsformen: Einerseits gibt es die nachrichtliche Sportfotografie – wie das Verfolgen der Handlung oder das standardisierte Abbilden von Ereignissen –, die insbesondere von ihrer Aktualität lebt und heute weitgehend im Vordergrund steht. Dabei ist jedoch oft eine Wiederholung zu beobachten: So wie der wöchentliche Fußball-Spielplan regelmäßig wiederkehrende Ereignisse präsentiert, gleichen sich die Fotos vom Fußball (und anderen Sportarten) jedes Wochenende. Ausgereizte Technikentwicklung und große Professionalität der arbeitenden Sportfotografen belegen, dass aktuelle Sportfotografie in erster Linie journalistisches Handwerk ist. Wie der strukturell identische Textaufbau von Berichten weist auch die Sportfotografie ihre Standards auf – Bilder von Zweikämpfen oder Torschussaktionen, die ein professionell arbeitender Fotograf haben muss.

Andererseits gibt es aber auch den Bereich der sogenannten »schönen Sportfotos«, die künstlerisch geprägte Bildästhetik, wie z. B. das Feature. Diese bildhaften, künstlerischen Kompositionen oder entsprechend inszenierte Fotos sind in den deutschen Printmedien aber nur noch selten anzutreffen. Die Gründe dafür sind der scheinbar fehlende redaktionelle Platz in den Tageszeitungen und der Mangel an Sportmagazinen, die solche Fotos publizieren könnten. Der STERN, der dies in den letzten Jahren noch öfters gemacht hat, zieht sich immer stärker aus dem Sportbereich zurück. Während der Fußball-WM 2006 in Deutschland – sicher auch durch den Erfolg der deutschen Mannschaft ausgelöst – war kurzzeitig ein Rückbesinnen in den Redaktionen erkennbar. Dies war jedoch nur von kurzer Dauer, denn vor allem im Zuge der Sparmaßnahmen im Medienbereich durch die weltweite Finanzkrise ist der Markt wieder rückläufig.

Selbstverständlich muss darauf verwiesen werden, dass sich die moderne Sportfotografie nicht nur auf Bewegungsmomente konzentriert. Ein wesentlicher und vielleicht sogar der wichtigste Aspekt ist – wie im Fernsehen – die Darstellung von Emotionen in Kampf und Niederlage, Freude und Verzweiflung, eben die Leidenschaft des Sports. Ein Blick in die Fotoberichterstattung der Fußball-WM 2006 macht zudem deutlich, dass sich inzwischen das Motivspektrum bis hin zu Symbolfotos erheblich erweitert hat. Das »Drumherum« hat an Bedeutung gewonnen, obwohl sich Sportfotografie schon immer auch auf die Vermittlung von Gemeinschaft konzentriert hat: Sport wird als ein Bestandteil des sozialen Lebens dargestellt. Dazu zählen ganz verschiedene Motive wie beispielsweise Stadtansichten und Sportstätten, Mannschaften und Fans, Prominente, Feste oder Trainer und Manager bei den Pressekonferenzen. Zunehmend ist jedoch ein »Trend zum Privaten« erkennbar: Homestories mit Fußballstars finden auch in den Sportseiten Platz.

In Zukunft wird es für den guten Sportfotografen darauf ankommen, neue Blickwinkel zu suchen, einen Weg aus der Routine des (sportlichen) Alltags zu entdecken und kreative Ideen als Bildgestalter umzusetzen. Möglichkeiten dazu bieten z. B. durchfotografierte Reportagen oder neue Bildangebote im Internet. Grundsätzlich bleibt jedoch die Abhängigkeit von vier wesentlichen Faktoren: Licht, Bewegung, Farbe und Umfeld. In den Sportstadien und Hallen müssen teils sehr schwierige Lichtverhältnisse kompensiert werden, die Farbkombinationen der Trikots sind oft nicht gerade fotofreundlich (schwarz), Probleme mit Werbung (z. B. Banden und große Banner) und Sponsoringmaßnahmen kommen hinzu. Letztlich ist ein gutes Sportfoto das Handwerk aus Schärfe, dem passenden Ausschnitt, der Bildkomposition und auch der genügenden Auflösung – heutzutage der Anzahl an Pixeln.

Zukunft der Sportfotografie

Der Beruf der Sportfotografie hat sich in den vergangenen Jahren so stark verändert, dass von einer kompletten Neuerung des Arbeitsfeldes gesprochen werden kann. Wie äußern sich diese Veränderungen und wo liegen die Grenzen? Einige wesentliche Aspekte werden im Folgenden aufgezeigt.

Personalisierung und Kommerzialisierung

Der Sport wird heute von wirtschaftlichen Interessen großer Konzerne und vor allem von Einschaltquoten und Auflagen der Medienunternehmen teils mehr beherrscht als von der sportlichen Leistung. Dies belegt die hohe und weiter wachsende Bedeutung von Sponsoren und Werbekunden in der Sportfotografie, die oft auch praktischen Einfluss nehmen (durch Werbebanden etc.). Die Bedeutung des Sports und seiner Fotos im gesellschaftlichen Umfeld hat sich verändert: Früher war der singende Franz Beckenbauer mit Tütensuppenwerbung eine kleine Randnotiz, heute stehen selbst die kleinen Stars im Rampenlicht der Werbung. Die gesellschaftliche Wahrnehmung des Sportsystems wächst: Oliver Kahn als ZDF-Experte ist eine große Fotogeschichte. Wenn er in China für örtliche TV-Sender eine Torwart-Castingshow moderiert, finden sich diese Bilder in den deutschen Medien. Fraglich ist, ob und wie sich die weitere Entwicklung des Sports sowie die sich verändernden Wahrnehmungsmuster (z. B. aufgrund der Dopingdiskussion) auch auf die Sportfotografie auswirken werden.

Technik

In der Fotografie ist der Sport der Motor der technischen Entwicklung. Viele Neuentwicklungen von Fotokameras in den vergangenen Jahren wurden von den Herstellern bei Sportveranstaltungen präsentiert. Die Kameraentwickler arbeiten oft sehr eng mit den Sportfotografen zusammen (z. B. als in den Anfängen die digitalen Speicherchips großflächige, kräftige Farben nicht authentisch wiedergeben konnten). Technische Neuerungen – wie die Sucherkamera, die folgende Spiegelreflextechnik, später dann das an schnellen Bewegungen orientierte Zoom, der Motor und vor allem der Autofokus – haben die Sportfotografie verändert. Es entstanden neue Bildmöglichkeiten, vorher nicht bekannte Ausschnitte, Bildwinkel und Ideen wie z. B. Mitzieher.

Obwohl die Sportfotografen heute (gezwungenermaßen) oft weiter vom Geschehen weg sitzen als früher, assoziieren die Fotos die totale Nähe. Zwar scheint die Kameratechnik seit einigen Jahren weitgehend ausgereift, aber auch kleine Neuerungen werden die Sportfotografie in Zukunft weiter beeinflussen. Manchmal auch negativ: Der Autofokus hat bei vielen Kollegen dazu geführt, zwar die Schärfe zu beherrschen – fast jedes Bild wird dank Autofokus schließlich scharf – der journalistische Blick für den Moment, die Reflexion über Einstellung, Bildausschnitt und Motiv unterscheiden aber weiterhin mittelmäßige und gute Fotografen. Auch die Bearbeitung und Übertragung der Fotos zu Kunden hat sich durch die Digitalisierung vollkommen verändert und nötigt dem Sportfotografen umfangreiche Kenntnisse der Bildbearbeitungs-Software sowie hohes technisches Wissen um Datenbanksysteme und Hardware ab.

Arbeitsumfeld/Rechtesituation

Etwa seit den 1980er-Jahren – in der Folge der ersten Trikotwerbung bei Eintracht Braunschweig (1973) und dem wirtschaftlichen Erfolg der Olympischen Spiele 1984 in Los Angeles – hat sich das Arbeitsumfeld der Sportfotografie stark gewandelt. Die immer größer werdende Konkurrenz und die schwindenden Möglichkeiten für gute Fotopositionen aufgrund von Werbebanden und anderen Restriktionen der Veranstalter haben die Arbeitsbedingungen erheblich erschwert. Ein bisher wenig beachtetes Feld ist die Problematik der Fotorechte: Zum einen hat die deutsche Gesetzgebung im Jahr 2007 das Recht am eigenen Bild verändert (»Caroline-Urteil«), zum anderen verschärft sich die Situation der Lizenzrechte auf allen Ebenen. So versuchen z. B. in England und in Italien verschiedene Fußballvereine, die Rechte der Sportfotografen stärker zu begrenzen. Auch in Deutschland gibt es in Einzelfällen sogenannte »Pool-Lösungen«, bei denen nur ein ausgesuchter Fotograf das Recht zum Fotografieren erhält; diese Bilder stehen im Anschluss allen akkreditierten Medien und Fotografen zur Verfügung.

Eine wesentliche Hilfe nicht nur in Sachen der Rechtevergabe und bei Fotopositionen ist die Fotosektion innerhalb des VDS, die seit vielen Jahren kollegial und effizient arbeitet. Unter demokratischen Prinzipien werden von den VDS-Fotografen z. B. Ranglisten für die Akkreditierung bei Großereignissen erstellt, die die Arbeitsmöglichkeiten und die Rahmenbedingungen erheblich verbessern. Die Kommunikation und (Arbeits-) Organisation mit Verbänden wie dem Deutschen Olympischen Sportbund (DOSB), dem DFB oder der DFL wird von Kollegen anderer Länder positiv beachtet.

Markt

Der Absatzmarkt für Sportfotografie hat sich in den vergangenen Jahren gewandelt: Der Boom des Internets und wechselnde Versuche bei den Printmedien – wie z. B. die Einführung, das Aufblühen und letztlich sogar die Einstellung der einstigen Qualitätszeitschrift SPORTS – führten zu einer Konzentration der Kunden. Eine Konstante ist und bleibt die BILD, die mit ihrem umfangreichen Sportteil die im Vergleich zum übrigen Europa fehlende tägliche Sportzeitung in Deutschland ersetzt (Frankreich: L'EQUIPE; Italien: GAZZETTA DELLO SPORT; Spanien: MARCA). Eine Vielzahl von freien Fotografen, die sich teilweise auf bestimmte Märkte oder Sportarten (wie Tennis oder Motorsport) spezialisiert haben, versuchen deshalb ihren Erfolg in einer Nische; zudem gibt es Zusammenschlüsse mehrerer Fotografen, im Wesentlichen zur besseren Distribution der Bilder, wie z. B. die Agentur Imago.

Noch in den Kinderschuhen steckt der Absatzmarkt im Internet, obwohl immer mehr Bildergalerien mit sportlichen Motiven nicht nur auf Sportsites für hohe Klickzahlen sorgen sollen. Die große Aktualität sorgt für hohen Druck auf die Sportfotografen, denn das Angebot muss quantitativ gesteigert werden. Insgesamt zeichnet sich aber vor allem ein Trend zu Pauschalen der Redaktionen mit großen Agenturen ab, die das komplette Webangebot bestreiten.

Authentizität und Ästhetik

Auch bei einem schlechten Spiel versuchen Sportfotografen ein qualitativ hochwertiges Foto abzuliefern, damit es eine Chance auf Abdruck hat. Ist das eine Inszenierung? Ein vielleicht gewagter Vergleich: So wie Kriegsberichterstatter in Bagdad oder im Libanon versuchen, ästhetisch schöne Fotos zu bekommen, versucht der Sportfotograf, dem Sport durch seine Fotos eine ästhetische Form zu geben, obwohl das Ereignis selbst dieser Form oft nicht entspricht. Selbstverständlich verlässt kein Bild ohne Farbkorrektur oder Ausschnittbearbeitung eine Fotoagentur – aber Grenzen der Inszenierung werden erst dann überschritten, wenn das Bild in manipulatorischer Absicht bearbeitet wird, wenn z. B. fehlende Bälle »eingearbeitet« werden. Die Produktion von Ästhetik ist vor allem in der medialen Konkurrenzsituation für die Sportfotografie auch ökonomisch von elementarer Bedeutung, denn eine Chance zur Abgrenzung, z. B. von den visuellen Angeboten des Fernsehens, ist letztlich das ästhetische Sportfoto in Kombination mit Textangeboten. Diese Überlegungen zeigen deutlich die Abhängigkeit der fotografischen Authentizität von der thematischen Bildauswahl der Redaktionen und Bildredakteure (vgl. das in diesem Kapitel folgende Gespräch).

So kann ein miserables Bundesligaspiel durch ein ästhetisch gelungenes »Highlight-Foto« eine neue Bedeutung erhalten – und damit das Sportfoto letztlich an Authentizität verlieren. Die Bildauswahl ist jedoch auch abhängig von journalistischen Themen, die auch über Bilder entfacht, gelenkt und »weitergedreht« werden können. Ein Beispiel dafür sind Kampagnen nicht nur der BILD-Zeitung, die z. B. die ästhetische Erscheinung deutscher Sportlerinnen unabhängig von Erfolg und Leistung thematisiert (Weitspringerin Susen Tiedtke: »Miss Leichtathletik«) oder vor der Entlassung stehende Bundesligatrainer in entsprechender Gestik und Mimik zeigt, um der »Geschichte« entsprechende Brisanz zu geben.

Bedacht werden muss beim Begriff der Authentizität bei der Bildauswahl durch Redaktionen auch die immer stärker ausufernde Vorberichterstattung (mit sogenannten »kalten Fotos« ohne direkte Aktualität) bis hin zum aktuellen Ereignis, das mit einem Jubelfoto letztlich nur noch kurz gewürdigt wird. »Die reine Wiedergabe des Wettkampfs genügt inzwischen nicht mehr, das ›Drama Sport‹ soll mit all seinen Leidenschaften und Showqualitäten inszeniert werden«, beschreibt Egger (2000: 14) den Zwiespalt, vor dem aktuelle Sportfotografie bei jedem Foto steht.

Bilderflut und Archivierung

Eine manchmal erschreckende Auswirkung der Digitalisierung und schnelleren Übertragung ist die extrem hohe Anzahl von Bildern, die Tag für Tag produziert und versendet werden. Jedes Wochenende strömt eine wahre Bilderflut in die Redaktionen, die in einigen Fällen die Server schlichtweg überfordert. Bei den Olympischen Spielen 2004 in Athen klagte z. B. das Büro des STERN über bis zu 1.000 Fotos pro Tag, was eine qualitative und themenorientierte Auswahl unmöglich macht. Die Fotoredaktion der BILD/BILD AM SONNTAG sichtet an einem durchschnittlichen Bundesligaspieltag rund 3.500 Fotos, für die Montagsausgabe des KICKER kämpft sich der Fotoredakteur durch rund 3.000 Erstliga- und 1.000 Zweitligafotos sowie weitere 700 Bilder aus den unteren Spielklassen. Der Blattmacher der FAZ klickte sich während der Fußball-WM 2006 an Spitzentagen durch bis zu 10.000 Bildangebote. Zukünftig wären eine Selbstbeschränkung der Sportfotografie und die Rückbesinnung auf das qualitativ hochwertige (und dafür vielleicht etwas langsamere) Foto sicher sinnvoll und überlegenswert. Letztlich hat die Digitalisierung auch zu einer einfacheren und besseren Form der Archivierung von Fotos geführt, die vor allem auch kundenfreundlicher ist. Digitale Bildbestände sind jederzeit für alle Nutzer weltweit recherchierbar; es ist dadurch insgesamt ein Trend vom Angebot zur Nachfrage zu verzeichnen. Statt der für Redaktionen speziell zusammengestellten Portfolios von bestimmten Themen bedienen sich Bildredaktionen zunehmend eigenständig in digitalen Bildbeständen, in denen Fotos über das Internet in druckfähiger Qualität herunterzuladen sind.

Literatur

Bongarts, L. (1998): Faszination Sport. Leipzig.

Bredekamp, H. (2006): Der fruchtbare Augenblick. Die Immunität des Fußballs. In: Crüwell, U./Rumberg, P. (Hrsg.): Das Spiel. Die Fußball-Weltmeisterschaften im Spiegel der Sportfotografie. Berlin: 19–27.

Egger, H. (2000): »Dem Moment sein Geheimnis entreißen«. Zur Geschichte der Sportfotografie. In: Bitzke, Ch./Jakobson, H.-P. (Hrsg.): Aktion, Emotion, Reflexion. Sportfotografie in Deutschland. Jena/ Quedlinburg: 7–15.

Geese, St./Zeughardt, C./Gerhard, H. (2006): Die Fußball-Weltmeisterschaft 2006 im Fernsehen. Daten zur Rezeption und Bewertung. Media Perspektiven, (9): 454–464.

Hediger, V./Stauff, M. (2008): Reine Gefühlsintensitäten. Zur ästhetischen Produktivität der Sportfotografie. montage/AV, 17 (1): 39–60.

Hediger, V./Stauff, M. (2006): Momente des Stillstands im Fluss des Spiels. Die Fußballfotografie im Verbund der Medien. In: Crüwell, U./Rumberg, P. (Hrsg.): Das Spiel. Die Fußball-Weltmeisterschaften im Spiegel der Sportfotografie. Berlin: 28–36.

Horky, Th. (2009): Sozialpsychologische Effekte bei der Bildinszenierung und -dramaturgie im Medensport. In: Schramm, H./Marr, M. (Hrsg.): Die Sozialpsychologie des Sports in den Medien. (Sportkommunikation, 5: 93–112) Köln.

Horky, Th. (2008): Sportfotografie. Ein gelungener Moment mit Geschichte. In: Grittmann, E./Neverla, I./Ammann, I. (Hrsg.): Global, lokal, digital – Fotojournalismus heute. Köln: 178–195.

Leibovitz, A. (1996): Olympic Portraits. Boston, New York, Toronto, London.

Maag, U. (2009): Vom Fotoreporter zum Fotoroboter? Die Bildjournalisten im VDS und der Wandel ihres Berufes. Sportjournalist, (4): 5–6.

Schierl, Th. (2004): Bild Dir Deine Meinung?! Das Bild in der Sportpublizistik. In: Frei, P./Körner, S. (Hrsg.): Sport – Medien – Kultur. (Brennpunkte der Sportwissenschaft, 28). Sankt Augustin: 75–88.

Schierl, Th. (2005): Ästhetik als Mehrwert journalistischer (Sport-)Fotografie. In: Lämmer, M./Nebelung, T. (Hrsg.): Dimensionen der Ästhetik. Festschrift für Barbara Ränsch-Trill. Sankt Augustin: 170–185.

Schmalriede, M. (2004): Zwischen Dokumentation und Inszenierung. Sportfotografie im Wandel. In: Schierl, Th. (Hrsg.): Die Visualisierung des Sports in den Medien. (Sportkommunikation, 2) Köln: 11–39.

Tölle, M (1996): Sport- und Action-Fotos. (Besser Fotografieren). Amsterdam.

Gespräch über Sportfotografie mit Jörg Jakob (46), Chef vom Dienst beim Kicker-Sportmagazin

(geführt von Christoph G. Grimmer)

Herr Jakob, was muss ein Foto mitbringen, um es auf die Titelseite zu schaffen?
Jakob: Es muss das Titelthema visualisieren und schnell begreifbar machen und somit den Leser anregen, in das Heft einzusteigen.

Auf den Titelseiten der vergangenen drei Ausgaben waren jeweils Spieler des FC Bayern München zu sehen. Gibt es so etwas wie einen FC-Bayern-Faktor?
Jakob: Nein. Es gibt einen Faktor »Aktualität und Relevanz«. Wenn wir ein Mittwochabendspiel für die Donnerstagausgabe haben, dann ist in der Regel dieses aktuelle Spiel am bedeutendsten und damit auch ein Foto von diesem Spiel. Oder aber wir setzen einen Schwerpunkt für das Heft – und dann ist natürlich die Relevanz das Ausschlaggebende. Stars von Vereinen, die erfolgreich sind und international länger spielen als andere, kommen logischerweise häufiger auf einem Titel vor, weil sie mehr Menschen und Leser ansprechen.

Es geht also bei der Auswahl nach dem Tabellenstand?
Jakob: Natürlich geht es im Sport nach Tabellenstand – nicht nur im Fußball. Weil an der Spitze meistens die größte Spannung herrscht, weil hier die meisten Stars und vor allem die meisten Themen im Gespräch sind. Über das Mittelfeld reden die Menschen weniger und es interessiert sie weniger. Auch der KICKER muss sich daran orientieren, was am bedeutsamsten ist und den Leser am ehesten interessiert.

Wer sucht die Fotos aus?
Jakob: Die Auswahl geht über ein Zusammenspiel von Redakteur, Layouter und Fotoredakteur. Dieser sorgt für eine Auswahl. Layouter und Redakteur stimmen dann gemeinsam ab, welches Foto am besten geeignet ist, das Thema

zu transportieren, und auch, welches am besten zur Gesamtkomposition von Seite oder Doppelseite passt.

Ergeben sich Schwierigkeiten dadurch, dass der KICKER mit Abstrichen ein reines Fußballmagazin ist?
Jakob: Schwierigkeiten gibt es, was Fotos betrifft, deshalb überhaupt nicht. Das Angebot und die Auswahl an Fotos sind riesig. Die Schwierigkeit ist nicht, Fotos zu beschaffen, sondern aus einer Flut von Material das vermeintlich Beste auszuwählen.

Welche Kriterien gibt es grundsätzlich für ein gutes Sportfoto?
Jakob: Emotion ist im Sport wichtig. Nach wie vor ist im Journalismus aber auch die Dokumentation von Bedeutung. Sachverhalte müssen durch ein Foto dargestellt und greifbar gemacht werden – authentisch im Sinne von »das ist die Szene« oder »so sieht der Mensch aus«. Gleichzeitig will ich aber auch Spannung erzeugen und Emotionen transportieren. Da ist Sport ein sehr dankbares Thema, weil Bewegung drin ist, weil Zweikämpfe und auch Einzelaktionen immer eine gewisse Dynamik haben.

Was ist beim Verhältnis zwischen Text und Bild zu beachten?
Jakob: Für wesentlich halte ich es, dass das Bild und der Texteinstieg beziehungsweise die Überschrift korrespondieren, das heißt es muss ein klarer Bezug zwischen Foto und Thema vorliegen. Ein noch so schönes Foto aus einem Fußballspiel, das nicht im Zusammenhang steht mit den Menschen, die in der Überschrift genannt werden, ist nur die zweitbeste Wahl. Es sei denn, man entscheidet sich für ein Schmuckfoto.

Welche Schwächen fallen Ihnen bei Sportfotos häufig auf?
Jakob: Ich glaube, dass aufgrund des Konkurrenzdrucks und der hohen Aktualitätsanforderungen im normalen Fußballgeschäft Perspektivwechsel zu wenig genutzt werden. Das liegt aber auch daran, dass es in den Stadien immer mehr Beschränkungen gibt, wo ein Fotograf sich aufhalten darf oder nicht. Dadurch sind die Perspektiven und letztendlich das Angebot eingeschränkt. Die Fotografen, die eigentlich für besondere Blickwinkel und Perspektiven auf das Sportgeschehen sorgen können und sollen, werden immer mehr eingeschränkt – durch Termin- oder Platzvorgaben. Da geht einiges an Variationsmöglichkeiten verloren – was die Sportfotografie eigentlich auszeichnet.

Wie schätzen Sie die Arbeitsbedingungen der Fotografen insgesamt ein?
Jakob: Aus Marketinggründen und wegen eigener Onlineauftritte gibt es leider immer mehr Beschränkungen und Gängelungen durch Vereine, Verbände und Berater, die das Leben der Redaktionen und Fotografen immer

schwieriger machen: Die Vereine denken immer mehr an ihre eigenen medialen Auftritte – das macht die Arbeit für die Fotografen sicher schwieriger.

Können Sie dazu ein Beispiel geben?

Jakob: Es gibt Tendenzen, dass Klubs ihren eigenen Onlineauftritt bevorzugen, dass sie in die freie Pressearbeit eingreifen, wenn sie bei der Präsentation von Neuzugängen keine freien Fotografen zulassen, sondern nur ganz bestimmte eigene Fotos zur Verfügung stellen. Dann wird nur ein gewisses Foto mit einem ganz bestimmten Sponsor im Hintergrund herausgegeben – und andere hast du dann nicht. So war es Ende Januar 2009 bei der Präsentation von Savio Nsereko bei West Ham United in der Premier League: Offizielle Fotos werden vom Verein angeboten und der Verein gibt vor, was im Hintergrund steht und wie das Foto aussieht. Die Tendenzen gibt es im Ausland und sie kündigen sich auch in Deutschland schon an. Wehret den Anfängen.

Auf welche Fotoagenturen greift der KICKER zurück?

Jakob: Im Grunde genommen auf alle, die Fotos anbieten. Das Internet bedeutet auch hier eine Revolution. Man kann global recherchieren, hat ein riesiges Angebot und muss nicht zwangsläufig Partnerschaften mit Agenturen eingehen oder andere ausschließen.

Ist dieses Überangebot ein Fluch oder ein Segen?

Jakob: Für Redaktionen, denen Qualität wichtig ist und die auch Geld für ausreichend besetzte Fotoredaktionen ausgeben können, denen man die Zeit zur Bildrecherche gibt, ist das ein Segen. Will man es jedoch sozusagen im Vorbeigehen machen lassen und, wie beispielsweise bei vielen Tageszeitungen, die Redakteure noch Bilder recherchieren und auf die Seite stellen lassen, ist das natürlich ein Fluch, weil die Kollegen erschlagen werden von dem Angebot und nie die Arbeit von Fachleuten leisten können, die sich direkt mit dem Thema »Foto« beschäftigen.

Gibt es Fotos, die Sie nicht abdrucken würden?

Jakob: Für den KICKER gelten natürlich all die Grundregeln, die für den gesamten Journalismus gelten und beachtet werden sollten. Wenn Szenen zu brutal sind oder Menschen in Situationen fotografiert sind, in denen sie in ihrer Würde oder in ihren Persönlichkeitsrechten verletzt werden, ist der Verzicht auf den Abdruck durchaus einmal die einzig richtige Entscheidung. Das zählt im Sport genauso wie in jedem anderen Ressort. Das KICKER-Sportmagazin ist zudem kein Boulevardblatt.

Gibt es emotionale Grenzen, dass starke Gefühlsregungen von Menschen nicht abgedruckt werden sollten? Ottmar Hitzfeld beispielsweise weinte bei seiner Verabschiedung vom FC Bayern München 2008.

Jakob: Da gibt es überhaupt keine Grenze. Das geschieht im öffentlichen Raum, es ist für tausende Menschen im Stadion und Millionen am Fernseher zu sehen und nachvollziehbar. Es gibt keinen Grund, das zu verschweigen. Im Gegenteil: Es ist sogar eine Nachricht. Damit kann man die Bedeutung des Abschieds von Bayern München wunderbar erkennen. Und was ist eigentlich schlimm daran, wenn Menschen weinen, wenn es um Sport geht? Wenn jemand privat oder bei der Beerdigung eines nahen Familienangehörigen weint, hat das allerdings im Sportmagazin nichts zu suchen.

Welche Unterschiede stellen Sie in der Abbildung von Sportlerinnen und Sportlern fest?

Jakob: Jeder der behauptet, dass man bei der Bildauswahl bei Frauen nicht eher auch nach einem erotischen Touch sucht, lügt.

Sex sells?

Jakob: Natürlich. Erst recht bei einem so männeraffinen Titel wie einem Sport- oder Fußballmagazin. Der Leser soll angezogen werden – und Ausgezogenes zieht nun mal öfter an. Der KICKER hält sich allerdings in dieser Hinsicht sehr bedeckt.

Ausschnittbearbeitungen und Farbkorrekturen sind heutzutage an der Tagesordnung: Inwieweit verfälschen derartige Bildmanipulationen die Authentizität von Fotos?

Jakob: Durch die digitalen Möglichkeiten hat die Authentizität im Bildjournalismus gewaltig verloren. Wir versuchen, es möglichst zu vermeiden. Erkennbar manipulierte Fotos drucken wir nicht.

Wo sehen Sie in diesem Bereich der Bildmanipulation Grenzen?

Jakob: Das fängt ja schon bei Fotomontagen an. In dem Moment, in dem ich kenntlich mache, dass es sich um eine Montage handelt, ist das völlig in Ordnung. Druckt man aber Fotos ab, in denen ich eine Situation darstelle, die es so überhaupt nicht gegeben hat, ist das Betrug. Der Kreativität sind keine Grenzen gesetzt – aber man muss es dann kenntlich machen.

Wie denken Sie über das gemeinsame Ablichten des Redakteurs mit dem Sportler, um dem Leser Nähe zu dokumentieren?

Jakob: Bei bestimmten Themen bietet sich das durchaus an. Wenn man Redaktionsgespräche hat, wenn man Spieler, Trainer zu Doppelinterviews zusammenführt oder sich an außergewöhnlichen Plätzen trifft, bietet es sich ja geradezu an, dem Leser zu vermitteln, dass dieses Gespräch unter besonderen Umständen stattgefunden oder man sich exklusiv für den KICKER zusammengesetzt hat. Aber man muss nun wirklich nicht bei jedem Interview sich für das Fotoalbum ablichten. Es muss Sinn haben und einem Zweck dienen. Meinetwegen auch, um Exklusivität zu dokumentieren. Es ist aber nicht die Aufgabe des Journalisten, sich ständig in den Vordergrund zu spielen.

Welchen Einfluss hat der Onlineauftritt kicker.de für die Gestaltung der Printausgabe?

Jakob: Konkret im Bereich Foto gar keinen. Je mehr Vernetzung im Zusammenspiel zwischen Online und Print vorhanden ist, umso besser. Warum soll man ein Foto, das zum Thema in der Zeitung passt, nicht auch online zeigen?

Ralf Spiller

12 Sport-PR

Die mediale Verbreitung von Sportereignissen und sportrelevanten Themen hat in den letzten Jahren durch neue Vermarktungsformen an Bedeutung gewonnen. Eine wichtige Rolle spielt dabei auch die Öffentlichkeitsarbeit oder Public Relations (PR) vor allem von Sportverbänden und größeren Vereinen. Dieser Begriff kann unterschiedlich verstanden werden. Zum einen bedeutet PR das Management von Informations- und Kommunikationsprozessen zwischen Organisationen oder auch Individuen einerseits und ihren Umwelten (Teilöffentlichkeiten) andererseits. Funktionen von PR sind danach Information, Kommunikation, Überzeugung, Imagegestaltung, kontinuierlicher Vertrauenserwerb, Konfliktmanagement und das Herstellen von gesellschaftlichem Konsens (vgl. Bentele 1997: 22 f.) Zum anderen kann PR auch als Instrument des Marketing-Mix verstanden werden. Dann orientiert sich PR primär an bestehenden und potenziellen Kunden am Markt und hat eine starke Absatzorientierung. Je nach Interessenlage kann die gesellschaftsbezogene oder die leistungsbezogene Variante der PR überwiegen.

Die Instrumente der PR sind vielfältig. Geläufige Beispiele sind Pressemitteilungen, Pressekonferenzen, Pressereisen sowie vermittelte Interviews. Auch lancierte TV-Auftritte und Fotoshootings für Zeitschriften gehören zum Handwerkszeug. Häufig werden diese Maßnahmen – wenn auch nicht immer – mit Aktionen aus dem klassischen Marketing, wie Werbung, kombiniert.

a) PR und einzelne Sportler

Die Selbstdarstellung (Eigen-PR) von Sportlern spielt eine wichtige Rolle bei der Gewinnung von Sponsoren. Dabei verteilen sich die Gelder der Sponsoren bisher sehr ungleich auf die Athleten. Auf der einen Seite stehen Heerscharen von Spitzensportlern wenig populärer Disziplinen wie Bogenschießen oder Fechten, die ihr Auskommen weitgehend von der Stiftung Deutsche Sporthilfe beziehen. Auf der anderen Seite stehen hoch bezahlte Athleten populärer Disziplinen wie Tennis oder Golf mit

Millioneneinkommen durch Preisgelder und Werbeverträge. Neben der unterschiedlichen Telegenität von Sportarten ist dafür auch geschickte Eigen-PR der Sportler verantwortlich. Je mehr es Sportler schaffen, sich selbst ein unverwechselbares Profil zu geben und in den Medien aufzutauchen, desto eher bekommen sie Sponsorenverträge. Ein Profil erhalten sie durch ihre persönliche Geschichte, ihren Weg an die Spitze, durch das, was sie tun und gelegentlich auch das, was sie nicht tun. Jeder Spitzensportler hat die Möglichkeit – häufig mit Unterstützung professioneller PR-Agenturen – auf sich aufmerksam zu machen und die Medien mit relevanten Informationen zu versorgen. Dazu gehört im Regelfall mindestens eine eigene Website zum Dialog mit Fans und Bezugsgruppen, lancierte Interviews in lokalen, regionalen und nationalen Medien, gelegentliche Vorträge sowie finanzielle oder ideelle Unterstützung eines gemeinnützigen Projekts, das wiederum Stoff für die Medien liefern kann.

b) Testimonials von Sportlern

Spitzensportler eignen sich gut für Testimonial-Werbung, da sie bei bestimmten Merkmalen wie Disziplin, Leistungsfähigkeit und Gesundheit eine hohe Glaubwürdigkeit besitzen. Häufig begleiten PR-Maßnahmen diese Art von Werbung. Ein Beispiel: Als der Otto-Versand sich entschloss, eine Werbekampagne mit der Eisschnellläuferin und mehrmaligen Weltcup-Siegerin Franziska Schenk zu starten, spielten nicht nur Printanzeigen, TV-Spots und klassische Katalogfotos eine Rolle. Auch begleitende PR-Maßnahmen hatten eine wichtige Funktion. So wurden bereits zu den Dreharbeiten des später ausgestrahlten TV-Spots »Wettrennen mit einem echten Eisbären« zahlreiche Journalisten eingeladen und das gedrehte Material an diverse Sender vermittelt. Da es sich um eindrucksvolle Fernsehbilder mit großer (inszenierter) Dramatik handelte, griffen zahlreiche Medien das Thema auf und berichteten über das »Making of«. Auf diese Weise bekamen der Sponsor und die Sportlerin zusätzliche Aufmerksamkeit.

Häufig werden Prominente eingesetzt, um weniger bekannte Marken zu etablieren, denn der höchste Nutzen eines Prominenten ist seine Bekanntheit. Andernfalls müsste sich der Werbetreibende Aufmerksamkeit für seine Produkte oder Leistungen mit teuren Werbegeldern in den Medien erkaufen. Prominente haben insofern eine Hebelwirkung in der Kommunikation. Werbung mit Prominenten wird in der Regel besser erinnert, da sie ein allgemeines Interesse wecken (Haibach 2002: 213). Sie schaffen zudem ein hohes Identifikationspotenzial.

c) PR und Sportvereine

Sportvereine decken ein sehr breites Spektrum ab. Sie reichen vom Fußballverein aus der Provinz bis zum FC Bayern München, der in der öffentlichen Wahrnehmung kaum noch etwas mit einem gemeinnützigen Verein gemein hat. 2002 bündelte der FC Bayern München e. V. seine geschäftlichen Aktivitäten in einer Aktiengesellschaft, die dem Verein zu 90 Prozent gehört. So konnte eine bessere Finanzarchitektur erreicht werden, um die gestiegenen Einnahmen und Ausgaben besser zu managen. Sowohl die Amateur- als auch die Profivereine betreiben PR. Während jedoch beim Amateurverein z. B. das jährliche Sommerturnier als Event mit Familienmitgliedern und Freunden im Mittelpunkt der PR-Maßnahmen steht, sind es bei Profivereinen der intensive Dialog mit den Fans über die Website, regelmäßige Newsletter, eine Fan-Community und zahlreiche Videoclips über neueste Vereinsentwicklungen.

d) PR und Sportverbände

Große Sportverbände wie der Deutsche Fußballbund (DFB) betreiben umfangreich PR. Diese großen Verbände wollen in eine breite Öffentlichkeit hineinwirken. Entsprechend steht bei ihnen die gesellschaftsbezogene und nicht die absatzorientierte PR im Vordergrund. Bestimmte Themen finden sich daher bei ihnen immer wieder auf der Agenda: Förderung der Jugend, Gesundheit und Sport, Internationale Wettbewerbe, kultureller Austausch durch Sport, Völkerverständigung etc.

e) PR und Sportindustrie

Große Sportartikelhersteller wie Adidas, Nike oder Puma nutzen ebenfalls PR-Maßnahmen zur Vermarktung ihrer Produkte. An erster Stelle steht jedoch in der Regel Fernsehwerbung. Darauf folgt Printwerbung und erst an dritter Stelle folgen sogenannte »Below the Line«-Maßnahmen, zu denen auch PR gehört (vgl. Ehm/Stamminger 2001: 480). »Below the Line«-Maßnahmen sind solche, die anders als klassische Werbung nicht unmittelbar eingekauft werden und nicht immer direkt sichtbar sind (z. B. klassische Öffentlichkeitsarbeit oder Gewinnspiele).

f) PR und Lobbying

Nicht selten ergänzen sich PR und Lobbying im Sport. Dies gilt insbesondere bei sportlichen Großveranstaltungen wie Welt- und Europameisterschaften und Olympischen Spielen. Abstrakt betrachtet ist Lobbyismus die gezielte Einflussnahme auf Entscheidungsträger und Entscheidungsprozesse durch Informationen im Rahmen einer festgelegten Strategie (vgl. Leif/Speth 2006: 12 ff.). Lobbyismus wird von Verbänden, Unternehmen und Einzelpersonen in nahezu allen gesellschaftlichen Bereichen betrieben. Der Sport ist finanziell ein gewichtiger Faktor und auch auf der politischen Bühne fest etabliert. Im deutschen Bundestag gibt es seit über 30 Jahren einen Sportausschuss mit 16 Mitgliedern, der jährlich über einen Etat von mehreren hundert Millionen Euro zu entscheiden hat. Er bringt maßgebliche Positionen und Forderungen in den politischen Prozess ein, so z. B. bei Fragen zur Förderung des Spitzensports, Maßnahmen zur Bekämpfung von Doping, der Neugestaltung des Sportwettenmarktes oder der Stärkung des Ehrenamts im Sport.

In den Medien taucht das Stichwort »Lobbying« häufig bei der Vergabe von sportlichen Großereignissen auf. Und sicherlich sind Lobbyisten in diesen Fällen besonders aktiv, da es dann um große Summen geht. Doch Lobbying wird viel breiter angewendet und kommt bei wesentlich mehr Fragestellungen im Sport zur Anwendung, z. B. bei Regeländerungen, um Sportarten für das Fernsehen attraktiver zu machen, oder bei der Frage, welche neuen Sportarten olympisch werden sollen. Problematisch wird es, wenn zur Durchsetzung von Interessen illegitime Mittel eingesetzt werden, wenn also Sportfunktionäre oder Politiker bestochen oder ihnen massive Zuwendungen oder Vergünstigungen eingeräumt werden, die in Zusammenhang mit sportpolitischen Entscheidungen gesehen werden können. Dabei handelt es sich um Korruption. Lobbyismus findet dann im Regelfall verdeckt statt. Viel läuft über persönliche Gespräche, Abendveranstaltungen und insbesondere detaillierte Informationen und Expertisen.

Literatur

Bentele, G. (1997): Grundlagen der Public Relations. Positionsbestimmung und einige Thesen. In: Donsbach, Wolfgang (Hrsg.): Public Relations in Theorie und Praxis. Grundlagen und Arbeitsweise der Öffentlichkeitsarbeit in verschiedenen Funktionen. München: 21–36.

Ehm, P./Stamminger, E. (2001): Kommunikationspolitik für Wachstumsmärkte: Das Beispiel Adidas. In: Hermanns, Arnold/Riedmüller, Florian (Hrsg.): Management-Handbuch Sport-Marketing. München: 477–483.

Haibach, P. (2002): Vermarktung von Prominenten. In: Herbst, Dieter (Hrsg.): Der Mensch als Marke. Konzepte. Beispiele. Experteninterviews. Göttingen: 212–216.

Leif, Th./Speth, R. (2006): Die fünfte Gewalt – Anatomie des Lobbyismus in Deutschland. In: Leif, Thomas/Speth, Rudolf (Hrsg.): Die fünfte Gewalt. Lobbyismus in Deutschland. Wiesbaden: 10–36.

Frank Heike

13   Freier Sportjournalismus

Einer meiner Lieblingskollegen schrieb neulich in einer Woche über den neuen Trainer beim Hamburger SV, Innereien und ihre Verarbeitung auf dem Hamburger Schlachthof und die besten Weine der Steiermark. Er hat in dieser Woche auch viele Stunden damit zugebracht, sich über die Elbvertiefung schlau zu machen, was nicht leicht ist, weil hier lauter Lobbyisten am Werk sind und man ja trotzdem einen klaren Kopf behalten und eine unbestechliche Meinung bewahren will. Wenn wir mit dem Rad zum HSV fahren oder joggen gehen, haben wir also immer genug Themen – und damit sind keine privaten gemeint.

Der Lieblingskollege ist ein ausgezeichneter Schreiber mit Meinungsstärke. Einer seiner Hauptauftraggeber im Sport, eine Zeitung aus der Hauptstadt, hätte gern mehr Stücke von ihm; es soll auch alles gern exklusiv und super aufgeschrieben sein. Und wenn mein Lieblingskollege dann etwas ablehnt, weil ihm das Honorar zu gering erscheint oder er einfach mal nicht kann, weil eine andere Geschichte mehr bringt oder interessanter ist, sind die fest angestellten Redakteure dort entweder beleidigt oder sie verstehen ihn nicht. Aber der Lieblingskollege hat auch eine Familie, eine Wohnung zu bezahlen und Lebensmittel einzukaufen; und wenn er nicht auf mehreren Feldern ackert und dem Hauptauftraggeber manchmal absagt, würde er vielleicht nur 1000 Euro im Monat verdienen. Damit kann man als Schrat in einer Dachkammer alt werden und seine Wände mit den Artikeln aus großen Zeitungen tapezieren. Eine Familie ernähren und vielleicht auch mal in den Urlaub fahren – das kann man nicht.

»Freie« und »feste Freie«

Der klassische »Freie« ist ein Chamäleon. Der klassische Freie ist aber auch eine aussterbende Spezies. Es gibt im Sportjournalismus in Deutschland vielleicht zehn namhafte Kollegen, die ohne feste Anbindung an einen Verlag ihr hauptberufliches Auskommen haben. Die meisten von ihnen schreiben nur über sportliche Themen. Sie haben sich über die Jahre einen Namen gemacht, sind in den Redaktionen bekannt und geschätzt und können davon leben, das Ressort thematisch nicht zu wechseln. Innerhalb des Ressorts »Sport« sind verschiedene Themengebiete unvermeidlich: Fast jeder Freie schreibt über Fußball, die Bundesliga und die Nationalmannschaft. Hinzu kommen Berichte und Analysen von Olympischen Spielen im Sommer wie im Winter. Idealerweise fügen sich Spezialgebiete an, in die man sich länger eingearbeitet hat und in denen man zum Experten geworden ist: Doping im Radsport, die olympische Bewegung, Manipulationen im Sport, Sport in den Medien. Auch sperrige Themen haben Chancen auf einen Abdruck, wenn sie gut geschrieben und professionell angeboten werden. Manche Redaktionen sind ganz froh, wenn sie sich die Hände nicht schmutzig machen müssen.

Die Zahl der »festen Freien« ist höher. Das sind Kollegen, die von einem Blatt ein bestimmtes festes Honorar (Pauschale) im Monat bekommen. Je nach Vertrag arbeiten sie auch für andere Zeitungen. So ist es auch von ihrem Fleiß und ihrem Akquisegeschick abhängig, was am Ende des Monats herauskommt. Ein festes Honorar gibt Sicherheit; es wird auch in Monaten ausgezahlt, in denen man weniger gearbeitet hat. So kann man sich auch einen Urlaub leisten oder eine Pause zu Weihnachten machen. Für Fußballjournalisten sind die Monate Juni und Juli die klassische Sauregurkenzeit.

Als Pauschalist hängt man vom Status irgendwo zwischen den Redakteuren und den ganz Freien. Dank der Künstlersozialkasse (KSK) ist man als Freier und als Pauschalist nicht ohne soziale Absicherung: Die KSK übernimmt die Hälfte der Sozialabgaben. So ist man als freier Journalist krankenversichert und zahlt in die gesetzliche Rentenkasse ein (und auch den Solidaritätszuschlag). Die KSK ist ein gutes Stück Sicherheit in zunehmend unsicheren Zeiten. Allerdings ist das Modell Pauschale auch attraktiv für die Verlage: Nicht wenige ehemalige Redakteure finden sich nach ihrer Kündigung als Pauschalisten wieder; große Wellen dieser Bewegung gab es bei der großen Zeitungskrise Anfang des Jahrtausends. Die Verlage sparen sich die Sozialabgaben, bekommen aber weiter eine mehr oder weniger definierte Leistung von den ehedem Angestellten. Wichtig ist, sich andere als den einen Auftraggeber zu suchen und auch mal ganze Tage oder Wochen für sie zu arbeiten – und nicht sklavisch alles und jedes für den einen, großen Auftraggeber zu machen, denn sonst tappt man in die Falle der Scheinselbstständigkeit und verliert das Anrecht auf Zugehörigkeit in der KSK.

Schnell kommt man als Freier in eine bedrohliche Grauzone: Das Blatt, das einem 2.000, 3.000, 4.000 oder mehr Euro im Monat als Pauschale überweist (wobei der Richtwert zwischen 2.000 und 3.000 Euro liegen dürfte), verlangt nicht zu Unrecht Exklusivität und eben nicht zu viele Texte in anderen Blättern. Ausgeschlossen sind natürlich Stücke für Konkurrenzzeitungen. In manchen Fällen hilft ein Pseudonym, um nicht jeden gleich wissen zu lassen, für wen man schreibt. Oder man verfährt nach dem Motto, schlafende Hunde nicht zu wecken, sprich: nicht von jedem Auftrag zu berichten, dem Hauptauftraggeber also nicht schonungslos offenzulegen, was man für wen macht.

Für einen Freien, welcher Gattung auch immer, fällt viel mehr Zeit für Verwaltung und tägliche Büroarbeit an als für einen Angestellten – man lebt ja nicht steuerfrei. Pro Quartal (manchmal auch monatlich) sind Umsatzsteuer und Einkommensteuer zu entrichten. Es empfiehlt sich also, die schönen Nettohonorare nicht als solche falsch zu verstehen, und etwas zurückzulegen, damit nach drei Monaten bei den Forderungen der Steuerkasse das böse Erwachen ausbleibt. Am Ende des Jahres wird man bei der Einkommensteuererklärung dann sehen, ob die abgeführten Beträge groß genug waren. Nach zwei, drei Jahren als freier Journalist bekommt man ein Gefühl dafür, was man im Jahr verdient und wie viel Einkommensteuer man zahlen muss. Die Beträge an die KSK werden monatlich abgeführt. Ein Steuerberater kann bei allen Dingen rund ums Geld sehr hilfreich sein; auch, wenn es um die Altersvorsorge geht: Es ist möglich, freiwillig weiter in die Arbeitslosenversicherung einzuzahlen, um im Fall der Fälle einen Anspruch auf Arbeitslosengeld zu haben. Für Freie, die ehedem angestellt gearbeitet haben, gilt, dass nach zwei Jahren der selbstständigen Tätigkeit die Anwartschaft auf Arbeitslosengeld verloren geht. Als Freier kann man auch weiter in das Presseversorgungswerk einzahlen; selbst kleine Beträge wie etwa 50 Euro im Monat können schon weiterhelfen, um im Alter nicht mittellos dazustehen. Auch »Riestern« ist für Freie möglich. Abgesehen vom Steuerberater kann der Verband Deutscher Sportjournalisten (VDS) weiterhelfen. In jedem Falle ist es für Berufsanfänger ratsam, »alte Hasen« zu fragen. Auch in Fällen der Honorarzahlung. Denn hier geht es ans Eingemachte.

Zeilengeld und Mehrfachverwertung

Von 30 Cent (bei Lokalzeitungen) bis 3 Euro (bei großen Magazinen) pro Zeile reicht in etwa die Spannbreite des »Zeilengeldes«. Die Empfehlungen des VDS bleiben für fast alle Verleger Empfehlungen und somit zu vernachlässigen. Als Richtgröße kann man bei größeren Tageszeitungen von einem Satz zwischen 70 Cent und 1 Euro ausgehen. Wie aber soll man davon – oder gar von 30 Cent pro Zeile – leben? Man muss Texte also mehrfach verwerten. Das wiederum gelingt nur einem kleinen Kreis namhafter Freier, die mit einem »Bauchladen« arbeiten und ihre Texte einfach per Rundmail an mehrere Empfänger schicken – meist eine Mischung aus großen und kleinen Zeitungen. Am Ende des (nächsten) Monats sehen sie dann, was sie verdient haben. Die meisten Verlage honorieren erst Wochen nach dem Abdruck, manchmal sogar erst zum Ende des Folgemonats.

Bei von Redaktionen bestellten Artikeln ist es wichtig, Länge und Preis vorher auszumachen. Es ist eher die Regel als die Ausnahme, dass die Stücke, die tatsächlich gedruckt werden, beträchtlich kürzer sind als das bestellte Maß. Das ist dann doppelt ärgerlich: Das, was im Blatt erscheint, ist ja die Grundlage der Bezahlung, nicht das, was man ursprünglich geschrieben hat. Und natürlich möchte man von der Zeitung ja wieder einen Auftrag bekommen, wird deshalb womöglich klein beigeben. Denn eines ist klar: Mag es auch viele dunkle Seiten der freien journalistischen Tätigkeit gerade in Zeiten der großen Wirtschaftskrise geben, so ist dieser Beruf für viele Universitätsabsolventen immer noch hochattraktiv. Sprich: Wenn man einen Auftrag nicht annimmt, findet sich eben ein anderer. Die wenigsten Kollegen, mit denen man im Stadion bei Brötchen und Cola so nett zusammensitzt, würden sich weigern, etwas anzunehmen, was ein anderer aus welchen Gründen auch immer abgelehnt hat. Auch bei Krankheit, längerem Urlaub, Sabbatjahr oder sonstigen Ausfallgründen schließen sich die Reihen erstaunlich schnell. Das gilt vor allem für Städte wie Hamburg, Berlin und München. Hier gibt es genug hungrige, junge freie Journalisten oder Kollegen, die Freiraum für Neues haben. Auffällig ist aber auch, wie schwer sich renommierte Blätter dabei tun, Nachwuchs zu rekrutieren. Manchmal scheint es die Haltung zu geben, dass man den Text lieber selbst in der Zentrale schreibt, als einem Talent zu erklären, wie man sich Berichte von einem Spiel der Fußball-Bundesliga vorstellt.

Trotzdem ein Traumberuf?

Wer sich nicht zu schade ist, für ein geringes Honorar von vielleicht 150 oder 200 Euro für einen aktuellen Bereicht und einen Nachdreher am Wochenende zu unattraktiven Zeiten zu arbeiten, bekommt selbst bei großen Blättern schnell einen Fuß in die Tür, wenn er oder sic beweist, sich bei einem Klub gut auszukennen und mit der Berichterstattung nicht völlig quer zum Mainstream zu liegen. Allerdings hat das hektische »aktuelle« Arbeiten im Stadion unter Zeitdruck sehr wenig von einem Traumjob. Und wenn man für den Nachbericht von einem Spiel am Tag danach fünf Stunden braucht, wird das ganze schnell ein Zuschussgeschäft. Am Anfang der Karriere sollte man das jedoch riskieren und nicht gleich aufs große Honorar schielen. Denn auch in Zeiten der Wirtschafts- und Zeitungskrise ist es überhaupt nicht ausgeschlossen, vom freien Mitarbeiter zum Volontär und Redakteur durchzustarten.

Diejenigen, die sich an den wichtigen Bundesligastandorten als Freie verdingen, sind fast alle in einem Alter, das die große Karriere im Verlag unmöglich macht. Überhaupt ist es ein reiner Großstadtberuf geworden, als freier Sportjournalist sein Geld zu verdienen. Die alten Haudegen, die den Spielbericht vom Bezirksliga-Derby auf die aufgefaltete Zigarettenschachtel notierten und den ganzen unterklassigen Fußball bei Lokalzeitungen betreuten, gehören der Vergangenheit an. Es mag noch ein paar versprengte Exemplare geben, die eigentlich Lehrer sind oder wochentags bei der Stadtverwaltung arbeiten und am Wochenende über die Plätze tingeln – lohnen tut es sich längst nicht mehr, tat es eigentlich noch nie. An Standorten mit Universitäten haben diese Jobs meist computerfitte, junge Studenten der Web-2.0-Generation angenommen, denen 80 Euro als Tagespauschale gar nicht so wenig erscheint, die weniger idealistisch als pragmatisch denken und denen man Schwächen in der Recherchetiefe verzeiht.

Weniger Geld, weniger Absicherung, Abhängigkeit vom Auftraggeber, unmögliche, familienunfreundliche Arbeitszeiten – die Liste der negativen Begleiterscheinungen als freier Sportjournalist ließe sich beliebig verlängern. Und trotzdem arbeiten die meisten Kollegen gern so, wie sie arbeiten. Ohne Konferenzen, ohne feste Anbindung an eine Redaktion, ohne Blattmachen, Spätdienste und Auseinandersetzungen auf dem Redaktionsflur. Man ist mehr oder weniger sein eigener Herr und kann die Tage weitgehend frei planen. Das ist für die meisten freien Sportjournalisten so attraktiv, dass die deutlichen Nachteile manchmal in Vergessenheit geraten.

Hajo Seppelt

14 Investigativer Sportjournalismus

Potsdam im Frühjahr 2008. In einem Büro der TV-Produktionsfirma DOKfilm bereiteten wir für die ARD eine Dokumentation über Doping in China vor. Die Zeit lief davon. Im Juli sollte der Film auf Sendung gehen. Mehrere Drehreisen standen noch an, deren Ausgang ungewiss war. Die chinesischen Behörden zeigten sich weitgehend unkooperativ, Informanten aus der chinesischen Sportszene hatten Angst vor Polizei und Staatssicherheit und wollten nur verdeckt mit uns reden. Oder gar nicht mehr, wenn es zu gefährlich für sie zu werden schien. Die Recherche in China, schon durch die sprachlichen und kulturellen Barrieren erschwert, hing nun am seidenen Faden. Wir hielten es nicht mehr für ausgeschlossen, den Film ausfallen zu lassen. Plötzlich gab es einen Zufallsfund.

Ein Journalist aus den USA schickte regelmäßig Presseberichte über Doping und Sportpolitik an einen internationalen Verteiler. In einem der unzähligen Artikel aus der englischsprachigen Presse wurde am Rande erwähnt, ein kanadischer Arzt – namentlich genannt – wisse von nordamerikanischen Sportlern, die zu Gendoping-Behandlungen nach China reisten. Eine interessante Information. Sogleich nahmen wir mit dem Mediziner Kontakt auf, der sich zu einem Interview mit der ARD bereit erklärte. Wir besuchten ihn anlässlich einer Drehreise in Nordamerika. Tatsächlich berichtete er im TV-Interview, dass US-Sportler seit mehreren Jahren eine oder mehrere Kliniken in China aufsuchen würden, um sich genetisch dopen zu lassen. Er kenne diese Sportler, könne aber deren Namen nicht nennen. War seine Aussage glaubwürdig? Letztlich war es zunächst nur eine Behauptung, ein Beleg fehlte. Wir baten den Mediziner, uns Beweise zu liefern oder jemanden zu nennen oder zu kontaktieren, der uns bei der Recherche weiterhelfen könnte. Eine Woche passierte gar nichts.

Dann aber bekamen wir eine kurz gehaltene E-Mail von dem Mediziner, ohne weiteren Kommentar, in die offenbar Inhalte aus einer ihm zugegangenen Nachricht hineinkopiert waren: ein Link zu einem Krankenhaus im Süden Chinas. War dies die Klinik, in der Sportler aus Nordamerika Gendoping betrieben? Ein Klick auf die Website des Krankenhauses – interessanterweise in englischer Sprache –, zeigte, was das Regelangebot dieser medizinischen Einrichtung war: schwerkranke Patienten aus kapitalistischen Ländern gegen teures Geld mit Stammzellverabreichungen zu therapieren. Eine missbräuchliche Anwendung bei Sportlern kann tatsächlich den Tatbestand des Gendopings nach dem Code der Welt-Anti-Doping-Agentur (WADA) erfüllen. Der medizinische Nutzen bei Patienten ist umstritten, ein Dopingeffekt bei Sportlern ist – nach bisherigen wissenschaftlichen Erkenntnissen – auch nicht belegt. Dennoch: Ethisch ist es unvertretbar, solche medizinisch nicht indizierten Praktiken an gesunden Menschen durchzuführen. Und nicht zuletzt: Auch der Versuch des Dopens ist nach dem Code der WADA verboten. Es wäre unzweifelhaft ein internationaler Skandal für China – gerade im Jahr der Olympischen Spiele.

Eine Legende

Wie konnten wir nun herausfinden, ob die Informationen stimmten? Wir entschieden uns für eine Legende und gaben uns in einer E-Mail an einen Verantwortlichen der Klinik als Schwimmtrainer von der US-Ostküste aus. Er würde für eines seiner hoffnungsvollsten Talente eine Stammzellbehandlung zur Leistungssteigerung erwägen. Tatsächlich erhielten wir eine Antwort: Die Klinik sei dafür nicht der richtige Ansprechpartner, wir mögen uns bitte an ein Krankenhaus im Osten Chinas wenden. Das taten wir umgehend und erhielten prompt eine Antwort. Ja, darüber könne man sprechen. Es wurde spannend.

Wir verabredeten mit einem PR-Manager, der fließend Englisch sprach, ein Vorgespräch in der Klinik. Dazu wurde eine versteckte Kamera präpariert. So ausgerüstet betraten wir das Krankenhaus an der chinesischen Ostküste. Das Gespräch verlief überraschend: Ein Arzt und der PR-Manager erklärten uns zwar, dass sie derartiges »noch nie gemacht« hätten. Es klang tatsächlich glaubwürdig. Dennoch vermute er, so der Arzt, einen »leistungssteigernden Effekt«, »für die Lungen«, erklärte er. Es wirkte nicht überzeugend. Aber dann sagten beide unverblümt, sie würden es mit dem jungen Sportler ausprobieren. Kostenpunkt: 24.000 Dollar für 40 Mio. Stammzellen. Zwei Wochen Aufenthalt in der Klinik, im Herbst sei noch ein Zimmer frei.

Schutz vor Repressalien

All dies hatten wir auf Band festgehalten. Da die beiden betroffenen Chinesen weder absolute noch relative Personen der Zeitgeschichte sind und wir sie auch überdies vor unkalkulierbaren möglicherweise unangemessenen Reaktionen des repressiven Polizei- und Sicherheitsapparats schützen wollten, war für uns klar: In der Sendefassung werden wir die Identität des Krankenhauses ebenso verschleiern wie die der Betroffenen. Dies erfordert einen hohen technischen Aufwand. Denn jedes noch so winzige Detail im Bild kann zur Identifikation der Personen oder des Gebäudes oder Büros führen, indem sie sich bei den Dreharbeiten aufhielten. Einerseits ging es also um den Schutz von Menschen, andererseits um die Wahrung des wahrheitsgetreuen Bildmaterials, deren zu starke Verfremdung zu Lasten der Authentizität gehen würde.

Wir entschieden uns daher, mit einer Grafikfirma zusammenzuarbeiten, die bildtechnische Lösungen anbieten kann, welche diesen spezifischen Notwendigkeiten gerecht werden. Zwei Tage brauchten die Profis, um sämtliche verräterischen Details wie Bücher im Regal oder Bilder an der Wand aus dem Filmmaterial grafisch zu entfernen. Natürlich wurden auch die Köpfe und markante Details der Kleidung der Personen unkenntlich gemacht. Die Aussagen der Betroffenen wurden von einem Sprecher rezitiert. Es war tatsächlich ein hoher technischer Aufwand, der unterstreicht, dass die Realisierung investigativer Beiträge im Fernsehen ungleich mehr Zeit benötigt als dies im Print und im Radio der Fall ist.

Letztlich haben die Reaktionen auf unseren Film gezeigt, dass die Maßnahmen richtig und notwendig waren. Nach der Ausstrahlung in der ARD gab es wütende Proteste in den staatlich gelenkten chinesischen Medien und eine direkte Aufforderung an die ARD, den Behörden die Namen der beiden Personen mitzuteilen. Der ARD-Korrespondent Jochen Graebert antwortete darauf in einer internationalen Pressekonferenz in Peking: »Wir sind Journalisten und keine Staatsanwälte.«

Authentizität – Chance und Risiko zugleich

Print und TV haben – selbst wenn sie über die gleichen Inhalte berichten – höchst unterschiedliche Wirkungsweisen. Während die Zeile in der Zeitung (oder im Onlinetext) immer und immer wieder nachgelesen werden und dadurch quasi im Auge »permanent haften« bleiben kann, gilt TV noch immer als flüchtiges Medium: Der Zuschauer sieht die Sendung in den meisten Fällen ein Mal. Fernsehmacher beschreiben das Phänomen daher mit dem Satz »Es versendet sich.« – obwohl dies dank der Möglichkeiten des Internets mit Mediatheken und YouTube nicht mehr vollends zutrifft. Das Fernsehen hat gegenüber dem Print den Vorzug der sinnlichen Wahrnehmung von Bild und Ton. Viele Aussagen wirken so viel intensiver. In der investigativen Berichterstattung ist es daher besonders eindrucksvoll, wenn Recherchen nicht nur durch Belege, sondern auch durch starke Filmaufnahmen, die Beweise oder Indizien zum Ausdruck bringen, untermauert werden können. Allerdings macht es das auch viel schwieriger, denn solche Filmaufnahmen zu bekommen, kann eine höchst komplexe Aufgabe darstellen.

Verdeckte Filmaufnahmen bei Doping-Deals

Wir entschieden uns auch in einem weiteren Fall in China, mit einer versteckten Kamera zu arbeiten. Seit Jahren war bekannt, dass chinesische Firmen den Weltmarkt mit chemischen Substanzen für Dopingzwecke überschwemmen. In den Monaten vor den Spielen in Peking erklärten die chinesischen Behörden, diesem Schwarzmarkt den Kampf anzusagen und illegale Deals rigoros zu unterbinden. Wir wollten wissen, ob die Anti-Doping-Politik tatsächlich vollends fruchtet. So setzten wir mehrere Mitarbeiter und Bekannte mit chinesischer Muttersprache darauf an, als potenzielle Kunden am Telefon aufzutreten, um Dopingmittel zu bestellen. Tatsächlich war es nicht mehr so einfach wie noch Jahre zuvor, an die Medikamente heranzukommen. Aber in einigen Fällen hatten wir dennoch Erfolg. Den Vollzug des Kaufs wollten wir mit der versteckten Kamera dokumentieren.

Die Dreharbeiten verliefen reibungslos. Es fiel den Firmenangehörigen, die gegen Bares die Ware aushändigten, nicht auf, dass sie dabei mit versteckter Kamera gefilmt wurden. Auch wenn diese illegalen Deals nicht ganz so brisant waren wie die geschilderten Filmaufnahmen im Krankenhaus, wurden in der Endbearbeitung die Personen ganz und die Orte weitgehend unkenntlich gemacht. Eine Identifikation der Betroffenen dürfte nach dieser Verfremdung kaum möglich gewesen sein.

Die Dreharbeiten hatten sich gelohnt und waren darüber hinaus sehr aufschlussreich. Denn letztlich konnte – zumindest in einem Fall – im Bild dokumentiert werden, wie Propaganda und Realität in China auseinanderklaffen: Ein Verkäufer erklärte sinngemäß, vor den Spielen sei der Verkauf solcher Mittel eigentlich verboten, aber nach den Spielen sei es bestimmt wieder einfacher. Von krimineller Energie war dabei übrigens nichts zu spüren, es schien bei dem Mann sogar ein Unrechtsbewusstsein zu fehlen.

Gefahr für Sportler in China

In der Vorbereitung unserer Dokumentation trafen wir auch auf einen *under cover* arbeitenden Journalisten in China, der einen ausländischen Pass besaß. Er hatte einen Sportler getroffen, der umfangreich über Schikanen und mutmaßliche jahrelange Dopingpraktiken im chinesischen Sport berichten konnte. Mit dem Hintergrund der staatlichen Anti-Doping-Propaganda im Vorfeld der Olympischen Spiele fanden wir die Berichte sehr aufschlussreich. Wir trafen den Athleten an einem abgelegenen Ort, weitere Treffen mit dem Journalisten folgten. Klar war: Der Sportler hatte Angst, wollte nur vor westlichen Kameras sprechen, wenn er das Land verlassen könnte. Es sollte nicht dazu kommen. Der Journalist bekam selbst wegen seiner regimekritischen Haltung Schwierigkeiten mit der Staatssicherheit, die Geschichte des Sportlers geriet den Behörden in die Hände. Die stellten ihrerseits Ermittlungen an, auch die ARD geriet ins Fadenkreuz. Der Sportler zog sich zurück. Aber für alle Beteiligten stand ohnehin außer Frage: Die Sicherheit des Athleten zu gewährleisten hatte höchste Priorität.

China war im Olympiajahr tatsächlich ein heißes Pflaster für investigative Journalisten. Es mutet angesichts unserer Erfahrungen seltsam an, wenn in Deutschland manche Kritiker meinten, die Reisekorrespondenten hätten weit überwiegend ein überzogen kritisches Bild von den Vorgängen rund um die Olympischen Spiele gezeichnet. Es stimmt sicher, dass manche Berichte in deutschen Medien im Vorfeld der Pekinger Spiele stereotyp und klischeebehaftet waren und es zudem nicht selten an Verständnis für die kulturellen Unterschiede mangelte. Davon waren natürlich auch wir nicht frei. Dennoch: Unter dem Strich blieb für uns – selbst angesichts gewisser bürokratischer Erleichterungen für die Arbeit ausländischer Journalisten – festzuhalten: Die Volksrepublik China ist eine Diktatur, was auch im Umgang mit dem Sport deutlich zu spüren ist. Pressefreiheit ist dort ein Fremdwort, die Behörden gehen mit kritischen Berichterstattern aus dem eigenen Land und mitunter aus dem Ausland rüde um. Chinesen, die öffentlich Kritik äußern, werden massiv eingeschüchtert und verängstigt.

Recherchen in Deutschland

Mit investigativen Recherchen können allerdings auch deutsche Sportverbände oft schlecht umgehen. Als im Januar 2007 die ARD-Reportage »Mission: Sauberer Sport« auf Missstände in der deutschen Dopingbekämpfung aufmerksam machte, versuchten Sportfunktionäre, die Rechercheergebnisse von mehreren hundert nicht zustande gekommenen Dopingkontrollen bei deutschen Athleten kleinzureden. Die Recherchen waren indes verbürgt: Ein Informant hatte Dokumente präsentiert, die klar belegten, dass bei zahlreichen deutschen Spitzensportlern Dopingtests nicht durchgeführt worden waren, weil es bürokratische Versäumnisse gegeben hatte. Ob manche Sportler zudem absichtlich Kontrollen verhindert hatten, blieb weitgehend ungeklärt. Für Politiker, die eine Chance sahen, sich mit Anti-Doping-Engagement auch öffentlich zu profilieren, war dies allerdings eine willkommene Gelegenheit: Sie nutzten die Gunst der Stunde, um auf den Anspruch des Gesetzgebers bei der Umsetzung der Anti-Doping-Maßnahmen in den Sportorganisationen zu pochen. Schließlich, so ihre Argumentation, sind die Fachverbände in ihrer weit überwiegenden Mehrzahl staatlich alimentiert – durch den Steuerzahler.

Die Diskussion über Dopingkontrollen in Deutschland wurde durch die ARD-Reportage angestoßen – und hat tatsächlich etwas bewirkt. Die damals chronisch unterfinanzierte Nationale Anti-Doping-Agentur ist jetzt deutlich besser aufgestellt: Ihr Budget wurde erhöht, das Personal mehr als verdoppelt. Dass es zu derartigen Entwicklungen kommen würde, war während der Dreharbeiten gewiss nicht abzusehen. Es ist ein bemerkenswertes Phänomen, wie allein durch einen TV-Bericht solche Veränderungen ausgelöst werden konnten.

Dies gelang auch den Kollegen des ZDF, die im Sommer 2008 mit den Recherchen über den mit dem Vorwurf »Doping zu DDR-Zeiten« belasteten Trainer Werner Goldmann (Deutscher Leichtathletikverband) eine intensive öffentliche Debatte über das Pro und Contra der Beschäftigung solcher Betreuer im heutigen organisierten Sport auslösten. Auch diese Diskussion wurde von Sportpolitikern in der Folge intensiv öffentlich geführt. Nach dieser Debatte bekam auch die Berichterstattung der ARD im Frühjahr 2009 über die mögliche DDR-Dopingvergangenheit des Biathlon-Herren-Bundestrainers Frank Ullrich besondere Brisanz. Der Deutsche Skiverband kritisierte die TV-Berichte. Öffentlich wurde die Frage diskutiert, warum ehemalige DDR-Sportler mit Dopingvorwürfen gegen Ullrich erst jetzt an die Öffentlichkeit gehen.

Die Frage lässt sich simpel beantworten und zeigt, dass investigativer Journalismus neben jahrelanger Erfahrung und intensiven Szenekenntnissen der Reporter nicht selten schlicht auf »Rechercheglück« beruht: Ein freier Journalist im ARD-Auftrag entdeckte überraschend bei einem Biathlon-Wettkampf einen dopingbelasteten Trainer in der Montur des Deutschen Skiverbandes. Der Zufall war der Auslöser. So kam es zu weiteren Recherchen, die schließlich zu ehemaligen Athleten führten. Und diese berichteten fast beiläufig auch von der Verstrickung des heutigen Bundestrainers. Die Beiträge zu Ullrich und zum zweiten belasteten Trainer erhitzten schließlich die Gemüter der Freunde des Biathlons, das – schaut man auf die TV-Quoten – seit Jahren zu den populärsten »Fernsehsportarten« in Deutschland gehört.

Traditionelle Sportberichterstattung

Die Diskussion über diesen Fall zeigt auch das Spannungsfeld auf, in dem sich investigativer TV-Journalismus im Sport befindet: Er zerstört mitunter Illusionen, kann dem eingefleischten Fan den ungetrübten Spaß an der TV-Liveberichterstattung rauben. Und wie das Beispiel der Tour de France in den letzten Jahren zeigte: Der Zuschauer wendet sich ab. Die TV-Quoten sinken. So kann der aufklärende Journalismus auch Senderverantwortliche ungewollt vor erhebliche Probleme stellen: Was soll er tun, wenn sich der Sender für teures Geld Fernsehrechte an hochkarätigen Sportevents gesichert hat – aber das Produkt wegen Dopingverstrickungen nicht mehr attraktiv genug erscheint? Wenn der Zuschauer nicht mehr wie gewohnt mitspielt? Die Frage muss gestellt werden: Werden mitunter viele Millionen Euro in faule Ware investiert? Es bleibt am Ende kein einfacher Spagat für TV-Verantwortliche.

Investigativer TV-Sportjournalismus – eine junge Gattung

Investigative Sportberichterstattung ist eine vergleichsweise junge Gattung in der Profession des Journalismus. Klar dürfte sein: Sie hat mit der »klassischen« Sportberichterstattung, wie sie landläufig verstanden wird, so gut wie nichts gemein. Noch vor einigen Jahren gab es in Deutschland nicht einmal eine Hand voll Reporter, die sich regelmäßig und schwerpunktmäßig auf diesem Feld bewegten. Heute kann man die Zahl der ernsthaft engagierten »Sportrechercheure« zwar auch auf vorsichtig geschätzte rund 20 Kollegen beschränken, aber die Bereitschaft, auf diesem Feld zu arbeiten, ist gewachsen. Das ist nicht zuletzt an jungen Journalisten und Studenten zu bemerken, die immer häufiger Interesse an dieser Arbeit bekunden.

Die öffentliche Wahrnehmung der Berichterstattung ist – vergleichsweise – keineswegs gering. Dürfte der investigative Sportbeitrag beispielsweise im Fernsehen zwar geschätzt kaum mehr als ein Prozent des Gesamtsendevolumens aller Sport-Live- und Regelsendungen nach Minuten ausmachen, so ist der Grad der von ihm erregten Aufmerksamkeit (und Aufregung) mitunter höher als die Berichterstattung von einem Sportereignis selbst. Klar ist dabei: Das Thema »Doping« nimmt in der Rangfolge der Aufreger-Themen in der Sportberichterstattung (und manchmal darüber hinaus) mit Abstand die Spitze ein. Das war noch vor einigen Jahren ganz anders, als vor allem im Fernsehen nahezu ausschließlich quotenfixierte Programmmacher um den Erfolg ihrer Programmformate und -inhalte fürchteten und das Dopingthema als Schmuddelkind der Sportberichterstattung lieber in die Nischen der Berichterstattung abschieben wollten. So wurde Dopingberichterstattung von vielen von ihnen weder gefordert noch gefördert. Zumal sie vergleichsweise auch sehr mühsam ist.

Langwierige Recherchen

Im investigativen Sportjournalismus geht es weder um Spielschilderung noch um Ergebnisvermeldung oder um Heldengeschichten, sondern um meist umfangreiche und langwierige Recherchen, die denen im politischen investigativen Journalismus strukturell durchaus gleichen. Doping ist dabei seit Jahren das meistbehandelte Sujet. Bei diesem Thema lügen Betroffene zumindest so lange Zeit, bis sie nicht mehr anders können als – zumindest scheibchenweise – die Wahrheit einzugestehen – weil diese dann einfach nicht mehr zu leugnen ist. Manchmal aber halten Sportler ihre Version auch dann noch aufrecht. Aus ihrer Sicht durchaus nachvollziehbar: Doping ohne Lüge würde nicht funktionieren, die Lüge ist »integraler Bestandteil« dieser Form der *Korruption im Sport*. Die drohende öffentliche Brandmarkung, die zumindest sportrechtlich zu erwartende Bestrafung in Form einer Sperre und der drohende Entzug von Sponsorengeldern erleichtern es sicher nicht, die Karten auf den Tisch zu legen.

Letztlich geht es dem investigativen Berichterstatter im Bereich »Doping« schlicht und einfach darum, durch Indizien vorhandene Zweifel an der Glaubwürdigkeit von Sportlern und ihrem Umfeld zu untersuchen – mithilfe von Zeugenaussagen oder (am besten schriftlichen) Belegen und Hinweisen. Das ist nichts anderes als in anderen Ressorts des Journalismus. Wie die eingangs aufgeführten Beispiele zeigen, profitiert der investigative Journalist neben Erfahrung und Szenekenntnis in erster Linie von Informanten, die sich ihm anvertrauen.

Komplizierte Zusammenarbeit

Im Fernsehen gestaltet sich die Zusammenarbeit mit Informanten handwerklich komplizierter als bei der schreibenden Presse, denn Fernsehen braucht Bilder. Die Angst vor dem Auge der Kamera ist aber oft groß. Nur wenige Informanten wagen sich vor die Linse. Die meisten zögern, wollen anonym bleiben. Es sind die *Whistleblower*, die vertrauliche Informationen weitergeben. Manche von ihnen wagen sich zwar vor die Kamera, aber nur hinter einer *Spanischen Wand* und mit nachgesprochenem Text oder verzerrter Stimme. Mitunter lassen sie sich überzeugen, ihren Aussagen mit eidesstattlichen Versicherungen zur Vorlage bei Gericht Gewicht zu verleihen. In dieser Form müssen sie nur für den Fall, dass es zu einem Gerichtsverfahren aufgrund der Veröffentlichung kommt, befürchten, dass die »Gegenseite« ihre Identität erfährt.

Oft sind die Informanten allein schon dadurch hilfreich, dass sie Hinweise liefern, die zu weiteren Recherchen Anlass geben können, oder Dokumente mit Belegkraft oder Indizien präsentieren. Klar ist: Ohne Informanten ist auch der investigative Berichterstatter im Sport weitgehend wirkungslos. Mit der Zeit hat er deshalb ein weites Netz von Vertrauenspersonen gesponnen. In der Regel funktionieren diese Verbindungen gut: Denn weder Journalist noch Informant fänden es gut– solange das beiderseitige Interesse besteht –, dass diese Verbindung öffentlich wird und der Nachrichtenfluss versiegt. Manchmal aber – wie hier am Fall des Biathlon-Bundestrainers geschildert – ist auch der Zufall ein willkommener Helfer für den Rechercheur. Das ist bei TV-Rechercheuren nicht anders als bei den Kollegen der schreibenden Medien.

Dennoch: In der Regel ist die Recherche im Bereich »Doping« mühsam. Sie dürfte manchmal sogar noch schwerer als im politischen Journalismus sein – etwa im Vergleich zu Parlamentsberichterstattern. Dort dürfte nicht allzu selten ein Interessenvertreter aus dem Lager des politischen Gegners oder ein *Whistleblower* aus der eigenen Partei oder Fraktion zu finden sein, der seine persönlichen Interessen mit gezielten Indiskretionen verfolgt. Im organisierten Sport halten dagegen nahezu immer alle Beteiligten zusammen:

eine breite Front des Schweigens, oft über Jahre oder Jahrzehnte hinweg. Im Radsport wählte man dafür den Begriff »Omertà«, das Schweigegelübde der italienischen Mafia. Sportler, Trainer, Mediziner, Funktionäre, Sponsoren – kaum jemand will jemals irgendetwas mitbekommen haben.

Balco, Fuentes und Co

Wie mag es etwa zu erklären sein, dass sich groß angelegte Dopingringe wie die von Victor Conte in den USA (»Balco«-Labor) oder vom spanischen Arzt Eufemiano Fuentes über Jahre gehalten haben – und letztlich vor allem Steuerermittler wie in den USA oder Spezialagenten der Polizei wie in Spanien Licht ins Doping-Dunkel brachten? Jahrelang konnte auch in Österreich ein großes Dopingnetzwerk unbehelligt agieren. Das rund zwei Jahrzehnte andauernde systematische Doping von Minderjährigen im DDR-Sport kam ebenso bis zur Wende nur bruchstückhaft ans Tageslicht – erst die penibel geführten Berichte der DDR-Staatssicherheit förderten das bestürzende Gesamtbild zu Tage. In anderen früheren sozialistischen Staaten Osteuropas gab es in verschiedenen Abstufungen ähnliche Systeme des Zwangsdopings – noch heute scheint es in den Sportorganisationen der Nachfolgestaaten ein Tabu zu sein, das Thema öffentlich zu behandeln.

Neben dem durchaus verständlichen Ansinnen der Betroffenen sowie der Verantwortlichen, »alte Geschichten« nicht mehr anrühren zu wollen, um sich nicht selbst zu schaden, hat sich ein anderer Trend seit einiger Zeit verstärkt: Immer mehr Lobbyisten des Sports ziehen vor die Gerichte und klagen gegen investigative Reporter und ihre Berichterstattung. Ob die Vertreter des Sports mit dessen handfesten materiellen Eigeninteressen am Ende den Kürzeren ziehen oder Recht bekommen, ist dabei mitunter zweitrangig. Vor allem dürfte die Klagefreudigkeit dazu beitragen, dass manche Medienunternehmen aufgrund finanzieller Erwägungen ein Prozessrisiko scheuen und daher auf mögliche Konfrontation mit den Betroffenen in Form kritischer Berichterstattung verzichten.

Kritik an reißerischer Dopingberichterstattung

Dopingberichterstatter müssen sich zunehmend auch mit anderen Kritikern auseinandersetzen: Ein in letzter Zeit öfter formulierter Vorwurf an ihre Adresse besteht darin, Täter-Opfer-Dramaturgien zu inszenieren: der »schuldige« Einzeltäter im Kontrast zu seiner »betrogenen« Konkurrenz und zum »getäuschten« Publikum. Tatsächlich blendet die oft reißerische Berichterstattung über Dopingfälle und Dopingverdächtigungen den Gesamtkontext des hochkommerzialisierten Spitzensports aus, in dem Dopinganreize nicht nur toleriert, sondern oft sogar gefördert werden. Die Rahmenbedingungen des Hochleistungssports, die Doping begünstigen, kommen in der Berichterstattung häufig zu kurz. Dass Ärzte, Trainer, Physiotherapeuten, Funktionäre, Sportverbände, Sportpolitiker und Medien in unterschiedlichem Ausmaß absichtsvoll oder fahrlässig am »Doping-Rad« mitdrehen, ist eine Wahrheit, die nicht jedem gefällt. Wenn aber vom »Einzeltäterschicksal« die Rede ist, können vor allem Sportverbände leicht davon ablenken, dass womöglich mehr als nur ein paar schwarze Schafe betroffen sind. Und dass ihre verbandspolitischen Entscheidungen und Strukturen Doping nicht immer effektiv bekämpfen. Die Rahmenbedingungen werden noch immer zu selten in der Berichterstattung beleuchtet – aber in kritischen Medien durchaus häufiger thematisiert als noch vor wenigen Jahren.

Sportjournalisten als Anwälte des Sports?

Die Frage, die angesichts dieser Entwicklung bei vielen Diskussionen in der Sportszene oft durchschimmert, ist: Sollten Sportjournalisten nicht eher Anwälte des Sports oder gar des Sportlers sein? Oder so formuliert: Sollten sie sich für einen sauberen Sport ins Zeug legen?

Eine aktive Mitgestaltung widerspräche per definitionem dem Berufsbild des Journalisten. Der verstorbene Fernsehjournalist Hanns-Joachim Friedrichs brachte es bekanntlich auf den Punkt, als er sagte: »Einen guten Journalisten erkennt man daran, dass er sich nicht gemein macht mit einer Sache, auch nicht mit einer guten Sache.« Ein Satz, oft angeführt, der von seiner Aktualität nichts eingebüßt hat. Sicher ist aber auch richtig, dass die Berichterstattung über (Fehl-) Entwicklungen und Missstände oft Einfluss auf Veränderungen in der Gesellschaft haben kann. Das trifft auch auf die kritische Sportberichterstattung zu – wie einige der hier aufgeführten Beispiele schon zeigten.

Die Rolle des Fernsehens

Die Sportberichterstattung im Fernsehen kann sich natürlich bei ehrlicher Betrachtung in der Frage der Dopingproblematik nicht losgelöst von der eigenen Rolle sehen, die sie seit jeher durch die großflächigen TV-Übertragungen von Sportereignissen einnimmt. Denn letztlich sind es die TV-Sender, die mit ihren Livesendungen von Sportevents für große Werbeplattformen der Sponsoren sorgen. Der Geldkreislauf im Organismus des Hochleistungssports wird so in Schwung gehalten. Das Fernsehen bietet die Bühne für die uferlose Kommerzialisierung.

Wer den Gedanken dieser Vermarktungsspirale konsequent zu Ende denkt und so davon ausgehen muss, dass der im Sport tief verwurzelte Anreiz zum Dopingbetrug auch durch die immensen Verdienstmöglichkeiten und den Erfolgsdruck befördert wird, muss zu dem Schluss kommen: Das Fernsehen als maßgeblicher Wegbereiter für die Verdienstmöglichkeiten der am Sport beteiligten Institutionen und Individuen trägt eine indirekte Mitverantwortung für den Dopingbetrug im Spitzensport. Auch wenn dies ungewollt so ist.

Klare Regelungen gegen Doping in TV-Verträgen

Wie wird dem begegnet? Durch klare Regelungen in TV-Verträgen mit Sportverbänden, was die Einhaltung einer strikten Anti-Doping-Politik betrifft. So geschieht es auch seit ein paar Jahren. Wenn internationale oder nationale Sportföderationen nicht mit aller Entschiedenheit gegen Doping in ihren eigenen Reihen vorgehen, droht ihnen der TV-Boykott. Ob die Sender diese Marschroute auch bei quotenträchtigen Sportarten künftig konsequent werden durchhalten können, wird sich erweisen, sollte ein entsprechendes Dopingszenario eintreten. Die Haltung ist aber öffentlich deutlich zum Ausdruck gebracht worden: Sie ist ein wesentliches Standbein einer glaubwürdigen Vorgehensweise öffentlich-rechtlicher Sender. Neben der Berichterstattung selbst, dem Kern öffentlich-rechtlicher Kompetenz.

Hans-Joachim Leyendecker

Abpfiff

Kritiker, Wissenschaftler und auch die einschlägigen Wörterbücher definieren Sportjournalismus als ein System mit besonderen Abhängigkeiten: »Bestimmte Sportarten sind ohne Massenmedien gar nicht mehr denkbar. Sport initiiert Kommunikationsprozesse, produziert Kommunikationsereignisse und präsentiert Kommunikationsinhalte.« Insbesondere habe sich die »Sportberichterstattung im Leitmedium Fernsehen durch kommerzielle und marktwirtschaftliche Öffnung erheblich verändert« (vgl. Fischer 2005).

In der Sportberichterstattung würden Übertragungsrechte, Zweitverwertungen und langfristige Lizenzen »immer wichtiger«. Konkurrierende »intermediale Aspekte« hätten »tief greifende persönliche Auswirkungen für den Sportjournalismus«. Dass der Sport und der Sportjournalismus sich immer stärker ökonomischen Regeln unterwerfen, wird von Beobachtern schon lange beklagt. Fernsehsender und auch Zeitungen agieren als »Medienpartner« oder als »Co-Partner«. Die Beteiligten pflegen ein kumpelig-kuscheliges Miteinander. Manchmal sind sogar pathologische Symbiosen auf Gedeih und Verderb zu beobachten. Ohne Schaden übersteht das niemand. Im Sport sei es zu einer »Kumpanei und Komplizenschaft gekommen, die man in anderen Bereichen schlicht als Korruption bezeichnen würde« (Steffny 1978).

Kein Einspruch, im Gegenteil. Es gibt in dieser Spielart des Journalismus die professionell betriebene Verschwörung zur Unterdrückung der Wirklichkeit. Längst ist ein geschlossener Kreislauf entstanden, den Medienwissenschaftler als »Beziehungsspiele« charakterisieren. Für viele Sportjournalisten sind die Begegnungen mit den Spitzensportlern und deren Hilfstruppen zum wichtigsten Realitätskontakt geworden.

Die coolen Smarties aus der Unterhaltungsbranche des Sportbetriebes halten solche Betrachtungen vermutlich für ziemlich angestaubt. Sie äußern sich nur ungern jenseits des gerade geltenden »Konsenskorridors«. Und bitte: kein Risiko – nur Spaß. Eitle Selbstverliebtheit ist eine der Krankheiten des Berufsstandes.

Der Psychoanalytiker Erich Fromm hat früh darauf hingewiesen, dass das Problem von Narzissmus und Kreativität sehr komplex sein kann. Wenn jemand etwa Künstler oder Sportler sei, erscheine seine narzisstische Einstellung nicht nur als realistisch oder vernünftig, sie werde auch durch die Bewunderung der anderen ständig genährt. Die Massenmedien lebten davon, dass sie den Ruhm verkauften: Und so werde jeder zufriedengestellt – »auch die Verkäufer der Ruhms«. Wenn jemand »von seinen Gaben und seiner Mission überzeugt« sei, werde es ihm leichter fallen, das große Publikum zu überzeugen, das sich von Menschen angezogen fühle, »die ihrer Sache absolut sicher« zu sein scheinen.

Andererseits: Medienmenschen sind generell nicht uneitel und an komplizenhaften Verstrickungen ist im Journalismus auch sonst kein Mangel. Ob »die viel beklagte Schere im Kopf« nicht oft »eher ein Sofa im Kopf« sei, hat vor Jahren SPIEGEL-Reporter Jürgen Leinemann in einem Vortrag gefragt. Er meinte damit nicht den Sportjournalismus, sondern eher den Parlamentsjournalismus und den Wirtschaftsjournalismus, der angesichts der großen Finanzkrise kläglich versagt hat.

Da beim Stichwort »Sportjournalismus« einige Kritiker sofort zwischen »igittigitt« und »ogottogott« schwanken, ist ein Abstecher zur Lage des Journalismus vonnöten.

Längst nicht nur der Sportjournalismus allein hat so seine Probleme. Es gibt heutzutage in vielen Bereichen des Medienbetriebs einen Wettbewerb um Schlagzeilen und atemraubende Enthüllungen. Wir leben heute in einer permanenten Gegenwart, ohne Vergangenheit, ohne Zukunft. Ständig wird eine neue Sau durchs Dorf getrieben, es sind ganze Herden von Schweinen unterwegs und es werden immer mehr.

Wenn eine Geschichte wenig Neues zu bieten hat, wird einer Nachrichtenagentur eine Geschichte über das exklusive Nichts angeboten. Die Standardformel lautet, dass sich die Geschichte ausweitet. Besonders an den Wochenenden weitet sich alles aus, bis es dann wieder platzt.

Erstrebenswert, so scheint es, ist das frühzeitige Besetzen von Themen, das Anzetteln von Aufregungskommunikation, die dafür sorgt, dass das eigene Blatt, der eigene Sender von anderen Blättern, von anderen Sendern besonders erwähnt wird. Es gibt Statistiken darüber, welches Medium die meisten exklusiven Nachrichten veröffentlicht hat. Statistiken darüber, wie viele dieser Nachrichten recycelt oder falsch waren, gibt es allerdings nicht. »Die Kolportage ersetzt die Reportage und Sensationsmacherei und Exklusivitis prägen das Tagesgeschäft«, sagte einmal der verstorbene Bundespräsident Johannes Rau.

Die demokratische Aufgabe der Kontrolle wird häufig nur zum Schein wahrgenommen, zu oft gibt es Kumpanei. Wie viele Journalisten kratzen eigentlich hierzulande gern am Unbekannten, Recherche genannt? Wie ist es mit der Grundbefindlichkeit des Berufsstandes? Vor einigen Jahren wurde in Deutschland publik, dass nur knapp 20 Prozent der Journalisten ausführliche eigene Recherchen zur Grundlage von Berichten machen. Das ist international gesehen ziemlich weit unten.

Demokratie basiert auf öffentlichen Prozessen der Meinungs-, Wissens- und Entscheidungsbildung. Die zentrale Frage ist dabei, wie Medien mit ihrer Rolle als Vermittler zwischen Wirtschaft, Politik, Kultur, Sport und dem Publikum umgehen. Die Antwort darauf lautet seit Jahren: eben nicht so kompetent und autonom, wie es dem Ideal der politischen Kommunikation in der Gesellschaftsordnung entsprechen würde. Richard von Weizsäcker hat einmal über die »Umkehrung von Wichtigkeiten« gesprochen, über die Tatsache also, dass das Missverhältnis zwischen den Dingen, über die geredet wird, und denen, über die geredet werden müsste, immer grotesker wird.

Immer weniger Blätter leisten es sich, einen festangestellten Redakteur über längere Zeit eine Geschichte recherchieren zu lassen. Den eigenen Ergebnissen misstrauen, Fakten bewerten, jede Quelle mehrmals auf ihre Glaubwürdigkeit überprüfen – das gehört zum Recherchejournalismus. »If your mother says she loves you – check it out«, verlangte der Lokalchef einer Tageszeitung in Chicago von seinen Mitarbeitern. Er hatte den Spruch auf seinem Schreibtisch.

Welcher Leiter eines Sportressorts würde das von den Kollegen verlangen? Welcher Politikchef, welcher Wirtschaftschef, welcher Kulturchef hat einen solchen Spruch auf seinem Möbel? Auch ist es in vielen Bereichen des Berufs nicht einfach, die Rollen zwischen Amtsträgern und Journalisten immer trennscharf auseinanderzuhalten. Die enge Symbiose, in der viele Reisejournalisten und Reiseveranstalter leben, ist schon auf vielen Medienkongressen beschrieben worden.

Alle Bereiche im Journalismus haben mit Nähe und Distanz Probleme, aber am stärksten scheinen sie im Sport zu sein. Man kennt sich. Man duzt sich. Man schätzt sich. Und – man braucht sich. »Was Wirklichkeit ist, bestimmen wir, und wer wir sind, bestimmen wir auch«, schrieb ein Jürgen Leinemann vor mehr als einem Jahrzehnt in einem Aufsatz über »Flüsterriesen und vertrauliche Zirkel«. Die »Athleten müssen auch bei sportlichem Totalausfall keine Angst vor verbalen Bodychecks haben. Viel größer ist die Gefahr, dass sie von einem mitfühlenden Reporter in den Arm genommen werden«, heißt es in einem SPIEGEL-Artikel im Februar 2002.

Lexika definieren den Begriff »Fan« als »begeisterten Anhänger einer Person, einer Gruppe von Personen oder einer Sache«. Im Sportbereich wird zwischen »Schlachtenbummlern«, »Hooligans«, »Ultras« und »Tifosi« unterschieden. Wer in den Lexika nicht vorkommt, ist der Fan, der es zum Sportberichterstatter gebracht hat und statt kritischer Begleitung Stimmungsmache betreibt. Wer als Sportchef Sportereignisse auf den Schirm bringt und durch Vorträge oder Mediationen bei dem Veranstalter sein Gehalt aufbessert, ist korrupt. Es gibt auch die »Informationskorruption«, die Jürgen Klinsmann früher gern beklagte.

Die Grenzen zwischen kritischer Berichterstattung und Public Relations sind oft nicht mehr auszumachen. Journalisten und Fußballspieler würden »in einem Boot sitzen«, erklärte bereits im Frühjahr 2005 der ZDF-Reporter Rolf Töpperwien. Und als Trainer versuchte Jürgen Klinsmann einmal, die Medien in sein Boot zu holen. Er lud zu einer Pressekonferenz ein und sagte: »Wir wollen uns mit euch austauschen. Wir wollen euch einfach einbeziehen in diese Gedanken. Wir sind daran interessiert, eure Meinung zu hören.« Wer ist der Journalist, wer ist der Trainer? Die Krankheit des deutschen Journalismus ist nicht die gepflegte Kampagne, sondern die Verwischung von Grenzen, es ist die gegenseitige Instrumentalisierung für eigennützige Zwecke.

In der Geschichte des Sportjournalismus – das erste Sportressort erschien im Mai 1886 – wurden früh unterhaltsame Elemente genutzt. Auch wurde das Gemeinschaftsgefühl strapaziert. Die Aufgabe der Sportpresse wurde 1924 auf dem ersten internationalen Kongress in Paris so definiert:

»Die Sportpresse will eine erzieherische Rolle spielen. Ein echter und gemeinsamer Wille beseelt die Sportjournalisten aller Länder, zusammen-zuarbeiten für die Verteidigung der sittlichen Werte ihres schönen Berufs. Die Sportjournalisten betrachten die Pflege und Förderung aller der Ver-ständigung und dem Frieden unter den Völkern dienenden fortschritt-lichen und erzieherischen Bestrebungen als ihre Hauptaufgabe. (Sie) wollen dem Sport seinem höheren Ziel näher bringen, den Menschen besser zu machen und sein Gemeinschaftsgefühl zu wecken. Dem Strebertum wollen die Sportjournalisten Verantwortungsbewusstsein und inneren Adel ent-gegenbringen.«

Begriffe wie »innerer Adel« oder »Gemeinschaftsgefühl stärken« passen nur schwer zu Standards des Berufsstandes wie Glaubwürdigkeit und Unabhängig-keit, aber für einige Vertreter des Berufsstandes hat sich in den vergangenen 85 Jahren offenkundig wenig geändert. »Viele Sportjournalisten klammern sich verzweifelt an den Glauben«, schrieb BBC-Reporter Declan Hill. Wer kritisch fragt, kann rasch zum Außenseiter werden; wer kritisch schreibt, gilt manchem als Nestbeschmutzer – denn angeblich sitzen doch alle in einem Boot. Leitmotiv müssten Zweifel, Skepsis und Distanz sein: Tugenden, die der verstorbene ehemalige »Tagesthemen«-Moderator Hanns-Joachim Friedrichs jungen Journalisten gepredigt hat. Sein Credo:

> »Einen guten Journalisten erkennt man daran, dass er Distanz zum Gegenstand seiner Betrachtung hält; dass er sich nicht gemein macht mit einer Sache. Auch nicht mit einer guten Sache; dass er immer dabei ist, aber nie dazugehört«.

Für Parlamentsjournalisten heißt das: Sie müssten so etwas wie Auslandskorrespondenten im eigenen Land sein und als Anwalt der Bürger den Mächtigen auf die Finger gucken. Für Sportjournalisten meint das, sie dürften zumindest nicht Fan sein.

Manchmal läuft es im Sportjournalismus wie geschmiert. Die Branche tat seltsamerweise erstaunt, als im Jahr 2005 die Sportjournalisten Jürgen Emig (einst Sportchef des Hessischen Rundfunks) und Wilfried Mohren (einst Sportchef des Mitteldeutschen Rundfunks) ins Visier der Staatsgewalt rückten. So unterschiedlich die Fälle in den Details sind, so ähnlich war das Muster: Wer im gebührenfinanzierten Fernsehen mit Randsportarten ins Programm wollte, war gut beraten, an Firmen zu zahlen, die irgendwie mit Mohren und Emig in Verbindung standen. Bei Sportübertragungen wurden diese Firmen zwischengeschaltet. Emig und Mohren kassierten heimlich mit. Es gab Zeugen, die behaupteten, sich über die unsportlichen Praktiken schon früher beschwert zu haben, aber in den Sendern sei ihnen keine Beachtung geschenkt worden.

Die Maßstäbe sind verrutscht. Grenzen zwischen Information und Kommentar, Unterhaltung und Werbung werden immer wieder verwischt. Nur in der Theorie stehen den Sportfunktionären und Vereinsmanagern immer völlig unabhängige Journalisten gegenüber, die auch wirtschaftliche Prozesse und Hintergründe des Sportbetriebs sichtbar machen sollen. Sie sollen den Mächtigen auf die Finger gucken, sie kontrollieren. Dass jemand wie Franz Beckenbauer, die Fleischwerdung des totalen Sponsoring, als Kolumnist zum Griffel greifen darf, ist die Kapitulation des Medienbetriebs.

Im Sportgeschäft zählt zuerst das Fernsehen, erst dann kommen Hörfunk und Presse. Sender kaufen Rechte an Sportereignissen, über die sie dann – oft in Form von Inszenierungen – berichten. Die ARD sponserte jahrelang die Radprofis vom Team Deutsche Telekom, später T-Mobile, und berichtete dann völlig ungeniert über die Radsportprofis des mit ihr per Sponsoringvertrag verbandelten Rennstalls, was zu tollsten Entgleisungen führte. Legendär etwa das Bekenntnis des ehemaligen ARD-Sportkoordinators Hagen Boßdorf: »Sagt die Telekom, es gibt keinen Dopingfall, dann gibt es auch keinen Dopingfall für die ARD«.

An pikanten und peinlichen Verstrickungen, an Geschichten über komplizierte Seilschaften zwischen Sportlern und Journalisten ist kein Mangel. In keinem anderen Journalismusbereich haben sich so symbiotische Verhältnisse zwischen Akteuren und Beobachtern entwickelt – der Journalist, der Sportler, der Verband, der Klub. In dieser Journalistensparte gibt es etwas, was es in keiner anderen Sparte gibt: Fairplay-Preise. Miesmacher sind unerwünscht.

Nach allen vorliegenden Untersuchungen recherchieren Sportjournalisten zu wenig. Bei einigen der wenigen ernsthaften Rechercheure fällt auf, dass sie nur selten die Betroffenen gegen Ende der Recherche ausführlich mit dem Vorwurf konfrontieren. Ein guter Rechercheur muss aber fair und ergebnisoffen sein. Er muss den Angegriffenen zu den Vorwürfen hören und dessen Aussagen ernst nehmen, aber nicht blind übernehmen.

Meist haben Journalisten einen bloßen Verdacht. Die Frage ist: Reicht der? Und was machen Journalisten, wenn der Verdacht entkräftet wird? Machen Sie den Versuch, sich dem, was wir Wahrheit nennen, zu nähern und glauben sie ernsthaft, dass ihre Gewissheit wirklich Gewissheit ist?

Für die Informationsüberprüfung hat die amerikanische »Society of Professional Journalists«, der auch Sportjournalisten angehören, eine Checkliste zusammengestellt. Sie zeigt, wie weit der deutsche Journalismus, auch der Sportjournalismus, von höchst professionellen Standards entfernt ist. Die wichtigsten Punkte:

• Können Sie alle Tatsachen belegen, sind alle dokumentiert?
• Haben Sie für alle Schlüsselinhalte die Gegenprobe gemacht?
• Sind Sie sich ganz sicher, dass alle in Ihrem Artikel enthaltenen Tatsachen der Wahrheit entsprechen?
• Sind Sie darauf vorbereitet, Ihre Inhaltskontrolle öffentlich zu verteidigen oder auf sonstige Maßnahmen zur Überprüfung Ihres Textes zu antworten?
• Sind die Zitate in Ihrem Text korrekt und in ihrem richtigen Zusammenhang präsentiert?
• Zitieren Sie anonyme Quellen? Wenn ja, warum? Sind Sie darauf vorbereitet, sich öffentlich für die Verwendung solcher Quellen zu rechtfertigen?

- Verwenden Sie Material, Dokumente oder Bilder von anonymen Quellen? Warum? Wie groß ist Ihr Vertrauen in die Gültigkeit dieses Materials? Sind Sie darauf vorbereitet, die Verwendung dieses Materials öffentlich zu rechtfertigen?

Welcher Sportjournalist macht einen solchen Check? Wenige vermutlich. Andererseits: Sportjournalisten gefielen sich lange Zeit in den Redaktionen als Outsider. In den 1970er-Jahren hat der Kommunikationswissenschaftler Siegfried Weischenberg, der selber für eine Sportredaktion geschrieben hat, Sportjournalisten als »Außenseiter der Redaktion« beschrieben. Auch historisch ist diese Analyse nachzuvollziehen: Erst nach Politik, Wirtschaft, Kultur und Lokalem fand das Sportressort Eingang in die Tagespresse.

Die ausschließliche Orientierung am Ergebnis ist neben den Faktoren Korruption, Unterhaltung und Inszenierung eines der Hauptprobleme der Sportberichterstattung in den Medien. Angesichts der ökonomischen Krise vieler Verlage sind die Sportressorts, die ihre Helden hochjubeln und sich ansonsten ohne allzu große Analyse nur auf das Ereignis konzentrieren, akut gefährdet.

Mancher Verlagsmanager hat schon die Frage gestellt, warum über ein Spiel mehrere Reporter seines Konzerns schreiben sollen, wenn alle doch nur dasselbe schreiben. In der Krise wird der Sportjournalismus von zwei Seiten bedroht. Die eine Gefahr ist der simple Ergebnisjournalismus, der nur Nachrichtenkondensate bietet. Ein gedrucktes Tabellenblatt ist auf dem Feld der blitzschnellen Vermittlung von Informationen durch das Internet auf Dauer chancenlos. Die zweite Gefahr liegt in der Kollaboration mit den Akteuren, anstatt kritisch über sie zu berichten.

Die Kernkompetenz muss es sein, nicht länger den Ereignissen hinterherzulaufen, sondern selber die Agenda der öffentlichen Meinung im Sport mitzubestimmen. Verdichtung und Vertiefung sind vonnöten. Sportjournalisten können das leisten.

Es ist ein Fehler, Ergebnisjournalismus zu forcieren. Es ist ein Fehler, immer nur die »Töppis« und »Poschis« als phänotyptisch für das Genre zu beschreiben. Sie haben als Unterhalter Talent, tun sich aber mit der Einordnung der Ereignisse in größere Entwicklungen und Zusammenhänge schwer. Es ist ein Fehler, mit Hinweisen auf Emig oder Mohren eine journalistische Gattung erklären zu wollen.

Der Sportjournalismus hat sich in den vergangenen Jahren auch sehr positiv entwickelt. Er hat einige der besten Reporter, wie Klaus Brinkbäumer vom SPIEGEL, hervorgebracht. Sportgewächse wie Udo Ludwig, ebenfalls vom SPIEGEL, gehören bundesweit zu den besten Rechercheuren.

Es war ein Signal für die Branche, dass der erste investigative Henri-Nannen-Preis im Jahr 2005 von dem SZ-Journalisten Freddie Röckenhaus und dem KICKER-Mitarbeiter Thomas Hennecke gewonnen wurde. Sie hatten nimmermüde und gegen Widerstände das Finanzsystem von Borussia Dortmund auseinandergenommen. Röckenhaus ist ein Anhänger des BVB und hatte dennoch die notwendige Distanz.

Wie einige Blätter und Sender das Thema »Doping« angehen, nachsetzen, Denkanstöße geben und dem Thema neue Aspekte anbieten, ist vorbildlich.

Andere Elemente müssen ihren Platz finden: Erzählende Reportagen, argumentierende Essays gehören in den Sportteil der Blätter. Sachkenntnis, Wissen um Zusammenhänge und eine verlässliche Personen- und Institutionenkompetenz sind unverzichtbare Voraussetzung für eine gut recherchierte Sportgeschichte. Um eine solche Geschichte erzählerisch dem Leser, Zuschauer, Hörer näherzubringen, braucht es Urteilskraft und Wirklichkeitssinn.

Die Reporterrolle muss aktiv sein und sich abgrenzen von unterhaltungsbetontem Klatsch- und Sensationsjournalismus. Auch im Sport muss der Journalist versuchen, die Grundmuster menschlicher oder historischer Situationen zu verstehen und sich nicht in Einzelaspekten zu verzetteln. Jürgen Leinemann, der Porträtmaler des Journalismus, der – wie viele große Reporter – gern über Sportereignisse schrieb, hat in einem Vortrag von Journalisten aller Ressorts Haltung verlangt: »In der Haltung hat die Freiheit des Journalisten ihren Rückhalt.«. Wie der Journalist auf Ereignisse und auf Menschen reagiere, wie er sich zur Macht und gegenüber Mächtigen verhalte, das sei »nicht nur individuell relevant«, sondern habe auch Folgen. Für ihn, so Leinemann, seien »zwei Sätze leitmotivisch geworden. Der erste heißt: Wirklichkeit ist alles, wo man durch muss.« Und der zweite sei eine Gedichtzeile von Peter Rühmkorf: »Bleib erschütterbar und widersteh.«

Literatur

Fischer, Ch. (2005): In: Weischenberg, S./Kleinsteuber, H. J./Pörksen, B. (Hrsg.) (2005): Handbuch Journalismus und Medien. Konstanz.

Leinemann, J. (1995): Ritchie und Rita und ich. Draußen soll sich Leben regen? In: Spiegel special Nr. 1: 76–79.

Steffny, M. (1978): Auf Du und Du? Sportler und Sportjournalisten. In: Hackforth, J./Weischenberg, S. (Hrsg.): Sport und Massenmedien. Bad Homburg: 206–214.

Autoren

Jan Becker, Jahrgang 1983, studierte Sportwissenschaften mit dem Schwerpunkt Medien und Kommunikation in Köln und arbeitet heute als Redakteur in Heidelberg.

Verena Burk, Dr., Jahrgang 1966, studierte Sportwissenschaft und Germanistik in Darmstadt und arbeitete von 1998 bis 1999 als wissenschaftliche Mitarbeiterin am dortigen Institut für Sportwissenschaft. 1999 wechselte sie an das Institut für Sportwissenschaft der Universität Tübingen, wo sie seit 2005 als Akademische Rätin arbeitet. Ihre Schwerpunkte sind Sport und Massenmedien sowie nationale und internationale Organisation des Hochleistungssports. Seit 2007 ist sie Mitglied des Executive Committee des Internationalen Universitätssportverbands FISU.

Erik Eggers, Jahrgang 1968, arbeitet als freier Journalist (u. a. FINANCIAL TIMES DEUTSCHLAND, TAGESSPIEGEL, FRANKFURTER RUNDSCHAU) und Buchautor. Themenschwerpunkte sind u. a. Handball, Geschichte des Sportjournalismus, Geschichte des Sports. Letzte Buchpublikation: »Schwarz und Weiß. Die Geschichte des THW Kiel« (Werkstatt-Verlag).

Gregor Enderle, Dr., Jahrgang 1971, Studium der Volkswirtschaftslehre in Köln, Dublin und Paris. Seit 2000 Unternehmensberater bei OC&C Strategy Consultants in Düsseldorf mit Schwerpunkt im Bereich Medien. Regelmäßige Veröffentlichungstätigkeit zu medien- und sportökonomischen Themen.

Eberhard Figgemeier, Jahrgang 1947, ist seit 1972 Redakteur und Reporter in der ZDF-Hauptredaktion Sport, Reporter bei zahlreichen Olympischen Spielen sowie Europa- und Weltmeisterschaften. Er ist zudem seit 1993 Programmchef bei Olympischen Spielen und Fußball-Weltmeisterschaften, seine Fachsportarten sind Fußball, Tennis und Eiskunstlaufen.

Carsten Flügel, Jahrgang 1964, studierte Sportwissenschaft und Journalistik in Hamburg und war anschließend freier Mitarbeiter beim NDR Hörfunk und Fernsehen. Jetzt arbeitet er in der Sportredaktion Fernsehen des Norddeutschen Rundfunks in Hamburg als Reporter, Kommentator, Moderator und Organisator von Großereignissen.

Oliver Fritsch, Jahrgang 1971, studierte Sport, Germanistik und Philosophie in Gießen. Freier Journalist in der Sportredaktion von ZEIT ONLINE, Gründer der Fußball-Presseschau indirekter-freistoss.de und des Video-Portals hartplatzhelden.de für Amateur- und Jugendfußball. Zwei Bezirksliga-Aufstiege als Spielertrainer mit der SG Reiskirchen/Niederwetz und dem RSV Büblingshausen. Lebt seit 2008 in Hamburg.

Clemens Gerlach, Jahrgang 1965, arbeitet seit November 2000 bei SPIEGEL ONLINE in Hamburg, seit März 2002 ist er Leiter des Sport-Ressorts. Zuvor war der Diplom-Soziologe Volontär und Redakteur bei der TAZ (Hamburg) und arbeitete zudem zwei Jahre als leitender Redakteur der offiziellen Stadionzeitung für den FC St. Pauli, auch verantwortlich für den »Starclub«, die Homepage des Vereins.

Christoph Grimmer, Jahrgang 1985, Student der Diplom-Sportwissenschaft (Medien/Journalistik) am Fachbereich Bewegungswissenschaft der Universität Hamburg. Er ist Stipendiat der Friedrich-Naumann-Stiftung und seit 2007 freier Mitarbeiter der Deutschen Presse-Agentur. Zudem Praktika bei diversen Medienunternehmen.

Frank Heike, Jahrgang 1969, studierte in Göttingen Publizistik- und Kommunikationswissenschaften, Skandinavische Philologie und Sportwissenschaften. Er arbeitet seit 1999 als freier Journalist für verschiedene Tageszeitungen aus Hamburg, seit 2005 vor allem für den Sportteil der FAZ und der FRANKFURTER ALLGEMEINEN SONNTAGSZEITUNG.

Hanns-Christian Kamp, Jahrgang 1974, Magisterexamen an der Universität Hamburg, dort zunächst für ein Jahr wissenschaftlicher Mitarbeiter am Institut für Journalistik und Kommunikationswissenschaft. Nach einem Volontariat bei der dpa und anschließend freier Tätigkeit für dpa und FRANKFURTER ALLGEMEINE ZEITUNG aus Hamburg und dem Norden ist er seit Oktober 2007 Sportredakteur bei der FAZ mit den Schwerpunkten Fußball, andere Ballsportarten, Sportbücher und Behindertensport.

Michael Kleinjohann, Dr., Jahrgang 1959, Professor für Medienmanagement und stellv. Studiengangleiter der Macromedia Hochschule für Medien und Kommunikation in Hamburg. 1986 promovierte er über Sportzeitschriften in der Bundesrepublik Deutschland, arbeitete danach als Fotograf und Journalist (u. a. SURF-MAGAZIN) und nahm später führende Management-Positionen in deutschen Verlagen ein (u. a. BRAVO SPORT). Mit seiner Agentur freshmademedia consulting berät er u. a. Sportzeitschriften-Verlage.

Steffen Kolb, Dr., Jahrgang 1973, Studium der Kommunikations- und Medienwissenschaft sowie der Politikwissenschaft in Leipzig und Aix-en-Provence, Promotion 2004 in Hamburg. Seit April 2007 Lektor am Fachbereich Medien- und Kommunikationswissenschaft der Universität Freiburg (Schweiz), im Wintersemester 2008/2009 Vertretung des Lehrstuhls für Kommunikationswissenschaft an der Universität Greifswald. Arbeitsgebiete neben der Journalismusforschung: Medieninhaltsforschung (auch PR-Evaluation), international vergleichende Forschung, politische Kommunikation und empirische Methoden.

Hans Leyendecker, Jahrgang 1949, Buchautor und Journalist bei der SÜDDEUTSCHEN ZEITUNG, zuvor beim SPIEGEL. Gründungsmitglied vom Netzwerk Recherche, Beirat von Transparency International, 2006 Auszeichnung mit dem Erich-Fromm-Preis.

Arne Richter, Jahrgang 1972, studierte Soziologie, Politikwissenschaften und Englische Philologie an den Universitäten in Kassel und Leicester und ist nun stellv. Ressortleiter der Sportredaktion der Deutschen Presse-Agentur, bei der er 2000/2001 ein Volontariat absolvierte und anschließend als Redakteur arbeitete. Zuvor war er freier Mitarbeiter bei der HESSISCH NIEDERSÄCHSISCHE ALLGEMEINE, der FRANKFURTER RUNDSCHAU und der FRANKFURTER NEUE PRESSE. Hobby-Fußball-Torwart.

Jan Schauerte, Jahrgang 1981, studierte Volkswirtschaftslehre mit mikroökonomischem und spieltheoretischem Schwerpunkt an der Universität Bonn und ist jetzt wissenschaftlicher Mitarbeiter und Doktorand am Staatswissenschaftlichen Seminar der Universität zu Köln. Seine Forschungsschwerpunkte liegen im Bereich der Sport- und Medienökonomik, Dissertationsthema ist die Ökonomie professioneller Sportligen, insbesondere mit Blick auf den europäischen Profifußball.

Hajo Seppelt, Jahrgang 1963, studierte Sportwissenschaften, Sozialkunde, Französisch und Publizistik an der Freien Universität Berlin. Er arbeitet als freier Journalist für TV und Radio sowie als Filmautor mit Sitz in Berlin für alle Landesrundfunkanstalten der ARD (Schwerpunkt: WDR). Zuvor Redakteur beim Rundfunk Berlin Brandenburg (RBB) bzw. Sender Freies Berlin (SFB), jetzt Reporter der ARD-Dopingredaktion mit Berichterstattung zu Dopingthemen in ARD-Sport- und Sportnachrichten- (ARD aktuell) sowie Sportmagazinsendungen, Autor von Fernsehdokumentationen zum Thema Doping.

Ralf Spiller, Dr., Jahrgang 1973, Professor für PR und Kommunikationsmanagement an der Macromedia Hochschule für Medien und Kommunikation, Köln. Studium der Rechts- und Politikwissenschaften in Konstanz, Salamanca und Freiburg, juristisches Referendariat in Brandenburg und Berlin. Anschließend Ausbildung an der Georg von Holtzbrinck-Schule für Wirtschaftsjournalisten und Redakteur beim HANDELSBLATT. Projekt- und Produktmanager beim HANDELSBLATT, zuständig für den Launch und die Etablierung neuer Medienprodukte, zuletzt Berater bei der internationalen Unternehmensberatung Capgemini, Practice Group Telecommunication Media & Entertainment.

Hans-Jörg Stiehler, Dr., Jahrgang 1951, seit 1993 Professor für Empirische Kommunikations- und Medienforschung an der Universität Leipzig. Studium der Sozialpsychologie in Jena von 1971 bis 1975, wissenschaftlicher Mitarbeiter am Zentralinstitut für Jugendforschung in Leipzig von 1975 bis 1990.

Andreas Wagner, Dr., Jahrgang 1960, Studium der Geschichte und Romanistik in Heidelberg, Promotion in romanischer Literaturwissenschaft, seit 1985 Mitarbeiter des SWF/SWR, seit 1998 Leiter der Abteilung Sport Hörfunk des SWR.

Valeria Witters-Horky, Jahrgang 1965, arbeitet seit 1986 als hauptberufliche Sportfotografin u. a. bei Olympischen Spielen, Welt- und Europameisterschaften und ist seit 1996 Geschäftsführerin der Wilfried Witters Sport-Presse-Fotos GmbH mit Sitz in Hamburg. Die stellvertretende Fotografensprecherin des Verbandes der Deutschen Sportjournalisten gewann 2008 das Sportfoto des Jahres.

Register

Weiterlesen

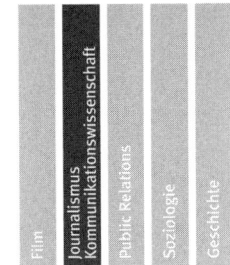

Praktischer Journalismus

Claudia Mast (Hg.)
ABC des Journalismus
Ein Handbuch
11., überarbeitete Auflage
2008, 700 Seiten
45 s/w Abb., gebunden
ISBN 978-3-86764-048-0

Michael Haller
Recherchieren
7. Auflage
2008, 338 Seiten, broschiert
ISBN 978-3-89669-434-8

Jürg Häusermann
Journalistisches Texten
Sprachliche Grundlagen für
professionelles Informieren
2., aktualisierte Auflage 2005,
220 Seiten, broschiert
ISBN 978-3-89669-463-8

Peter Overbeck (Hg.)
Radiojournalismus
2009, 382 Seiten
30 s/w Abb., gebunden
ISBN 978-3-89669-573-4

Martin Ordolff
Fernsehjournalismus
2005, 412 Seiten, broschiert
ISBN 978-3-89669-457-7

UVK Verlagsgesellschaft mbH

Weiterlesen

Praktischer Journalismus

UVK Verlagsgesellschaft mbH